현대 종교교육의 지형과 전망

메리 C. 보이즈 지음/유재덕 옮김
Educating in Faith: Maps and Visions
Mary C. Boys

모든 여성 개척자들에게 바친다

1. 인명이나 지명은 기존의 관례를 따르지만, 전례를 찾을 수 없는 경우에는 원음에 가깝도록 표기했다.
2. 우리 글로 이미 번역된 저서들은 제목을 그대로 옮기고, 그렇지 않은 저서는 새롭게 우리 글로 옮겨서 포함시켰다.
3. 〔 〕표시는 저자가 직접 인용하면서 의견을 덧붙인 것을 가리킨다.
4. 「 」표시는 단행본을 가리킨다.
5. 『 』표시는 정기간행물을 가리킨다.

현대 종교교육의 지형과 전망

하늘기획

일러두기

인식의 양태는 예외 없이 기다림-희망 그리고 기대-의 양태이다⋯. 창조적인 글쓰기나 미술, 또는 피곤한 수다와 달리 무엇인가를 말하려고 애써본 이들이라면 누구나 기다림의 중요성과 위험을 알고 있다. 연설은 정지, 창조적인 작업은 숙성의 기간이 중요하다. 혼란스럽고 불완전한 생각, 형식을 갖추지 못한 직관 그리고 그리 명료하지 않은 감정이 가득 들어찬 몸은 이따금씩 형식이 드러나거나 움직이기에 앞서 초점의 전환이나 경우에 따라서는 수면을 필요로 한다. 부지런히 일하거나 준비하는 것으로는 충분하지 않다. 이전의 구조와 형식에 질문을 제기하고, 사소하거나 중대한 문제들에 빠져들고, 감각과 자료를 가지고 머리를 채우는 것은 어쩔 수 없는 일이다⋯. 희망이 절망으로 바뀌거나 시간의 압력을 받아서 어려움을 겪을 경우에 형식을 갖추지 못한 것에 설익은 형식이 들어차면서 성가신 의심과 불만이 뒤따르게 된다. 인식의 다양한 양태는 상이한 미래의 가능성에 바탕을 두고 있다⋯. 그것들은 희망에 근거하고 의지한다.[1]

드웨인 휴브너Dwayne Huebner가 인정하듯이 글쓰기는 희망하고 기대하는 행위이다. 또 그것은 고독한 경험이기도 하다. 하지만 글을 쓰는 사람은 관계를 통해서 자양분과 격려를 얻는다. 감사하게도 나는 그런 관계를 누릴 수 있었다.

이 책은 6년 전 어느 대학원 수업시간에 나누었던 우연한 대화 때문에 집필하게 되었다. 종강시간에 내용을 종합하려고 종교교육 분야의 개략적인 지도를 간략하게 소개했다. 한 학생이 그 지도의 유용성을 지적하면서 첫 시간부터 활용하지 않은 까닭을 물었다. 나는 "그런 생각을 해본 적이" 없노라고 대답했다. 그렇게 해서 책 한 권이 만들어졌다.

보스턴 칼리지Boston College에서 내가 지도했던 대학원생들의 도움이 컸다. 그들의 평가, 질문 그리고 참여 때문에 구체적으로 사고할 수 있었다. 내가 인격적으로나 직업적으로 성장하게 된 것은 그들의 호의 덕분이었다.

원고를 조목조목 읽어준 다음의 동료들과 친구들에게 감사한다. 캐럴 앨런Carol J. Allen, 로널드 초철Ronald C. Chochol, 캐스린 피셔Kathleen R. Fischer, 마가렛 거먼Margaret Gorman, 토마스 그룸Thomas H. Groome, 존 맥더그H. John McDargh, 패드래익 오헤어Padraic O'Hare, 그리고 패잇 비버카Fayette Breaux Veverka. 종교교육학 교수 및 연구자 협회 Association of Professors and Researchers in Religious Education(APRRE)의 회원들은 내가 생각을 가다듬을 수 있게 지속적으로 도움을 주었다. 연례 학회에서 내 논문을 논찬하고 의견을 제시해준 APRRE 동료들에게 특별히 감사한다.

가족과 친구들은 내가 이 작업에 마음을 빼앗긴 동안에 적잖이 인내해주었다. 내가 컴퓨터 공학의 세계를 선점할 수 있도록 도와준 가족에게 감사한다. 이 책은 컴퓨터로 시도한 최초의 작업이었다. 에드워드 셔Edward Schu가 베풀어준 친절 덕분에 시애틀 대교구는 1984년에 6개월 동안 한시적인 자리를 마련해주었다. 보스턴 칼리지의 교수진은 이 연구에 필요한 경비를 일부 감당해주었다.

보스턴 칼리지에서 대학원 과정을 밟을 때부터 내가 "도표의 귀재"로 인정한 바 있는 로버트 달시Robert A. Dolci는 몇 가지 도표의 틀을 잡아주었다. 보스턴 칼리지에서 박사 논문을 준비하고 있는 머린 오브라이언Maureen O'Brien은 자료수집과 집필과정에서 헤아릴 수 없을 만큼 도움을 주었다.

끝으로, 내가 속한 거룩한이름수녀회Sisters of the Holy Names 소속 동료들인 세 친구를 소개하고 싶다. 워싱턴 지역의 사역을 지도하는 린다 리거스Linda Riggers는 이 연구에 관심을 갖고 도움을 주었고,

쉴리아 매키보이Sheila McEvoy는 내 작업이 활기를 잃지 않도록 다정히 그러면서도 꾸준히 후원했고, 바바라 킹Barbara O'Connor King은 편집자와 작문 교사의 실력을 발휘해서 글이 잘 나가지 않을 때도 희망을 잃지 않게 해주었다.

메리 C. 보이즈

---

1) Dwayne E. Huebner, "Spirituality and Knowing," Elliot Eisner(ed.), *Learning and Teaching the Ways of Knowing*(Chicago: University of Chicago Press, 1985), 171~72.

차 례

일러두기 / 4
서론 / 8

제1부 지도 만들기

제1장 탐험 지침서의 제작 : 기초적 질문과 고전적 표현 / 15
제2장 지형의 탐색 : 복음전도 / 29
제3장 지형의 탐색 : 종교교육 / 66
제4장 지형의 탐색 : 기독교교육 / 104
제5장 지형의 탐색 : 가톨릭교육 - 교리문답 / 123
제6장 탐색의 확대 : 고전적 표현들의 현대적 변형들 / 166

제2부 전망

제7장 새로운 동향 : 발전과 방향 / 225
제8장 경계의 설정 : 종교교육에 관한 한 가지 사고방식 / 284

인명 색인 /
주제 색인 /

서론

언젠가 교사로서의 내 역할을 되짚어보다가 여행이라는 주제와 관련된 이미지를 곰곰이 생각한 적이 있었다. 이미지들이 무수히 떠올랐지만 이름을 붙일 수 있는 것들은 가이드, 탐험가, 순례자가 고작이었다. 그런데 **개척자**가 가장 적당한 것 같았다.

「옥스퍼드 영어사전」을 확인해보니 내 생각과 다르지 않았다. "개척자"pioneer는 군대나 연대와 더불어서 혹은 그에 앞서 참호를 구축하고, 도로를 보수하고, 본진에게 필요한 기타 노동을 수행할 목적으로 전진한 보병대의 일부를 가리키는 군사용어에 기원을 두고 있었다. 다른 사람들이 뒤따를 수 있도록 도로를 준비하거나 확보하는 사람이라는 그 비유적 의미는 어원과 결합할 경우에 새로운 깊이를 획득하는 듯했다. 즉, 개척은 대개 다른 사람들이 접근할 수 있게 새로운 터전을 확보하는 힘겨운 노동을 가리킨다. 그렇다면 가르치는 일은 사실 개척하는 일이다.

나는 교사로서 이 책을 집필한다. 내가 이 책을 집필하는 것은 개척하면서 깨달은 내용에 질서와 의미를 부여하고 독자들이 갓 확보된 일부 도로를 따라서 그들 나름의 미개척지로 초대하기 위함이다. 어느 익살맞은 사람의 주장처럼 "무지한 사람의 생각을 드러내는 게 가장 훌륭한 교사"라면, 교사이자 개척자로서 내가 맡은 역할은 예비적 시도를 하면서 목격한 내용과 특정 순간에 입지를 확보하기로 결심한 까닭을 분명히 밝히는 일이다.

개척은 정찰이라는 의미 말고도 **지도제작**map-making과도 잘 어울릴 수 있다. 사실, 이 책에서는 지도를 제작하는 게 개척자의 주된 임무이다. 전반부는 종교교육 분야의 "지도"로 구성되어 있다. 그 지도가 제시하는 전망이 후반부에 소개된 "비전"을 형성한다. 따라서 지도에 관해서 한 마디 할 필요가 있겠다.

지도는 "환경에 대한 인간의 지식을 부호화해서 전달할 목적으로 특별한 도구로 상징화된 한 가지 형식," 즉 개인이 처한 환경을 그림으로 상징화한 것이다.[1] 기원은 알 수 없지만 역사가들은 기원전 3천 년대에 지도를 제작했다는 것을 보여주는 가장 오래된 직접적인 증거를 갖고 있는데, 사르곤Sargon이 현재 이라크 북부에 해당하는 아카드Akkad를 통치할 당시에는 토판에 지도를 그렸다. 이런 원시적인 수준의 약도부터 우리의 기술공학 시대에 제작된 아주 정교한 지도에 이르기까지 남성과 여성은 자신들의 지식을 정리할 목적으로 지도를 활용해왔다.

지도는 일정한 지역의 원주민이나 처음 방문한 사람 모두 사용할 수 있다. 나는 종교교육에 관심이 있는 모두를-전문가들에 국한하지 않고-위해서 이 책을 집필하고 있기 때문에 그 주제에 상당한 지식을 갖춘 이들과 그렇지 못한 이들 모두가 관점을 확보할 수 있기를 기대한다. 아마 종교교육의 지형에 한층 더 익숙한 이들은 세부적인 내용을 찬찬히 살펴보고 싶겠지만, 처음으로 접하는 이들은 범주, 도표 그리고 핵심적인 제목들이 가리키는 가장 중요한 표지만 받아 적을 수밖에 없는 상황에 처할 수도 있다.

마이클 폴라니Michael Polanyi의 주장처럼 이론은 예외 없이 "공간과 시간에 걸쳐있는 일종의 지도이다."[2] 그래서 나는 종교적으로 교육하는, 매력적이면서도 복잡한 시도에 관한 나름의 사고방식을 제시할 목적으로 지도라는 은유를 활용하고자 한다. 나는 아주 **포괄적인** inclusively 방식으로 이 지도를 그리려고 노력했다. 종교교육에는 아주 다양한 요인들이 상호작용하기 때문이다. 사실 이해를 돕는 적절한 맥락을 제공하는 것은 **역사적**historical이며, 새로운 비전을 자극하는 방식으로 이론가들과 운동들 간의 관계를 제시하는 것은 **분석적**analytical

서론 9

인 동시에 **상상적***imaginative*이다. 덕분에 독자들은 지도를 상대로 명확한 설명, 관점 그리고 통일성이라는, 종교교육에 대한 논의에서 지나치게 자주 간과되는 모든 특성을 기대할 수 있다.

지도가 아무리 유용하더라도 그것은 여전히 이론상의 구조물, 즉 지형 그 자체보다 지형을 개념화하는 수단에 지나지 않을 따름이다. 따라서 지도라는 은유는 문제를 소개하는 방식이 반드시 사물이 존재하는 방식과 일치할 필요가 없다는 뜻을 포함한다. 현실은 늘 사회적으로 구성된다. 북아메리카에 거주하는 우리는 대부분의 세계지도 정중앙에 자리 잡고 있는 자신들을 바라보는데 익숙하지만 이것은 세계를 그림으로 표현하는 한 가지 방식에 지나지 않는다. 어느 뉴질랜드 출신 제자에게 선물 받은 지도가 한 가지 좋은 예가 될 수 있다. 그 지도에는 오스트레일리아와 뉴질랜드가 "위쪽"에 있고, 북아메리카 사람들이 "아래쪽"에 배치되어 있다. 게다가 지도를 손에 쥐고 보스턴을 벗어나려고 하는 사람은 누구든지 도포 표지판을 따라서 "정리되지 않은" 간선도로를 하염없이 헤매다가 깨닫게 되듯이 지도라고 해서 정확한 것은 아니다. 설명과 현실이 늘 일치하지는 않는다.

요약하자면, 지도는 언제나 관점 즉, 출발점이나 여행 형태, 그리고 목적지와 같은 요인들에 따라서 해석된다. 내가 다루고 있는 분야의 지도 역시 내 고유의 관점, 그러니까 내가 시도하는 연구를 확고하게 떠받치는 어떤 가정이나 경험, 한계, 확신 그리고 희망에 근거해서 작성되었다. 사실 내 지도는 일생 동안 태평양 북서 및 북동부를 동시에 포함하는 미국의 대도시 밖에 거주해본 적이 없는 제2차 바티칸 공회 이후의 가톨릭을 믿는 중산층 출신이 작성한 것이다. 그것은 페미니즘이라는 비판적 렌즈로 현실을 주시하는 사람이 그린 지도다. 그것은 늘 가르치는 일에 종사하고 그리고 인격이 충분히 발달할 수 있도록 소명을 가지고서 신앙교육에 힘쓰는 사람이 고안한 지도다.

이와 같은 입장 표명은 교육적으로 중대한 문제를 야기한다. 교사이며 개척자인 내가 다른 사람들, 특히 나와 사뭇 입장이 다를 수 있는 사람들을 무시하면서 어떻게 마음대로 지도를 작성할 수 있을까? 엄격하게 구성된 범주보다는 오히려 스스로 의식하면서 작동하는 분석의 틀을 어떻게 만들어낼 수 있을까? 이런 질문 때문에 나는 서로 관련된 두 가지 과제들에 관심을 갖게 되었다. 첫째 과제는 내가 종교교육 분야를 최대한 명료하게 제시할 수 있는 지도제작자가 되도록 요구한다. 때문에 나는 이 분야에 대한 상세한 지도를 제시하기 위해서 1장에서는 좌표를 설정하고 2장부터 6장까지는 내용을 소개한다. 둘째 과제는 독자가 나름대로 지도제작법을 익힐 수 있는 방식으로 내 견해를 제시하면서 지도제작 기술을 제시하는 것이다. 나는 시종일관 이렇게 작업을 하지만, 마지막 두 장에서 특히 이 교육적 과제에 집중한다. 7장과 8장은 종교교육을 고려할 경우에 간과할 수 없다고 간주하는 요소들을 남김없이 다룬다.

    곧장 지도로 넘어가기에 앞서 끝으로 할 말이 있다. 처음에는 다른 나라의 문헌을 보다 광범위하게 참고할 생각이었지만 경험과 판단 기준의 한계 때문에 연구의 대상을 북아메리카로 한정했다. 하지만 나는 세계적 의식도 자신이 속한 뿌리를 확인하는 데서 출발한다는 것을 잘 알고 있다. 유대인들의 종교교육 역시 연구하고 싶었으나 그 주제가 갖는 독립된 분야로서의 상대적인 일천함은 물론, 그렇지 않아도 장황한 저서에서 동질성이라는 확실한 기준에 따라 지면을 조심스레 활용해야 할 필요성 때문에 제한했다. 그렇지만 이 책이 기독교적 접근을 명료화함으로써 종교교육의 분야에서 종교간 교류가 심화되기를 기대한다.

주

1. John Noble Wilford, *The Mapmakers*(New York: Knopf, 1981), 13에서 인용.
2. Michael Polanyi, *Personal Knowledge: Towards a Post-Critical Philosophy*(New York: Harper & Row, Torchbooks, 1964), 4.

제 1 부
지도의 제작

제1장 | 탐험 지침서의 제작:
기초적 질문들과 고전적 표현들

　　남성과 여성이 이야기를 전하고 인생의 신비에 응답해서 의식을 수행하는 곳마다, 그리고 진리를 모색하고 선한 일을 수행할 때마다 종교교육은 발생했다. 사람들은 동굴에 핀 모닥불 주변, 저녁식사 자리, 혹은 마을 광장에 모일 때마다 자신들이 간직해온 신앙의 전통을 전달했다.

　　이런 전통의 전수가 체계적이거나 형식을 갖추었던 경우는 드물었다. "가르침"instruction은 분위기를 조성하거나 비형식적일 때가 더 많았고, 이따금씩 음악이나 시, 춤, 그리고 연극이 활용되기도 했다. 사람들은 중세시대의 신비극에 참여하거나 장엄한 대성당의 조각상과 스테인드글라스 창문을 둘러보면서 아주 분명하지는 않더라도 신앙에 대한 이해를 다졌다.

　　만일 우리 시대의 종교교육이 나름대로 독립된 분야를 구축하고자 한다면 신앙교육이 인류에게 줄곧 관심을 집중해온 시각을 잃어버리지 않는 게 중요하다. 20세기에 이 "정체성을 추구하는 학문"에 관한 문헌이 상당 부분 축적되었다면 신앙의 조상들이 이룩한 업적의 신세를 지고 있다는 생각을 잊어서는 안 된다.[1] 그들 대부분은 글을 몰랐고, 오늘날의 과학기술 사회의 기준에 따르면 제대로 학교교육을 받지 못한 것도 사실이다. 하지만 그들은 역설과 신비에 대한 예민한 감수성과 유한성을 철저히 자각한 덕분에 우리가 종교교육의 필수조건으로 당연히 선망하는 감수성을 대부분 소유하고 있었다.

그렇지만 이런 거시적 관점을 의식하는 것만으로는 충분하지 않다. 최근 몇 년간 종교교육의 차원을 명확히 하려는 시도가 집중적으로 이루어진 것은 자의식이 건강하다는 뜻이다. 특히 지식이 전례 없이 급속히 확대된 20세기에 방법론적인 문제에 주목하는 것은 간단히 지나칠 수 없는 아주 중대한 일종의 전조이다. 이것은 그저 "우리가 하나님의 계시를 어떻게 전달할 것인가?"라고 묻는 게 아니라 "신앙으로 교육하는 게 무엇을 뜻하는가?"라고 묻고 있다는 뜻이다. 전자의 질문은 종교교육을 한 가지 전달 수단으로 간주하는 환원론 reductionism으로 이어지지만, 이 책을 집필하게 만든 질문이라고 해야 할 후자는 간단하지 않은 문제들을 모색하도록 이끈다.

1. 분석 범주의 개발

종교교육이 독자적인 분야로 출발하는 과정에서(흔히 1903년에 종교교육협회Religious Education Association가 창립될 때부터 계산되는) 조지 코우George Albert Coe, 소피아 파즈Sophia Fahs, 쉘튼 스미스H. Shelton Smith, 요셉 융크만Josef Jungmann, 그리고 요하네스 호핑거 Johannes Hofinger 같은 지도자들이 집필한 다수의 주요 저서들이 후대 이론가들이 기여한 의제를 설정했다. 내 작업에는 그 이론가들이 제시한 내용을 서술하고, 그것을 통해서 그 분야 전체의 윤곽을 묘사하는 게 일부 포함된다.

나는 방법론에 관심이 있기 때문에 또 다른 유형의 시도, 즉 연구하고자 하는 분야를 개관하는데 필요한 분석 범주를 고안하게 되었다. 잭 시무어Jack L. Seymour가 개발한 여섯 가지 유형론,[2] 존 일라이어스John Elias가 요즈음의 이론을 주요 대상(대중, 학계, 또는 교회)에 따라서 분류한 것,[3] 그리고 특히 헤럴드 버지스Harold Burgess가 전반적으로 문헌을 개관하고서 1975년에 출판한 개론서 「기독교교육론」*An*

*Invitation to Religious Education*을 감안한 시도다.[4] 버지스의 작업은 그 분야의 지도를 제공하려는 내 작업과 가장 비슷하기 때문에 간단하게 소개할 필요가 있다.

버지스는 대표적인 사조들을 각각의 종교교육 이론들을 형성하는 기본적인 구성, 정의 그리고 주장을 중심으로 비교하고 대조했다. 그래서 그는 "상세한 분석적 연구"를 기반으로 여섯 개의 기본적인 범주들을 구축했다. 종교교육의 목적, 내용, 교사의 역할, 학생의 역할, 환경의 영향, 그리고 평가의 수단이 그것들이다. 이 범주들은 그가 20세기를 주도한 네 가지 모델을 바라본 렌즈였다. 버지스는 이것들을 "전통 신학적"traditional theological, "사회 문화적"social-cultural, "현대 신학적"contemporary theological, 그리고 "사회과학적"social science 모델이라고 부른다. 실제로 버지스는 여섯 가지의 범주에 따라서 각기 입장들을 도식화해서 네 가지의 사조들을 분석할 수 있는 틀을 구성했다.

버지스의 작업은 내가 이 대목에서 시도하고자 하는 내용과 어느 정도 흡사하다. 그는 분석적인 범주들을 활용해서 독자들이 이질적인 개념들로 이루어진 미로를 곧장 벗어날 수 있는 방법을 제시한다. 나 역시 다르지 않지만, 그의 작업은 "사유는 질서는 물론이고 이해를 위한 싸움"이라는 것을 보여준다.[5]

하지만 내 지도는 버지스의 유형론과 상당히 다르게 보일 수도 있다. 더 분명한 또 다른 범주들과 종교교육의 역사에 보다 충실한 사조들의 서로 다른 견해를 찾아냈기 때문이다. 역시 일정한 틀로 요약된(표1) 내가 만든 구조는 기본적으로 다음과 같은 내용으로 구성된다.

· 기초적 질문들
· 고전적 표현들
· 고전적 표현의 현대적 변형들

이 장의 나머지 부분은 기초적 질문들, 2장부터 5장까지는 고전적 표현들, 그리고 6장은 그것의 변형들에 집중하게 된다. 하지만 여기서 전체적인 구성에 대해서 몇 가지를 간단히 거론하면-"날아올라서" 영역을 살피는 식으로-독자들은 내 논리가 어떤 관점을 유지하는지 파악할 수 있을 것이다.

  내가 제시하는 구조는 20세기 종교교육의 문헌을 소개하려는 시도에 스며있는 두 가지 개념들을 발전시킨 것이다. 첫째는 해석에 적합한 맥락으로서 역사가 갖는 중요성이었다. 20세기 전반기에는 개신교와 가톨릭의 리듬이 근본적으로 달랐다. 따라서 버지스의 경우처럼 요셉 융크만이나 요하네스 호핑거와 같은 가톨릭 학자들을 프랭크 개벌린Frank Gaebelin이나 로이스 르바Lois LeBar 같은 복음주의 학자들과 함께 "전통 신학적 접근"이라는 부류에 포함시키면 신학에 적합한 맥락으로서 역사가 지닌 역동성이 드러나지 않는다.6) 따라서 내가 "고전적 표현들"classic expressions이라고 부르는 사조들을 역사적으로 접근할 수밖에 없었다. 아울러서 나는 그것들이 초기에 일궈낸 발전과 보다 최근에(특히 1960년대 후반부터) 등장해서 "현대적 변형들" contemporary modifications이라고 이름을 붙이게 된 변화를 따로 구분하고 싶었다.

  계기가 된 두 번째 개념은 주요 사조마다 외형이 다르고 명확성이나 강도가 다양한 것처럼 보이지만, 그럼에도 불구하고(설사 암묵적으로라도) 예외 없이 제기되는 일정한 질문들과 관계가 있었다. 저마다 또 다른 여러 가지 질문들을 포함하는 이 "기초적 질문들"은 각각의 고전적 표현을 일일이 분석하는데 무엇보다 적합한 포괄적 범주들을 구성할 수 있는 것처럼 보였다. 그것들이 바로 내가 종교교육을 살펴본 이른바 망원경이다. 기초적 질문들은 역사를 분석할 수 있는 틀을 구성한다.

  내가 보기에 기초적 질문들은 둘로 구분된다. 종교적이 된다는 것은 무슨 의미일까? 신앙으로 교육하는 것, 사람들에게 삶이 지닌 종교적 차원을 교육하는 것은 무슨 의미일까? 나는 이 두 개의 커다란 질문들을 구성하는 다섯 개의 작은 질문들을 찾아냈다.

2. 종교적이 된다는 것은 무슨 의미일까?

사실 "종교"는 정의가 쉽지 않은 용어인데, 그것의 형용사 형태 역시 마찬가지이다. 하지만 적어도 후자를 활용하면 기본적으로 **종교 그 자체보다 종교적인 사람**을 다루어야 한다는 윌프레드 스미스 Wilfred Cantwell Smith의 중대한 경고에 주목하는 것이다.7) 따라서 이 연구의 핵심은 여러 대표적인 접근을 시도하는 이론가들이 개인들을 종교적인 존재로 형성하고자 시도하는 것, 즉 사람들을 성숙한 신앙과 신앙에 대한 보다 적절한 이해로 한꺼번에 안내하고자 할 경우에 직접 해야 할 일이 무엇인지 파악하는 것이다.

나는 현대 종교교육의 역사를 추적하는 과정에서 다섯 개의 질문들을 따로 도출했다. 다음의 목록은 그것들을 특정의 질문들로 확장시켜서 논제에 포함된 차원들을 규명하는 내용을 담고 있다.

하나님은 어떻게 계시될까?
하나님이 계시하시는 근본적인 자리는 어느 곳일까? 성서일까? 전통일까? 경험일까? 예배와 기도는 어째서 중요할까? 하나님 형상의 기초가 되는 인간론이란 무엇일까?

회심한다는 것은 무슨 의미일까?
일생 동안 정해진 순간에 변화하는 것일까, 아니면 생애 전반에 걸쳐서 점진적으로 회심이 진행되는 것일까? 교육은 회심을 목표로 삼아야 할까? 회심에서 심리적인 요소는 어느 정도이고, 심리학은 어느 정도의 비중으로 취급해야 할까? 종교교육의 이론에서 회심은 얼마나 중요할까?

신앙이란 무엇일까? 신념은? 신앙과 신념은 어떤 관계일까?
요즈음은 성스러운 것에 대한 일차적인 이해로서의 신앙과 그것에 대한 이차적인 표현으로서의 신념belief을 구별할 때가 많다. 하지만 이렇게 명백하게 구별하건 그렇지 않건 간에 종교교육자들은 어떻게 사람들에게 신앙을 형성하고 인지적 이해를 발달시키는 업무를 담당하고 있다고 생각하게 된 것일까? 신앙고백creed에 동의하는 것은 얼마나 중요할까? 신앙의 정서적 차원은 어느 정도나 의미가 있을까?

신학은 어떤 역할을 담당할까?
분석을 위해서 신앙과 신조를 구분할 수 있는 것처럼, 종교와 신학의 경우도 역시 마찬가지이다. 종교교육 이론은 저마다 신학을 어떻게 이해하고 있고, 또 이론에서 그것의 비중은 어느 정도나 될까? 지적인 삶은 얼마나 중요할까?

종교와 문화는 어떤 관계일까?
여기서는 리처드 니버H. Richard Niebuhr의 고전「그리스도와 문화」Christ and Culture에서 활용되는 범주가 적지 않은 도움을 준다.[8] 신앙을 가지면 다음의 입장들 가운데 한 가지를 택할 수 있을까? 타협을 모르는 반문화적 입장? 개인이 속한 환경의 범주와 주장을 수용하고 다른 무엇보다 자신의 신앙을 "타당하게" 간주하고 싶어 하는 순응적인 입장? 본질적으로 인류의 타락한 본성을 인정하지만, 그것의 "어쩔 수 없음"caughtness과 하나님의 지속적인 은총 모두를 거부하지 않는 이원론적 입장? 하나님이 사물의 본성에 설정한 규칙을 확인하고서 신적인 것과 인간적인 것을 하나의 체계로 화해시키려고 시도하는 종합적 입장? 신앙의 가치에 따라서 세상을 변화시키려고 모색하는 변형적 입장?

단순한 대답은 이런 복잡한 질문들과 전혀 어울리지 않는다. 저마다 평생 동안 연구를 해야 할 정도다. 그것들이 지닌 가치는 자기 발견적인 특징에 자리 잡고 있으며, 우리가 각각의 고전적 표현에서 종교적이 되는 게 무엇을 의미하는지 상이한 이해의 방식들을 구별할 수 있도록 주도적인 질문들의 역할을 담당한다.

3. 신앙으로 교육하는 것은 무슨 의미일까?

교육은 종교만큼 다양한 의미로 널리 사용되는 용어다. 다시 한번 두 개의 커다란 질문들에 포함된 몇 가지 질문들을 소개하면 분석의 틀이 한층 더 명확해진다.

한 사람이 다른 사람(혹은 그 자신)을 교육하는 목적은 무엇일까?
교육받은 사람을 구성하는 것은 무엇일까? 신앙 안에서(또는 신앙을 위해서) 교육하는 이유는? 그저 다른 사람과 신앙 안에서 지내기 위해서는 아닐까? "교육"이라는 용어는 무엇을 함축할까?

안다는 것은 무슨 의미일까? 학습한다는 것의 의미는?
정보를 파악하는 것 그 이상을 어떻게 알 수 있을까? 의식, 이야기 그리고 상징은 어떤 역할을 담당할까? 학습한 내용을 항상 표현하거나 측정할 수 있을까? 지식과 요령은 서로 무슨 관계일까?

종교교육에서 사회과학은 어떤 역할을 담당할까?
종교교육 이론을 개발하는데 있어서 심리학, 인류학 그리고 사회학을 어느 정도의 비중으로 다루어야 할까? 각각의 경우에, 어느 분야를 강조하고(가령, 발달〔구조적이거나 아니면 심리-사회적인〕심리학, 정신분석 심리학, 사회 심리학, 학습 심리학) 또 어느 이론가들을 추종해야 할까? 신학과의 관계에서 사회과학은 어느 정도나 중요할까?

교육과정과 교수를 어떻게 간주해야 할까?
고전적 표현 가운데 하나를 교육과정으로 발전시키면 어떤 형태일까? 교사의 역할은 무엇이고, 종교교육을 가르치는 것은 얼마나 중요할까? 특정 이론의 토대가 되는 교육과정과 교수teaching 이론은 무엇일까?

교육은 어떤 방식으로 정치적 행위를 수행할까?

명시적으로든 아니면 암묵적으로든 종교교육 이론은 어떤 사회의 모습을 지향할까? 구조와 절차가 자체의 가치들을 전달한 "잠재적"hidden 교육과정을 찾아낼 수 있을까? 가르치지 않음으로써 가르치는 "영"null의 교육과정을 구성하는 요소를 확인할 수 있을까?⁹⁾ 이상의 열 가지 질문들(그리고 거기에 딸린 질문들)이 고전적 표현들을 분석하는 범주들을 구성한다. 표1의 틀이 지침이 된다.

이때 틀은 추상적이다. 그 유용성은 논의가 계속 진행되면서 드러나게 될 것이다. 모든 질문들을 고전적 표현에 일일이 동일하게 적용할 수는 없지만, 그것들은 연구의 기본 동기를 소개하는 역할을 한다. 아울러서 나는 이런 질문들이 자료에서 **추론한** 것이지, 이론가들이나 운동이 예외 없이 직면하게 되거나 혹은 독자들이 역사적으로 유래를 확인할 수 있는 질문들이 아니라는 것을 강조하고자 한다. 그것들은 역사적 이야기의 "표면 아래서" 작동하고 있어서 고전적 표현들을 일일이 요약하는 과정에서 아주 분명하게 드러날 것이다. 고전적 표현들은 표면의 지형도topography, 그리고 기초적 질문들은 심층적 층위stratigraphy의 도구로 간주할 수 있다.

4. 고전적 표현들

"기초적 질문들"에 대해서는 내 생각을 분명히 밝혔기 때문에 이제는 "고전적 표현들"의 개념 정의로 넘어가고자 한다. 간단히 서술하면, 나는 "고전적 표현들"을 **특정의 신학적 견해와 특정의 교육적 관점이 교차하는 데 따른 신앙교육의 특수한, 역사적 외형**manifestation이라고 생각한다. 달리 말하자면, 나는 신학과 교육적 견해의 결합에서 파생된 다양한 입장을 확인하는데 관심이 있다.

나는 20세기의 그리스도인들(특히 북미 지역에 속한)이 신앙교육에 활용한 다양한 방법에 약간의 질서를 부여하려고 네 가지의 "고전적" 방법들을 소개했는데, 그것들은 아주 상이한 접근들로서 일정한 역사적 맥락에 기원을 두고 있는 것은 물론이고 오늘날에도 수정된 형태로 지속되고 있다. 실제로 나는 그것들이 계속해서 현재의 의제를 설정하는 방법들로 간주한다. 그렇다고 해서 새로운 차원이나 경향이 등장하지 않았다는 말은 아니다. 이 분야의 선구자들이 씨름해온 것 대부분이 오늘날에도 여전히 유효하다는 말이다.

고전적 표현과 일일이 일치하는 이름을 찾기는 쉽지 않았다. 지금껏 이 분야에서는 용어에 대해서 의견의 일치를 본 적이 없었다. 때문에 나는 내 생각을 가능한 한 명확하게 규정하려고 시도하는 동시에 그 범주들이 절대적일 수 없다는 지적 역시 잊지 않았다. 실제로는 훨씬 더 복잡하게 활용되고 있기 때문에 정확하게 처리하려다가는 그릇될 수도 있다.

용어의 규정과 관련해서 특히 어려운 문제는 "종교교육"이라는 용어와 관계가 있다. 3장에서 자세히 소개하는 **종교교육***religious deucation*은 자유주의신학과 진보주의 교육의 결합을 상징하는 고전적 표현이다. 하지만 그것은 역사적 실체와는 거의 무관한 "신앙교육"*educating in faith*의 동의어로 사용될 때도 있다. 두 가지 용법을 구분하기 위해서 고전적 표현을 가리킬 때는 **종교교육**을 굵은 글씨체로 처리하는데, 그렇지 않을 경우에는 신앙교육을 논의하기에 아주 적합한 방식으로 간주하는 용어에 해당할 뿐이다. 일관성을 유지하기 위해서 그 이외의 세 가지 고전적 표현들, 즉 **복음전도***evangelism*, **기독교교육***Christian education* 그리고 **가톨릭교육***Catholic education*-**교리문답**(*catechesis*)도 일일이 굵은 글씨로 처리했다.

5. 방법론에 대한 해명

방법론의 두 가지 측면을 부연해서 해명할 필요가 있다. 하나는 포괄적inclusive 언어, 즉 남성과 여성을 아우르는 언어에 대한 나의 관심과 관계가 있다. 당사자가 포괄적으로 집필하기로 결정하는 것은 비교적 수월하지만 다른 사람의 글을 인용할 경우에는 쉽지 않은데, 그런 의식이 아직 형성되지 않은 시기에 글을 쓰고 말한 사람들은 특히 그렇다. 시대착오는 비학문적이다. 그렇지만 나는 저자가 단순히 특정의 성gender을 가리키지 않으면서 "사람," "그," 그리고 "그녀"라고 계속해서 지칭하는 게 얼마나 소외를 야기하는지 잘 안다. 때문에 나는 "짝"을 이루는 용어를 괄호 안에 추가했는데, 가령 "하나님의 계시가 모든 남자〔여자〕에게 알려지게 되었다"라는 식이다. 이런 식으로 배타적exclusive 명사와 대명사를 여러 차례 인용하면 어수선할 수도 있지만, 바로 그런 어색함이 여성이 소외된 방식을 드러나게 만드는 역할을 한다.

  이와 같은 인용문들을 소리 내서 읽는 경우는 드물기 때문에 어색해보이더라도 문제될 것 같지는 않다. 그렇지만 원저자가 실제로 "남자"를 총칭적으로 사용하려는 의지가 있었는지의 여부를 결정하는 문제는 한층 더 어렵다. 수잔 아킨Susan Moller Okin이 자신의 저서「서구 정치사상에서 본 여성」Women in Western Political Thought에서 주장한 것처럼 실제로 일부 철학자들은 단지 남성을 가리키려고 "총칭적" generic 대상을 지칭하는 용어(가령, "인간"으로 번역될 수 있는 그리스어 anthropos처럼)를 활용해왔다. "사람," "인간," 그리고 "합리적 존재"와 같은 낱말이라고 해서 반드시 여성이 포함되지는 않는다.

  우리 언어의 모호성 때문에 빚어질 수 있는 이런 현상은 정치 철학에 국한되지 않는다. 독립선언서나 헌법과 같은 우리의 정치 문화에 대한 광범위한 진술 역시 보편적 언어로 진술되어 있지만, 그러나… 그것들은 여성을 배제하는 그런 방식으로 해석될 때가 많았다. 따라서 미국의 건국자들이 "만민은 평등하데 창조되었다"는 것을 자명한 진리로 선언했을 때, 그들은 다수의 노예집단을 진술 범위에서 배제하려고 했던 것은 물론 여성 역시 평등하고, 또 그래야 마땅하다는 주장을 우스개로 간주하면서 의심했다(실제로 존 애덤스John Adams

가 여성들을 잊어서는 안 된다는 부인의 호소에 대해 그랬던 것처럼).[10]

따라서 "총칭적" 용어들을 구사했다고 해서 저자가 실제로 포괄적으로 발언하고 있다고 언제나 추정할 필요는 없다. 어쩌면 내가 끼어 넣은 표현들이 "현실"을 서술하는 과정에서 여성들이 철저히 소외되고 있다는 것을 일깨우는 구실을 할 수도 있다.

방법론에 대한 두 번째 설명은 특정 대상에 적합한 형식에 관한 것이다. 나는 처녀작 「종교교육과 성서 해석」 *Biblical Interpretation in Religious Education*을 주로 대학원생과 교수라는 보다 전문적인 대상자들을 위해서 집필했다. 그와 같은 글쓰기가 한 가지 분야의 발전에 기여한다고 믿고는 있지만, 제한된 독자층과 그에 따른 상대적으로 제한된 영향 역시 염두에 두고 있다. 나는 이 책에서 보다 일반적인 독자층을 상대로 글쓰기를 시도하되 모든 사상을 남김없이 다루거나 연계된 내용을 일일이 뒤쫓으려는 유혹은 물리쳤다. 그런 논의가 적지 않은 사람들에게 기대 이상을 접하게 할 수도 있지만 말이다. 그래서 나는 직접적인 인용이나 크게 신세진 자료만 표기했고 내가 속한 학계에서 선호하는 광범위한 각주 형식은 따르지 않았다. 그렇지만 내가 활동하는 분과에서 아주 활발한 논쟁이 진행되고 있기 때문에 각장마다 참고문헌의 해제를 덧붙여서 내가 영향을 받은 저서와 인물을 보다 자세히 살펴볼 수 있도록 배려했다.

표1 종교교육의 고전적 표현들의 분석틀

기초적 질문들	고전적 표현들			
종교적이 되는 것은 무슨 의미일까?	복음전도	종교교육	기독교교육	가톨릭교육
계시 하나님은 어떻게 계시될까? 예배의 중요성은?				
회심 회심 경험의 요소들은? 심리학의 역할은?				
신앙과 신념 신앙이란 무엇일까? 신앙고백에 동의하는 것은 얼마나 중요할까?				
신학 종교교육에서 신학은 어떤 의미가 있을까?				
신앙과 문화 신앙은 개인이 세상에서 어떻게 자리 잡을 수 있게 할까?				
신앙으로 교육한다는 것은 무슨 의미일까?				
교육의 목적 어째서 신앙으로 교육하는 것일까? 교육받은 사람을 구성하는 것은 무엇일까?				

기초적 질문들	고전적 표현들			
	복음전도	종교교육	기독교교육	가톨릭교육
신앙으로 교육한다는 것은 무슨 의미일까?				
지식 안다는 것은 무슨 의미일까? 아는 것과 행동하는 것 간에는 무슨 관계가 있을까?				
사회과학 사회과학의 역할에 어느 정도의 비중을 부여해야 할까? 어느 분야가 가장 영향력이 있을까?				
교육과정과 교수 교육과정은 어떤 형태일까? 교수는 어떻게 받아들여지고 있는가?				
교육의 정치적 측면 교육이 지향하는 사회의 모습은?				

주

1) Berard Marthaler, "A Discipline in Quest of an Identity: Religious Education," *Horizons* 3(1976): 203~15 참조.
2) Jack L. Seymour, "Contemporary Approaches to Christian Education," *Chicago Theological Seminary Bulletin* 69(1979): 1~10.
3) John Elias, "The Three Publics of Religious Education," *Religious Education* 77(1983): 615~27.
4) Harold Burgess, *An Invitation to Religious Education*(Mishawaka: Religious Education Press, 1975).
5) Charles Wright Mills, *The Sociological Imagination*(New York: Oxford University Press, 1959), 223.
6) Burgess, *Invitation to Religious Education*, 21~58.
7) Wilfred Cantwell Smith, *The Meaning and End of Religion*(San Francisco: Harper & Row, 1978), 153.
8) H. Richard Niebuhr, *Christ and Culture*(New York: Harper & Row, 1951).
9) Elliot W. Eisner, *The Educational Imagination: On the Design and Evaluation of School Programs*(New York: Macmillan, 1979〔개정 2판, 1985〕), 97~107.
10) Susan Moller Okin, *Women in Western Political Thought*(Princeton, NJ: Princeton University Press, 1979), 6.

제2장 지형의 탐색: 복음 전도

현대 종교교육을 체계화한 고전적인 접근들 가운데 성격을 규정하기가 가장 어려운 게 **복음전도**evangelism이다. 뿐만 아니라 그것의 경로를 어느 정도 정확하게 추적하는 임무를 수행하기 위해서는 다른 표현들보다 먼저 다룰 필요가 있는데, 이것은 그것의 영향력과 네 가지 고전적 표현들 가운데 제일 먼저 배치한 이유를 동시에 고려한 것이다.

1. 복음전도의 정의 및 유형

어쩌면 회심을 자극하는 방식으로 성서를 설교하거나 가르친다는 포괄적이고 실제적인 개념 정의가 **복음전도**의 전모를 가장 잘 보여줄지 모른다. 보다 구체적으로 언급하면, 부흥운동revivalism과 복음주의evangelicalism는 밀접하게 결합된 **복음전도**의 두 가지 외형들이다. 물론 보기에 따라서는 그 외형들을 거론하는 게 미봉책에 불과할 수도 있다. 부흥운동은 성격상 논리적인 분석을 허용하지 않고 복음주의는 그 실체가 불분명하기로 여전히 이름이 높기 때문이다. 하지만 정확한 규정이 용이하지 않더라도 **복음전도**라는 포괄적 용어는 20세기 종교교육학의 의제를 상당 부분 설정해온 그 역동성 때문에 자세히 검토하지 않을 수 없다. 그리고 그런 조심스런 검토는 역사적 상황에서 출발해야 한다. **복음전도**는 미국적 경험에 깊숙이 뿌리를 내리고 있어서 이 "구속자의 국가"redeemer nation와 맺고 있는 관계를 무시할 경우에는 이해가 불가능하기 때문이다.[1]

2. 부흥운동

역사학자 제이 달런Jay Dolan은 부흥회를 "신성한 정의justice의 징후를 남김없이 보여주는 강력한 것"으로 규합해낸 하나의 사건, 즉 "사람들의 양심을 일깨우고, 놀라게 하고, 분발시키려는" 의도를 가진 일종의 경험으로 서술한다.[2] 죄인을 회개시키는 그 도구는 식민 시대부터 미국의 풍경에서 간과할 수 없는 부분이었던 것 같다. 사실 부흥운동가들은 대규모의 문화적인 "각성운동들"awakenings, 즉 신념과 가치의 위기 때문에 시작된 회복의 시기에 주변부에서 주도적 역할을 담당한 것으로 보인다.

제1차 대각성 운동기(1730~1760)에 등장한 부흥운동가들이 복음전도의 발전을 선도했다. 부흥운동가들이 신앙적인 사람을 새롭게 정의하면서부터 정통 교리보다 정서를 강조하게 되었다. 조너선 에드워즈Jonathan Edwards는 이것을 정확하게 표현했다. "우리 사람들은 가슴으로 감동받는 그것을 머리에 저장해둘 필요가 없다."[3] 따라서 순회 설교자들–에드워즈, 길벗 테넌트Gilbert Tennent, 조지 휫필드George Whitefield, 그리고 시어도어 프렐링후이센Theodore Freylinghuysen이라는 대가들–은 청중에게 감정의 회심을 강조했다. 그들은 "체험된 그리스도"를 설교할 목적으로 생각의 변화보다는 가슴의 변화를 추구했다. 그들의 설교는 "아주 감미롭고 포근한 D.D.(윌리엄 채닝의 애칭-옮긴이)의" 매끈한 설교와는 상당히 대조적이었는데, 죄인들의 흥망과 지옥의 공포를 자세하게 묘사하는 편이었다. 부흥운동가들은 "강단의 예술가"처럼 청중의 마음을 변화시킬 목적으로 자신들이 구사하는 말을 연구했다. 이 부흥운동가들은 조지 휫필드가 "알 수 없는 그리스도"에 관해서 떠들어대고 있으며, "회중들이 그토록 무감각한 까닭은 죽은 사람을 상대로 설교를 하고 있기 때문"이라고 비난을 퍼부었던 이들과는 지극히 대조적이었다.4)

1741년에 에드워즈가 했던 유명한 설교, 즉 "성난 하나님의 손 아귀에 잡힌 죄인들"에 담긴 신학은 오늘날에는 믿기지 않을 정도로 엄격해 보이지만, 에드워즈는 아주 생생한 언어로 묘사했기 때문에 대개는 그렇게 생각하지 않았다.5) 이런 뛰어난 설교자들이 전달하는 하나님의 말씀은 냉랭한 마음을 깨뜨리고, 으깨고, 긴장시키고, 파괴하고, 그리고 쪼개버렸다. 테넌트가 설교를 하면 수많은 회중이 눈물을 흘리고, 흐느끼고, 두려워서 소리 지르고, 무릎을 꿇고, 그리고 구원을 소원했다. 테넌트의 동생이었던 윌리엄과 존은 아무래도 그의 설교를 듣고서 혼수상태에 빠진 것 같았다. 의사가 사망 판정을 내린 윌리엄은 장례식을 준비했지만 의식을 회복하고 나서 말할 수 없을 만큼 아름다웠던 회심의 경험을 소개했다.6) 새로운 형식의 설교가 가슴의 종교를 촉진시킨 게 분명했다.

부흥회를 "하나님의 놀라운 활동"으로 받아들인 이 설교자들의 세대는 명확하게 요약된 체계적인 기독교교육 이론을 찾아볼 수 없었다. 그럼에도 불구하고, 기초적인 질문들을 활용해서 보다 자세히 검토하면 기독교교육에 대한 암묵적인 이해가 드러난다.

1) 부흥운동가와 회심의 중심성

회심conversion은 부흥운동가들의 사역에서 핵심 주제로 활용되었기 때문에 그 중심성을 고려하면 부흥운동의 경험에서 회심이 활용된 방식을 명확히 해 둘 가치가 있다는 것을 알 수 있다. 1741년에 회심하고서 뉴잉글랜드의 침례교회 지도자가 되었던 아이작 배커스Isaac Backus의 일기를 잠시 살펴보자. 배커스는 몇 주 전에 부흥회가 마을을 휩쓸었지만 자신은 회심할 마음이 일지 않았다고 상세히 기록했다. 그는 이런 무덤덤함이 몹시 괴로웠다. 배커스는 계속해서 이렇게 털어놓는다.

> 1741년 8월 24일…나는 혼자서 잔디를 깎고 있었다.…내가 어떻게든 〔구원을 위해서〕할 수 있을 것 같은 모든 방법을 동원했고 또 만일 내가 영원히 멸망한다면-그리고 하나님의 정의가 말할 수 없을 정도로 간사한 배반자를 정죄하면서 내 눈 앞에서 아주 선명하게 빛을 발한다면-그분의 발 앞에 엎드리는 것 외에 달리 할 수 있는 일이 없는 게 분명해보였다. 내가 그분의 손아귀에 있고 그분이 나를 원하는 대로 처리할 수 있는 권리가 있음을 알았다. 그리고 나는 무감각하고, 쓸모없는 존재처럼 그분 앞에 누워 있었다.…그리고 바로 그 중대한 순간에, 어둠에 빛을 비추게 하시는 하나님은 내가 범한 율법을 완벽하게 충족시킨 영화로운 공의, 그리고 하나님께 매료되고 이끌려서 그분의 거룩한 영광을 생각하며 탄복하는 것 이외에는 전혀 다른 생각을 할 수 없을 만큼 무기력한 존재의 소원을 만족시키려고 그리스도 안에 존재하는 무한한 충만함을 일깨울 정도로 내 마음을 조명하셨다.[7]

빛과 어둠, 죽음과 영광, 불행과 즐거움의 이미지를 구사하는 배커스의 글은 부흥운동가의 설교 때문에 위험에 처한 정서적이며 극히 개인적인 회심을 떠올리게 한다. 배커스가 죄책감에 짓눌리기 전에 "마음의 질병과 거기에 존재하는 타락의 근원"을 극복했기 때문에 그리스도를 통한 하나님의 은혜가 이제 그를 해방시켰다. "그래서 이제 나의 짐(전에는 정말 두려울 정도로 무거웠던)은 사라졌다. 끈덕지게 괴롭히던 두려움은 사라지고 내 영혼은 달콤한 평안과 즐거움을 누리고 있다."[8]

한 세기 뒤에 어맨다 스미스 Amanda Berry Smith(1837~1915)가 자신의 회심을 소개하는데 활용했던 이미지 역시 상당히 비슷했다. 마침내 19세기에 가장 유명한 흑인 여성 전도자가 되어서 남부의 "성결" 운동 진영의 집회는 물론 영국, 아프리카 그리고 인도에서 복음을 전하게 된 스미스는 19세에 회심을 경험한 내용을 자서전에 기록했다.

> 오, 얼마나 갈등이 심했는지 모른다. 어둠이 어떻게 모여들었는지 모르지만, 나는 절망적으로 눈을 들고 입을 열었다. "오 주여, 나는 죽으려고 이곳에 내려왔으니, 오늘 오후에 구원을 얻든지 아니면 죽어야 합니다. 당신이 지옥에 보내시면 가겠지만 내 영혼을 변화시켜주옵소서." 그러고 나서 위를 바라보며 말했다. "오 주여, 당신만이 나를 도우실 수 있다면 내가 만일 다시 범죄하거든 당신의 얼굴을 평안히 바라보지 않게 하옵소서." 그리고 기다렸다.…그러다가 절망하면서 눈을 들고 말했다. "오 주여, 당신이 나를 도우시면 당신을 믿겠습니다." 하나님께 하고 싶은 말을 행동으로 표현했다. 오, 평안과 기쁨이 내 영혼에 흘러넘쳤다! 짐은 사라졌다. 그게 사라지는 게 느껴졌고, 과거에 한번도 겪어보지 못한 듯한 빛과 기쁨이 나의 영혼을 휩쓸었다. "주여, 어째서 내가 구한 게 이것이라고 믿어야 합니까."라고 말하자 또 한 차례 빛과 평안이 밀려왔다. 그리고 내가 다시 말했다. "주여, 어째서 내가 당신에게 구한 게 이것이라고 믿어야 합니까." 그러고 나서 벌떡 일어서자 주변이 모두 환해졌고, 나는 거듭났다. 두 손을 보니 새롭게 보였다. 손뼉을 쳤다. 지하실 밖으로 달려나가서 부엌을 뛰듯이 걸었다. 주님을 찬양하라! 후광이 나를 완전히 감싼 듯했다.…식당으로 갔다. 바닥에서 천정까지 닿는 커다란 거울이 있었는데, 내 피부를 통해 빠져나오는 게 있는지 확인하려고 다가갔다. 내 안에서 놀라운 일이 일어나서 정말 밖에서도 보일 것 같았기 때문이었다.[9]

2) 조너선 에드워즈의 회심론

조너선 에드워즈의 「종교 감정에 관한 논문」 *Treatise Concerning Religious Affections*(1746)보다 부흥운동가의 회심관을 생생하게 소개한 저서는 찾아볼 수 없다. 2백년 이전에 "거룩함은 전일성"이라는 통찰을 예견했고,10) 지금으로서는 소위 전인적 인간 이해를 강조했다. 에드워즈는 진정한 종교는 가슴 안에서 작용하는 감정들과 그 능력이라고 강력하게 주장하면서 순회설교의 이론적 토대를 구축했다. 그는 이렇게 주장했다. "일찍이 누구든지 읽고, 듣고 또 보았으나, 그의〔그녀의〕감정을 자극하지 못한 그 어떤 종교적 본성도 그의〔그녀의〕마음이나 대화에 결코 특별한 변화를 가져올 수 없었다."

> 천성적으로 자신의 구원을 위해 진정으로 힘쓰는 사람은 결코 없었다. 지혜를 따르도록 외치고, 깨달음을 위해 목소리를 높이고, 자비를 구하는 기도를 하면서 하나님과 씨름하게 만드는 그런 사람도 결코 없었다. 그리고 일찍이 자신의 무가치함과 하나님의 분노의 대상이 될 수 있다고 들었거나 상상한 적이 있어서 겸손해져서 하나님의 발 앞에 나온 사람은 결코 없었다. 일찍이 그리스도에게로 급히 달려갔지만, 그〔그녀〕의 마음이 **변화되지 않은** 사람도 없었다. 일찍이 가슴이 **변하지 않은** 채 차갑고, 생명력이 없는 구조 때문에 각성하고, 또 쇠퇴하고 있는 신앙을 회복하고, 그리고 하나님과의 후회스런 결별을 끝낸 성도는 한 사람도 없었다. 그래서 요컨대, 종교와 관계된 것들을 가지고서 그것들에 **커다란 영향을 받은** 적이 없는 가슴을 가진 살아 있는 어떤 사람의 가슴이나 삶에 **별다른** 변화를 결코 가져올 수는 없었다.11)

3) 조너선 에드워즈와 인식론

에드워즈는 부흥운동가의 설교가 열정적인 정신 때문에 비난을 받고 있다는 사실을 잘 알고 있었다. 대표적인 비평가는 보스턴에서 목회를 하던 찰스 천시Charles Chauncy였는데, 그는 1743년에 "최근의 종교는 어떤 **마음의 기질 변화**보다는 **열정**을 더 많이 **자극해왔다**"고 통렬하게 지적했다.12) "늘 지침이 되어야 하는 진정한 진리는 **계몽된 마음**이며, **감정을 고양하는 게 아니다**"라고 주장한 천시와 달리,13) 에드워즈는 인지와 감정 사이의 이분법을 조장하려고 하지 않았다. 에드워즈의 경우에는 하나님의 은총이 일종의 새로운 인식perception, 즉 마음에 인상을 남겨서 "계몽된 이해"를 가능하게 하는 "영적 감각"을 발생시켰다. "거룩한 감정은 빛이 없으면 가열이 되지 않지만 이해된 지식의 일부, 마음이 수용하는 영적 교훈의 일부, 빛이나 실제적인 지식의 일부로부터 늘 생겨난다."14) 물론, 에드워즈는 모든 감정이 "이해의 빛"에서 생겨나지 않는다는 것, 그것에 대한 지식이나 교훈과 무관한 감정은 전적으로 영적이지 않으며, 그래서 진짜 신앙의 바탕이 될 수 없다는 것을 알고 있었다.

에드워즈가 사용한 "이해의 정보"는 그의 앎의 이론에 관한 실마리가 된다. 그는 **개념적 이해**notional understanding-"마음이 오직 사변적인 능력을 빌어서 사물을 바라보는 것-와 영적 지식, 곧 **가슴의 느낌** sense of the heart-마음이 **사색하고 바라보는 것**은 물론 **즐기고 느끼는 것**"-을 구분했다.15) 전자는 오직 "머릿속을 벗어나지 않고" 인간의 능력을 자연스럽게 구사함으로써 획득하게 되지만, 하나님이 계시하는 후자는 인간 전체를 포괄한다. 에드워즈에게 있어서 지식을 전하지 않는 발언은 은총의 수단이 될 수 없었다. 따라서 에드워즈는 설교할 때마다 영적 지식을 제시해서 구원에 도움을 주려고 시도했다. 그는 그저 사고나 느낌의 통합이 아닌, 행위의 원천까지 파악하는데 관심을 가졌다. 「종교 감정에 관한 논문」이 지적하듯이 영적 이해는 이성적인 것을 초월하는 것은 물론, 실천까지 포함한다. 종교 감정은 인간의 동기와 행위의 "원천"이다. 이와 달리, "쉽게 감정을 전달하면 말이 생산된다. 말은 싸구려다. 행위보다는 말로 경건한 체 하는 게 더 쉽다."16) 하나님의 길을 익히기 위해서는 정확한 교리로는 부족하다. "위선자들은 성자처럼 행동하는 것보다 성자처럼 말하는 게 훨씬 더 쉬울 수 있다."17) 에드워즈에 따르면, 사람은 다르게 살기 위해서 지식을 추구했다.

4) 조너선 에드워즈의 신앙과 신념

에드워즈에게 있어서 신앙은 경험적이며 개인이 지닌 인생관의 전반적인 변화를 지향하는 게 분명했다. 신조 형식들과 같은 신념은 그리 중요하지 않았다. 그렇지만 신학은 상당한 의미가 있었다. 에드워즈가 "기독교적 지식"이라는 설교에서 언급한 것처럼 인간은 "사물은 이해의 문을 통과하지 않고서는 핵심에 도달할 수 없고, 따라서 이성적 지식을 중시하지 않는 영적 지식은 존재하지 않는다."[18] 아울러서 에드워즈는 모든 사람들이 신학적인 문제에 관심을 가져야 한다고 주장했다. "평범한 사람들"은 이렇게 말하면 안 된다. "이 문제들을 목회자나 신학자들에게 맡기자. 그들이 처리할 수 있으니 그들 스스로 논쟁을 벌이게 하자. 그들은 우리를 걱정하지 않는다."[19] 에드워즈는 신학적인 문제를 누구에게나 "무한히 중요한 것"으로 간주하면서 청중에게 강조했다. "자신을 학자나 제자처럼 생각하고, 그리스도의 학교에 입학하라. 그리고 나서는 기독교 지식을 부지런히 숙달하라."[20] 에드워즈는 모든 사람이 하나님에 대한 지식에 접근하게 만드는 방식을 권유했다. 앨런 히머트Alan Heimert의 지적처럼 제1차 대각성 운동 덕분에 하나님은 민주화가 되었다.[21]

5) 인식론과 목회자 자격 논쟁

그렇지만 모든 설교자들이 에드워즈만큼 통찰력 있고 통합된 지식의 이론을 구축할 수 없었다. 제1차 대각성 운동기에는 여전히 제대로 해소되지 못한 목회자의 자격을 두고 논쟁이 벌어졌다. 길벗 태넌트가 1740년에 했던 "회심하지 못한 목회자의 위험"이라는 설교가 대중적인 관심을 사로잡은 논쟁을 야기했다. 테넌트는 "성령의 특별한 역사를 전혀 경험하지 못한 바리새인 교사들"이라고 악담을 퍼부으면서 "자연인"natural men(women)의 목회를 반대했다.[22] 그가 보기에 그들은 "조금이라도 영적 경험이나 의욕이 없으면 두더지처럼 눈이 멀고, 돌처럼 생명이 없었다."[23] 테넌트는 하나님을 경험하는 게 목회자의 일차적인 자격이 된다고 확신했다. 이 선행조건이 결여되면 박식해도 소용이 없었다. 테넌트의 의논 상대였던 살러몬 스타더드 Solomon Stoddard는 이 신념을 다음과 같이 진술했다.

> 〔목회자들은 반드시〕 가슴으로 이 역사를 경험해야 한다. 경험하지 못한다면, 그들은 눈먼 인도자일 뿐이고, 회심의 역사에 관해 그릇된 개념들을 즐기는 대재앙을 만나게 될 것이다….사람들이 어떤 책을 읽었든지, 목회자에게는 경험적 지식이 크게 필요하다….상처를 입은 양심들이 경험이 없는 목회자의 지도를 받아야 하는 것은 커다란 재앙이다.24)

전일적인 에드워즈의 지식 이론, 감정의 능력에 대한 그의 인식, 그리고 박식한 목회자 논쟁을 통해서 19세기 후반의 기독교교육가들이 중시했던 여러 가지 관심사들의 원천을 확인할 수 있다. 역사학자 더글러스 슬로언Douglas Sloan보다 제1차 대각성 운동기의 부흥운동가들이 남긴 유산을 통찰력 있게 찾아낸 사람이 없는데, 그는 오늘에 이르기까지 교육계에서 지속되고 있는 다섯 가지의 긴장상태에 주목하도록 요구한다.25)

- 첫째는 교육의 목적과 관계가 있다. 특히, 연속성과 변화 사이의 관계가 그렇다. 여러 세대 동안 누적되어온 지식의 전통을 보존하고 존경하지만 그와 동시에 독창적인 혁신과 자연스런 영감에 대해서 어떻게 지속적으로 개방적이 될 수 있을까?
- 슬로언이 제시한 둘째와 셋째 질문은 아는 게 무엇을 뜻하는지 성찰하게 만든다. 체계화되고 합리적인 지식을 보유하고 있는 취약한 문화를 보호하지만 그와 동시에 활기찬 정서적 및 미학적 경험으로 어떻게 능력을 부여할 수 있을까?
- 객관적 "지식"knowledge about을 개인적, 주관적 "지식"knowledge of과 어떻게 연결할 수 있을까?

· 슬로언의 넷째와 다섯째 질문은 교육을 정치적 행위로 이해하는 것과 관계가 있다. 빈번히 갈등을 일으키는 즉각적이며 실용적인 사회적 문제들에 대한 주장과 더 큰 규모의 사회적 비전에 대한 장기간의 전략과 목표를 어떻게 연계하고 중재할 수 있을까?

· 우월한 기준을 유지하는 동시에 통속적인 욕구, 취향, 요구에 어떻게 계속해서 응답할 수 있을까?

6) 19세기의 부흥집회

이상의 질문들이 지닌 특징은 제2차 및 제3차 대각성 운동기(각각 1800~1830, 그리고 1890~1920)와 미국 가톨릭교회의 교구선교기(1830~1900)에 모두 해당하는 19세기 부흥회를 통해서 한층 더 뚜렷해졌다. 지식에 대한 이해, 그리고 종교와 문화 간의 관계 및 상관관계, 정치적 행위로서의 교육과 관련된 문제들이 특히 중시되었다. 이런 문제들을 검토하기에 앞서 신학의 발전에 대해 미리 거론하는 게 순리다. 부흥운동은 하나님과 인간에 대한 견해가 바뀌었다는 것을 입증했기 때문이다.

고전적 칼뱅주의 입장에서 보면 죄에서 회심으로 방향을 바꾸는 부흥회는 어색하다. 비록 모든 사람들이 내적 타락 때문에 지옥에 가야 마땅하지만 하나님은 신비롭게도 일부 사람들에게 구원을 예정하셨다. 따라서 하나님의 의지가 인간의 행동 때문에 바뀌지 않을 테니 회개의 약속은 별다른 의미가 없다. 경건한 삶-하나님의 법에 순종하고, 부지런하고, 인내하고 또 기도에 힘쓰는 것-은 기껏해야 죄로 물든 사악한 세상에서 하나님의 은총이 작동하고 있음을 입증할 따름이었다.

하나님의 절대적인 전능이 강조되고 인간의 자유가 철저히 부정된 탓에 칼뱅주의의 신학 의제는 처음부터 결정론이 압도적이었다. 예정론을 반대하는 비판자들 가운데는 야코부스 알미니우스 Jacobus Arminius(1560~1609)가 대표적이었다. 그는 도르트Dort 대회에서 정죄

되었지만 19세기의 미국 부흥운동에 새로운 의미를 부여하면서 또다시 등장했는데, 무엇보다 찰스 피니Charles Grandison Finney(1792~1875)와 존 웨슬리John Wesley(1703~1791)의 설교에서 두드러졌다.

이 "알미니우스적" 경향은 초기 부흥운동가 세대에서는 찾아볼 수 없었다. 가령, 에드워즈의 "새로운 빛"이나 "일관된 칼뱅주의"는 본디 회심의 위기를 빌어서 영적인 거듭남을 강조하는 일종의 회복 revitalization 운동이었다. 에드워즈의 하나님은 자비롭고 은혜롭기는 하더라도 정죄를 받아 마땅할 만큼 완전히 타락한 피조물에 적합하게 요구가 많고 엄격했다. 하지만 에드워즈와 특히 새무얼 홉킨스Samuel Hopkins 같은 그의 동료들은 회개가 어떤 식으로든 하나님의 자비를 "확보하게 된다"고 설교를 했기 때문에 무의식적으로 고전적인 예정 사상을 약화시켰다. 제2차 대각성 운동기에 이미 이런 빈약한 토대로부터 이동한 몇몇 부흥운동가들은 인간의 자유의지 인정, 아동의 타락 부정 그리고 덜 엄격한 하나님의 모습을 가지고 완고한 칼뱅주의의 잔재를 걷어냈다.

7) 찰스 피니: 19세기의 대표적 부흥운동가

북동부 지역에서는 티모시 드와잇Timothy Dwight, 라이먼 비처 Lyman Beecher, 그리고 너새니얼 테일러Nathaniel Taylor처럼 제대로 교육받은 설교자들이 변화하는 칼뱅주의의 개념을 누구보다 요령 있게 전달했다.

그렇지만 미국의 중서부 곳곳에 열린 부흥집회에서 수정된 칼뱅주의 사상을 가장 생생하게 증언한 인물이 바로 변화가 심한 피니였다. 피니는 에드워즈처럼 인간의 마음은 극도로 사악하다고 생각했다. 따라서 목사는 죄인을 복종시키고, 변명하지 못하게 하고, 생트집에 응대하고, 교만을 꺾고, 또 마음을 깨뜨리도록 부름을 받았다. 그러므로 부흥운동가의 임무는 "진리를 붓고, 점검하고, 낡은 기초를 깨뜨리고 그리고…하나님의 말씀을 불과 망치처럼 사용하는" 것이었다.26) 피니는 부흥회를 "하나님의 놀라운 활동"으로 간주하던 선임자 에드워즈와 달리 보다 과학적인 견해를 제시했다. 즉, 그것은 "어떤 의미에서 기적이 아니거나, 혹은 기적을 의지하지 않는다." 오히려, 곡식을 재배하는 도구나 밀의 알곡을 재배하는 도구의 바른 활용 사이에는 어떤 관계가 존재하듯이 부흥은 "선정된 도구를 바르게 활용한데 따른 순수한 철학적 결과"였다. 아울러서 회심도 능동적으로 추구해야 했다. 인류는 단순히 하나님을 기다려서는 안 된다. "50억 이상이 지옥에 간 게 분명하지만, 교회는 도구를 활용하지 않으면서 하나님이 그들을 구원하시기를 꿈꾸면서 기다려왔다. 그것이 영혼을 파괴하려고 악마가 사용한 가장 성공적인 도구였다." 그렇지만 칼뱅주의의 유산을 충실히 따르던 피니는 적어도 "하나님의 축복 없이" 오로지 "선정된 도구"만으로는 진정한 부흥을 일으킬 수 없다는 것을 인정했다.27)

피니의 유명한 「부흥에 관한 강의」*Lectures on Revivals*는 부흥회를 활성화하는 데 필요한 도구와 방법을 세심하게 묘사하는 일종의 부흥회 기법에 관한 전문적인 지침서 형태를 하고 있었다. 그는 자신의 작품이 그 어떤 물리학이나 공학의 교본처럼 과학적 법칙에 철저하게 근거하고 있다고 주장하면서 주의를 집중하는 구체적인 도구와 회심으로 이끄는 특별한 기술들을 충고했다. 가령, 그는 글로 작성된 설교를 거부했다. 자연스런 사고의 흐름을 훼방하고, 감정을 차단하고, 그리고 몸짓의 활용을 최소화시키기 때문이다. 초기의 목회자들이 교사를 자신들의 모범으로 삼았다면, 뉴욕 주 변호사 출신의 피니는 변호사나 배우가 모범이 되어야 한다고 주장했다. 목회자들은 "구어체로, 변호사처럼" 설교해서 회중을 이해시킬 수 있어야 한다. 아울러서 목회자들은 회중이 감동을 받고 회개하도록 배우들을 흉내 내는 것을 목표로 삼아야 하는데, 배우들은 관객에게 정신과 의미를 "살아 있는 실체"처럼 제시할 정도로 작가의 정신과 의미에 전적으로 자신들을 맡긴다.28)

하지만 피니가 정서주의emotionalism 그 자체를 옹호한 것은 아니었다. 그는 개인들이 자신들을 "일깨우도록" 흥분시키고, 죄인들이 불편해서 좌불안석이 되도록 앞쪽 의자에 "불안한 자리"를 배치하고, 또 "문제를 제기"하는 것도 괜찮다고 생각했다. 하지만 그가 보기에 설교자들은 결국 청중들을 각성으로부터 철저한 확신으로 이끌 수 있는 다른 방법을 활용하지 않을 수 없었다. 사실 피니는 광신이 순수한 부흥운동과 양립할 수 없다는 것과 예절과 질서가 항상 우세해야 한다고 경고했다.

피니에게 있어서 "주관적 지식"subjective knowledge of은 미미한 변화를 가져오는 지식, 즉 학문적인 목회 논쟁을 떠올리게 하는 긴장을 유발한 무용한 질서보다는 확실히 중요했다. 대다수의 동료 부흥사들이 두 가지 각성에 눈을 뜬 것처럼 피니는 무엇보다 교육을 중시했다. 그는 제일 먼저 학교를 꼽았다. 회심에 의해서 촉발된 확신을 심화시키는 잠재력이 있다고 믿었기 때문이다. 1827년에 그는 "무능력하고 미적지근한 동부지역 신학대학원들의 졸업생"을 대체할 수 있는 새로운 유형의 부흥회 설교자를 교육할 목적으로 어니다 전문학교 Oneida Academy를 설립 중인 조지 게일George Gale을 지원했다. 그는 1831년에 길벗 모건Gilbert Morgan의 로체스터 실용교육학원Rochester Institute for Practical Education의 설립을 도왔고 1833년에는 트로이와 알버니Troy and Albany 신학대학원 설립에 기여했다. 무엇보다 중요한 일은, 피니가 신학교수직을 위해서 1835년에 오벌린Oberlin 대학으로 떠났다가 나중에 그곳의 총장이 되었다는 것이다. 그는 이렇게 주장했다. 대학은 "죄인들의 회심과 그리스도인들의 성화를 제일 과제로 삼고 모든 교육 프로그램을 여기에 맞추어야 한다."29)

피니를 비롯한 당시 사람들의 점차 알미니우스적 성향을 띠어가는 칼뱅주의는 기독교와 사회 질서에 새로운 시각을 제공했다. 전적으로 타락해서 하나님이 간섭하지 않으면 변화의 조짐이 없는 세상이라는 개념을 배격한 피니는 기독교의 확산을 통해서 세상이 점차 완벽하게 바뀌어가고 있다고 생각한 부류에 속했다. 그리고 특히 제2차 대각성 운동기에 천년왕국에 대한 소망이 민족주의적 정서와 결합되었다. 멀지 않은 장래에 천년간의 평화와 축복이 미국에서 시작된다는 것이었다. 아울러서 이 새로운 시대는 정치 및 경제적 구조보다는 죄인들의 회심을 통해서 임하게 될 것이다. 변화된 사회 질서가 천년왕국의 특징이 될 테지만 말이다.

8) 피니의 신앙과 문화 관계론

피니는 당시 일부 사람들이 명확하게 공유한 것처럼 죄로부터의 회심은 정의로운 사회의 창조를 지향하는 노력이 필요하다고 생각했다. 하지만 그의 죄에 대한 이해는 거의 전적으로 개인주의적 범주 형태를 하고 있어서 사회 개혁에 대해서는 애매한 상태를 유지했다. 한편으로, 그는 예배 의자 사용료가 조장하는 사회 및 계층의 구분을 거절했다. 그와 그의 추종자들은 모두 차별 없이 자리에 앉는 "자유로운 교회"free churches를 구상했다. 그는 "전쟁, 노예제도, 방탕함 그리고 악행과 증오"를 성도가 "완벽하게 그리고 최종적으로 전복"을 갈망한 "거대하면서도 지독한 악행"으로 정죄했다. 또 한편으로, 노예제도에 대한 그의 입장은 그리 일관적이지 않았다. 기독교는 노예 소유를 부도덕한 것으로 간주해야 한다는 친구들의 주장 덕분에 확신을 갖게 되었지만, 위기에 직면하자 피니의 확신은 흔들렸다. 1834년에 노예제도 폐지에 항의하면서 소동을 빚는 사람들과 맞닥뜨리자 피니는 침묵으로 일관했다. 그는 노예를 풀어주는 것과 그들을 사회적으로 평등하게 대하는 것은 서로 다르다는 사실을 근거로 채텀 스트릿 교회Chatham Street Chapel의 좌석 통합을 거절했다. 1835년까지 피니는 반노예제도 활동에 더욱 소극적이 되어서 의견이 분분한 주제를 가지고 기도하거나 설교하지 않았다. 마침내 1836년에는 노예제도 폐지 운동을 공식적으로 해체했고, 오벌린 대학의 일부 제자들이 회심을 가능하게 하는 죄로부터의 해방보다 노예 해방에 훨씬 더 관심을 갖는 것처럼 보이자 분노했다. 피니의 세계에서는 언제나 사회 개혁이 부흥운동에 종속되어 있었다. 신앙은 사람들로 하여금 술, 탐욕, 거짓 그리고 기타 그런 죄를 회개하도록 도전하는 한에 있어서 반문화적이며, 후대 신학자들이 "사회 악"이라고 부른 것, 즉 인간을 억압하고, 인간의 존엄성을 훼손하고, 자유를 억제하고, 그리고 총체적인 불평등을 강요하는 구조와는 무관했다.

실제로 피니를 돌아보면 사회 질서의 재구성에 무심했다는 게 보다 더 분명해진다. 실제로 부흥운동가들은 전형적으로 개인적인 변혁을 추구했다. 이것은 "성공 윤리"까지 포함된 엄격한 도덕률을 형성한 이원론적 세계관과 맞물려 있는 사적personal 도덕성을 강조한다. 부흥운동가들은 부정함과 무절제를 비난했지만, 검소하고 열심히 일해서 성공을 거둔 자수성가한 사람에 대한 신화와 세련되지 못한 개인주의를 따르는 견해를 소유하고 있는 개인들을 강력하게 조직했다.

9) 미국 가톨릭의 부흥운동

비록 자수성가한 인물에 대한 신화가 알미니우스화 된 칼뱅주의를 반영한 것이기는 했지만, 그것은 가톨릭의 부흥운동, 즉 개신교라는 상대보다는 유명하지 않아도 비슷한 영향력을 발휘한 한 가지 현상에서도 역시 압도적이었다. 부흥회는 이민자들을 교육하는 중요한 수단으로 활용되었는데 그들은 미국 가톨릭교회가 공전의 성장을 기록하는 순간에 이민을 왔다. 가령, 1830년과 1860년 사이에 가톨릭 인구 가운데 대략 70퍼센트를 차지하던 이민자가 876퍼센트까지 증가했다. 성직자의 숫자는 863퍼센트까지 증가하였고, 주교관구의 숫자는 4배로 늘어나서 43개가 되었으며, 그리고 교회 자산의 가치는 1850년과 1860년 사이에 3배로 증가했다.[30] 이민자들은 대부분 가난하고 글을 몰라서 신앙 교육의 욕구가 절실했다.

교구선교회는 이 사람들에게 활기를 불어넣었다. 교구선교회는 늘 한 주 정도의 단위로 죄인들을 회개시키려고 했다. 2차 회심을 필요로 하는 이미 신앙을 고백한 청중과 매일의 성찬식, 묵주 기도와 강복으로 이루어진 저녁 예배, 그리고 화해성사를 비롯한 성례전적 성격이 개신교의 부흥회와 다르기는 했어도 교구선교회 역시 정서의 회심을 강조했다. 퍼러스 스카프Paulus Scharpff가 전하듯이 "전도 메시지는 죄의 회개와 그리스도에게 무릎 꿇는데 필요한 시간을 가질 수 있는 지속적이고, 간청하는 초대이다."31) 혹은 알렉산더 도일Alexander Doyle이 보다 직접적으로 표현한 것처럼 "그들에게 죄를 확신시키고, 심판의 두려움으로 마음에 하나님에 대한 두려움을 불어넣는다."32) 특히 예수회, 구속회, 그리고 바울로 사제들로 이루어진 카리스마 설교자들은 사람들의 마음을 돌려놓기 위해서 영원한 정죄에 대한 두려움을 조장했다. 달런Dolan은 교구선교회 순회 설교자들이 바로크 시대의 거장들만큼이나 생생하게 십자가의 모습을 그려낼 수 있었다고 주장한다. 이 "강단의 예술가들"에게 있어서 언어는 도구였고, 그들이 묘사한 장면들은 회중에게 상당한 인상을 안겨주었다. 따라서 회심은 그릇된 길을 개혁하기 위한 성례전과 헌신으로 돌아서는 것으로 간주되었다. 술 취한 죄인의 회개가 상당히 중시되었다. 가톨릭의 부흥운동은 개신교처럼 절제 협회들의 성장에 크게 기여했다. 바울로선교단은 불과 9년만에(1888~1897) 5천명에게 절제서약을 받아냈다. 그런 서약은 예수를 위한 개인적 결단의 증거였다. 물론, 절제가 사회적 의미를 갖지 않는 것은 아니었지만, 그럼에도 불구하고 그것은 개인주의적 성향을 유지했다.

10) 개신교와 가톨릭 부흥운동의 공통점

사실 부흥운동을 요약하면 개인의 중생이었다. 그런 상황은 가톨릭의 교구선교회나 개신교의 부흥회나 동일했다. 부흥운동의 "보편적"ecumenical 측면은 다섯 가지의 공통적인 특징을 갖고 있는데, 새로운 사역 형태의 개발과 순회 설교 및 청중의 오감에 강한 인상을 남기려는 "감각적 설교"를 중시하는 기술의 강조, 진정한 결단으로서 회심의 압도적인 강조, 사회적 질서보다는 개인적 차원에서의 엄격한 도덕률의 옹호, 그리고 부흥회를 뒤따르는 교구와 교파적 성향이 반영

된 생활의 조직이 그것들이다.33)

11) 근본주의: 부흥운동의 전투적 양상

부흥운동에 관한 이런 설명은 한 조각만 더 추가하면 마무리되는데, 보다 전투적인 형태로 등장한 근본주의fundamentalism가 그것이다. 근본주의는 부흥사적 사고의 궤적 가운데 한 가지로 간주할 수 있다. 그런 특징은 19세기 후반에 활동한 두 명의 부흥운동 설교자인 드와잇 무디Dwight Moody(1837~1899)와 빌리 선데이William Ashley Sunday(1863~1935)의 사역 가운데 상당 부분이 드러나 있다.

무디는 사적 도덕성에 대해서는 부흥사들과 대체로 생각이 같았지만, 그의 반지성적 성향은 전임자들과 달랐다. 이전의 강단 예술가들과 달리 그는 공포를 유발하려고 지옥 불을 설교하려고 하지 않았다. 두려움으로는 결코 개종자를 확보할 수 없다고 확신한 그는 대신에 "기독교적 근본," 즉 "세 가지 R"이라고 부르는 "죄에 의한 멸망ruin, 그리스도에 의한 구속redemption, 그리고 성령에 의한 중생regeneration"에 집중했다.34) 그렇지만 무디 역시 범죄가 팽배해 있다고 확신했다. 하나님에 대한 무디의 견해가 에드워즈의 그것보다 두려움을 덜 자아내기는 했어도 그의 세계관은 사뭇 비관적이었다. "나는 이 세계가 좌초한 선박이라고 생각한다. 하나님은 내게 구명보트를 주시면서 말씀했다. '무디야, 힘껏 모두 구하거라.'"35) 따라서 그 역시 청중들에게 자신들의 삶을 바꾸고 "세상의 즐거움"이라는 죄악을 회개하는 결단을 내리도록 부지런히 권했다. "어떤 죄이든지 간에 그것을 이길 수 있다고 생각하라."36) 교회와 문화의 관계에 대한 그의 입장은 극장, 사람들의 안식일 경시, 주일 신문, 그리고 무신론적 교훈들(진화를 포함해서)을 그 시대의 커다란 네 가지 시험으로 비난한 것에 분명히 드러나 있었다.

무디의 사고방식에는 이원론("교회와 세계 사이에는 선이 그어져야 하고, 모든 그리스도인은 세상에서 두 발을 빼야 한다.")이 작동했음에도 불구하고,37) 그는 성공의 복음을 전했다. "예수의 피로 구원받은 남성과 여성이 자선의 대상이 되는 법이 없이 곧장 평안하고 존경받게 되는 것은 놀라운 일이다."38) 이런 일관되지 못한 모습은 부흥운동의 역사에서 새로울 게 없었지만, 무디는 신학적인 문제들을 알지 못했기 때문에 특히 그랬다. 찰스 피니는 자신의 신학이 고전적인 칼뱅주의와 결별하게 된 과정을 설명하기 위해서 거의 1천 쪽에 달하는 저서를 집필했지만, 무디는 성서 이외의 저서에는 흥미가 없었다. "나는 책에 관해서 한 가지 규칙을 갖고 있다. 나는 **유일한** 책을 읽는 데 도움이 되지 않는 책은 전혀 읽지 않는다.…나는 차라리 지식이 없는 열정을 소유하고 싶다. 그리고 열정이 없는 지식은 정말 많다."39) 실제로, 언젠가 한 여성이 그를 만나서 자신은 그의 신학을 믿지 않는다고 말했다. 무디는 이렇게 대답했다. "내 신학이라고요! 나에게도 그런 것이 있는지 몰랐습니다. 내가 어떤 신학을 가지고 있는지 알고 싶군요."40)

무디의 반지성주의는 "옛 종교"를 지지하는 것은 물론이고 1896년부터 1920년 사이에 부흥사 십자군들이 전국적인 예언자로 추대했던 한 사내와 막상막하였다. 빌리 선데이는 중학교를 마치지 못한 야구선수였지만, 1886년에 회심을 하고 부흥사 대열에 합류했다. 그는 꽤 많은 사람들을 개종시키는 바람에 안수 심리를 위해서 1908년에 소집된 장로교회의 어느 위원회에 참석하자 자격이 부족함에도 불구하고 안수하기로 결정하지 않을 수 없었다. 어쨌든 선데이는 그 위원회의 모든 위원들을 합한 것보다 더 많은 영혼들을 혼자서 구원했었다. 그는 이렇게 말했다. "나는 야생 토끼가 탁구에 관해서 아는 것보다 신학을 더 많이 알지는 못하지만 영광스런 길을 가고 있다." 이것은 그가 신학 연구에 부여한 가치를 아주 간결하게 보여준다.41)

그렇지만 무디와 선데이가 대표적인 사례에 해당하더라도 부흥운동의 하부 유형에 속하는 근본주의를 처음부터 반지성적이었다고 결론을 내리기에는 근거가 불충분할 수 있다. 오히려 19세기 후반과 20세기 초반에 발전했던 전투적인 반근대적 개신교 복음주의의 일파인 근본주의는 지성을 크게 존중하는 동시에 철저히 의심하는 역설적 태도를 취했다. 근본주의의 발전에 대해서는 이외에도 거론할 게 많지만 인식에 대한 이런 독특한 모호함이 종교교육의 발전에 중대한 영향을 미쳤기 때문에 따로 거론할 필요가 있다.

근본주의는 근대성의 광범위한 문화적 외형과 진보주의 신학의 보다 구체적인 외적 형태 모두에 대한 일종의 반발이라는 게 정설이다. 19세기 중반의 두 가지 지성 운동은 "근본원리로의 회귀"가 구호로 활용될 수 있는 것과 상반된 이론들을 전파했다. 첫째는, 고대 지구에 관한 지리학과 진화에 관한 생물학의 새로운 이론들이 계시와 달리 과학에 적합한 것처럼 보였다. 이 이론들이 창조에 대한 성서의 설명과 충돌했기 때문이었다. 둘째는, 성서 연구의 발전-소위 역사비평 방법이나 "고등"비평-은 성서와 그 간단한 의미를 해석하는 보다 기술적이고, 요구가 많은 방법에 반대하는 것처럼 보였다.

이렇게 이해된 사악한 주장들을 상대로 근본주의가 반발할 수 있게 뒷받침한 것은 "스코틀랜드의 상식 실재론"Scottish commonsense realism이라는 과거의 철학이 형성한 세계관이었다.[42] 그 바탕에는 두 가지의 가정이 깔려 있었다. 하나님의 진리는 유일하며, 통합되어 있고, 질서가 있으며 상식을 가진 모든 사람들은 진리를 파악할 수 있다. 우주는 아주 지혜롭고 자비로운 창조자가 결정한 합리적인 법칙 체계를 따르고 있다는 이신론적Deistic 개념이 남겨준 이 가정들은 인간이 실제 세계를 직접 파악할 수 있다는 확신을 갖게 만들었다. 17세기의 사상가 프랜시스 베이컨Francis Bacon의 귀납적, 과학적 방법, 즉 사실들을 성실하게 객관적으로 관찰하면 지식에 이르게 된다는 그 방법에 특히 신세를 지고 있던 스코틀랜드의 상식 실재론은 사변적인 가설을 거절했다. 근본주의자들이 이것을 전용하게 되자 인식knowing은 사실들을 파악하는 것과 동일하다는 뜻이 되었다. 가령, 성서는 "백과사전적 수수께끼," 즉 "다양한 역사적 상황에서 점진적으로 계시된 사실들의 사전"이었다.[43] 따라서 해석자의 임무는 조심스럽게 분류하고, 논리적으로 일반화하고, 그리고 그것을 통해서 결론에 도달하는 것이었다. 이 근본주의적 관점은 고등비평주의자들이나 진화론자들의 이론이 지닌 가설의 특징과 첨예하게 대조적이었다. 빌리 선데이가 나름의 독특한 방식으로 표현했듯이 "원자들의 예기치 못한 동시작용 덕분에 사람이 원형질로부터 유래했다는 역겨운 이론"을 신뢰하지 않았다.[44]

근본주의는 "서로 다르고 종종 모순 되는 성향의 모자이크"로 묘사되어온 아주 복잡한 현상이다.[45] 그렇지만 그 중심에는 진리란 불변하며 **진정한** 과학과 상식으로 인식할 수 있다는 확신이 자리 잡고 있다. 근본주의 전통을 설교한 많은 사람들이 분명히 반지성주의자들-무디와 선데이라는 전형적인 본보기로 대표되는-이기는 했지만, 그것이 지식에 대해서 유일하거나 혹은 불가피하게 압도적인 입장은 아니었다. 어쩌면 한편으로는 관찰이 가능하고, 객관적인 자료로 간주되는 것의 열정적인 수용(진리는 신속하게 이해되고 변하지 않기 때문에)이, 그리고 또 다른 한편으로는 절대로 확신할 수 없는 데 따른 이론적 틀에 대한 극단적인 신중함이 보다 더 두드러졌을 것이다. **간단한**plain 진리에 대한 근본주의자들의 열정은 진리를 지나치게 추상적이고, 모호하고, 그리고 이따금씩 불가지론적이거나 무신론적으로 생각하는 것처럼 보이는 이들을 상대로 전투적으로 저항하도록 만들었다.

근본주의는 지식의 개념에서 강력한 호전성을 확보했지만, 그럼에도 불구하고 일차적으로는 부흥운동의 가장 확실한 특징인 회심경험이 주축을 형성한 탓에 결코 부흥운동의 전통을 이탈하지 않는다. 아울러서 근본주의는 이 글보다 자세히 분석되어야 마땅하지만 종교교육의 양태로서 부흥운동과 근본주의 간의 연계를 개괄하는 게 지금의 목적에 부합한다.

12) 부흥운동: 요약

자세한 부흥운동사의 내용들 때문에 길을 잃지 않도록 이쯤에서 요약을 시도하는 게 순서일 것 같다. 기초적 질문들은 전체 내용을 요약하는데 도움이 된다.

종교적이 되는 게 무엇을 뜻하는지 묻는 것은 무엇보다 그리스도에게 헌신하기로(가톨릭의 전통에서는 성례전으로의 회귀를 포함하지만) 결단한 순간으로 간주된, 회심의 압도적인 중요성을 인식하는 것과 관계가 있다. 성서에 계시된-그리고 가톨릭 전통에서는 교회가 권위 있게 가르친-하나님은 개인의 죄로 물든 사악한 방법을 포기하도록 요구했다. 하나님의 명령을 무시하는 사람에게는 지옥의 위협이 너무도 생생했다. 게다가 이런 계시관은 인류의 본유적인 전적 타락을 확신하는 칼뱅주의에 근거한 인간론, 혹은 가톨릭 전통에서 가끔 확인할 수 있는 얀센주의Jansenism의 엄격함과 가혹함에 영향을 받은 인간론에 상당 부분 근거했다. 대다수의 일차 부흥운동 세대가 서술했듯이, 신앙이 감각적인 경험에서 유래한 이상 실험적이었다. 신앙은 정서, 즉 경험적 지식의 산물이었다. 신조와 교리에 포함된 신념belief이 이차적 기능을 담당했다. 신학은 에드워즈나 피니에게 있어서 의미가 없지 않았지만 목회를 하는데 있어서 학문이 필요한지에 대한 논쟁은 신학 연구 때문에 늘 존재하던 긴장상태가 악화되었음을 보여준 것이었다.

그렇지만 회심하지 못한 목회자들을 거론한 설교 때문에 논쟁을 촉발한 길벗 테넌트마저도 교육을 중시했다. 거의 모든 부흥사들처럼(가령, 무디와 선데이는 제외하더라도) 그는 개인의 회심을 강화할 수 있는 수단을 교육에서 찾았다. 초기 부흥사들의 핵심적인 목적은 "대안 교육"의 조성이었다. "공립교육기관은 지나치게 오염되고 남용되는 게 일반적이라서" 반드시 "숙련되고 노련한 그리스도인들을 돌보는 사립학교, 혹은 신학교"가 설립되어야 한다.[46] 조너선 에드워즈는 뉴저지 대학(프린스턴 대학교의 전신)의 총장, 티모시 드와잇Timothy Dwight은 예일 대학교의 총장, 그리고 찰스 피니는 오벌린 대학교의 총장을 지냈다.

종교적으로 교육을 실시하는 것은 지식을 변형적으로 바라보는 것과 불가분의 관계가 있었다. 합리적인 것만으로는 회심으로 인도할 수 없었다. 사람은 타락에서 은총으로 바뀌기 위해서 공부했다. 근본주의 진영은 대개 부흥운동 이상으로 객관적인 지식objective knowledge about을 중시했지만 여전히 지식과 회심의 연계가 열쇠였다. 부흥운동은 과거에 지나치게 형식주의적이던-새무얼 핀리Samuel Finley가 1741년에 "요즈음 우리에게 무미건조한 형식을 빼면 무엇이 남는가?"라고 물은 것처럼-교육과 설교 방식에 반발하다가 보다 더 생동적인 표현 양식을 만들어냈다.47) 역사학자 로렌스 크레민Lawrence Cremin이 주목하듯이 부흥사들은 과거에 성구 암송, 기도, 그리고 교리문답으로 간주되던 종교교육을 경시하지는 않았지만 교수법pedagogy은 획기적으로 변화시켰다. 예언이 교화를 대신해서 대표적인 방법으로 활용되었다.48) "사탄과 전쟁 중인" 교회를 뒷받침하는 기관을 생산하는 그 군수공장은 중대한 영향을 끼쳤다. 교양과목을 강조하는 전문학교와 대학들의 고전적인 교육과정은 "넓게는 종교 생활을, 그리고 좁게는 종교적 열정을 확고하게 인간화했다." 따라서 그 학교들의 교육과정은 의도하지는 않았지만 미국의 개신교를 어느 정도 "순화시키는" 효과를 발휘했다.49)

  부흥운동은 자연과 초자연, 성과 속 사이의 엄격한 구분에 근거했다. 하지만 설교자들은 대개 자신들도 "성공 윤리" 같은 어떤 문화적 규범과 신념에 말려들 수 있다는 것을 의식하지 못할 때가 많았다. 따라서 전반적으로 그들은 교육 행위의 정치적 성격, 즉 자신들의 설교가 미국식 자수성가형 인물에 대한 신화를 가지고서 사람들을 길들이는 과정이라는 것을 알아차리지 못했다. 이것은 하나님의 놀라운 은총을 의식하는 것에 기초한 운동으로서는 이상한 역설이었다.

3. 복음주의

  교육기관 때문에 부흥운동의 열정이 순화되고 칼뱅주의가 한층 더 알미니우스적으로 바뀌었듯이 복음주의적 충동은 부흥운동의 경계를 넘어서서 다양하게 확산되었다. 여기서 복음주의evangelicalism는 부흥운동 정신의 이와 같은 확산을 의미한다. 회심은 여전히 중요했지만 다른 사람들을 그리스도에게로 개종시키는 선교에 대한 긴박감이라는 또 다른 차원의 특징이 나타났다. 물론 근본주의가 성서의 무오성, 즉 성서의 원본은 전혀 오류가 없다는 것을 아주 명확하게 강조하기는 했어도 성서적 계시의 우월성은 여전히 부흥운동과 복음주의의 상수였다.

복음주의는 실제로 부흥운동이 낳은 회심을 확장하고 심화시키는 기관들을 지원하는 "생태"ecology를 조성한 19세기의 복음전도 활동을 가리키는 포괄적인 용어이다.50) 복음주의는 1800년과 1865년 사이에 만들어진 자선협회들의 사업을 통해서 가장 쉽게 확인할 수 있다. 이 협회들은 "모든 미국인과 궁극적으로는 복음을 모르는 세상 사람의 회심"을 위해서 "연합 전선"을 구축했다.51)

1) 자선협회들

1815년에는 두 개의 자선협회가 출현했다. "이단과 맞서는 사역 진지를 구축하려고" 출발한 미국교육협회American Education Society는 전문학교, 대학 및 신학대학원에 재학 중인 가난한 학생들에게 학비를 제공했다. 미국성서공회(지금껏 현존하는)American Bible Society는 1백 개가 넘는 미국의 성서협회들을 통합해서 1816년에 전국적인 조직이 되었다. 끝없이 증가하는 사람들에게 성서를 보급한 그 영향력은 결코 간과할 수 없으며, 그 중에서도 성서가 미국 교육에 미친 영향은 컸다. 미국성서공회의 사업은 어느 정도 가톨릭 이민자들의 유입에 대한 염려 때문에 활기를 띠었다. 성서공회는 1830년에 이렇게 권고했다. "교황 성하는 우리 민족을 구성하는 이 확실한 비율을 절절한 마음으로 이미 주목해왔으며, 그래서 그분은 붙잡고 안 놓는 법을 잘 알고 있다."52) 1855년에 매사추세츠의 주의회는 학교에서 성서를 사용하고 읽어야 한다고 규정했다.

미국성서공회와 긴밀하게 결속된 미국소책자협회American Tract Society가 1825년에 조직되었다. 이유는 "방탕한 물결이 기독교 기관을 휩쓰는 동안에 남성[여성]이 악한 무관심이나 무언의 낙심 속에서 너무 오랫동안 말없이 서있었기" 때문이었다.53) 1840년까지 45권짜리 시리즈를 출판하는 것을 주요 사업으로 삼았는데, 그 시리즈의 가격은 책장을 포함해서 25달러였다. 출판은 서적상이나 순회 서적판매원이 담당했고, 1856년부터 1857년 사이에 약 580명의 서적상들이 펜실바니아, 버지니아, 뉴욕, 오하이오, 그리고 일리노이 지역에서 활동했다. 1826년에 만들어진 국내선교회Home Missionary Society는 "복음은 지상에서 가장 경제적인 정책"이라는 확신을 갖고서 목회자들을 교육했다.54)

19세기에는 수많은 여성 선교회들이 조직되어서 선교 사역에 기여했다. 1861년부터 1894년까지 여성이 주도하거나 대상으로 삼은 외국 선교회는 33개 교단, 그리고 국내 선교회는 17개 교단이 시작했다. "기쁜 소식"을 듣지 못한 다수에게 복음을 전하는 중대한 의무감 덕분에 성장한 이 선교회의 구성원들은 "여성을 위한 여성의 사역"에 헌신했다.55) 1903년에 크리스찬 골더Christian Golder는 이렇게 말했다. "오늘 우리는 이전의 어느 때보다 여성의 힘을 필요로 한다."56) 다양한 선교회의 지도자들은 교인들에게 국내외 선교 사역을 후원하도록 촉구했다. 1869년에 『이교도 여성의 친구』Heathen Woman's Friend에 실린 글은 다음과 같이 도움을 요청했다.

> 우리 협회의 기본 원리는 복음을 모든 피조물에게 전하라는 명령이다. 이교도 여성들에게는 그리스도가 없다. 이것이 다른 모든 것들, 즉 사회적, 정신적 그리고 육체적 타락의 원인이다. 그리스도가 없는 여성! 그것은 무엇인가? 우리는 고통, 슬픔, 사회적 몰락, 정신적 암흑, 그리고 이 모든 것들보다 더 나쁜 영적 타락이 의미하는 바를 있는 그대로 받아들일 수 없다. 그리스도가 없는 여성! 그렇기 때문에 우리 협회는 존재하고 있으며 우리가 이것을 기억하는 한 지속될 것이다.

우리는 여성이 남편의 종이고, 그의 말할 수 없는 학대를 겪고 있기 때문이 아니라, 가난하고, 심지어 비참하고 불쌍하면서도 깨닫지 못하기 때문이 아니라, 그리스도가 없기 때문에 도움을 제공한다.[57]

그 이외의 협회들 역시 의미가 있었다. 미국평화협회American Peace Society(1828)와 미국반노예제도협회American Anti-Slavery Society(1833)는 가장 큰 논란 거리였고, 덕분에 회원이 가장 적었다. 부흥사들의 설교가 주입한 사유화된 도덕성을 고려하면 이것은 대단한 일이 아니었다. 미국금주진흥회American Society for the Promotion of Temperance(1826)는 교회의 참석자들과 함께 보다 더 대중적인 운동을 수행했는데, 비평가들이 더 큰 사회 문제에 집중하지 못하게 만든 "악마의 술"에 대한 비난 이상으로 받아들일 필요가 있다. 여성 회원들의 활동을 소상히 파악하면 금주협회의 활동이 보다 광범위하게 드러난다.

지나친 음주 때문에 남편이 아내에게 폭력을 행사하고 자녀를 방치하는 경우가 잦았다. 때문에 공적 장소에서 종종 제구실을 못하던 여성들이 금주 활동에 적극적으로 나서게 되었다. 대다수 여성들은 이렇게 사회개혁을 부르짖는 게 쉽지 않았다. 일라이저 대니얼 "마더" 스튜워트Eliza Daniel "Mother" Stewart(1816~1908)는 이렇게 자신의 기억을 털어놓았다.

여성들의 지위, 그리고 세상이 생각하고 떠들어댈 수 있는 일에 대한 선입관을 따르는 것은 대부분에게 두려운 싸움이었다. 그 문제를 골방으로 가져가는 사람들이 적지 않았고, 그곳에서 주님을 마주하고 그분이 능력을 주시고 전쟁에 나서도록 선택을 받을 때까지 자아와 교만을 상대로 싸웠다.[58]

그렇지만 일단 음주를 반대하는 운동이 시작되자 여성들은 투표권이 필요하다는 것을 실감했다. 프랜시스 윌러드Francis Willard는 20년간(1879~1899) 기독교여성금주연합Women's Christian Temperance

Union의 회장으로 재직하면서 여성의 참정권을 강력하게 부르짖었다. 그들이 처한 현재 상황이 "그분의 군대(WCTU)가 다른 무엇보다 인간 전체의 행복에 영향을 미치는 입법 전쟁을 승리로 이끌 수 있는 능력이 없는 게 분명하다"는 것을 보여주기 때문이었다.[59] "그리스도의 재림을 돕기 위해서" 금주 운동에 투신한 윌러드는 사회 개혁에서 차지하는 여성의 역할을 정력적으로 제기했다.[60]

여성의 역할은 미국반노예제도협회American Anti-Slavery Society에서도 문제가 되었다. 창설자들은 여성 지원 단체들의 발전을 격려함으로써 여성들의 도움을 구했지만, 여성들의 역할에 대한 그들의 태도는 제1차 전국 반노예제도 대회에 여성들의 참석 숫자를 기록하지 않은 것은 물론이고 "여권 선언"Declaration of Sentiments에 서명하는 것도 허용하지 않기로 한 결정에 극명하게 드러나 있었다. 그렇지만 노예를 소유한다고 해서 가정생활이 파괴되지는 않았지만, 노예제도의 철폐는 수많은 여성들을 끌어들인 명분이 되었다. 노예제도 철폐 운동에 여성들의 참여가 늘면서 여성이 공개적으로 발언할 수 있는 권리와 여성의 참정권 때문에 갈등을 빚게 되었고, 노예제도 철폐주의자들이 "과격한" 노선경쟁에 집착하는 계기가 되었다. 이것은 결국 1840년에 그 조직이 두 개로 쪼개진 논란의 불씨가 되었는데, 한쪽은 여성의 권리가 노예제도 철폐의 안건에 포함될 수 없다고 주장했고 나머지 한쪽은 성적 평등은 불가분 노예제도의 철폐와 결합되어 있다는 입장을 고수했다.[61] 후자의 관점은 앤절리너 그림키Angelina Grimke(1805~1879)가 가장 설득력 있게 발언한 것으로 보인다.

노예제도를 반대하는 남성들은 하나님이 서로 결합한 것을 분리하려고 아주 힘들게 노력하고 있다. 나는 상이한 도덕적 개혁들이 완벽하게 구분되기는커녕 그런 시도가 결코 성공을 거둘 수 없다고 분명히 믿는다. 그것들은 과학처럼 원 안에 함께 결합되어 있다. 그것들은 무지개 색처럼 서로 섞여 있다. 그것들은 우리의 영화로운 전체의 부분들일 뿐이며 그 전체는 기독교, 즉 순수한 **실천적**

기독교이다. 사실은, **내가**-오직 나뿐이니 호들갑을 떨 필요는 없다-남성과 여성은 옛날 예언자들처럼 나름대로 책임을 수행하고 하나님의 권고를 **온전하게** 사람들에게 선포해야만 할 것으로 믿고 있다는 것이다. 전체 교회의 통제권은 약화되어야 하고, 성직자는 개혁의 길에 바로 서야 하고, 그리고 나는 노예제도가 폐지되기에 **앞서** 이 걸림돌이 제거되어야 한다는 것 이외에는 알지 못한다. 그 제도는 **그들의** 지지를 받고 있기 때문이다. 그것은 말 그대로 교회 없이는 존립할 수 없다.62)

2) 자선협회 그리고 신앙과 문화의 관계

자선협회들의 활동은 개신교의 특정적인 복음의 해석에 대한 순응적 태도와 "설득과 강압에 의한 도덕성"의 설교 때문에 비난을 받아왔다. 클리퍼드 그리핀Clifford S. Griffin의 지적처럼 그 협회들은 주로 부자의 청지기직과 타인의 행동에 집착하는 공의를 강종했다.63) 하지만 로이스 배너Lois W. Banner가 주장하듯이 자선협회는 각기 다른 시각으로 평가할 필요가 있다. 모든 단점들-그들의 제한적인 시각, 그들의 도덕주의-을 감안하면, 그들은 물질주의를 비난하고 미국식 삶의 방향에 의문을 제기하는 "이정표" 구실을 했다.64) 아울러서 여성들이 자선협회 단체를 비롯한 다양한 협회들의 사회개혁 활동에 참여함으로써 20세기 여성들에게 자극제가 되었다. 사실, 강력한 선교의식을 활용하는 복음주의는 여성들에게 있어서 일종의 명령이었다. 여성의 참정권 운동을 촉발시킨 것은 주로 복음주의의 정신이었다.

3) 주일학교

또 다른 자선협회, 즉 1824년에 만들어진 미국주일학교연합 American Sunday School Union은 아주 중요하다. 이 협회는 복음주의가 미국의 "정복"을 추진하는데 있어서 긴요한 도구가 되었다. 1830년에 그 단체는 2년 안에 그리고 "하나님의 도움에 의지해서" 주일학교가 "미시시피 계곡 전체에 걸쳐서 실행이 가능한 모든 곳에" 설립될 것이라고 서원했다.[65] 그렇지만 정복을 위해서는 협력이 필요했다. 가령, 연합회가 파송한 주일학교 사역자들은 성서와 소책자 협회들이 제공한 성서와 소책자들을 보급했다. 어떤 주일학교든지 가정선교회의 지원을 받게 될 회중의 핵으로 바뀔 수 있는 잠재력을 갖고 있었다. 선교사 자신들은 "도서관 도서의 견본, 그리고 전시용 목록, 그리고 여러 판매용 책자, 그리고 배포용 소책자와 전단이 가득한 가방"을 매고서 마을에서 마을로 걸어 다녀야 했다.[66]

전도자들이 사실 자신들과 관계된 지역에서만 복음을 전한 것은 아니다. 그들은 가는 곳마다 도서관을 흔적으로 남겼다. 도서관은 주일학교의 진정한 표지가 되었다. 1859년의 「공공 도서관 편람」 *Manual of Public Libraries*에는 전국의 50,000개 도서관 가운데 30,000개가 주일학교 도서들로 채워졌다고 기록되어 있다. 1858년에는 미국주일학교연합은 수십만 권의 철자 책을 판매했다. 순회판매원이 가면, 학교와 도서관이 그 뒤를 따랐다. 19세기의 전체 교육 환경에서 주일학교가 빠지면 전혀 다른 그림이 되고 말 것이다.

주일학교 역시 부흥회와 관계가 있었다. 읽기와 쓰기는 중요한 부산물이었지만, 주일학교의 진정한 사업은 새로운 세대의 회심을 준비시키는 일이었다. 이야기와 노래는 가슴의 종교를 지향했고, 그것을 통해서 학생들이 성인이 되면 접하게 될 부흥의 경험을 준비시켰다. 하지만 대부분의 노래들은 죽음에 관한 가정교육을 강화하려는 또 다른 의도가 담겨 있었다. 1835년에 만들어진 찬송가에는 "경건한 어린이의 죽음," "학자의 죽음," "죽음의 승리," "죽음을 맞는 어린이를 위해," 그리고 "달아난 죽음의 두려움"과 같은 찬송가들이 담겨 있었다.[67]

자선협회, 부흥회 그리고 가정과 연계된 주일학교의 세력은 강력했다. 1852년에 어느 영국인의 실태조사에 의하면 뉴욕시에서는 매주 평균 30,000명의 어린이들이 주일학교에 출석했는데, 이는 공립, 구립, 그리고 사립학교의 75퍼센트에 해당했고, 필라델피아와 보스턴에서는 80퍼센트, 그리고 클리브랜드에서는 67퍼센트에 달했다. 주일학교는 단지 존재하는 것만으로도 공립학교가 발전할 수 있는 기틀이 되었다. 그것은 건물, 책, 교사, 학생이 갖춰지고 사람들과 출판물의 광범위한 지지를 받는 체계적인 학교의 모형이었다. 린Lynn과 라이트Wright가 "크지만 작은 학교"big little school라는 이름을 붙인 공립학교 제도의[68] "선구자이며 개척자"였다. "공교육과 대조하면, 주일학교는 미국 사회의 변두리에 자리하지만, 민족 전체를 양육하는 소중한 **작은 학교이다. 주일학교는 미국의 크지만 작은 학교이다.**"[69]

4) 복음주의의 요약

복음주의는 회심이라는 부흥운동의 추진력을 심화하고 확대하는 기능을 담당한 다양한 조직들을 수용했다. 부흥운동의 연장선상에 있는 한 기초적인 질문들을 표명하는 방식은 별반 다르지 않았다. 하지만 복음주의는 특히 교육을 복음을 전달하는데 필요한 핵심적인 수단으로 간주하도록 기여했다. 교육은 암기와 노래로 구성된 성서교육을 통해 핵심이 되는 목표를 엄격하게 교훈하고 전달하는 것으로 간주되었다. 자선협회들이 문화에 신앙에 근거한 확신을 불어넣기 위해서 여성들에게 공적 토론의 자리를 제공한 것 역시 주목할만하다. 사실상 복음주의의 교육 활동은 오늘날의 기대보다 조금 더 개인주의적인 흐름에 가깝기는 했지만 정치적으로는 사회개혁을 지향했다.

복음전도의 두 가지 모습–부흥운동과 복음주의–은 종교교육이 1903년에 독자적인 영역으로 "공식적인" 위상을 갖추기 전까지 개략적인 지형을 형성하는데 중요한 역할을 담당했다. **복음전도**는 종교교육과 기독교교육이 발전할 수 있는 상황을 제공한 고전적인 표현이다.

표2 복음전도

기초적 질문들	고전적 표현들: 복음전도
계시	· 성서에 근거한 계시의 우월성 · 하나님의 말씀은 설교된 말씀을 통해서 돌 같은 마음을 "깨뜨리고" 또 "쪼개려는" 의도를 갖고 있었다. · 근본주의자들은 성서의 문자적 오류를 강조했다.
회심	· 정서의 회심은 "견해가 아니라 가슴의 변화"를 강조했다. · 설교는 개혁과 그리스도에게 헌신하려는 개인적 결단을 유발했다. · 가톨릭의 교구 선교회는 사람들이 성례전에 다시 관심을 갖게 만드는 것을 목표로 정했다. · 선교-다른 이들을 그리스도에게로 인도하는 것-를 긴박한 것으로 받아들였다.
신앙과 신념	· "경험적" 종교가 신조 형식을 압도했다. · 신앙은 개인의 경험적 지식을 통해 발달했다. · 근본주의자들은 진리를 명제적으로 강조했다.
신학	· 각기 다른 중요성, 무디나 선데이보다 에드워즈와 피니에게 필수적이다. · 부흥운동가들은 칼뱅주의를 알미니우스를 강조하는 것으로 수정했다. · "학문적인 사역"에 대한 논쟁은 신학의 의의에 관한 긴장을 반영했다.
신앙과 문화	· 초자연적인 것과 자연적인 것의 구분이 시도되었다. · 자선협회들은 물질주의를 비난하고 미국식 생활의 방향에 의문을 제기했다. · 거의 전적으로 개인을 강조하는 것에서 사회개혁에 관한 모호성이 드러난다. · 자선협회들은 여성들에게 공적 논의의 장을 제공했다.
교육의 목표	· 개인적인 회심의 강화 · 회심을 유지하고 심화하기 위해 학교들이 설립되었다. · 신앙생활이 인간화되도록 학교가 도움을 주었다.
지식	· 지식은 회심과 연계되었다. · 에드워즈는 "개념적" 지식과 "영적" 지식으로 구분했다. · 영적 지식은 사고, 감정 그리고 행동을 통합했다. · 근본주의자들은 "상식"을 강조했다.
사회과학	· 사회과학의 "시대"가 도래하지 않았지만 피니는 부흥회를 체계화함으로써 이후의 행동 체계들을 예상했다.
교육과정과 교수	· 교수는 본질적으로 전수였다. · 교육과정은 주로 성서교육 중심이었다. · 주일학교는 공립학교 제도를 준비하는데 도움이 되었다.
교육의 정치적 측면	· 사회 개혁에는 교육이 필수적이었다. · 여성 참정권에 추진력을 제공했다.

주

1) Ernest Lee Tuveson, *Redeemer Nation: The Idea of America's Millennial Role*(Chicago: University of Chicago Press, 1968) 볼 것.
2) Jay P. Dolan, *Catholic Revivalism: The American Experience 1830~1900*(Notre Dame, IN: University of Notre Dame Press, 1978), 58, 61.
3) William McLoughlin, *Revivals, Awakenings, and Reform*(Chicago: University of Chicago Press, 1978), 74에서 인용.
4) Ibid., 63.
5) Perry Miller, *Jonathan Edwards*(New York: Sloane, 1949), 144~48 볼 것.
6) Lawrence Cremin, *American Education: The Colonial Experience 1607~1783*(New York: Harper & Row, 1970), 3:1525 볼 것.
7) William G. McLoughlin, ed., *The Diary of Issac Backus*, 3 vols.(Providence, RI: Brown University Press, 1979), 3:1525.
8) Ibid., 3: 1525~26.
9) Amanda Berry Smith, *An Autobiography. The Story of the Lord's Dealings with Mrs. Amanda Smith, the Colored Evangelist Containing an Account of Her Life Work of Faith, and Her Travels in America, England, Ireland, Scotland, India and Africa, as an Independent Missionary*, intro. Bishop Thoburn of India(El Segundo, CA: Micro Publication Systems, for the American Theological Library Association Board of Microtext, 1980), 47. 원본은 1893년에 출판됨.
10) Josef Goldbrunner, *Holiness is Wholeness*(New York: Pantheon, 1955) 볼 것.
11) Jonathan Edwards, *The Works of President Edwards*, 10 vols.(New York: Burt Franklin, 1968), 4: 16.
12) Charles Chauncy, *Seasonable Thoughts on the State of Religion in New England*(Boston: Rogers & Fowle [for Eliot in Cornhill], 1743), 109.
13) Ibid., 326~27.
14) Edwards, *The Works of President Edwards*, 4:163.
15) Ibid., 4: 168.
16) Ibid., 4: 302.
17) Ibid., 4: 303.
18) Ibid., 5: 380.
19) Ibid., 5: 384.
20) Ibid., 5: 389.
21) Alan Heimer, *Religion and the American Mind: From the Great Awakening to the Revolution*(Cambridge, MA: Harvard University Press, 1966) 볼 것.

22) Gilbert Tennent, *The Danger of an Unconverted Ministry*(Philadelphia: Benjamin Franklin, 1740), 7ff.
23) Ibid., 18.
24) James W. Jones, *The Shattered Synthesis: New England Puritanism Before the Great Awakening*(New Haven, CT: Yale University Press, 1973), 116~17에서 인용.
25) Douglas Sloan, ed., *The Great Awakening and American Education: A Documentary History*(New York: Teachers College Press, 1973), 52.
26) Charles Grandison Finney, *Lectures on Revivals of Region*(Cambridge, MA: Harvard University Press, Belknap Press, 1960), 377.
27) Ibid., 14~15, 13.
28) Ibid., 219~20.
29) Robert Samuel Fletcher, *A History of Oberlin College: From Its Foundations Through the Civil War*, 2 vols.(Oberlin, OH: Oberlin College, 1943), 1:209.
30) Dolan, *Catholic Revivalism*, 26~28 볼 것.
31) Paulus Scharpff, *History of Evangelism*, trans. Helga Bender Henry(Grand Rapids, MI: Eerdmans, 1966), 3.
32) Dolan, *Catholic Revivalism*, 112.
33) Ibid., 188~191.
34) 이 구조는 무디의 제안으로 추정된다. William Haven Daniels, ed., *Moody: His Words, Work, and Workers*(Beltsville, MD: NCR Corporation for the American Theological Library Association Board of Microtext, 1977), 256. 원본은 1877년에 출판됨.
35) D. L. Moody. "The Second Coming of Christ," in Wilbur M. Smith, ed., *The Best of D. L. Moody*(Chicago: Moody, 1971), 193~95. George M. Marsden, *Fundamentalism and American Culture: The Shaping of Twentieth Century Evangelicalism 1870~1925*(New York: Oxford University Press, 1980), 38에서 인용.
36) D. L. Moody, *Sowing and Reaping*(Chicago: Moody, 1896), 83. Marsden, *Fundamentalism and American Culture*, 36.
37) D. L. Moody, *Moody's Latest Sermons*(Chicago: BICA, 1900), 27 28. Marsden, *Fundamentalism and American Culture*, 36.
38) McLoughlin, *Revivals, Awakenings, and Reform*, 144에서 인용.
39) McLoughlin, *Modern Revivalism*(New York: Ronald Press, 1959), 273에서 인용.
40) Gamaliel Bradford, *D. L. Moody: A Worker in Souls*(Garden City, NY: Doubleday, Dora), 1928), 61.
41) William G. McLoughlin, *Billy Sunday Was His Real Name*(Chicago: University of

Chicago Press, 1955), 123.

42) Marsden, *Fundamentalism and American Culture*, 11~21.

43) Ibid., 58.

44) Sidney E. Ahlstrom, *A Religious History of the American People*(New Haven, CT: Yale University Press, 1972), 769에서 인용.

45) Marsden, *Fundamentalism and American Culture*, 43.

46) Tennent, *Danger of an Unconverted Ministry*, 16.

47) Sloan, *The Great Awakening and American Education*, 51에서 인용.

48) Cremin, *American Education*, 321.

49) Ibid., 331~32.

50) Robert Wood Lynn, "Sometim s on Sunday: Reflections on Images of the Future in American Education," *Andover Newton Quarterly* 12(1972): 130~39 볼 것.

51) Charles I. Foster, *An Errand of Mercy: The Evangelical United Front, 1790~1837*(Chapel Hill, NC: University of North Carolina Press, 1960) 볼 것.

52) Clifford S. Griffin, *Their Brothers' Keepers: Moral Stewardship in the United States, 1800~1865*(New Brunswick, NJ:Rutgers University Press, 1960), 140에서 인용.

53) *Proceedings of the First Ten Years of the American Tract Society*(Boston: Flagg and Gould, 1824), 9.

54) Griffin, *Their Brothers' Keepers*, 111에서 인용.

55) Rosemary Skinner Keller, "Lay Women in the Protestant Tradition," in Rosemary Radford Ruether and Rosemary Skinner Keller, eds., *Women and Religion in America*, Vol. 1. *The Nineteenth Century: A Documentary History*(San Francisco: Harper & Row, 1981), 242~53 볼 것.

56) R. v. Christian Golder, *History of the Deaconess Movement in the Christian Church*(El Segundo, CA: Mi ro Publications Systems, for the American Theological Library Association Board of Microtext, 1981), 488. 원본은 1903년에 출판됨.

57) Mrs. E. E. Baldwin, "The Great Motive," *Heathen Woman's Friend* 2(1871): 135.

58) Ruether and Keller, *Woman and Religion in America*, Vol. 1, 325에서 인용. Carolyn De Swarte Gifford, "Women in Social Reform Movements," in Ruether and Keller, eds., *Women and Religion in America*, Vol. 1, 294~303 역시 볼 것.

59) Ibid., 326.

60) Ibid.

61) Dorothy C. Bass, "'Their Prodigious Influence': Women, Religion and Reform in Antebellum America," in Rosemary Radford Ruether and Eleanor McLaughlin, eds., *Women of Spirit: Female Leadership in the Jewish and Christian Traditions*(New York: Simon

and Schuster, 1979), 289~97 볼 것.
62) Edith H. Barnes and Dwight L. Dumond, eds., *Letters of Theodore Dwight Weld, Angelina Grimke Weld and Sarah Grimke[1822~1844]* (Gloucester, MA: Peter Smith, 1965), 431.
63) Griffin, *Their Brothers'Keepers* 볼 것.
64) Lois W. Banner, "Religious Benevolence as Social Control," *The Journal of American History* 60(1973~74): 23~41.
65) American Sunday School Union, *Sixth Annual Report*(Philadelphia, 1830), 3.
66) American Sunday School Union, *Thirteenth Annual Report*(Philadelphia, 1854), 77.
67) Robert Wood Lynn and Elliot Wright, *The Big Little School*(New York: Harper & Row, 1971), 41~44.
68) William Bean Kennedy, *The Shaping of Protestant Education*(New York: Association Press, 1966), 23.
69) Lynn and Wright, *The Big Little School*, xi.

참고문헌 해제
복음전도

이 장에서는 가능한 한 일차적인 자료들을 인용했다. 하지만 독자들은 이 장에서 논의되고 인용된 역사적 인물들을 다음처럼 소개하는 이차 자료들의 도움을 받아도 무방하다.

나는 복음전도의 교육적 성격을 파악하기 위해서 로렌스 크레민Lawrence Cremin에게 신세를 졌다. 그가 아주 자세하게 집필한 두 권의 저서 *American Education: The Colonial Experience 1607~1783*(New York: Harper & Row, 1970) 그리고 *American Education: The National Experience 1783~1876*(New York: Harper & Row, 1980)는 큰 도움이 되었다. Douglas Sloan, ed., *The Great Awakening and American Education: A Documentary History*(New York: Teachers College Press, 1973) 역시 역사적으로 유용한 저서였다. 아울러서 핵심적인 배경 자료는 Robert T. Handy, *A History of the Churches in the United States and Canada*(New York: Oxford University Press, 1979); Sydney E. Ahlstrom, *A Religious History of the American People*(New Haven, CT: Yale University Press, 1972); Sydney E. Mead, *The Nation with the Soul of a Church*(New York: Harper & Row, 1975); 그리고 Martin E. Marty, *Righteous Empire: The Protestant Experience in America*(New York: Dial, 1970)를 활용했다. 류터Rosemary Radford Ruether와 로즈매리 켈러 Rosemary Skinner Keller가 편집한 *Women and Religion in America*, 3 vols.(San Francisco: Harper & Row, 1981~1986)라는 문헌사 역시 유용하다.

부흥운동에 관한 문헌을 읽는 것은 흥미롭다. 윌리엄 맥로린William McLoughlin의 작품은 기본이다: *Modern Revivalism: Charles Grandison Finney to Billy Graham*(New York: Ronald Press, 1959), 그리고 *Revivals, Awakenings and Reform*(Chicago: University of Chicago Press, 1978). 아울러서 Charles G. Finney, *Lectures on Revivals*, 12th ed.(London: John Johnson, 1849) 역시 볼 것. Perry Miller, *The Life of the Mind in America*(New York: Harcourt and Brace, 1965); Timothy L. Smith, *Revivalism and Social Reform in Mid-Nineteenth Century America*(New York: Abingdon, 1957); 그리고 Ernest Lee Tuveson, *Redeemer Nation: The Idea of Americas Millennial Role* (Chicago: University of Chicago Press, 1968) 역시 도움이 된다. 가톨릭의 관점은 Jay P. Dolan, *Catholic Revivalism: The American Experience 1830~1900*(Notre Dame, IN: University of Notre Dame Press, 1978) 그리고 Christian Duquoc and Casiano Floristan, *Spiritual Revivals*(New York: Herder and Herder, 1973)를 활용할 수 있다.

George M. Marsden, *Fundamentalism and American Culture: The Shaping of Twentieth Century Evangelicalism*: 1870~1925(New York: Oxford University Press, 1980)는 미국의 근본주의를 탁월하게 해석한다. 그의 저서는 어니스트 샌딘 Ernest R. Sandeen의 초기 저서 *The Roots of Fundamentalism: British and American Millenarianism, 1800~1930*(Chicago: University of Chicago Press, 1970)와 다소 상이한 해석을 제공한다. C. Allyn Russell, *Voices of American Fundamentalism*(Philadelphia: Westminster, 1976)은 일부 전기적인 자료를 제시한다. 그리고 탁월한 작품인 Nathan O. Hatch and Mark A. Noll, eds., *The Bible in America: Essays in Cultural History*(New York: Oxford University Press, 1982), 101~120에 포함된 티모시 위버 Timothy P. Weber의 논문 "The Two Edged Sword: The Fundamentalist Use of the Bible"을 특히 참조하라. Hatch, Noll, and John D. Woodbridge, *The Gospel in America: Themes in the Story of Americas Evangelicals*(Grand Rapids, MI: Zondervan, 1979) 역시 적절하다. 제임스 바 James Barr는 *Fundamentalism*(Philadelphia: Westminster, 1977)에서 영국의 관점에서 신학적 해석을 제공하는데, 그가 자신의 논문들을 엮은 *The Scope and Authority of the Bible*(Philadelphia: Westminster, 1980) 가운데 특히 65~90에서 초기의 관점을 발전시키고 있다.

자선협회들의 사역은 Charles I. Foster, *An Errand of Mercy: The Evangelical United Front, 1790~1837*(Chapel Hill, NC: University of North Carolina Press, 1960), 그리고 Clifford S. Griffin, *Their Brothers' Keeper: Moral Stewardship in the United States, 1800~1865*(New Brunswick, NJ: Rutgers University Press, 1960)에 자세히 소개되어 있다. 그들의 활동은 Lois Banner, "Religious Benevolence as Social Control: A Critique of an Interpretation," *Journal of American History* 60(1973~1974): 23~41을 근거로 이해할 필요가 있다.

위에서 소개한 문헌사 *Women and Religion in America* 이외에도 복음주의운동에 참여한 여성들을 보다 자세히 파악하는데 도움이 되는 몇 권의 저서들을 소개하면 다음과 같다. Nancy A. Hardesty, *Women Called to Witness: Evangelical Feminism in the 19th Century*(Nashville, TN: Abingdon, 1984); Barbara Leslie Epstein, *The Politics of Domesticity: Women, Evangelism, and Temperance in Nineteenth Century America* (Middletown, CT: Wesleyan University Press, 1981); 그리고 Dorothy C. Bass, "'Their Prodigious Influence': Women, Religion and Reform in Antebellum America," in Rosemary Radford Ruether and Eleanor McLaughlin, eds., *Women of Spirit: Female Leadership in the Jewish and Christian Traditions*(New York: Simon and Schuster, 1979), 289~97. Carl Degler, "What the Women's Movement Has Done to American History," in Elizabeth Langland and Walter Grove, eds., *A Feminist Perspective in the Academy*(Chicago: University of Chicago Press, 1983), 67~85 역시 흥미롭다. "시카고 출신의 여성 선교사들"에 대한 흥미있는 일화는 Debra Campbell, "Part-Time Female Evangelists of the Thirties and Forties:

The Rosary College Catholic Evidence Guild," *U.S. Catholic Historian* 5(1986): 371~84; 간략한 요약은 *Commonweal* 123(June 1986): 334 볼 것.

최근에 주일학교에 관한 비교적 광범위한 문헌이 축적되었다. 이 저서들 가운데 가장 통찰력이 있는 것으로는 Robert Wood Lynn and Elliott Wright, *The Big Little School* (New York: Harper & Row, 1971)이 있다. 역시 도움이 되는 저서들은 다음과 같다. Edwin Wilbur Rice, *The Sunday-School Movement and the American Sunday School Union*(New York: Arno Press and the New York Times, 1971 [original, 1917]); William Bean Kennedy, *The Shaping of Protestant Education*(New York: Association Press, 1966); 그리고 Jack Seymour, *From Sunday School to Church School: Continuities in Protestant Church Education*, 1860~1929(Washington, DC: University Press of America, 1982).

제3장 | 지형의 탐색
| 종교교육

부흥운동은 **종교교육**religious education의 지형을 살피는데 있어서 귀중한 배경이 된다. 특히 후자를 전자의 열정적 정신에 반발하면서 출발한 운동으로 간주해야 하기 때문에 그렇다. **종교교육**은 고전적인 자유주의 신학과 진보적 교육 사상이 결합된 고전적 표현이다. 따라서 그 경계는 보다 쉽게 확인할 수 있고, 그 이론들은 기본적인 질문들과 보다 명시적으로 결합되어 있다. 그렇다고 해서 복음주의로부터 자극 그 이상을 수용했다는 것은 아니다. **종교교육**은 대안이자 동시에 맞상대였다. 계몽주의가 교회에 유산으로 남긴 형식주의와 합리주의에 반발하면서 **복음전도**가 발전했듯이 **종교교육**은 부흥운동 설교자들과 자선협회들의 주장을 대부분 반박하면서 진화했다.

1. 자유주의 운동

자유주의적 주장은 제1차 대각성운동기부터 계기를 잡게 되었는데, 특히 매사추세츠의 하버드 칼리지에서는 유니테리언의 주장이 분위기를 주도했다. 초기에는 윌리엄 채닝William Ellery Channing만큼 넓게는 계몽 종교를, 그리고 좁게는 유니테리언의 주장을 전파한 탁월한 대변인이 없었다. 그는 제10회 유니테리언 주일학교협회 연차 대회에서 주일학교 사역을 주제로 설교했는데, 복음주의 후원자들의 그것과는 의견이 전혀 달랐다. 채닝은 주일학교가 기계적 교육의 수단으로 바뀌어서 종교를 "현실과는 무관한 무기력한 전통"으로 전달하게 될까봐 걱정했다. "나는 어린이에게 잘못 전하는 것은 진리를 무기력한 형식으로 전하는 것만큼 해롭게 생각하지는 않는다. [일부 그리스도인들이 겪는 곤란은] 그들이 큰 잘못을 범한 게 아니라, 그들 안에 있는 진리가 죽어 있는 것이다."1) 물론, 이 주장은 "죽은 사람의 설교"라는 조지 횟필드의 비난을 반복하고 있지만, 채닝의 비판은 분명히 자유주의적 견해에 근거하고 있었다. 종교교육의 목표에 대한 그의 확신은 길게 인용할만한 가치가 있다.

> 주일학교든 아니면 가정이든 간에 종교적 가르침의 위대한 목적은 우리의 생각을 새로운 세대에게 낙인찍는 게 아니라 그들의 생각을 일깨우는 것이고, 우리의 시선으로 보게 하는 게 아니라 그들의 시선으로 의심하면서 꾸준히 살피는 것이고, 정해진 지식의 양을 제시하는 게 아니라 진리에 대한 뜨거운 사랑을 고취하는 것이고, 외적인 규칙을 형성하는 게 아니라 내부의 근원을 건드리는 것이고, 기억을 강요하는 게 아니라 사고능력을 자극하고 강화하는 것이고, 특정 종파나 특정 민족에 대한 뿌리 깊은 편견으로 단결시키는 게 아니라 섭리에 따라서 어떤 주제를 선택해야 하든지 간에 편견 없는, 양심적인 판단을 할 수 있도록 준비시키는 것이고, 종교를 우리 자신의 말과 의지 이외에는 근거가 없는 독단적 규칙의 형식으로 부과하는 게 아니라 영원한 선과 정의가 무엇인지 구분하고 인정할 수 있도록 양심, 즉 도덕적 통찰력을 일깨우는 것이고, 하나님이 선하다고 말하는 게 아니라 그분이 자신들 안에 그리고 주변에 있는 모든 것 안에서 거주하신다는 것을 보고 느끼도록 돕는 것이고, 그리스도의 신성을 말하는 게 아니라 그분의 성품이 가진 아름다움과 우대함을 내부의 눈으로 보고 유사한 덕목을 갈망하도록 자극하는 것이다.2)

1) 호레이스 부쉬넬: 회심이 아닌, 양육

유니테리언만이 자유주의 사상을 주장한 것은 아니었다. 회중교회 목사 호레이스 부쉬넬Horace Bushnell(1802~1876)은 누구보다 뛰어난 자유주의 사상가 가운데 한 사람이었다. 여러 가지 측면들을 고려하면 고전적 표현으로서의 **종교교육**은 부쉬넬에 의해서 시작되었다. 이는 그가 상당한 영향력을 발휘한 「기독교적 양육」*Christian Nurture*(1847)은 물론이고 만년의 신학 연구(특히 종교 언어에 관한)를 통해서 후대 이론가들이 가다듬고 확대시킨 견해들을 확립했기 때문이다.

부쉬넬은 조너선 에드워즈처럼 경험을 이론의 기초로 삼았다. 하지만 신학적 관점-부쉬넬은 신학이 현저하게 알미니우스적이라는 것을 고려할 때 "탈 칼뱅주의자"였다-과 생활사의 차이 때문에 "경험"experimental 종교에 대한 새로운 이해가 가능했다. 어쩌면 부흥회 설교자들은 특성상 순회 활동과 칼뱅주의의 엄격함이 맞물리는 바람에 가정생활을 고려 대상에서 제외했을 수도 있다. 그렇지만 부쉬넬에게는 가정이 핵심이었다. 특히 1842년에 네 살배기 외동아들을 잃은 게 결정적인 영향을 미쳤다. "나는 우리 아이의 죽음 이후로 경험 종교에 대해서 어느 때보다 더 많이 배웠다."[3]

1847년에 출판한 그의 고전은 두 가지 유형의 양육들을 대조하는 데 상당 부분을 할애했다. 타조-"모성애가 없는 양육의 유형"-가 한번도 알을 품어주지 않은 상태로 깨어난 새끼를 전혀 돌보지 않는다는 것에서 이름을 빌려온 타조식 양육Ostrich nurture은 부쉬넬이 당시에 유행한 정통주의(복음주의)로부터 영향을 받은 부모들의 세태를 묘사한 것이다. 이 부모들은 온갖 편리한 목적을 내세우면서 자녀를 회심이 가능한 연령까지 방치했다.[4] 칼뱅주의는 인간의 타락을 크게 강조했기 때문에 어린이가 청소년기에 회심을 경험하기 전까지는 악마의 손아귀에 붙들려 있다고 흔히 생각했다. 부쉬넬에 따르면, 결국 부모들은 자녀를 "종교의 소망과 자유와 완벽하게 단절된 모든 굴레를 씌우고, 그들의 사소한 잘못과 바르지 않은 기질을 중생이 필요한 증거로 간주하고서," 그것 때문에 "사랑이 담긴 예수의 복음까지 어린 시절에 목에 거는 아주 짜증나는 목걸이"로 만들고 있었다.5) 대신에 그는 자녀들이 회심 **안에서** 양육되어야 하고 "하나님에게 사랑으로 순종하는 정신"으로 새로워져야 하고, 그것을 통해서 은총이 가정을 이루는 요소가 되어야 한다고 제안했다.6) 부쉬넬의 주장은 "어린이는 그리스도인으로 성장해야 하고, 결코 자신을 다른 존재로 간주해서는 안 된다"는 유명한 구절 안에 농축되어 있었다.7)

예일 대학교 출신의 이 목회자는 인간의 본성이 근본적으로 선하다고 주장하는 이론들에 동의하지 않고 있음을 분명히 했다. 오히려, 그는 기독교적 가치와 덕목의 발달은 "식물의 성장과정이나, 단순한 발달의 진전이 아니다. 그것은 악과의 싸움, 즉 타락 그리고 구원과 관계가 있다"고 믿었다.8) 부쉬넬에게 있어서 회심론자의 논리는 심각하게 왜곡되어 있었다. 새로운 세대가 중생을 경험할 수 있도록 하나님에 대한 일종의 적개심을 조장할 필요가 있다고 강조했기 때문이다. 부쉬넬의 해답은 근본적으로 달랐다. 부모는 자녀를 나이에 걸맞는 교육방식으로 양육해야 한다.

일차로, 그들은 교리보다 감정을 전하고자 노력해야 한다. 자녀를 하나님에 대한 사랑과 그분에 대한 의존의 감정, 그리고 그분 앞에서 잘못을 통회하는 감정에 잠기게 해야 하며, 자녀 나름의 생각을 갖게 하되, 실행하기 바라는 바른 품행을 격려하는 것을 두려워해서는 안 된다. 선하고, 행복하며 아름다운 게 무엇인지, 잘못되고, 불쾌하고 혐오스러운 게 무엇인지 분별하게 함으로써 생각이 깊어짐에 따라 능력에 적합한 자양분을 제공해서 더 난해한 기독교 교리와 경험에 대한 견해를 점차 갖출 수 있도록 해야 한다.9)

교육은 양육을 통해서 적절하게 시작된다는 부쉬넬의 확신은 기독교의 사회적 성격을 중시하는 관점에 근거하고 있는 것으로 보인다. 그는 「기독교적 양육」 곳곳에서 "극단적인 개인주의"로 흐르는 문화를 거듭 비판적으로 지적하면서 세례는 이와 다르다고 주장한다. 그가 세례의 성례전과 자신의 교육이론을 결합시킨 것은 "기독교교육에 대한 그릇된 견해"를 결코 반대의 근거로 삼지 않는 사람, 즉 경험이나 성서가 인정하지 않는 아동기의 기독교적 성품에 관한 개인주의적 개념을 고수하지 않는 사람은 누구든지 유아세례를 부정하지 않는다는 게 자신의 "확고한 신념"이라는 발언 가운데 분명히 드러나 있다.[10] 부쉬넬에게 있어서 유아세례는 가정의 유기적 통일성을 상징하는 동시에 자녀가 부모의 돌봄 속에서 성장하는 게 종교적으로 중요한 문제라는 것을 가리키는 구실을 했다.

부쉬넬은 유아들이 세례를 받아야 한다고 생각했고, 어린이에게 성찬식에 참여할 수 있는 기회와 정식 교인의 자격을 부여해야 한다고 주장했다. 어린이의 그런 자격은 부모의 신앙과 약속에 근거한다. 어린이는 성숙하면서("회심의 은혜는 물론, 은총의 성숙이 존재하기 때문에")[11] 신앙을 갖게 되고 회중에 참여해서 역할을 다하게 될 터였다. 부쉬넬의 입장은 20세기 그리스도인들, 특히 유아세례를 시행하는 교단에 속한 이들에게는 새롭지 않을 수도 있겠지만, 청소년 후기의 회심을 강조한 19세기에는 더 많은 논쟁을 야기했다. 사실, 부쉬넬의 주장이 지닌 급진적 성격은 에드워즈와 휫필드의 영향을 받은 부흥운동에 대한 그의 비난에 잘 드러나 있다.

2) 부모교육: 부흥운동의 대안

부쉬넬이 "대부흥기"라고 불렀던, 즉 "에드워즈에 의해 시작되고 동시대 사람들에 의해서 확대되고 희화화된 특별한 시기"의 커다란 장점 가운데 하나는 "생기가 사라진 형식"을 대체하고 "진정한 초자연적 경험을 요구한" 일이었다.[12] 하지만 사실 종교적 개인주의를 선택함으로써 가정이나 교회, 혹은 "하나님이 은총의 수단으로 선택한 유기적 능력"까지 무력화시킨 단점도 컸다.[13] 부흥운동은 각 사람이 혼자 존재하는 것처럼 대하고 하나님의 영의 활동을 고립시키고 개별화해서 하나님의 다른 도구나 운동과의 관계를 단절시켰다. 따라서 실제로 부흥운동이 의지한 것은 일종의 **기계장치를 타고 내려오는 하나님** deus ex machina이었다.

> 그것은 하나님이 성운이나 하늘의 어느 장소를 뛰어오르고, 모든 체계 혹은 다른 작업과 무관하게 움직여야 하는 현현epiphany의 한 가지이다. 따라서 종교는 외계에 속한 일종의 초월적 문제-하나님으로부터 오는 것이지만 너무 놀랍고, 너무 이상해서 우리 역사를 구성하고 있는 유대, 그리고 운동, 그리고 형식, 그리고 습관과의 어떤 절대적인 관련도 감당할 수 없는 불가사의한 전염병, 달에서 오는 별똥별, 신성한 것-이며, 삶을 규정하는 법칙들과 상관없다.14)

따라서 부쉬넬은 어린이를 "회심이라는 이름의 어떤 수준 높은 위기 경험"을 강요하지 않고, 혁명을 자극하기보다는 차라리 성장을 촉진하는 부모의 교육을 강력하게 주장했다.15) 기독교교육의 목적은 회심이 아니라 성장이기 때문에 무엇보다 가정생활이 중요했다. 그래서 부모들은 늘 사랑의 규칙, 기독교적 삶의 실천이라는 현실에 근거한 권위와 상호관계를 조절해야 한다. 부쉬넬은 부모들이 지나친 결벽주의, 과도하게 엄격한 예절, 성급한 판단, 혹독함, 그리고 지나친 억제를 피하도록 충고했다. 게다가 종교는 놀이하는 "친구"가 되어야 했다. 부모는 자녀의 놀이를 반겨야 한다. "놀이를 질투하고 어린이다운 삶을 가로막는 경건이나 경건을 가장한 것은 하나님의 보다 다정하고 자애로운 감정에 심각하게 의문을 달고 동의하는…가혹함과 냉혹함을 특징으로 갖고 있다."16) 덧붙여서 부쉬넬은 부모들이 자녀들에게 종교 경험을 강요해서 무심코 불안을 과도하게 조장하면 안 된다고 경고했다. 아울러서 부모들은 자녀들이 의심의 순간을 맞이하더라도 그 발달을 존중해야 한다. 그는 "성급하게 믿게 해서는 안 된다"고 충고했다. "시간을 거스르면서 의심을 단도리 하려고 해서는 안 된다.…오늘 의심을 해결할 수 없다면, 내일로 미루라. 그렇게 세월이 흐르는 것을 두려워해서는 안 된다."[17]

부쉬넬의 기독교적 양육 이론이 격렬한 논쟁을 야기했지만 전반적인 교회교육 형태와는 너무 달라서 곧장 큰 영향력을 발휘하지는 못했다. 대신에 그의 사상은 보다 더 자유주의적이라고 간주할 수 있는 신학적 견해를 소유한 후대 이론가들을 통해서 발전했다. 그렇지만 부쉬넬은 가정생활이 종교와 문화를 바라보는 새로운 관점에 포함될 만큼 자신의 시대에 영향을 미쳤다. 이것은 아동교육에서 특히 두드러지는데, 도덕교육에서 어머니의 역할을 새롭게 강조한 것은 자유롭게 책임을 감당하는 개인으로서 어머니가 등장한 것과 어린이가 작은 성인이 아닌 나름의 권리를 지닌 개인으로 인정받게 된 것을 모두 반영한 것이다.

3) 신앙교육과 여성의 활동

가족관계 관한 부쉬넬의 건강한 실재론과 달리 일반적인 가족에 관한 표현들은 감상적이었다. 어느 목회자는 이렇게 말했다. "이 세상을 구속하는 영향력은 어머니의 무릎에서 나와야 한다." 그 이유는 "더없이 밝은 천년왕국의 여명이 요람으로부터 비추기" 때문이다.[18] 어머니들은 자녀들이 본받기 바라는 행동을 하지 않을 수 없었다. 특히 즐겁게 일을 하도록 요구받았는데, 이는 "그리스도인들은 행복해야 하고, 그런 모습이 실제로 드러나야 하기" 때문이었다.[19] 뿐만 아니라 어머니들은 다음과 같은 내용으로 교육을 받았다. "언제나 자녀들에게 죽음은 복된 변화라고 말해야 한다. 그래서 우리가 이기적인 본성 때문에 어쩔 수 없이 눈물을 흘리게 되면…그 눈물은 잠시 떨어져 있는 것 때문이지 영원한 이별이…이유가 되면 안 된다."[20] 어머니는 자녀의 신앙을 강화할 수 있는 사소한 기회까지 놓치지 않도록 교육을 받았다. 대개 아버지는 가정을 벗어나서 일하기 때문에 기도교육은 어머니의 몫이 되었다.

1820년부터 1875년까지 사회활동을 했던 앤 더글러스Ann Douglas는 어머니의 모습을 그렇게 감상적으로 간주하게 된 것은 여성과 성직자의 역할이 바뀐 데 따른 결과라고 주장했다. 19세기의 여성은 대부분 18세기의 여성보다 가사노동이 훨씬 줄어들어서 비교적 안락하게 남편의 집을 돌보면서 지낼 수 있었고, 보다 가난한 여성은 공장에서 저임금 노동에 종사했다. 전자의 여성들은 일종의 유한계급으로 분류되었다. 더 이상 극심한 노동에 시달리지 않았기 때문이다. 부쉬넬이 다소 거칠게 피력한 것처럼, "어머니와 딸의 인력이 물과 증기의 힘"으로 대체됨에 따라서 "소박한 시대"는 과거가 되었다. 여성들은 더 이상 생활비를 버는 남편을 도우려고 결혼하는 게 아니라 수입의 지출을 도우려고 결혼했다.[21] 1833년에 국교제가 폐지되자 성직자들 역시 필사적으로 변화에 집착했다. 전반적으로 안정을 잃고 사회의 변두리로 밀려나게 되면서 그들은 무기력하고 무식하게 비쳐졌다. 어떤 기사에 따르면, 재계는 성직자를 "반은 남성이고 반은 여성인 사람들"로 치부했다.[22] 무엇이 "수준 있는 목회"를 가능하게 하는지에 대한 격렬한 의견교환은 교인들의 관심을 끌지 못한 것으로 보인다. 수많은 신학생들이 자신들은 물론 더글러스의 표현처럼 "자기-양육이라는 종교"에 꽤나 집착했고, 수많은 목회자들이 매력적인 인상을 심으려고 노력했다. 여성들은 감성적인 종교성의 "소비자"로 바뀌어서 19세기 사회가 "여성적"이라고 정의한 것—경건함, 수줍음, 자기집착, 그리고 허약함—을 추구할 수 있는 능력을 갖추려고 애썼다.

앤 더글러스는 이 현상을 미국 문화의 "여성화"feminization라고 부르는데, 그것은 삶에 대한 반지성적 감상주의이며 결국 소비사회와 대중문화로 이어졌다. 종교는 서서히 문화의 변두리로 밀려났다. 그것은 여성과 성직자의 영역이고, 추상적인 문헌에 집착하는 것을 심각하게 다룰 수 없다는 게 이유였다. 다른 사람들을 신앙으로 교육하는 일은 당연히 여성의 몫이 되었다. 남성들(성직자를 제외한)은 "진짜"real 세계에서 의무를 다하고 있었기 때문이다. 여성은 "품행을 담당하고, 인간의 덕목이라는 이름의 감정과 정서를 가르치고 격려하도록 하나님으로부터 부름을 받았다."[23]

그렇지만 미국 문화의 흐름에 또 다른 두 가지 경향이 감지되었는데, 상호 관련된 그 두 가지의 발전-자유주의 신학과 진보주의 교육-은 20세기의 종교교육에 특히 중요한 의미가 있었다. 그것들을 잠시 살펴보면 종교교육이라는 고전적 표현이 등장하게 된 직접적인 배경을 이해할 수 있다.

4) 자유주의 신학

19세기의 자유주의 신학의 출현은 서너 가지 사조들이 합류하는 지점이었다. 핵심 개념이라고 할 수 있는 진보progress 그 자체가 다윈의 「종의 기원」Origin of the Species에 등장하는 진화의 상승계통을 상징했다. 역사편집의 발전이 만물을 상대적으로 생각하게 만들었는데, 나중에는 아인슈타인의 상대성 이론이 일반의 상상력을 강화했고, 학자들에게는 성서의 본문에서 다양한 음성을 찾아낼 수 있는 일련의 도구들을 제공했다. 계몽주의는 자연의 법칙을 발견할 수 있는 인간의 능력과 과학의 잠재력에 대한 더할 수 없는 확신을 유산으로 남겼을 뿐만 아니라 종교는 교리보다 윤리적 차원이 더 중요하다고 주장했다. 낭만주의 운동은 더 나가서 종교를 감정으로 강조함으로써 기독교의 교리적 특성을 약화시켰다. 칼뱅주의를 "인계한" 알미니우스주의는 인간의 자유와 천부적인 이타적 능력을 강조했는데, 어떤 모임은 죄를 일종의 실수이며 도덕교육이나 예수의 모범을 뒤따름으로써 줄일 수 있는 것으로 간주했다.

자유주의 신학을 가장 간단히 설명하면 19세기와 20세기 초반의 과학 정신과 전통적인 기독교의 화해라고 말할 수 있다. 즉, 기독교를 과학적으로 재조명한 것이다. 당연히 그것은 근대정신이 종교의 본질과 전혀 모순 되지 않으며 성과 속의 영역이 서로 충돌하지 않는다고 생각한다. 진화라는 은유로 무장한 자유주의자들은 세상을 낙관적으로 받아들였다. 그들은 원시 종교로부터 서서히 그러면서도 확고하게 멀어지고 있는 것으로 생각했다. 이런 견해가 새로운 시온New Zion이라는 미국 우월주의와 결합했다면, 지금은 그런 오만을 아주 순진하게 간주할 수도 있다. 그렇지만 1912년에 월터 라우센부시Walter Rauschenbusch는 달리 생각했다. "사회질서를 기독교화 하려는 시도 가운데 가장 힘겹고 어려운 부분이 마무리되었다. [미국인들이 필요로 하는 것은] 구속 사역의 완수가 고작이다."24)

자유주의는 새로운 신학 의제를 설정했다. 이제는 신학적 사고의 규범적 준거가 고대의 문헌보다는 주류를 형성하고 있는 철학, 과학 및 역사 운동에 근거를 두게 되었다. 물론 이것은 몇 가지 잘 정의된 개념들이 초자연적 간섭이나 기적이 과학의 시대에 적합하지 않다는 이유로 제거된 게 아니라면 급속한 변화를 거쳤다는 뜻이다. 게다가, 기독교적 생활을 평가하는 새로운 관점이 출현했다. 그것은 사회질서를 변혁할 수 있는 잠재력이 장점이었다.

신학자 랭던 길키Langdon Gilkey는 자유주의가 현대 세계에 적응할 수 있었던 네 가지 대표적인 방법들을 찾아냈다. 첫째, 종교 진리에 대한 새로운 이해를 제공했다. 진리는 더 이상 신적으로 부여된 명제가 아니라 존재의 신비와 깊이를 가리키는 인간의 상징체계로 간주되었다. 따라서 종교적 진리는 과학이나 역사와 경쟁 상태에 있는 것으로 받아들일 필요가 없다. 둘째, 자유주의는 모든 주장의 역사성을 인정하는 기독교의 교리 개념을 발전시켰는데, 이 교리는 불변의 가치를 지닌 진술이라기보다는 특정 시공간에 대한 공동체의 생각이었다. 셋째, 자유주의 진영이 그리스도인의 생활을 다른 시각으로 바라보게 되었다. 거룩함은 다가올 세계를 준비하면서 이 세상에 대한 관심과 염려를 제거하는 게 아니라 보다 정의로운 세계 질서에 헌신하는 것이었다. 넷째, 자유주의는 서로 다른 견해들을 포용하며 의논하면서 종교 다원론을 수용했다. 그리스도인들은 무엇보다 이웃을 사랑해야 했다. 개종은 중요하지 않았다. 진정한 전도는 보다 정의로운 사회의 건설을 통해 성취되었다. 현대성에 대한 이 네 가지 적응 방식이 자유주의의 핵심이었다. 길키가 지적하듯이, "개신교건 아니면 가톨릭이건 간에 독창적으로 그리스도인의 삶을 형성하는 방식은 한결같이…자유주의의 이런 기본적인 공헌을 전제하는데, 이것은 자유주의 신학의 다른 측면에 동의하는지의 여부와 무관하다."25)

5) 종교교육에 대한 자유주의 신학의 공헌

현재의 상황에서 자유주의의 중대한 영향을 확인하려면 이야기를 건너뛸 필요가 있다. 여기서는 **종교교육** 이론가들이 처한 상황을 단순하게 설명하는 게 목적이기 때문이다. 자유주의의 공헌을 평가하려면 **종교교육**의 다섯 가지 핵심적인 요소들을 확인해야 하는데, 그것들을 꼽자면 "세속"문화의 수용성, 인문학과 과학의 통찰력에 대한 교육과정 설계의 독특한 개방성, 회심과 중생보다는 종교 생활의 성장과 연속성의 강조, 종교 경험은 교리나 신조보다 훨씬 더 중요한 의미를 갖고 있다는 확신, 신적 존재는 개인에게 외적 권위에 복종하지 않으면 심판을 받는다고 강요하기보다 내적으로 감화시킨다는 견해, 그리고 끝으로 현대 성서비평 원리를 자유롭게 활용한 것을 들 수 있다.26)

자유주의 신학과 현대성의 화해가 종교교육에 활력을 불어넣었지만, 진보주의 역시 이 고전적 표현에 생기를 제공했다.

2. 진보주의

진보주의progressivism는 아메리칸 드림의 신화를 산업화를 겪은 이민자로 구성된 국가로 확대하고자 노력한 19세기 후반의 운동을 가리킨다. 민주주의 사상의 영향으로 박애적 욕구가 강화된 진보주의는 교육을 통해서 미국 사회를 재구성할 수 있는 방법을 제시했다. 진보주의자들은 교육을 사회 변혁의 수단들 가운데 가장 중요한 것으로 간주했다. 따라서 진보주의 교육 운동은 1919년에 출발한 진보주의교육협회Progressive Education Association를 비롯해서 진보주의의 중추적인 구실을 했다. 로렌스 크레민Lawrence Cremin이 요약했듯이 사회 개혁, 교육을 통한 개혁 그리고 교육의 개혁이라는 삼중적 동기 덕분이었다.

　　　진화론을 둘러싼 무수한 이미지와 가치가 진보주의 교육학자들을 계몽했듯이 자유주의 신학자들 역시 아주 비슷한 과정을 밟았다. 허버트 스펜서Herbert Spencer가 주장하듯이 사회적 다원주의자들은 역사의 개념을 인간의 특성이 생활환경에 점진적으로 적응하는 것이라고 가르쳤고, 따라서 교육은 생존을 위한 준비로 간주되었다. 이 개념은 행정과 수업, 그리고 교육과정을 새롭게 이해하는 계기가 되었다. 스탠리 홀G. Stanely Hall("개체발생은 계통발생을 반복한다"는 유명한 구절로 다원주의적 성향을 드러냈다), 윌리엄 제임스William James, 그리고 에드워드 손다이크Edward L. Thorndike 같은 이론가들의 영향으로 심리학의 시대가 도래했다. 홀은 감정과 학습 태도에 대한 과학적 연구를 강조했고, 제임스는 교사들에게 심리적 통찰을 결합하는 방법을 가르쳤으며, 양적 조사방법을 크게 신뢰한 손다이크는 지능측정법을 제안했다. 헤럴드 럭Harold Rugg이 집필한 「아동 중심 학교」*The Child-Centered School*는 학생에게 제기되는 관심을 유형화했고, 프랭클린 보빗Franklin Bobbitt의 「교육과정 작성법」*How to Make a Curriculum*은 학생들이 사회생활을 준비하도록 학교가 제공하는 인간의 전반적인 경험을 분류하고 열거했다. 1925년에는 윌리엄 킬패트릭William H. Kilpatrick이 목적에 따라서 활동을 수행하는 "프로젝트 방법"project method을 제안했다. 그렇지만 존 듀이John Dewey(1859~1952)처럼 자신의 세대는 물론이고 후대의 상상력까지 사로잡은 이론가는 없었다. 이 연구에서 차지하는 듀이의 중요성은 1903년의 종교교육협회Religious Education Association 창립 과정에서 담당한 역할에서 예고되었는데, 그의 업적은 **종교교육**이 등장하는데 결정적인 구실을 한다.

1) 존 듀이

　　　몇 년씩 걸리는 집필을 하면서도 다작한 듀이를 간단히 요약하기란 불가능하다. 그렇지만 1899년에 세 차례에 걸쳐 진행한 강연을 담은 그의 가장 유명한 저서 「학교와 사회」The School and Society를 통해서 세기가 바뀔 무렵의 미국 교육사상에 대한 반성, 비판 그리고 종합을 확인할 수 있다. 듀이의 사상은 공립학교에서 가르치는 민주적 신앙이 개혁의 도구가 될 수 있다고 주장한다. 듀이에 따르면, 공동체는 누구보다 뛰어나고 지혜로운 부모가 자녀에게 요구하는 것을 모든 어린이에게 요구해야 한다. "학교에 대한 그 어떤 이상적인 개념도 편협하며 또 바람직하지 않다. 그것을 따르게 되면 우리의 민주주의는 파괴된다."27) 그는 학교가 학생들이 봉사정신을 제대로 익히고 효과적으로 스스로를 관리하는 도구를 획득하게 하는 사회적 수단이 되기를 바랐다. 따라서 그는 규범적인 교육방식을 내켜하지 않았다. 학교는 보다 더 바람직한 삶을 추구하는 노력과 단절되어 있으며, 중세의 학문적 개념의 지배를 받고 있기 때문이다. 그는 학교가 오히려 순수한 형태의 공동체 생활이 되어야 하고 여러 과목들을 익히는 고립된 장소가 되어서는 안 된다고 주장했다. 단순히 정보의 획득을 위해서 가르치는 것은 개인주의를 조장했다. 듀이는 학생들에게 민주주의를 유지하는데 필수적인 과정을 교육하려면 반드시 학교가 사회 지향적이 되어야 한다고 확고하게 믿었다. 학교는 단순히 사회를 반영하는 게 아니라 개선해야 한다. 공동체 생활의 초기 형태를 하고 있는 학교는 예술, 역사 그리고 과학의 정신이 충만해야 한다. 학교가 생활과 무관하지 않다면 그 모든 학문들은 당연히 서로 관련되어 있을 것이다.28)

듀이는 학교교육을 대신할 수 있는 형식을 개발하는데 전념했는데, 그 가운데 하나가 수동성, 무조건적인 아동의 집단화, 그리고 교육과정과 방법의 획일성을 능동성, 그룹별 참여, 그리고 학습자 요구의 수용으로 대체한 것이었다. 그는 자신의 주장이 코페르니쿠스의 경우와 다르지 않을 정도로 혁명적이라고 생각했다. 듀이의 시각에 따르면, 오로지 "어린이가 교육시설이 선회하는 태양이 될 수 있고, 그[그녀]를 중심으로 그것들이 구성된다."29) 하지만 듀이의 방법론 역시 이미 어린이에게 존재하는 것, 가령 대화, 질문, 구성 그리고 예술적 표현에 대한 흥미를 있는 그대로 인정했다.

> 우리가 교육적으로 하늘나라를 추구하면, 나머지 모든 것들은 저절로 얻게 될 것이다. 바꾸어 말하면, 우리가 아동기의 진정한 본능과 욕구를 확인하고 필요와 성장을 충분히 반영해서 요구하면 훈육과 정보와 성인의 생활 문화가 적절한 순간에 남김없이 전해질 것이다.30)

1897년에 집필된 "나의 교육 신조"My Pedagogic Creed에는 듀이가 자신의 교육적 사명에 반영한 원리가 요약되어 있는데, 그 제목만으로도 듀이가 종교적 성격의 교육을 고수했다는 것을 알 수 있다. "지속적인 경험의 재구성"으로 간주된 교육은 "사회의 진보와 개혁의 근본적인 방법," 달리 말해서 "인간의 경험을 통해서 파악할 수 있는 과학과 기술의 가장 완벽하고 친밀한 결합"을 제공하는 한 종교적이었다. 교육은 인간의 능력을 형성하고 사회봉사에 적용할 수 있기 때문에 "최고의 기술"이었다.31)

교육은 최고의 기술이었다. 듀이는 사회를 재구성하는 잠재력이 교사로 하여금 "진정한 하나님의 예언자이며 진정한 하나님 나라의 안내인"으로 만든다고 믿기 때문이었다.32) 그가 보기에 교사의 소중한 사명은 당시의 일부 다른 자유주의자들, 즉 초자연적인 것에 대한 믿음을 보다 원시적인 사고방식의 잔재로 간주하던 자연주의 철학과 관점을 공유하는 것에 달려 있었다. 그가 초자연주의supernaturalism를 반대한 근거는 적지 않았다. 그것은 종교에 해를 입혔다. 종교를 절대화함으로써 사람들이 실증적인 방법으로 진리를 발견하는 위험을 감수하기보다는 고착된 교리를 통해서 안정을 찾도록 만들었기 때문이다. 그것은 관념상의 존재에 집중했기 때문에 사람들은 실제 삶에 초점을 맞출 수 없었다. 결국에는 성과 속이라는 그릇된 이원론을 낳은 것은 물론, 어리석은 무지에 근거할 때가 너무 많았다. 뿐만 아니라 초자연주의는 민주주의와 공존이 불가능했다. 엘리트의 권위주의를 합리화할 때가 너무 잦았기 때문이다.

듀이가 자신을 유신론자로 간주했는지의 여부는 논쟁거리로 남아있다. 「공공의 신앙」*A Common Faith*이라는 제목으로 출판한 1934년의 예일 대학교 테리 강연Terry Lectures이 종래의 유신론과 거리가 먼 것은 사실이다. 여기서 듀이는 "하나님"이라는 이름을 "우리로 하여금 갈망하고 행동하도록 만드는 모든 이상적 목적의 총합"을 지칭하는데 활용하면서 결국에는 하나님을 "이상적인 것과 현실적인 것 간의 이런 능동적인 관계"라고 정의했다.[33] 과학적 방법에 매료된 듀이는 실증적으로 검증할 수 없는 초월적 하나님에는 동의할 수 없었다. 그 용어를 계속해서 구사하고 "신적 존재"를 자주 거론했지만, 그의 어법은 인격적인 창조주가 아니라 이상적인 것이 현실적으로 바뀌는 순간을 가리켰다. 유신론적 측면에서는 인정할 수 없는 것이기는 하지만, 교육에 철저히 헌신한 그의 모습은 일종의 종교적 행위였다.

2) 종교교육에 대한 진보주의의 공헌

듀이를 비롯한 기타 진보주의자들이 종교교육에 공헌한 것을 세 가지 측면에서 요약할 수 있을 것 같다. 첫째, 실천과 앎의 상호관련성을 강조함으로써 "실천을 통한 학습"learning by doing에 대한 새로운 열정을 유발했는데, 그것은 나중에 "실행"hands-on 교육이라는 이름을 얻었다. 경험 교육의 능력에 대한 이런 인식은 시카고 대학교에 설치된 듀이의 실험학교를 통해서 구체화되었다. 둘째, 아동중심 교육과정을 강조한 게 종교교육자들에게 중대한 영향을 미쳐서 신조중심의 교육과정을 재고하도록 만들었다. 교육은 내용보다 학습자의 상황과 욕구에서 시작된다는 가정은 진보주의적 사고에 근거한 것이다. 셋째, 회심보다는 "전인적 어린이"와 형성을 강조한 진보주의의 주장은 부쉬넬의 양육 개념과 일치했다. 종교교육자들은 그것을 통해서 사회과학을 활용하고 심리학을 고려할 수 있는 추진력을 확보했고, 정치 및 종교적 행위를 교육의 이중적 성격으로 파악할 수 있는 근거

를 마련했다.[34]

3. 종교교육: 신학과 진보주의의 결합

진보주의 교육과 자유주의 신학이 만나서 **종교교육**이라는 고전적 표현을 낳게 되었다. 특히 조지 코우George Albert Coe(1862~1951)의 저서를 통해서 이런 상보적 주장이 구체적으로 발전했다. 그의 이론은 자유주의적-진보주의 관점을 반영하고 있고, 고전적 표현의 분명한 입장이 대체로 명확히 드러나 있다. 따라서 어떤 식으로든지 **종교교육**을 설명하고자 하면 다른 이론가들-윌리엄 바우어, 어니스트 체이브, 소피아 파즈, 그리고 헤리슨 엘리엇-은 물론이고 코우의 저술을 남김없이 검토하지 않으면 안 된다.

1) 조지 코우

코우는 윌리엄 제임스의 표현처럼 "건전한 정신의" 종교를 물려받은 "한번 태어난"once-born 사람의 전형이었다.[35] 회심의 경험을 통한 구원의 성취와 그 교리를 고수하는 게 중요한 역할을 하던 복음주의적 경건주의 분위기를 풍기는 감리교 목사관에서 성장한 코우는 "가지 않은 길"로 과감히 떠났다. 코우는 청소년기에 종래의 방식으로 회심을 추구하기도 했지만, 코우가 경험한 부흥의 "소나기"는 중생하지 못한 탓에 늘어 가는 불안을 씻어내지 못했다. 마침내 그는 나중에 회고한 것처럼 학부 시절에 "합리적이며 윤리적인 행위"를 빌어서 고민을 해결했다.[36] 그 일이 있고난 직후에 코우는 다시 한번 신앙의 위기를 야기한 다윈의 「종의 기원」과 「인간의 혈통」The Descent of Man을 읽게 되었다. 그는 전통적인 종교와 진화론이 서로 갈등하고 있음을 깨닫게 되었다. 두 번째 해결은 복음주의자들이 택한 진로와의 결별이었다. "어느 주일 아침에 나는 과학적 방법을 엄숙히 선택하고, 그것을 내 종교 안에 포함시키고, 그리고 그것이 인도하는 대로 따르기로 결정함으로써 그때까지 염려하던 문제를 해결했다."[37] 코우는 나중에 어느 글에서 이 경험의 결정적 측면을 직접 인정했다. "나는 신앙적 측면에서 내 인생의 가장 중대한 전환점은 교리적 방법에서 과학적 방법으로 일찌감치 돌아선 것이라고 생각한다."[38]

코우는 과학적 방법으로 "회심"해서 자신이 신학의 "타고난 질병"으로 간주하던 교리와 무관한 운동을 직접 조직했고, 종교철학과 심리학에 역량을 집중했다. 그의 처녀작 「영적 생활: 종교학 연구」 *The Spiritual Life: Studies in the Science of Religion*(1900)는 회심을 경험한 77명을 대상으로 실증적으로 연구한 것이었다. 그는 보다 분명하고 결정적인 변화를 거친, 즉 "두 번 태어난" 이들의 성품이 훨씬 더 정서적으로 감수성이 예민하고, "자동현상"automatism(종교적인 꿈, 환각, 이상 충동)을 보다 쉽게 수용한다고 결론 내렸다.[39] 코우는 나중에 1,784건의 사례를 실증적으로 연구함으로써 평균 회심 연령이 16.4세라는 것을 밝혀냈는데, 그 결과 때문에 부흥운동에 대한 그의 유보적 태도가 강화되었고 "성숙한 정신을 가진 종교"를 설명하려는 시도에 박차를 가하게 되었다.[40] 그는 부흥운동이 경험주의가 규명한 자연법칙과 **종교교육**을 주도하는 일에는 무관심한 채 터무니없는 일에 몰두하면서 "쓸모없는 일"을 하고 있다고 주장했다. 코우는 교회가 극적인 변형을 강조하다가는 결국 영혼을 돌보는 일을 포기하는 과정에 다다를 수 있다고 믿었다. 반면에 양육은 교회에 도움이 되는 방향으로 나가는 과정이었다. 그래서 윌리엄 허치슨William Hutchison은 **종교교육**에 대한 코우의 관심을 "부쉬넬식 기독교적 양육 이론들의 광범위한 체계화"라고 불렀다.[41]

기성교회에 환멸을 느끼고 비과학적인 교리를 부정했음에도 불구하고 코우는 교육에 종교적 차원을 포함시키자고 주장했다. 코우의 주장에 따르면, 종교를 결여한 교육은 "전인적인 아동"을 발달시키려는 목적을 제대로 수행해낼 수 없다. 설사 특정 종교 전통의 기초가 제아무리 부실하더라도, 보다 넓은 세계에 적응하고 "우리 존재의 궁극적 기반과 조화를 형성하고자" 하는 개인의 바람은 교육의 기초, 즉

"처음부터 주도권을 쥐고서 전체 진행 과정에 통일성을 부여하는 목적"이었다.[42] 그래서 그는 종교교육협회가 출범할 당시에 듀이와 달리 그 협회의 일차 목적은 세속교육보다 오히려 종교교육을 지향해야 한다고 주장했다. 협회의 목적 진술에서 확인할 수 있듯이 그의 주장이 승리를 거두었다. "우리나라의 종교 세력을 교육적 이상으로 고취한다. 우리나라의 교육 세력을 종교적 이상으로 고취한다. 그리고 일반인에게 이상적인 도덕 및 종교교육을 제시하고 그것의 필요성과 가치를 깨닫게 한다."[43]

2) 구속으로서의 교육

그렇지만 코우와 그의 동료였던 듀이의 차이점은 그리 크지 않았다.(코우는 유니언 신학대학원에서 13년간 교수로 있다가 1922년에 듀이가 교수로 있는 인근의 컬럼비아 대학교 사범대학으로 자리를 옮겼다.) 코우 역시 교육을 중시하는 견해를 갖고 있었는데, 다음의 발언 가운데 가장 분명하게 드러나 있는 것으로 보인다. "구속의 과정은 근본적으로 교육의 과정과 하나이다."[44] 그래서 그는 기독교의 일부 핵심 개념들을 다시 정의하면서 초자연적인 의미의 층을 제거하고 전형적인 진보주의적 용어로 표현했다. 그는 성육신을 삶의 공유를 보여주는 대표적 사례, 즉 불완전한 삶이 발전하거나 교육에 도달하는 방법으로 받아들였다. 비슷한 맥락에서, 코우는 속죄를 교육의 성취로 간주했다. 코우는 속죄를 인류와의 하나됨으로 번역했다. 자유주의적 입장을 대표하는 그의 "낮은" 기독론에 대한 단서는 예수를 구속자보다는 "최상의 교육자"로 언급하는데서 확인할 수 있다.[45]

3) "비교육적" 복음전도

비교적 초기에 집필되었던 「종교교육의 사회적 이론」*A Social Theory of Religious Education*은 코우의 자유주의와 진보주의의 뿌리를 구체적으로 보여준다.⁴⁶⁾ 그는 부흥운동과 자신의 차이점을 거침없이 지적했다. "기초적인 종교교육의 항구적인 목적은 회심을 불필요하게 만들어야 한다." 청소년을 결코 "비교육적인 복음전도"에 맡기면 안 된다는 식의 표현은 부쉬넬을 연상시킨다. 코우는 다음의 몇 가지 이유들 때문에 복음전도를 "비교육적"으로 간주했다. 그것은 하나님에 대한 헌신과 인류에 대한 애정을 따로 구분했다. 어린이 교육에 대한 구체적인 결정과 구별될 만큼 개략적이거나 아니면 모호하게 내용을 결정하게 만들었다. 사회생활의 직접적인 출구를 제공하지 않으면서 열망을 부추겼다. 습관 형성이나 지적 분석 가운데 어느 한 쪽을(혹은 양쪽 모두를) 회심과 달리 구분했다. 그리고 암시와 정서적 부추김의 능력을 의지함으로써 자제력을 약화시켰다.⁴⁷⁾ 코우는 어린이들에게 그리스도인이 필수적으로 알아야 할 내용을 가르치고, 어린이들에게 교회의 일원이 될 준비를 시키며, 그들의 종교적 재능을 드러내거나 혹은 그리스도인의 성품을 배양하는데 집중할 경우에는 기독교교육의 목적이 그릇될 수 있다고 주장했다. 기독교교육은 "젊은 세대가 하나님의 민주주의, 그리고 거기서의 행복한 자기실현을 위해서 성숙과 효과적인 헌신을 향해서 성장하도록" 촉진하는 것을 목적으로 삼아야 한다.⁴⁸⁾

코우가 구사한 "하나님의 민주주의"democracy of God는 민주적 이상에 대한 진보주의적 애정과 "하나님의 나라"(신약성서의 *basilea tou Theou*)라는 보다 일반적인 번역의 권위적 의미에 대한 혐오감을 한꺼번에 보여준다. 뿐만 아니라 코우의 작업이 변함없이 사회 지향적이라는 것 역시 시사한다. 그는 듀이처럼 사회를 일차적인 교육자로, 그리고 교육을 사회를 재구성하는 도구로 간주했기 때문이었다. 개인을 강조한 부흥운동가들과 달리 코우는 사회적 상호작용의 중요성을 강조했다. 그로서는 교육과정의 일차 내용이 "개인들 간의 현재 관계와 상호작용" 속에 드러나 있어야 했다. 그렇지 않고, "내적이며 개인적인 속성을 계속해서 주목하는 한…자신이 속한 사회질서에 대한 책임감을 벗어날 수 있다."⁴⁹⁾ 여기에서 성서는 어느 정도(제한적일 경우라면) 가치가 있었다. 성서가 사회적 상호작용에 대해서 갖는 가치는 "개인과 사건에 대한 문제를 있는 그대로 제기하는 예리함"에 대부분 달려있다.[50]

4) 신앙과 문화의 관계: 창조적 교육

사회 질서에 대한 코우의 관심은 1929년에 출판된 「기독교교육이란 무엇인가?」*What is Christian Education?*에 반영되어 있다.[51] 전체적인 측면을 고려할 경우에 그 저서는 전달식 교육과 창조적 교육을 구분한 게 핵심이다. "기독교교육의 일차 목적은 종교를 전달하는 것인가, 아니면 새로운 세계를 창조하는 것인가?"[52] "우리가 예수의 발견과 창조의 길을 따르지 않고서는 그와 활기찬 관계를 유지할 수 없다"고 확신한 코우는 교인들이 예수와 더불어서 창조자가 되도록 초대했다. "우리의 사고, 실험, 대담함 그리고 고난을 통해 새로운 것을 불러일으키게 된다. 재구성, 지속적인 재구성은 본질적으로 인간 안에서 그리고 인간에 의한 신적 사역이다."[53] 아울러서 코우는 그리스도인들에게 이렇게 말했다. "하나님과는 진정으로 개인적인 관계를 유지할 수 없다. 우리의 자아 자체가 결합적이기 때문이다. 우리는 타인과의 주고받음을 통해서 스스로를 형성하고, 그리고 우리는 그의 형상대로 지음을 받았다."[54]

그렇지만 교회는 사회에 대한 비전을 교육과 결합시키지 못할 때가 많았다. 진정한 기독교와 양립할 수 없는 전제를 고수하는 전달식 교육형태가 우세했다. 그런 정책과 실행이 기존의 문화를 지탱했고, 효율성에 대한 관심 때문에 그것을 에너지로 활용하든지 아니면 회피했다. 게다가 교회는 상황의 변화를 엄격하게 분석해야 할 필요성을 무시했다는 게 코우의 판단이었다. 일부 사람들은 하나님에 대한 순종이 일부 교회 직원들에 대한 복종으로 이어지기도 했다. 이와 달리 창조적 교육은 문화를 개선하거나 재구성하려고 모색했다. 전달식 과정을 활용할 경우에도 변형을 추구했다. 창조적 교육(자기표현과는 다른)은 지지자들을 완성되지 않은 하나님의 민주주의라는 과제로 이끌었다. 그것은 교회를 개혁하고 다시 활성화시킬 수 있는 잠재력을 포함하고 있었다. 실제로 창조적 교육은 지속적인 자기비판의 체계를 개발함으로써 제도주의로부터 교회를 구할 수 있었다. 그것은 교파의 내향성을 상쇄하고, 교회를 사회적 급진주의의 기초로 삼고, 그리고 교인의식과 교회의 부를 축소할 수 있다. 대부분이 갈망한 진정한 부흥을 가져올 수도 있다. 요컨대, 코우는 교육을 사회를 변혁하는 방법은 물론 교회를 갱신하는 창조적이며, 생명을 불어넣는 힘을 지닌 강력한 도구로 간주했다.

5) 종교교육의 정의

코우는 사회질서를 바꾸기 위한 자신의 노력이 인간의 성장과 전인성에 대한 자신의 열정과 전적으로 일치한다고 생각했다. 궁극적 실재를 인격적으로 이해한 인격주의자인 그는 하나님이 개인 안에서 그 고유함을 훼손하지 않거나 인간발달의 자연법칙을 간섭하지 않는 방식으로 활동한다고 받아들였다. 그는 종교심리학자로서 종교가 개인과 사회로 하여금 스스로의 가치를 변혁시키는 기능을 하고 있다고 정의했다. 그는 자유주의자로서 진보의 도래를 낙관적으로 신뢰했다. 그는 진보주의자로서 민주주의가 결국에는 개인의 자아의식을 강화시켜줄 것이라고 강력히 주장했다.[55] 이 모든 요소들이 종교교육에 대한 그의 정의를 구성했다. "그것은 개인들 사이의 관계를 체계적으로, 비판적으로 검토하고 재구성하는 것인데, 개인이 무한한 가치를 지니고 있다는 예수의 가정, 그리고 하나님의 존재는 개인들의 가치를 판단하는 위대한 존재라는 가설에 근거하고 있다."[56]

분명히 코우의 개념 정의는 맥락을 파악해야 의미가 통한다. 그는 과학적 방법을 수용해서 "체계적"이고 "비판적"인 것을 강조했다. "과학적 사고방식은 예외 없이 비판적인 점검을 받기 위해서 그 과정과 결과를 다른 사고방식과 비교한다"는 게 그 이유였다.[57] "개인들 사이의 관계의 재구성"이라는 표현은 그의 진보주의적 성향과 인격주의적 성향을 서로 결합한 것이다. 더구나 예수의 사역이 무엇보다 "개인이 무한한 가치를 지니고 있다"고 긍정한 것이라는 코우의 평가는 자유주의 기독론의 아주 전형적인 표현이다. 그리스도의 신적 성품은 약화되고 예수의 윤리적 성품이 강조된다. 끝으로, 코우의 유신론이 듀이의 그것보다 명확한 게 사실이었지만, 그가 하나님을 "개인들의 가치를 판단하는 위대한 존재"로 상정한 것은 초월적 하나님을 전적으로 신뢰하지 않는다는 뜻이었다. 그는 이 대목에서 신적 내재성을 핵심 개념으로 간주한 다른 자유주의자들의 주장을 또 다시 반복했다. 여기에서는 이 하나님의 존재를 코우의 과학주의에 필수적 용어인 "가설"로 표현한 것에 유의해야 한다.

코우는 만년에도 자신의 자유주의-진보주의 뿌리를 일관되게 유지했다. 1932년에 진보주의교육협회가 스스로의 계급적 편견을 인정하고 사회질서에 도전하도록 문제를 제기한 바 있는 조지 카운츠 George S. Counts로 대표되는 일부 진보주의 교육학자들처럼 코우는 점차 산업 자본주의가 초래한 "가치의 전도"를 염려하게 되었다.[58] 「종교는 우리의 양심에 어떤 영향을 미치는가?」*What is Religion Doing to Our Conscience?*(1943)라는 마지막 저서의 제목 때문에 그가 사회 윤리에 전념했다는 것을 알 수 있다. 그 저서는 코우가 점증하는 소외로 간주한 것, 즉 "물질의 소유에 대한 의견 차이"로 인한 불화를 비판적으로 평가한다.[59] 그래서 그는 계급이 없는 사회로의 이행을 주장했으며, 현실 세계를 회피하는 자유주의자들을 비난했고, 그리고 마르크스주의의 분석범주를 활용했다. 그의 "가지 않은 길"은 그로 하여금 감리교의 경건주의에서 마르크스주의의 메시아주의로 안내했다.[60]

경건을 재구성한 코우가 **종교교육**에 관해서 가장 광범위하게 발언을 했지만, 다른 이론가들 역시 영향을 끼쳤다. 윌리엄 바우어 William Clayton Bower는 경험이 인격 발달의 근원이라는 개념을 가지고서 코우가 강조한 창조적 교육을 전개했다. 그의 주장에 따르면, 교육은 성인이 결정해서 수동적인 학습자에게 부과하는 게 아니라 "어

린 세대를 창조적인 개인적 및 사회적 경험으로 입문시키는 것"으로 간주하지 않으면 안 된다.61)

6) 소피아 파즈

새로운 세대에게 "창조적인 개인적 및 사회적 경험"을 가장 탁월하게 제시한 종교교육학자가 있다면 아마 소피아 파즈Sophia Lyon Fahs(1876~1978)였을 것이다. 장로교 선교사였던 부모 때문에 중국에서 태어난 파즈는 사범대학의 대학원 과정(1903~1904)에서는 존 듀이와 진보주의를 열렬히 옹호했고, 주일학교 교사와 작가, 유니언 신학대학원의 유니언 종교학교(실험 주일학교)의 교장(1926), 신학대학원 종교교육 강사(1927~1944), 그리고 뉴욕 리버사이드 교회의 직원(1933~1942)으로 활동했다. 이 모든 경력은 그녀로 하여금 미국유니테리언협회American Unitarian Association의 "자유주의 종교교육을 재건한 주요 인물"이 되게 만든 활동의 서막이었는데,62) 파즈는 거기서 1937년부터 1951년까지 교육과정 교재의 편집을 담당했고, 82세의 나이에 유니테리언 목사로 안수를 받았으며, 88세에 자신의 마지막 저서인 「의심하는 사람들과 함께 예배하기」 *Worshipping Together with Questioning Minds*를 완성했다.

파즈의 가장 탁월한 특징은 부지런히 어린이의 질문에 귀를 기울이면서 교사와 학생이 함께 답변을 이끌어낼 수 있는 아주 다양한 자료들을 제공하는 것이었다. 가령, 미국 유니테리언 협회가 뉴비컨시리즈New Beacon Series를 처음으로 출판할 당시에 파즈는 다양한 문화의 창조 신화와 세계의 기원에 관한 현대 과학의 결론을 나란히 배치해서 어린이들이 역사상 모든 사람들이 동일한 질문을 제기했다는 사실을 파악하게 했다. 그렇게 해서 어린이들은 나머지 인류와 친교를 나누고, "애쓰고, 알고 싶어 하고, 궁금해서 이해하려고 노력해온 수많은 사람들"과 하나가 될 수 있다.63)

파즈는 1952년에 출판한 「오늘의 어린이와 어제의 유산」 *Today's*

*Children and Yesterday's Heritage*을 통해서 자신의 교육과 집필 활동의 배경이 되는 철학을 소개했다.[64] 거기서 그녀는 "권위의 주입과 수용으로부터 창조적 발견, 지적 검증과 자유로운 선택으로 교육 과정의 개념을 변화시킨" 이들의 열두 가지 교육과정의 차원들을 제시했다.[65] 다음은 그 차원들을 요약한 것이다.

공립학교보다는 오히려 교회나 회당의 영역에 적합한 특별한 종교지식은 존재하지 않는다. 어떤 주제나 현상, 혹은 사물들이든지 종교교육의 출발점이 될 수 있다.

초점은 과거보다는 현재와 미래에 맞춰져 있다.

성서는 어린이들이 과거의 지식으로부터 충분히 도움을 얻을 정도로 성숙하는 시점까지 보류되어야 마땅하다. 성서는 어떤 규범이나 신념을 위한 권위가 아니라 서구를 형성한 생활방식을 이해하는 도구로 공부해야 한다.

어린이들은 유대-기독교의 유산만이 아니라 세계 종교들의 역사에 광범위하게 노출되어야 한다.

종교학교는 어린이들이 성숙된 협력을 익힐 수 있는 인간관계의 실험실이 될 수 있어야 한다.

어린이들이 성숙함에 따라서 그 시대의 광범위한 갈등, 즉 전쟁과 평화의 역학을 이해할 수 있는 기회가 주어져야 한다.

어린이들은 단순히 인간관계를 익히는 것은 물론, 자연계를 탐구할 필요가 있다. 종교교육은 전체 사물, 즉 생물과 무생물과 연계될 필요가 있다.

자기이해는 정서적 자율성을 발달시키는 어린이 종교교육의 목표이다.

특히 아주 어린 어린이들도 식물의 씨앗, 동물 그리고 아기들과의 경험을 통해서 신비에 관해서 배울 수 있다.

종교학교는 성교육을 하기에 가장 적합하다.

종교학교는 죽음의 교육을 가장 적절하게 다룰 수 있다.

어린이들의 종교적 발달에 지혜롭게 참여하는 법을 배우는 것은

광범위한 분야에서 높은 수준의 학식이 요구되는 일을 배우는 것이다.[66]

7) 해리슨 엘리엇

종교교육이라는 고전적 표현은 유니언 신학대학원에서 코우의 자리를 계승한 해리슨 엘리엇Harrison S. Elliott의 저서에도 역시 잘 정리되어 있다. 비평가들이 오랫동안 코우와 동료들의 신학 및 교육학적 전제들에 관한 수많은 부정적 견해들을 수집했다면(보다 자세한 비판 내용은 다음 장을 참조할 것), 엘리엇의 「종교교육이 기독교적이 될 수 있는가?」*Can Religious Education Be Christian?*(1940)는 그 비판에 대한 답변과 함께 종교교육 운동을 훌륭하게 요약했다.[67]

엘리엇은 진보주의 종교교육학자들이 자연과 인간 생활 내부에 하나님이 계속해서 현현할 수 있는 중대한 공간을 제공했다고 주장했다. 그들의 관점에 따르면, 계시는 1세기의 기독교 시대에만 있던 게 아니고, 기독교에만 국한된 것도 아니었다. 실제로 하나님은 비평가들의 주장처럼 예수 그리스도 안에서 가장 확실하게 현현했지만 "자연과 역사 역시" 남성과 여성의 "경험과 적당한 모색에 의해서만 파악되는 하나님의 현현들이다."[68] 만일 그런 계시관이 사실이라면, 과정이 강조되는 교육적 과정은 기독교 신앙의 본질이며 과학적 지식은 하나님의 지식에 도달하는데 필요한 귀중한 자료를 제공한다. 경험을 통한 학습을 주장하는 것은 단순한 교육적 선전문구가 아니라 인류가 알고 있는 모든 것을 발견한 방법을 주장하는 것이다. 양육과 성장은 변덕스런 용어가 아니라 개인들이 기독교 신앙을 발전시키는 근본적인 방식이다. 엘리엇은 "유일하고, 권위적인 기독교 종교의 해석"을 구축하려고 시도하는 비평가들을 비난하면서 그런 시도들이 결코 성공할 수 없다는 관점에서 도전을 제기했다.[69] 이와 달리, 교육의 과정은 신앙을 다양하고 풍요롭게 해석할 수 있게 했고 하나님의 다양한 계시 방식들을 파악할 수 있도록 도와주었다.

코우와 파즈처럼 엘리엇은 종교교육의 사회적 성격을 강력하게 신뢰했다. 그는 자유주의자들이 죄의 강력한 실체를 순진하게 간과하고 있다고 비난한 비평가들에게 이런 주장으로 응답했다.

> 사회적 책임을 보다 강하게 그리고 사회적 죄악을 보다 크게 의식해야 한다. 이것을 통해서 현실적 종교교육은 인간의 한계와 인간의 심각한 문제를 파악할 수 있는 토대를 확보하는 것은 물론, 그와 동시에 교육적 과정을 통해서 그런 문제를 적극적으로 공략할 수 있게 된다.[70]

엘리엇은 주일학교에서 성서를 활용하는 것이나 "하나님을 직접 경험할" 목적으로 예배하는 것을 반대하지 않았지만, 성경공부와 예배는 현대 생활과 관계를 유지하기보다는 그저 흥미나 위로를 추구하지 않도록 현재의 경험을 전달하고 현대적인 문제들에 비추어서 재해석하지 않으면 안 된다고 생각했다.

> 성경공부와 기도 그리고 예배는 생생한 종교 경험을 직접 생산할 수 없다. 그것은 인간 생활에 대한 관심 때문에, 그리고 인간의 시도로 종교 경험의 활성화를 가능하게 만들 수 있는 것들을 넘어선 자원들의 필요성 때문에 활용될 경우에만 가능하다. 하나님에 대한 경험은 종교교육의 사회적 과정과 불가분 연결되어 있다.[71]

엘리엇의 저서가 계시를 핵심 개념으로 삼은 것은 **종교교육** 지지자들이 기독교의 독특한 계시를 제대로 파악하지 못하고 있다고 주장한 비평가들을 염두에 둔 게 분명하다. 엘리엇의 저서를 읽다가 "계시"라는 용어가 자주 등장하는 것 때문에 놀랄 수도 있다. 하지만 이런 잦은 언급은 진보주의 종교교육학자들이 계시에 대한 구체적인 설명을 어떤 식으로든 간과했다는 것을 보여줄 뿐이고, 그런 부주의는 그들이 보다 정통적인 신학 범주들을 멀리했다는 단서가 된다. 기초적인 문제를 중심으로 **종교교육**을 검토하면 주로 **종교교육**의 신학 및 교육적 전제를 반발하면서 발전한 **기독교교육**이라는 고전적 표현에 적합한 분석 토대를 확보할 수 있다.

4. 종교교육: 요약

종교교육의 첫 세대 이론가들은 계시의 문제에 그다지 관심을 갖지 않았다. 하지만 인간의 경험을 강조하는 동시에 신적 계시를 강조하지 않은 게 무엇을 의미하는지는 확인이 가능하다. 그들이 사회 질서의 재구성에 전념한 것은 하나님이 계시하는 기본적인 현장을 이 세상, 그중에서도 사회적 상호작용으로 이해했다는 것을 뜻한다. 그들이 성서나 전통적인 예배 형식들을 부정한 것은 아니었지만, 그렇다고 해서 중요한 역할을 부여하지도 않았다. 코우는 성서에 지나치게 집중하는 것을 인정하지 않았다. 사람들이 현실을 멀리하고 객관적으로 삶을 바라보는 것을 진정한 예배로 간주하는 게 두려웠기 때문이다. 켄터키 탄광의 노사분규 때 그가 했던 연설에 계시에 대한 이해가 드러나 있다. "오, 형이상학자들이여! 하나님이 계신다면, 켄터키의 해런 카운티에 계십니다. 우리가 예배할 수 있게 그분을 보여주시오! 만일 여러분이 해런 카운티에서 그분을 찾아내지 못한다면, 우리는 우주에 대한 여러분의 매끄러운 발언을 들어도 무릎을 꿇지 않을 것이오."[72]

복음주의가 소개한 회심은 이런 이론가들이 고수한 하나님-인간의 관계에 대한 이해와 양립할 수 없었다. 이는 권위적인 하나님과 수동적인 피조물에 근거했기 때문이다. **종교교육**은 회심 대신에 성장을 핵심 개념으로 삼았다. 사실, 전체적인 교육 과정이 회심의 필요성을 용납하지 않았다. 양육, 형성, 발달 그리고 전인성이라는 용어들은 하나님과의 인격적 관계에 대한 전적으로 상이한 이해를 가능하도록 만들었고, 죄나 죄책감과 같은 낱말들은 논의에서 빠졌다. 게다가 회심은 실증적 연구의 주제가 되었는데, 이 연구에 관여한 이들은 과학 방법들에게로 일종의 회심을 경험하기도 했었다.

경험주의의 수용은 초자연적인 것의 평가절하를 초래했다. 따라서 신조의 집착은 독단론dogmatism으로 평가되었고 복음주의의 주입식 방법을 바로잡기 위해서 교육의 과정을 필수적으로 간주되었다. 하지만 전통적인 신조 형식에 동의하는 것에 대해서 코우와 그 동료들이 비판적으로 바라보기도 했지만, 인지적 측면은 상당히 중시했다. 그들은 부흥운동가들이 강조한 열정을 철저하게 멀리했으며, 이런 정서주의에 맞서 합리적, 분석적 논의를 추구했다. "전인적인 어린이"가 자주 강조된 것처럼 정서적 차원의 중요성이 부정되지는 않지만, 과학적 방법에 치중한 탓에 논리 및 비판적 사고를 더 중시하게 되었다. 역설적이지만, 열성적으로 과학을 활용했고 종교적 열정으로 합리성을 주장했다.

그렇지만 신학에 대해서는 열정을 거의 찾아볼 수 없었다. 실제로 종교교육의 신학은 형이상학적 질문들에 철저히 무심했고 실질적으로도 신학적 논쟁에 정력을 소모하려고 하지 않았다. 물론, 그들은 앞서 소개한 것처럼 신학을 갖고 있었지만, 심리학과 사회학과 더불어서 교육에 집중했기 때문에 명시적인 신학 작업은 상당 부분 배제되었다.

그들이 전제로 삼았던 자유주의신학은 니버가 제시한 "문화의 그리스도"Christ of culture라는 범주, 즉 자기 의존적 인본주의와 결합된 "문화 기독교"의 전형이다.[73] 사회 질서를 재구성하는데 철저히 집중했던 **종교교육** 운동 지도자들은 교육을 구원과 동일시했다. 게다가, 그들은 "선택받은 일부 개인들보다는 세계 공동체의 구원"에 관심을 집중했다.[74] 그들은 "종교적"인 문제가 따로 존재하지 않는다고 생각했기 때문에 인간의 관심사를 교육과정에 폭넓게 반영했다.

종교교육 지지자들은 의미가 그렇게 분명하지는 않지만 사회의 재구성이라는 자신들의 목적을 분명히 그러면서도 일관되게 표명했다. 민주적 과정에 대한 믿음 때문에 이 목적을 구체적으로는 미국인 그리고 일반적으로는 백인, 중산층에게 부여해서 보다 정통적인 목적들과 따로 구별했다. 서로 신앙으로 교육하는 것은, 그것이 세상을 변화시키고 보다 정의로운 사회를 조성할 수 있는 가장 강력한 도구였기 때문이다.

그들의 인식론에는 다소 흥미로운 측면이 있다. 한편으로는 실증에 대한 열정은 학습을 양적으로 측정하려는 경향을 반영했다. 결국, 진보주의 진영-특히 에드워드 손다이크Edward Thorndike의 계보를 중심으로-에서 발전한 심리학은 대부분 학습과 지능을 측정할 수 있다는 전제에 근거했다. 회심의 사례를 다룬 코우의 초기 작품은 종교의 과학적 연구를 위한 토대가 되었다. 그의 시도가 초보적 수준이었다는 것을 인정하지 않을 수 없다. 전임자들이 개인의 영혼 안에서 활동하는 하나님의 사역에 과학적 범주들을 적용할 생각을 한 적이 없었기 때문이다. 자유주의적 진보주의 운동을 평가하면 그 순진성이 분명히 드러난다. 소위 과학적 방법에 의해서 밝혀진 지식은 지지자들이 생각하는 것처럼 그렇게 객관적이거나 확실하지 않다. 하지만 이런 "객관적" 지식의 편애는 지식이 행동으로 이어진다는 강력한 주장과 공존한다. 듀이가 이원론을 혐오하고 이론과 실천의 통합을 주장한 것은 지식을 변형으로 이해하고자 하는 이런 바람을 그대로 보여준 것이었다. 영성의 윤리적 기초에 대한 코우의 설명에도 지식에는 정보에 대한 단순한 이해 그 이상이 필요하다는 생각이 담겨 있다. 게다가 "실천을 통한 학습"에 전념하는 게 종교교육의 기본이 되었기 때문에 지식과 방법지식know-how 간의 이분법은 설자리가 없었다.

실행을 통한 학습을 지향하게 된 것은 부분적으로는 **종교교육**에서 사회과학이 담당하는 중요한 역할 때문이면서 동시에 그런 상황이 되도록 기여했다. 학습과 발달 심리학의 출현은 이 고전적 표현에 지극히 중요한 것으로 판명되었다. 나중에는 프로이트의 이론이 진보주의 학파에 영향을 미쳤다. 실제로 종교교육 이론의 발전 과정에서 신학보다는 사회과학이 더 큰 비중을 차지했다.

코네티컷의 뉴헤븐에 있는 어느 주일학교가 1912년에 발행한 교육과정-코우의 서문이 포함된-을 통해서 **종교교육**이 어떤 교육과

정의 특징을 유지했는지 알 수 있다. 수업은 아주 어릴 때부터 제공되었다(1세부터 3세까지의 "요람기"cradle roll). 6세부터 8세까지의 어린이들에게는 하나님의 따뜻한 성품과 예수님이 다른 사람들을 섬겼던 방법에 초점을 맞추었다. 그 다음 연령군에서는 성서의 영웅과 기독교의 역사를 공부했다. 십대들은 역사비평으로 성서를 공부하기 시작했고 사회봉사에 참여했다. 십대 후반에는 비교종교와 심리학의 원리를 공부했다.75)

종교교육에서 교사의 역할은 일차적으로 활동의 설계 및 성장의 촉진과 관계가 있었다. 교사들은 집단적인 과정을 주도하는 방법(제2세대 이론가들이 특히 강조한)을 파악하고 주입식 방법은 피해야 했다. 그들은 권위적인 인물이라기보다는 학생들의 안내자였다.

이론가들이 분명히 규명해낸 한 가지 사실을 꼽는다면, 실제로 교육을 정치적 행위로 파악한 것이었다. 물론 그들의 "잠재적"hidden 교육과정은 민주주의와 진보가 부단히 계속된다는 그릇된 신념을 무비판적으로 중시한 것이고, 교육되지 않은 것("영"null의 교육과정)은 전통적인 기독교 교리였다.

고전적 표현으로서의 **종교교육**은 신학적 및 교육학적으로 과거의 신앙교육을 철저히 벗어났다는 것을 보여준다. 그런 철저함 때문에 빚어진 소동은 다음 장에도 계속되는데, 그것에 대한 비판을 통해서 **기독교교육**이라는 고전적 표현이 등장하게 되었다.

표3 종교교육

기초적 질문들	고전적 표현: 종교교육
계시	· 성서와 예배의 전통적 형식은 중요한 역할을 담당하지 않았다. · 신학을 위한 규범적 기준은 고대의 본문보다는 주요 철학 및 과학 운동으로부터 확보했다. · 하나님의 내재성이 강조되었다. · 사회적 상호작용에서 계시를 발견했다.
회심	· 일차적으로 성장으로 간주했다. · 실증적 연구의 주제가 되었다. · 가정생활과 교육의 과정을 회심에 불필요한 것으로 간주다. · 교회가 "비교육적인 복음주의"로 전락할 위험이 있다고 주장했다.
신앙과 신념	· 종교 경험은 교리나 신조형식보다 더 중요하다. · 교리는 "비과학적"이며 권위주의적인 체계와 결합되어 있다.
신학	· 과학적 모형이 신학적인 것을 지배했다. · 신학 언어가 교육 용어로 "번역되었다." (가령, 예수는 "최상의 교육자"). · 형이상학적 문제에 무관심. · 현대적 성서 비평의 활용. · 종교 다원론을 중시. · 죄와 죄책감을 중시하지 않음.
신앙과 문화	· 성과 속이 본질적으로 조화를 이루고 있다고 간주했다. · 진보와 민주주의를 중시. · 종교는 변두리로 밀려나서 여성과 성직자의 영역으로 간주되는 경향이 있었다. · 사회는 가장 중요한 교육자로 간주되었다.
교육의 목표	· 사회의 재구성. · 지속적 성장. · 아동의 전인적 성장.
지식	· 이론과 실천 간의 연계에 주목. · 실증적 방법을 통해 발견한 "객관적" 지식의 강조. · 논리와 인지의 중시, 부흥운동이 야기한 정서주의의 불신.
사회과학	· 사회과학은 아주 중요하다. · 모범적인 과학적 방법과 전통적 기독교의 화해를 활용. · 심리학에 우선권을 부여. · 신학보다 사회과학에 대한 관심이 컸다.
교육과정과 교수	· 아동중심 교육과정이 신조중심 교육과정을 대체했다. · 교육과정은 보다 포괄적이고 인본주의적이었다. · 교육과정은 교리에 관심을 덜 가졌다. · 교수 **과정**이 중시되었다.
교육의 정치적 측면	· 교육은 사회를 변형하는데 가장 탁월한 방법으로 간주되었다. · 사회개혁과 교육형식이 결합되었다. · 민주주의를 무비판적으로 중시했다.

주

1) William Ellery Channing, *The Sunday School: A Discourse Pronounced Before the Sunday School Society*(Boston: James Munroe, 1838), 11.
2) Ibid., 9~10.
3) William Adamson, *Bushnell Rediscovered*(Philadelphia and Boston: United Church Press, 1966), 19.
4) Horace Bushnell, *Christian Nurture*(New Haven, CT: Yale University Press, 1967).
5) Ibid., 60.
6) Ibid., 61.
7) Ibid., 4.
8) Ibid., 15.
9) Ibid., 39.
10) Ibid., 41.
11) Ibid., 140.
12) Ibid., 158.
13) Ibid.
14) Ibid., 158~159.
15) Ibid., 328.
16) Ibid., 292.
17) Mary B. Cheney, *Life and Letters of Horace Bushnell*(New York: Harper and Brothers, 1880), 60.
18) Anne L. Kuhn, *The Mother's Role in Childhood Education: New England Concepts 1830~1860*(New Haven, CT: Yale University Press, 1947), 47~48.
19) Ibid., 30.
20) Ibid., 76.
21) Horace Bushnell, "The Age or Homespun," *Litchfield County Centennial Celebration*(Hartford, CT: Edwin Hunt, 1851), 112. Ann Douglas, *The Feminization of American Culture*(New York: Avon, 1977), 60에서 인용.
22) Milton Powell, ed., *The Voluntary Church: American Religious Life(1740~1865) Seen Through the Eyes of European Visitors*(New York: Macmillan, 1967), 125. Douglas, *The Feminization of American Culture*, 48에서 인용.
23) Kuhn, *The Mother's Role in Childhood Education*, 97.
24) Martin E. Marty, *Righteous Empire: The Protestant Experience in America*(New York: Dial, 1970), 195.

25) Langdon Gilkey, *Naming the Whirlwind: The Renewal of God Language*(Indianapolis, IN: Bobbs-Merrill, 1969), 77~78.
26) William R. Hutchison, *The Modernist Impulse in American Protestant*(Cambridge, MA: Harvard University Press, 1976), 158~59.
27) Martin S. Dworkin ed., *Dewey on Education, Classics in Education* No. 3(New York: Teachers College Press, 1959), 34.
28) Ibid., 88.
29) Ibid., 52~53.
30) Ibid., 69.
31) Ibid., 30~31.
32) Ibid., 32.
33) John Dewey, *A Common Faith*(New Haven, CT: Yale University Press, 1934), 42, 51.
34) Hutchison, *The Modernist Impulse*, 159 볼 것.
35) William James, *The Varieties of Religious Experience: A Study in Human Nature*(London: Collins, 1977) 볼 것. 제임스는 뉴먼F. W. Newman이 1852년에 출판한 *The Soul: Its Sorrows and Its Aspirations*를 근거로 "1회적 출생"onceborn과 "2회적 출생"twiceborn을 구분했다. 제임스의 저서는 1901~1902년에 진행된 에든버러의 기포드 강연에 바탕을 두고 있다.
36) George Albert Coe, "My Own Little Theatre," in Vergilius Ferm, ed., *Religion in Transition*(New York: Macmillan, 1937), 93.
37) Ibid., 95.
38) George Albert Coe, "My Search for What Is Most Worthwhile," *Religious Education* 47(1952): 176.
39) George Albert Coe, *The Spiritual Life: Studies in the Science of Religion*(New York: Eater and Mains, 1900).
40) George Albert Coe, *The Religion of a Mature Mind*(Chicago: Revell, 1902).
41) Hutchison, *The Modernist Impulse*, 159.
42) George Albert Coe, *Education in Religion and Morals*(New York: Revell, 1904), 29~32.
43) "The Purpose of the Association," *Religious Education* 1(1906): 2.
44) Ibid., 406.
45) Ibid., 405.
46) George Albert Coe, *A Social Theory of Religious Education*(New York: Scribner, 1917). American Education Series에서 재출판(New York: Arno Press and the New York Times, 1969).

47) Coe, *A Social Theory of Religious Education*, 1927, 181~83.
48) Ibid., 55.
49) Ibid., 102, 104.
50) Ibid., 116.
51) George Albert Coe, *What is Christian Education?*(New York: Scribner, 1929).
52) Ibid., 28.
53) Ibid., 33.
54) Ibid., 73.
55) Helen Archibald, *George Albert Coe: Theorists for Religious Education in the Twentieth Century*(Ann Arbor, MI: University Microfilms, 1975), 234.
56) Coe, *What is Christian Education?* 296.
57) Ibid., 137.
58) George S. Counts, *Dare the School Build a New Social Order?* American Education Series(New York: Arno Press and the New York Times, 1969) 볼 것.
59) George Albert Coe, *What Is Religion Doing to Our Consciences?*(New York: Scriber, 1943,) 57.
60) H. Shelton Smith, "George Albert Coe, Revaluer or Values," *Religion in Life* 22(1952~53): 46~57.
61) William Clayton Bower, *Character Through Creative Experience*(Chicago: University of Chicago Press, 1930), 13.
62) David Robinson, *The Unitarians and the Universalists*(Westport, CT: Greenwood, 1985), 278.
63) Sophia Lyon Fahs, *Beginnings of Earth and Sky*(Boston: Beacon,1937), v.
64) Sophia Lyon Fahs, *Today's Children and Yesterday's Heritage*(Boston: Beacon, 1952).
65) Ibid., 177.
66) Ibid., 176~197.
67) Harrison S. Elliott, *Can Religious Education Be Christian?*(New York: Macmillan, 1940).
68) Ibid., 115.
69) Ibid., 80.
70) Ibid., 177.
71) Ibid., 278~79.
72) George Albert Coe, "The Social Value of Prayer and Worship," *The World Tomorrow* 15(1932): 176.
73) H. Richard Niebuhr, *Christ and Culture*(New York: Harper & Row, 1951), 83~115.

74) Fahs, *Today's Children and Yesterday's Heritage*, 152.
75) George Albert Coe, *The Core of Good Teaching*(New York: Scribner, 1912).

참고문헌 해제
복음전도

앞에서 소개한 참고문헌에 인용된 미국종교교육사에 대한 일반적인 연구들(특히 Handy, Ahlstrom, 그리고 Marty) 이외에도 이 장에서는 특히 William R. Hutchison, *The Modernist Impulse in American Protestant*(Cambridge, MA: Harvard University Press, 1976)의 도움을 받았다. Kenneath Cauthen, *The Impact of American Religious Liberalism*(New York: Harper & Row, 1962); Langdon Gilkey, *Naming the Whirlwind: The Renewal of God Language*(Indianapolis, IN: Bobbs-Merrill, 1969), 특히 85~91; David Tracy, *Blessed Rage for Order*(New York: Seabury, 1975); 그리고 Claude Welch, *Protestant Thought the Nineteenth Century*(New Haven, CT: Yale University Press, 1972) 등이 이 시기를 해석하는데 활용되었다. Robert M. Crunden, *Ministers of Reform: The Progressives' Achievement in American Civilization, 1889~1920*(New York: Basic Books, 1982)는 탁월한 분석을 제공한다.

Lawrence Cremin, *The Transformation of the School: Progressivism in American Education, 1876~1957*(New York: Knopf, 1961)은 교육의 역사를 바로잡는다. Clarence J. Karier, Paul Violas, and Joel Spring, eds., *Roots of Crisis: American Education in the Twentieth Century*(Chicago: Rand-McNally, 1973)는 수정주의적 역사관을 제시한다.

윌리엄 채닝William E. Channing의 확신은 *The Works of William E. Channing, D.D.*, 6 vols.(Boston: James Munroe, 1843)에서 확인할 수 있다. Horace Bushnell, *Christian Nurture*(New Haven, CT: Yale University Press, 1967)는 반드시 읽어야 한다. 초판은 1847년에 *Views of Christian Nurture and of Subjects Adjacent Thereto*라는 이름으로 출판되었다. Mary Bushnell Cheney, *Life and Letters of Horace Bushnell*(New York: Harper and Brothers, 1880) 그를 개인적으로 소개하지 않는다. William Adamson, *Bushnell Rediscovered*(Philadelphia and Boston: United Church Press, 1966)는 유용하다. 그가 활동하던 시대를 보다 자세히 소개하는 두 권의 저서로는 Anne L. Kuhn, *The Mother's Role in Childhood Education: New England Concepts, 1830-1860*(New Haven, CT: Yale

University Press, 1947)와 Ann Douglas, *The Feminization of American Culture*(New York: Avon, 1977)가 있다.

메를린 도킨Marlin S. Dworkin은 듀이John Dewey의 저서를 *Dewey on Education*, Classics in Education No. 3(New York: Teachers College Press, 1959)로 탁월하게 편집한 바 있다. 기타 듀이의 대표적인 저서들은 다음과 같다. *Democracy and Education*(New York: Macmillan, 1916; *Art as Experience*(New York: Capricorn, 1934; *A Common Faith* (New Haven, CT: Yale University Press, 1934); *Experience and Education*(New York: Collier, 1938). 듀이보다 다작을 하지 않은 조지 코우George Albert Coe 역시 오랫동안 활동하면서 중요한 저서들을 집필했다. 내가 보기에 다음의 일차 자료들은 그의 사고의 폭을 보여준다. *The Spiritual Life: Studies in the Science of Religion*(New York: Eaton and Mains, 1900); *The Religion of a Mature Mind*(Chicago: Revell, 1902); *Education in Religion and Morals*(New York: Revell, 1904); *The Psychology of Religion*(Chicago: University of Chicago Press, 1916); *A Social Theory of Religious Education*(New York: Scribner, 1917. 이 저서는 "American Education: Its Men, Ideas and Institutions," [(New York: Arno Press and the New York Times, 1969] 시리즈로 재출간; *What Is Christian Education?*(New York: Scribner, 1929); "My Own Little Theatre," in Vergilius Ferm, ed., *Religion in Transition*(New York: Macmillan, 1937*)*, 90~125; *What Is Religion Doing to Our Consciences?*(New York: Scribner, 1943). 정기간행물 가운데는 다음의 것들이 가장 대표적일 것 같다. "Religious Education as a Part of General Education," *Proceedings of the First Convention of the Religious Education Association*(Chicago, 1903; reprinted in John H. Westerhoff, Ⅲ, ed., *Who Are We? The Quest for a Religious Education*[(Birmingham, AL: Religious Education Press, 1978): 14~22]); "What I Have Seen and What I Hope to See," *Religious Education* 22(1927): 419~27; "What Is Religious Education?" *Religious Education* 18(1933): 92~95; "The Assault upon Liberalism," *Religious Education* 34(1939): 85~92; "The Definitive Dewey," *Religious Education* 35(1940): 45~50; 그리고 "My Search for What Is Most Worthwhile," *Religious Education* 47(1952): 170~76.

코우에 관한 이차문헌은 Helen A. Archibald, *George Albert Coe: Theorist for Religious Education in the Twentieth Century*(Ann Arbor, MI: University Microfilms, 1975)가 단연 대표적이다. 쉘튼 스미스H. Shelton Smith의 감사어린 회고 "George Albert Coe: Revaluer of Values," *Religion in Life* 22(1952~1953): 46~57 역시 특히 주목할 만하다. William James, *The Varieties of Religious Experience*(London: Collins, 1977[original, 1902])

은 중대한 심리학적 관점을 제공한다. George S. Counts, *Dare the School Build a New Social Order? American Education Series*(New York: Arno Press and the New York Times, 1969)는 코우가 **종교교육**을 주장했다는 일반 교육적인 논지를 제기한다. **종교교육**이라는 고전적 표현을 활용한 다른 이론가들 가운데는 소피아 파즈Sophia Lyon Fahs가 크게 기여했다. 그녀의 *Today's Children and Yesterdays Heritage*(Boston: Beacon, 1952); Edith Hunter, *Sophia Lyon Fahs: A Biography, One Hundredth Birthday Edition*(Boston: Beacon, 1976)은 상당한 읽을거리를 제공하는 것은 물론이고 그녀의 저서목록을 완벽하게 제공한다. Elizabeth Raker, *Retrospect*(Boston: Unitarian Universalist Advance Study Paper No. 14A with Supplement, 1980) 역시 큰 도움이 되는데, 저자는 내가 활용할 수 있도록 친절을 베풀었다. 윌리엄 바우어William Clayton Bower의 저서 역시 중요한데, 특히 다음의 것들이 그렇다. *A Survey of Religious Education in the Local Church*(Chicago: University of Chicago Press, 1919); *The Curriculum of Religious Education*(New York: Scribner, 1925); 그리고 *Moral and Spiritual Values in Education*(Lexington, KY: University of Kentucky Press, 1952). 아울러서 Washington Gladden, "Bringing All the Moral and Religious Forces into Effective Educational Unity," *Proceedings of the Fifth Convention of the Religious Education Association*, in Westerhoff, *Who Are We?* 23~33; 그리고 Ernest J. Chave, *A Functional Approach to Religious Education*(Chicago: University of Chicago Press, 1947) 볼 것.

  유니언 신학대학원에서 코우의 자리를 계승한 해리슨 엘리엇Harrison S. Elliott의 저서는 특히 중요하다. *Can Religious Education Be Christian?*(New York: Macmillan, 1940). 그 저서는 4장에서 소개한 비판자들을 상대로 무엇보다 **종교교육**을 상세하게 소개한다.

제4장 지형의 탐색: 기독교교육

종교교육이라는 고전적 표현이 **복음전도**의 대척점과 대안의 노릇을 한꺼번에 했다고 한다면, **기독교교육**Christian education은 자유주의의 지나친 측면을 비판하고 바로잡는 역할을 담당했다. 한 마디로 **기독교교육**은 기독교식 교육의 독특성을 강조하려고 모색한 개신교 교육학자들의 신학적 동력이 되었다. 그렇지만 **기독교교육** 운동은 진보주의자들의 주장을 상당 부분 용납하지 않았음에도 불구하고, **복음전도**의 열정으로 돌아가지 않은 채 나름대로 독특한 주장을 제기했다. 덕분에 세 번째 고전적 표현이 등장하게 되었다.

1. 신정통주의: 자유주의에 대한 솔직한 평가

듀이와 코우에게 중대한 영향을 끼친 19세기의 철학과 신학사상은 제1차 세계대전과 1920년대 후반의 경제 침체를 겪고 나서 연구에 뛰어든 대다수의 사람들에게는 상이한 모습으로 비쳐졌다. 그 시대에 가장 뛰어난 신학자 가운데 한 사람이었던 라인홀드 니버Reinhold Niebuhr는 전쟁이 시작될 무렵(1914)에 자신은 "감상적으로 흐르지 않으면서 낙관적이 되려고 애쓰는 젊은이였다"고 회고했다. "그것〔전쟁〕이 끝나고 형제 살해라는 비극의 전모가 드러나자 나는 냉소주의를 벗어나려고 하지 않는 현실주의자가 되어 있었다."[1] 혹은 핼포드 러콕Halford Luccock이 나중에 회고했듯이, 인간의 기술로 제작된 "엘리베이터가 사람들을 태운 채 65층으로 급상승하려다가" 옴짝달싹 못하고 추락한 듯한 상황이었다. "그 추락 때문에 제너럴 모터스나 AT&T 그리고 기타 그와 비슷한 구원에 대한 희망이 꺾인 것은 물론이고 신앙도 역시 그랬다."[2]

이처럼 기독교의 본질을 재고하게 만든 신학적 자극은 상당 부분 독일에 기원을 두고 있는데, 1919년에 초판이 출판되었고 1922년에 개정된 칼 바르트Karl Barth의 유명한 「로마서 주석」*The Epistle to the Romans*이 시발점이 되었다. 덴마크의 철학자 죄렌 키에르케골Sören Aaby Kierkegaard(1813~1855)의 실존주의 사상에 신세를 지고 칼 바르트, 에밀 브룬Emil Brunner, 루돌프 불트만Rudolf Bultmann 그리고 폴 틸리히Paul Tillich의 저서를 통해서 형태를 갖추게 된 루터교회의 르네상스의 시작이었다. 하나님이 독일을 상대로 말하는 것처럼 보일 정도로 이 신학자들이 서구 세계에 미친 영향은 사실 아주 광범위했다. 그들의 관점은 "변증법적 신학"dialectical theology이라는 이름을 갖게 되었다. 기독교에 대한 그들의 재해석이 자유주의자들의 낙관론과 복음주의자들, 특히 근본주의자들의 방어적 태도를 배격하면서 신적 및 인간적 범주들 간의 차이, 혹은 "신정통주의신학"neo-orthodox theology을 대안으로 강조하기 때문이었다. 전쟁으로 분열된 세계에 관심이 컸던 그들은 자유주의가 진화적 상승evolutionary ascent의 경우처럼 진보를 비극적으로 순진하게 평가했다고 진단하고 난 뒤에 인간이 처한 죄성과 한계를 강조함으로써 이런 오만을 바로잡으려고 노력했다. 게다가 그들은 자유주의가 신적 및 인간적 만남의 개인적 차원을 충분히 반영하지 않는 이상 정통주의의 범주에 포함시키는 것은 적절하지 못하다고 평가했다. 때문에 그들은 성서적 신앙, 초월, 죄성 그리고 불가항력적 선택이라는 종교개혁의 일부 주제들을 새로운 용어의 형태로 소개했다.

신정통주의는 바르트와 그의 동료들의 저서는 물론, 폴 틸리히(1933년에 미국으로 이주한), 라인홀드 니버, 리처드 니버H. Richard

Niebuhr 그리고 그들의 여동생 훌다 니버Hulda Neibuhr에 의해서 북아메리카에 등장하게 되었다. 그들은 주요 신학대학교에 자리를 잡고 있었기 때문에 기독교 사역을 수행하는 이들에게 상당한 영향을 끼쳤다. 틸리히와 라인홀드 니버는 뉴욕시의 유니언 신학대학원에서 가르쳤다. 틸리히는 그곳에서 1933년부터 1955년까지 가르치다가 하버드 대학교로 자리를 옮겼고, 그리고 다시 1962년에 시카고 대학교로 떠났다. 라인홀드 니버는 1928년부터 1962년까지 유니언 신학대학원에서 가르쳤다. 리처드 니버는 예일 대학교에서 1938년부터 1962년까지 가르쳤다. 1970년대와 1980년대의 신학 교육 연구자들 가운데 상당수가 현재의 상황을 비판하면서 니버 형제와 틸리히의 전성기에 다시 귀를 기울이고 있다.

2. 라인홀드 니버의 영향

신정통주의와 자유주의 진영의 결별을 가장 탁월하게 묘사하는 저서를 꼽자면 1932년에 출판된 라인홀드 니버의 「도덕적 인간과 비도덕적 사회」*Moral Man and Immoral Society*일 것이다.3) 그는 처음부터 진보주의자들에게 문제를 제기하는데, 존 듀이의 경우에는 중산층의 경제적 관심을 제대로 짚어내지 못했다고 비난했다. 니버의 주장에 의하면, 이성은 늘 사회적 상황에 일정 부분 "관심을 갖고 있는 노예"였다. 따라서 "교육학자나 사회과학자들이 줄곧 신뢰하듯이 사회적 불의는 도덕적 및 합리적 설득만으로는 해결할 수 없다."4) 듀이와 그의 세계관을 따르는 이들은 "모든 인간 집단의 잔인한 특성, 그리고 모든 집단간의 관계에 대한 자기관심과 집단적 이기주의의 권력"에 대한 이해를 결여하고 있었다. 그들은 다음의 사실을 간파하지 못했다. "인간의 상상력의 한계, 편견과 열정에 대한 이성의 손쉬운 굴복, 그리고 집단행동에서 두드러지는 비이성적 이기주의의 한없는 지속이 인간 역사에서 불가피한 사회적 갈등을 유발하고, 어쩌면 그렇게 종말을 맞이할 수도 있다."5) 개인들은 도덕적이더라도 단체 안에서는 어떤 집단적 이

기주의가 이상이나 양심보다 더 큰 영향력을 발휘할 수 있다.

자유주의자들에 대한 니버의 평가는 나중에 기독교교육학자들이 제기하려고 했던 비판과 다소 맥이 닿아 있었다. 이성의 한계에 주목하는 그의 실재론은 과학적 방법을 크게 강조하는 코우의 신앙과 충돌했다. 뿐만 아니라 그는 진보주의자들의 "진화적 천년왕국"을 "안락하게 특권을 누리는 계층의 희망"으로 평가하면서 감상적인 자유주의 개신교 신학을 비난했다.

> 세계대전의 각성에도 불구하고, 일반적인 자유주의 개신교 그리스도인은 여전히 하나님 나라에 점점 더 가까워지고 있다고, 국제연맹 League of Nations이 하나님 나라의 부분적 성취이며 켈로그 조약 Kellogg Pact이 그 언약이라고, 교회가 부자를 설득해서 공익을 위해서 권력과 특권을 내어놓고 그 숫자가 늘어나게 될 것이라고, 개인들의 회심이 사회 문제를 해결하는 유일하게 안전한 방법이라고, 그리고 신학적 반계몽주의 때문에 종교가 계속해서 부응하지 못하는 사회적 취약점이 계몽의 과정을 통해서 극복될 것이라고 확신하고 있다.[6]

니버는 종교교육의 힘으로 사회를 재구성할 수 있다는 코우의 확신에 동의하지 않았다. 그는 정의감을 일차적으로 가슴이 아닌 마음의 산물로 간주하면서도 가장 탁월한 "사회 교육"이 개발할 수 없는 윤리적 자세를 인격적, 개인적, 그리고 유기적 접촉을 통해서 성취할 수 있다고 믿었다. 어떤 식으로든지 윤리적 자세를 갖추어야 한다면, 친밀한 종교 공동체, 즉 개별적 맥락보다는 사회적 맥락을 따라서 개인의 행위에 영향을 미치는 상황 안에서 진행할 필요가 있다. 따라서 교회의 역량은 반문화적이다. 그렇지만 지나치게 낙관적이면 안 된다. 인간의 도덕적 자원이 하나님의 통치를 보장하지는 않기 때문이다. "감상적인 세대는 그리스도의 비전에 대한 이런 묵시적 차원을 파괴했다. 하나님의 나라가 가까이 있다고 생각하지만, 그(예수)는 하나님의 은총 이외에는 실현이 불가능한 것으로 간주했다."[7]

3. 쉘튼 스미스: 종교교육 운동의 비평가

세계의 상황에 대한 니버의 평가는 동시대 인물이었던 쉘튼 스미스H. Shelton Smith와 여러모로 비슷했다. 그는 교육계에서 진보주의와 맞선 이들 가운데 누구보다 현명했다. 스미스는 1934년에 "종교교육학자들은 바르트주의를 고려해야 한다"고 주장했다.[8] 스미스는 바르트와 추종자들이 "교리적 초자연주의"에 의존하는 흐름에 곧장 동의하지 않았음에도 불구하고, 그들의 저서에서 종교교육학자들의 일상적인 사상에 중대한 도전을 제기할 수 있는 것들을 찾아냈다. 첫째, 말씀의 선포를 강조하는 바르트주의자들 때문에 성서에 계시된 예수 그리스도가 기독교교육의 규범이 되었다. 듀이와 코우가 지지한 "삶의 정황"life situations 대신에 성서가 교육과정의 주제 내용을 구성했다. 둘째, 바르트식 교육은 인간의 죄성을 강조하는 인간론에 근거했고, 그래서 회심의 필요성에 주목하게 되었다. 셋째, 인간의 자율성을 교육의 원리로 인정하지 않는 대신 하나님의 권위를 강조했다. 넷째, 교육에 보다 절제된 역할을 부여했다. 교사의 전략이 아닌, 하나님의 말씀이 진리를 계시했다. 그래서 바르트주의자들은 "느긋한 자유주의"와 실제로 전투를 치렀기 때문에 "장기 복무"long-needed service라고 표현했다. 자유주의자들에게 있어서 인간은 만물의 중심이자 척도였고, 악은 "조금 더 진보적인 교육과 설교"를 통해서 사람들에게서 떼어낼 수 있는 "반사회적 부속물"에 지나지 않으며, 악은 사람들이 생각하는 내용이 아니라 절차이고, 예수는 괜찮은 충고를 하던 선한 사람에 지나지 않을 뿐이고, 그리고 성서는 "삶의 정황"에 필요한 문제 해결자이다.[9]

스미스가 그 분야에 공헌한 것은 여럿이지만, 일차적으로는 신정통주의의 교육적 시사점을 집중적으로 "고려한" 게 중요하다. 스미스는 자유주의에 대한 비판에 충분히 공감하면서도 1928년에 컬럼비아 대학교 사범대학에서 경력을 시작할 수 있게 해 준 진보주의자들의 업적을 있는 그대로 인정했다. 그래서 1951년에 코우가 세상을 떠나자 "우리가 어떤 신학적 주장에는 동의하지 않음에도 불구하고, 누구보다 다정한 친구 가운데 한 사람에게 신세"를 갚는 논문을 집필했다.[10] 사실, 스미스는 주로 진보주의 사상의 기초가 되는 신학적 가정들을 치밀하게 분석하는데 탁월했다. 1941년에 출판된 그의 저서 「신앙과 양육」*Faith and Nurture*은 **기독교교육**이라는 고전적 표현의 토대가 될 수 있는 아주 훌륭한 비평의 전형이다. 1940년에 해리슨 엘리엇이 자유주의 견해를 해명한 「종교교육이 기독교적이 될 수 있는가?」와 함께 읽으면 한 시대를 제대로 파악할 수 있다.

스미스는 니버처럼 자유주의자들의 낙관론에 문제를 제기했다. 그의 관찰에 따르면, "인간의 연구에 전념해온 세대가 인간을 제대로 알지 못한다는 사실을 깨닫는 처지가 된 것은 역설이다!"[11] 진보주의자들은 새롭게 발전하는 심리학, 사회학 그리고 인류학이라는 사회과학에 압도되어 신학을 간과하고 실재에 대한 견해를 엉성하게 구성했다. 그들은 사회과학에 의존함으로써 죄성, 즉 파괴된 인간 조건의 상태를 제대로 설명하지 못했고, 실증주의의 열중함으로써 애매한 태도를 취했으며, 인간 실존의 궁극적 기반을 부정할 때도 있었고, 내재성은 옹호하고 초월성은 부정함으로써 우주적 차원을 지닌 인간의 가치를 민주사회에 속한 개인의 내재적 가치라는 그리 효과적이지 않은 개념으로 대체했다.[12] 스미스는 사람이 무엇보다 중요하다는 것에 대해서는 진보주의자들과 같은 의견이었지만, 그 가치의 소재를 이해하는 방식은 문제를 삼았다. 인간은 단순히 세속적이거나 자연적 힘의 피조물이 아니라 기독교 신앙을 통해서 신적으로 조성된다고 그는 주장했다. "따라서 개인들이 지닌 기독교적 가치의 궁극적 뿌리는 하나님 중심적이다."[13]

4. 스미스와 진보주의 신학

요약하면, 스미스는 진보주의의 주장으로부터(특히 코우의 사상에서) 두 가지 신학적 전제들을 확인했는데, 신적 내재성과 "진보에 의해서 형성되는 하나님"이었다.[14] 첫째 주제는 1904년에 출판된 「종교 및 도덕 교육」*Education in Religion and Morals*에서 코우가 어린이는 출생 때부터 "전적으로 은총의 나라 안에서" 종교적으로 성장한다고 주장한 것에 함축되어 있는데, 개인의 본유적 선성goodness은 인간 존재에 하나님이 내재하는데 따른 논리적 귀결이라는 인상을 받게 된다. 스미스는 코우가 맹목적으로 낭만적이라고는 생각하지 않았다. 어린이는 선과 악의 측면을 모두 소유하고 있다고 시인했기 때문이다. 물론 코우는 그런 악한 성향을 "왜곡된 사회적 관습" 탓으로 돌렸다. 그럼에도 불구하고 스미스는 "인간의 본성을 제대로 이해하기 위해서는 인간이 자신을 하나님의 자녀이며 죄인으로 간주해야 하고, 단순히 어느 한쪽만 보면 안 된다"고 주장했다.[15] 스미스가 코우와 그 동료들이 전적 타락total depravity의 개념으로 돌아가야 한다고 주장하지는 않았지만("정통주의는 전적 타락의 교리에 집중함으로써 하나님의 형상에 함축된 인간의 신성을 의식하지 못했다."[16]), 그들이 신적 초월성을 인식함으로써 균형을 유지해야 한다고 제안한 것에 주목할 필요가 있다. 스미스는 코우가 하나님과의 개별적인 관계를 용납할 수 없을 정도로 신적 사랑과 인간의 그것을 지나치게 결합한 것과 그로 인해서 하나님의 초월성이 제대로 드러나지 않게 된 것까지 비판을 가했다.

둘째 주제는 코우가 진화론과 그에 따른 인간의 진보라는 개념을 수용한 것에 함축되어 있다. 여기서 스미스가 문제 삼은 것은 기독교가 영구적인 가치를 지닌 어떤 요소나 원리를 내포하고 있는지의 여부가 아니었다. 코우는 예수가 사람들의 몫으로 돌린 값진 원리가 존재한다고 주장했다. 그렇지만 스미스는 코우로 하여금 다음과 같이 발언하게 만든 기독론에 도전했다. "때문에 그리스도인은 예수나 혹은 어느 한 사람이 아닌, 여러 사람에게 충성해야 한다."[17] 스미스는 이것이 코우의 역사 및 종교 진화론의 논리적인 귀결을 상징한다고 말했다. "행동이 보여주듯이, 종교가 지속적으로 성장한다는 전제를 감안하면, 그는 기독교 계시에 대한 고전적 기독교의 최종적 견해를 배격하지 않을 수 없다"[18] 게다가 코우는 도덕적 진보를 신뢰했기 때문에 인간의 처지를 지나치게 낙관적으로 해석했다.

    스미스의 평가에 의하면 진보주의자들은 자신들의 신학적 전제 때문에 세 가지 선택에 직면했다. 하나는 기존의 방향, 즉 코우의 후기 논문[19]과 윌리엄 바우어 그리고 해리슨 엘리엇의 저서에 제시된 주제를 지속적으로 재확인하는 것이다. 또 다른 하나는 자연주의자들과 간단하게 세력을 규합하고서 어니스트 체이브Ernest J. Chave의 저서에서 볼 수 있듯이 굳이 기독교식 접근을 시도하지 않는 것이다.[20] 셋째 선택은 현재의 기독교 신앙이 제시하는 "보다 실재적인" 통찰에 비추어서 신학적 기초를 재구성하는 것이었다. 이것은 스미스가 가장 바람직하게 간주한 선택이었다. 수잔 시슬리스웨이트Susan Brooks Thislethwaite의 지적처럼 스미스는 대개 중용을 추구했다.

> 스미스는 과거의 정통주의에서 발견되는, 철저하고 반복되지 않는 경험으로서 회심을 간주하는 견해와 그리스도의 몸인 교회가 세상에 속해 있기 때문에 여전히 죄와 악행의 영향을 받으면서 신앙 안에서 성장하는 이 모호한 삶의 성격을 무시하고서 완벽함을 추구하는 자유주의 사이에서 중도적인 입장을 취했다.[21]

5. 기독교교육의 "실마리"로서의 신학

    스미스는 미국 종교사상의 흐름을 따르다 보니 교회의 교육적 시도와 제대로 일체감을 유지하지는 못했지만, 1947년의 국제종교교육협회International Council of Religious Education의 연구논문에서 이 재구성의 가능성을 확인했다. 그렇지만 「교회와 기독교교육」The Church and Christian Education이라는 이름으로 출판된 그 연구논문은 신학적 토대에 관심을 갖고 있는 새 시대에 추진력을 제공했다. 이것은 성서신학운동(유럽의 영향을 받아서 성서를 "구속사" Heilsgeschichte로 읽도록 강조했던)과 더불어서 **기독교교육**의 교육과정을 위한 토대를 구축했다.

    랜돌프 밀러Randolph Crump Miller의 은유-**기독교교육**의 "실마리"로서의 신학-가 당시의 주제가 되었다.

> 기독교교육의 실마리는 내용과 방법 간의 괴리를 연결하고, 최상의 방법과 내용이 학습자들로 하여금 예수 그리스도를 통해서 우리에게 계시되는 살아있는 하나님과 올바른 관계를 형성하게 하는 도구로 사용될 수 있는 기독교적 진리의 배경과 관점을 제공하고, 부모의 지도와 교회 안에서의 삶의 교제를 기독교적 양육이 발생하는 환경으로 활용하는 적절한 신학을 재발견하는 것이다.[22]

밀러의 논지는 이미 내린 판단에 따른 것이었다. 그는 1943년에 이렇게 제안했다. "누군가는 존 듀이와 그리스도인을 구분해야 한다!"[23] 밀러는 교육학자들이 교육과정을 개발하고 자신의 철학formula을 제시하기에 앞서 하나님의 본성에 관해 어떤 결론을 내려야 한다고 주장했다. 즉, "신학은 배경이, 신앙과 은총은 전경이 되어야 한다."는 것이었다.[24]

6. 제임스 스마트와 성서신학의 영향

그렇지만 장로교회의 영향력 있는 「신앙과 삶」*Faith and Life* 교육과정의 수석 편집자로 6년간(1944~1950) 활동했던 구약성서학자 제임스 스마트James Smart가 보기에 밀러의 주장은 비판적 신학자가 되고자 하는 기독교교육학자들의 잘못을 지적하기에는 미흡했다. 스마트의 주장에 따르면, 단순히 신학을 다시 점화하는 것만으로는 부족했다. 기독교교육은 기초부터 심각하게 재고할 필요가 있었다. 스마트가 1954년에 출판한 「교회의 교육적 사명」*The Teaching Ministry of the Church*은 기본적인 원리들을 집중적으로 검토했다.[25]

스마트는 보수주의자들과 자유주의자들이 교회학교에서 엄격한 견해와 의식을 고수하고 있다고 비난하면서 그 이유 때문에 기독교교육이 신학의 분야에서 고립되고 있다고 주장했다. 그는 신학을 사중적으로, 즉 성서적, 조직적, 역사적 그리고 실천적으로 간주했다. 종교교육은 설교학, 목회신학 그리고 선교학 및 전도학과 더불어서 네 번째 분야로 분류되었다. 모두가 신학의 전체적 구조와 관계가 있었다. 따라서 스마트는 자신이 "본질적인 기독교 계시"로 간주한 것에 비추어서 교회의 교육적 사명과 관계가 있는 모든 현상을 다루고, 그런 활동을 통해서 교사에게 신학자가 되는 것을 보여주려고 했다.[26] 그의 기본적인 가정은 교회의 교육 프로그램이 예수와 제자들 그리고 초대교회가 수행한 것과 확실하게 연속적 상태를 유지해야 한다는 것이었다. 교육 앞에 "기독교적"이라는 형용사를 붙이는 것은 어떤 활동이든지 복음에 근거하고 기초로 삼아야 한다는 뜻이었다. 이것은 간단한 제안처럼 보이지만 혁명적인 의미가 담겨 있었다. 철저히 그것을 따르면 교회의 교육 프로그램이 급속히 바뀔 것이라고 스마트는 주장했다.[27] 그리고 진보적인 관점에서 보면 그의 제안은 사실 급진적이었다. 예수 그리스도가 교육 프로그램의 초점이 되어야 한다는 스마트의 논지는 코우-바우어-엘리엇으로 이어지는 전통과 실질적으로 결별한다는 뜻이었다. 게다가 그는 교회 전체가 교육을 담당하고, 그 교육과정에는 성서, 예배, 친교, 역사 그리고 제자직의 훈련이라는 다섯 가지 측면들이 포함되어야 한다고 주장했다.

아울러서 스마트의 교육과정 설계에는 예수 그리스도의 진정한 성품을 출발점으로 삼은 기독교 인간론이 토대를 형성하고 있다. 그것은 개인들이 다른 사람(수평적으로)은 물론 하나님과(수직적으로) 관계를 형성하고 있다고 간주한다. 그것은 **기독교교육**에서 회심이 차지하는 자리를 인정한다. 스마트는 도덕적, 복음주의적 접근(어린이를 출생부터 타고난 죄인이며 돌발적, 정서적 위기를 통해 회심하지 않으면 희망이 없다고 간주하는)과 죄, 회개 그리고 회심을 용납하지 않는(어린이는 꽃처럼 완벽한 기독교적 형식으로 성격이 개화할 때까지 단계별로 성장해야 하고, 따라서 속죄가 아니라 계몽만이 필요할 뿐이라는) 자유주의적 견해에 모두 반대했다. 상당한 니버주의자답게 스마트는 교육에 대한 열정적 관심을 야기한 것으로 간주되는 자유주의자들의 회심에 대한 환원주의적 개념(인류가 혼란을 면할 수 있는 일차적 수단)과 경제 및 사회 질서의 변혁을 거론했지만, "악의 세력이 사람들 안에서 작용해서 세상의 관심으로 몰아가는 지금과 같은 때에 인간의 본성에 대한 그런 낭만적인 개념들의 종소리는 공허하다."[28]

계속해서 스마트는 그런 의식은 거의 죄를 범하지 않거나 회개의 필요성을 느끼지 않는 선한 그리스도인들이 "실제로는 신약성서의 기독교를 아주 독선적인 중산층의 종교와 도덕 형식으로 대체했고, 어쩌면 복음을 전하는 교회가 거듭나는데 가장 완고한 장애물로 간주될 수도 있다"는 것을 깨닫는데서 시작된다고 주장했다.[29] 회심은 도덕이나 종교적 성장으로 축소되거나 그것과 상반된 것으로 간주하면 안 된다. 성장이 일어나기 위해서는 "먼저 진리의 씨앗을 뿌려야 한다." 스마트의 교육 이론에서 기독교의 계시가 중심을 차지하는 것도 이 때문이다. 그리고 씨의 파종과 낟알의 추수 사이에 일어나는 회심은 씨 뿌리는 사람의 영역이 아니다. 그것은 교육하는 하나님의 신비로운 역사이다. 따라서 교육자들은 다른 사람의 응답을 통제할 수는 없지만, 그리스도인의 발달 단계를 거치는 개인들을 도울 준비가 된 추숫꾼이나 산파의 일을 담당할 수 있다. 그들은 계시하는 하나님의 말씀의 종으로서 교육이 어느 조직보다 훨씬 더 광대한 과정이라는 것을 늘 염두에 둘 필요가 있다.[30]

교회 교육의 문제가 신학적 문제의 핵심이라는 스마트의 결론은 상당한 영향력을 발휘했다.

이 책에 담긴 주장들이 정상적이라면, 그것은 어떤 중요한 실천적인 결론들로 이어진다. 그것들은 신학 교육과정에서 기독교교육이 차지하는 위치와 교육을 가르치는 학교의 교육과정에서 기본적인 신학 분과들이 점유하는 위치를 재고하도록 요청한다. 그것들은 목회의 통일성과, 적절하게 훈련을 받았을 때 전체적으로 사역을 공유하는, 설교자라기보다는 교사의 역할을 담당하는 이들의 권리에 첨예한 질문을 제기한다. 그것들은 교회학교 교사들에게 성서, 역사 그리고 교리를 보다 철저하게 훈련시킬 필요성을 지적한다. 그것들은 회중이 전체적으로 교육의 책임감을 인식하도록 요청한다. 무엇보다, 그것들은 새로운 교육의 목적을 제시하는데, 복음화하는 능력을 획득하는데 관심이 있는 교회에 의미가 있다. 우리에게 제기되는 요청은 예수 그리스도가 의도한 교회, 즉 그가 세상을 정복하는 일에 활용할 수 있게 과감히 그의 일에 힘쓰는 고귀한 제사장직을 수행하라는 요청일 뿐이다.[31]

진보적인 종교교육학자들이 활용한 신학적 가정들에 대한 쉘튼 스미스의 분석과 제임스 스마트가 제안한 신학적 기초가 **기독교교육**의 주요 지형을 구성했다.

7. 기독교교육: 요약

기독교교육을 요약할 경우에는 반드시 종교와 문화 사이의 관계에서 출발해야 한다. 그것이 **기독교교육**의 기초적인 지형을 형성한 인간적 상황에 대한 신정통주의식 해석이었기 때문이다. 초월적 하나님의 자비로운 심판과 함께 유한성과 죄성을 의식한 것은 리처드 니버가 "그리스도와 문화의 역설적" 입장이라고 부른 것, 즉 "문화의 전체 구조"가 "손상을 입고 심각하게 왜곡되었다"고 생각하면서도 하나님이 그 중심을 떠받치고 있다는 것에 주목한 사례로 간주되었다.[32] 이 이중적인 입장(깨어진 세계에서 "어쩌지 못하는 것"과 은총의 경험을 모두 인정하는)이 확고한 신 중심적 견해를 형성했다. 초월적 하나님에 대한 계시가 핵심적인 주제가 되었고, 성서신학운동Biblical Theology Movement이 역사를 통한 하나님의 점진적 계시를 따로 강조한 것도 바로 이 주제 덕분이었다. 진화의 틀에서 빌려온 이 개념은 구약성서에서 예고되었고, 예수 그리스도를 통해 성취되었으며, 교회의 삶 속에서 지속되었다. 근본주의의 방식과는 달랐지만, 성서는 교육에서 중요한 역할을 담당했다. 새로 등장한 성서신학이 역사비평의 여러 가지 통찰들을 끌어들였기 때문이다. 따라서 새라 리틀Sara Little이 「현대 기독교교육과 성서의 역할」The Role of the Bible in Contemporary Christian Education에서 분석한 것처럼 성서의 교육적 기능이 상당한 주목을 받았다.33) 뿐만 아니라 신조 형식의 동의가 진보주의자들이 주도할 때보다 비중이 더 커졌다. 신앙과 신조의 고전적 진술이 긴밀하게 결합되어 있다고 간주되었기 때문이다.34) 기독교적 발달 단계에 대한 스마트의 지적을 1970년대와 1980년대의 신앙발달에 대한 관심을 예고한 것으로도 볼 수 있지만, 역동심리가 거의 관심을 갖지 않았던 회심 역시 신학적으로 주목을 받았다.

신학은 **기독교교육**의 핵심 요소이며, 동일한 특징을 지니고 있는 게 분명했다. **종교교육**의 지지자들이 세계 종교, 심리학 그리고 종교사회학에 관심을 갖는 것은 기독교의 본질을 무시하는 것으로 간주되었다. 따라서 신학은 교육을 포함했고, "실마리"이자 통제를 가하는 파트너 역할을 수행했다. 이 고전적 표현이 처음 등장했을 때는 캠벨 위코프D. Campbell Wyckoff가 어느 학자보다 교육의 세부적인 주제들에 관심을 가졌지만, 교육의 과정을 세분화하는 일은 상대적으로 관심이 적었다. 교육과정에 관한 위코프의 작업은 특히 중요했다. 이 작업은 다음과 같은 여섯 가지 요소로 구성된 범주 체계에 근거했다. (1)**이유**why로서의 **기독교교육**의 목적, (2)가르치고 배워야 할 **내용**what으로서의 범위, (3)**기독교교육**이 발생하는 **장소**where로서의 상황, (4)그것이 발생하는 **절차**how로서의 과정, (5) 관계를 형성하는 **사람**who으로서의 참여자, 그리고 (6)**기독교교육**이 발생하는 **순간**when으로서의 시기.35) 흥미롭게도 위코프는 헨리 와이먼Henry Nelson Wieman, 칼 바르트 그리고 라인홀드 니버에 대한 연구를 포함해서 1930년대의 뉴칼리지에서의 경험이 자신을 변화시켰다고 소개한다. "나는 자유주의적인 분위기에서 자랐고, 사회 복음의 명령에 매료되었다. 그런데 나의 신학 사상이 교육적 초점이나 사회적 책임에 대한 관심을 결여하지 않으면서 보다 보수적이면서 성서적으로 바뀌기 시작했다."36) 위코프의 진술은 초창기에 **기독교교육**을 주도했던 세력을 여러 모로 소개하면서 자신이 대표적인 이론가들 가운데 한 사람이 된 사연을 소개한다.

진보주의자들에 대한 신학적 비판 때문에 그들의 전체적인 교육적 입장이 의심을 받은 것은 물론이고, **기독교교육**에서 "실천을 통한 학습"learning by doing이 전달식 방법으로 대체되는 경향이 있었다. 하나님의 계시의 말씀을 강조한 것은 조지 라이트George Ernest Wright가 「행동하는 하나님: 이야기 성서신학」*God Who Acts: Biblical Theology as Recital*을 통해서 유행시킨 표현처럼 교수행위를 "하나님의 강력한 행위"를 소개하고 선포하는 것으로 간주한 것이었다.37) 사회심리학과 발달심리학이 정신분석 이론이나 사회학적 분석보다 더 중시되기는 했지만 주류 신학 때문에 사회과학에 대한 관심이 줄어들었다. 교육은 예수 그리스도의 충실한 추종자를 형성하는 쪽으로 아주 분명하게 가닥을 잡았다. 민주주의의 성격에 대한 순수함이나 "비판 의식"의 개발을 위한 다양한 교육과정 역시 관심에서 한층 멀어졌다. **기독교교육**은 대체로 세속적인 거룩함보다는 교회적 거룩함을 개발하는 쪽으로 나가게 되었다.

기독교교육은 신정통주의신학과 진보주의에 반대하는 교육적 견해의 합류를 상징한다는 측면에서는 반동적이었다. 그것은 말씀의 선포, 신적 초월 그리고 계시의 신적 권위를 강조하는 특징을 갖고 있었는데, 이른바 성서신학운동이 그대로 수용해서 확산시켰다. 신학적 전제가 교육과의 대화를 주도했지만, 얼마 지나지 않아서 주류 교단 교육자들의 일차적인 입장으로 간주되었다. 세계적으로 진행된 아주 다양한 발전 때문에 교회 내부에서도 새로운 조류가 형성된 1960년대 후반까지만 해도 **기독교교육**은 별다른 변화를 겪지 않았다.

사실 북아메리카의 종교교육의 지형을 작성하려고 할 경우에는 **기독교교육**의 압도적인 위치를 인정하지 않을 수 없을 것이다. 하지만 그와 같은 배경은 **기독교교육**이 두 개의 고전적 표현들, 즉 **복음전도**와 **종교교육**을 중재하는 상황에서만 제대로 서술될 수 있다. 여기서는 네 번째 고전적 표현인 **가톨릭교육**, 즉 **교리문답**으로 넘어가는 것으로 초반의 탐색을 마무리하려고 한다.

표4 기독교교육

기초적 질문들	고전적 표현: **기독교교육**
계시	· 하나님의 초월성 강조되었다. · 하나님은 구약성서에 예기된 대로 역사를 통해 점진적으로 계시되었고, 예수 그리스도를 통해 성취되었다. · 성서와 선포된 말씀의 우위. · 하나님과의 개인적 관계가 강조되었다.
회심	· 하나님의 자비가 주도하는 회심. · 역동심리에 대한 관심의 축소.
신앙과 신념	· 신조 형식과 기독교 교리가 새롭게 중시되었다. · 종교개혁의 주제가 다시 주장되었다.
신학	· "배경으로서의 신학, 전경으로서의 신앙과 은총." · 신학은 교회의 교육적 과정의 핵심으로, 교육의 "실마리"로 간주되었다. · 교육은 신학에 포함되었다. · 성서신학 운동의 핵심 내용이 교육과정을 구성했다.
신앙과 문화	· 유한성과 죄성의 자각, 문화를 완전히 왜곡된 것으로 간주. · 이원론적: 개인은 깨어진 세계를 벗어날 수 없지만, 은총을 경험한 존재로 살고 있다. · 인간의 상황에 대한 비관주의. 진보를 순진하게 간주한 자유주의에 대한 강력한 비난.
교육의 목표	· 그리스도를 따르는 신앙인의 형성. · 교회의 헌신 개발. · "누군가는 존 듀이와 그리스도인을 구분해야 한다."
지식	· 하나님의 계시된 말씀에서 발견된 진리. · 기독교적 교리에 한 이해가 중시되었다.
사회과학	· 신학의 우위 때문에 사회과학이 상대적으로 취급되었다. · 사회 및 발달 심리학의 부분적 활용.
교육과정과 교수	· 교수는 본질적으로 선포적이며 전달식이다. · 성서와 교리가 교육과정을 지배했다. · 교사의 신학적 자격이 강조되었다.
교육의 정치적 측면	· 구원을 성취하기 위한 교육.

주

1) Reinhold Niebuhr, "What the War Did to My Mind," *Christian Century* 45(1928): 1161.
2) Halford Luccock, "With No Apologies to Barth," *Christian Century* 56(1939): 972.
3) Reinhold Niebuhr, *Moral Man and Immoral Society*(1932; reprint New York: Scribner, 1960).
4) Ibid., xv.
5) Ibid., xx.
6) Ibid., 79~80.
7) Ibid., 82. 28~29 역시 볼 것.
8) H. Shelton Smith, "Let Religious Educators Reckon with the Barthians," in John H. Westerhoff, Ⅲ, ed., *Who Are We? The Quest for a Religious Education*(Birmingham, AL: Religious Education Press, 1978), 98. Originally published in *Religious Education* 24(1934): 45~51.
9) Ibid., 107.
10) H. Shelton Smith, "George Albert Coe: Revaluer of Values," *Religion in Life* 22(1952~1953): 46.
11) H. Shelton Smith, *Faith and Nurture*(New York: Scribner, 1941), 68.
12) Ibid., 69~79.
13) Ibid., 79.
14) H. Shelton Smith, "Christ an Education: Do Progressive Religious Educators Have a Theology?" in Arnold S. Nash, ed., *America at the End of the Protestant Era*(New York: Macmillan, 1951), 225~46 볼 것.
15) Smith, *Faith and Nurture*, 95.
16) Ibid.
17) George Albert Coe, *What Is Christian Education?*(New York: Scribner, 1929), 94.
18) Smith, "Christ an Education: Do Progressive Religious Educators Have a Theology?" 239.
19) 특히 George Albert Coe, "The Assault upon Liberalism," *Religious Education* 34(1939): 85~92 그리고 "Religious Education Is in Peril," *International Journal of Religious Education* 33(1939): 9~10 볼 것.
20) Ernest J. Chave, *A Functional Approach to Religious Education*(Chicago: University of Chicago Press, 1947).
21) Susan Brooks Thistlethwaite, "H. Shelton Smith: Critic of the Theological Perspective of Progressive Education, 1934 1950"(Ph. D. diss., Duke University, 1980), 137.

22) Randolph Crump Miller, *The Clue to Christian Education*(New York: Scribner, 1950), 15.
23) Randolph Crump Miller and Henry H. Shires, eds., *Christianity and the Contemporary Scene*(New York: Morehouse-Gorham, 1943), 197.
24) Miller, *The Clue to Christian Education*, 14.
25) James Smart, *The Teaching Ministry of the Church*(Philadelphia: Westminster, 1954).
26) Ibid., 70~71.
27) Ibid., 84.
28) Ibid., 164.
29) Ibid., 165
30) Ibid., 165~69.
31) Ibid., 206~207.
32) H. Richard Niebuhr, *Christ and Culture*(New York: Harper Be Row, 1951), 156.
33) Sara Little, *The Role of the Bible in Contemporary Christian Education*(Richmond, VA: John Knox, 1961).
34) James D. Smart, *The Creed in Christian Teaching*(Philadelphia: Westminster, 1962) 볼 것.
35) D. Campbell Wyckoff, *The Gospel and Christian Education*(Philadelphia: Westminster, 1959) 볼 것.
36) D. Campbell Wyckoff, "From Practice to Theory-And Back Again," in Marlene Mayr, ed., *Modern Masters of Religious Education*(Birmingham, AL: Religious Education Press, 1983), 96.
37) George Ernest Wright, *God Who Acts: Biblical Theology as Recital, Studies in Biblical Theology* 1/8(London: SCM, 1952).

참고문헌 해제
기독교교육

기독교교육은 불가피하게 **종교교육**에 대한 비판으로 간주되는 탓에 그 고전적 표현과 일반적인 역사자료를 공유한다. **기독교교육**은 일차적으로 교육적 상황을 겨냥한 신학적 비판이기 때문에 신정통주의 신학자들의 저서들이 기초를 형성한다. 물론 칼 바르트Karl Barth가 일차적인 자료가 된다. *The Epistle to the Romans*, 6th ed.(London: Oxford University Press, 1933) 그리고 *The Doctrine of the Word of God*(New York: Scribner, 1936). 에밀 브루너Emil Brunner 역시 중요하다: *The Mediator: A Study of the Central Doctrine of the Christian Faith*(New York: Macmillan, 1934) 그리고 *The Divine Imperative*(New York: Macmillan, 1937). 미국에서는 라인홀드 니버 Reinhold Niebuhr가 시대를 가장 예리하게 해석하는 대표자였다. *Moral Man and Immoral Society*(New York: Scribner, 1932); *Reflections on the End of an Era*(New York: Scribner, 1934); *The Nature and Destiny of Man*, 2 vols.(New York: Scribner, 1941~1943); 그리고 "What the War Did to My Mind," *Christian Century* 45(1928): 1161~63. 그리고 H[elmut] Richard Niebuhr, *The Kingdom of God in America*(Chicago: Willett, Clark, 1937); H. Richard Niebuhr, Wilhelm Pauck, and Francis P. Miller, *The Church Against the World*(Chicago: Willett, Clark, 1941); 그리고 Paul Tillich, *The Religious Situation*(New York: Henry Holt, 1932) 역시 볼 것. 두 권의 아주 유용한 저서들은 다음과 같다. Charles Kegley and Robert W. Bretall, eds., *Reinhold Niebuhr: His Religious, Social, and Political Thought*(New York: Macmillan, 1956; 그리고 Arnold S. Nash, ed., *Protestant Thought in the Twentieth Century: Whence and Whither?*(New York: Macmillan, 1951).

종교교육에 대한 신정통주의 사상의 시사점에 관심을 가진 이들 가운데는 분명히 쉘튼 스미스H. Shelton Smith가 대표적인 해석자이다. 특히 H. Shelton Smith, *Faith and Nurture*(New York: Scribner, 1941) 그리고 "Christ an Education: Do Progressive Religious Educators Have a Theology," in Arnold S. Nash, ed., *America at the End of the Protestant Era*(New York: Macmillan, 1951), 225~46 볼 것. 그리고 스미스의 "Religious Educators Reckon with the Barthians," *Religious Education* 29 (1934): 45~50, reprinted in John H. Westerhoff, Ⅲ, ed., *Who Are We? The Quest for a Religious*

Education(Birmingham, AL: Religious Education Press, 1978), 97~109 볼 것. Susan Brooks Thistlethwaite, "H. Shelton Smith: Critic of the Theological Perspective of Progressive Religious Education"(Ph. D. diss., Duke University, 1980)은 스미스의 저서를 상세하게 소개한다.

　　　　엘머 홈리호슨Elmer G. Homrighausen 역시 교육 및 목회적 시사점들을 검토했다. "Barthianism and the Kingdom," *Christian Century* 48(1931): 922~25. Paul H. Vieth, ed., *The Church and Christian Education*(St. Louis, MO: Bethany, 1947), the report of the committee of the International Council of Religious Education(1944년에 출범)은 기독교교육의 신학 영역에서 특별히 중요하다. 1950년대에 중요한 저서를 발표한 또 다른 이론가들은 다음과 같다. James D. Smart, *Teaching Ministry of the Church*(Philadelphia: Westminster, 1954) 그리고 Randolph Crump Miller, *The Clue to Christian Education*(New York: Scribner, 1950). 이 저서는 밀러의 초기 저서이기 때문에 나중에 그가 직접 해석한 것과 대조하면서 읽어야 하는데, 현재는 두 가지 자료들을 활용할 수 있다: "Theology in the Background," in Norma Thompson, ed., *Religious Education and Theology*(Birmingham, AL: Religious Education Press, 1982), 17~41; 그리고 "How I Became a Religious Educator-Or Did I?" in Marlene Mayr, ed., *Modern Masters of Religious Education*(Birmingham, AL: Religious Education Press, 1983), 65~86. 메이어의 저서에 포함된 자전적 에세이 덕분에 위코프D. Campbell Wyckoff의 이력 역시 일부 확인할 수 있다. "From Practice to Theory-And Back Again," 87~114. 그 에세이는 위코프의 초기 저서들을 이해하는데 도움이 된다: *The Task of Christian Education*(Philadelphia: Westminster, 1955) 그리고 *The Gospel and Christian Education*(Philadelphia: Westminster, 1959). 이 시기의 일부 신학적 관점들을 능숙하게 서술하는 또 다른 주요 저서로는 Sara Little, *The Role of the Bible in Contemporary Christian Education*(Richmond, VA: John Knox, 1961)이 있다. 엘리스 넬슨C. Ellis Nelson 같은 동료들 이외에도 밀러, 위코프, 그리고 리틀은 기독교교육의 영역에서 오랫동안 영향력을 행사하고 있으며, 나중에 출판된 저서들은 "현대적 변형들"의 내용 가운데 포함될 것이다.

제5장 | 지형의 탐색: 가톨릭교육-교리문답

지금까지 다룬 고전적 표현들은 각기(19세기 후반의 교구 선교 가톨릭 부흥운동까지 포함된 **복음전도**를 제외하고) 아메리카, 그 중에서도 개신교의 관심을 반영했다. 그렇지만 **가톨릭교육**Catholic education-**교리문답**catechetics이라는 이 네 번째 표현은 가톨릭 고유의 신앙교육 방법을 가리킨다. 아울러서 장의 제목을 하이픈으로 연결한 것은 이중적 특성을 암시한다. 페이트 비버카Fayette Breaux Veverka의 주장처럼 **가톨릭교육**은 **파이데이아**paideia(교육적 가치와 이상의 규범적 단위)를 뜻하는 용어로 이해하는 게 가장 정확할 수도 있다. 그것은 미국 가톨릭 이민자들이 소외되는 상황(종교적으로나 문화적으로)에서 발전한 종교와 교육 간의 관계를 독특한 방식으로 반영하는 것은 물론이고 유럽 중심의 19세기 로마 가톨릭교회를 지배한 정신을 포함한다. **가톨릭교육**이 가톨릭의 교육체제를 가리키는 표현이 되었지만, 그 자체가 신앙과 사회의 관계에 관한 보다 포괄적인 관심이 포함되어 있기 때문에 가톨릭의 학교교육과 단순하게 동일시하면 안 된다.[1]

1. 용어론

일반적으로 말하자면 **가톨릭교육**은 "교리문답"(혹은 "카테케시스"catechesis)이 보다 중요한 이름으로 등장한 제2차 바티칸공회(1962~1965) 직후부터 가장 포괄적인 용어로 활용되었다.[2] **교리문답**은 가톨릭교육의 핵심으로 간주할 수 있다. 20세기에 등장한 **교리문답**은 성서 및 예전의 기초로 돌아가자는 주장 때문에 제2차 바티칸공회를 위한 환경 조성에 상당한 영향력을 행사한 1930년대의 유럽식 갱신운동인, 소위 케리그마운동kerygmatic movement에 기원을 두고 있다. 보다 최근에는 가톨릭과 개신교의 일부 학자들이 **교리문답**을 신앙교육과 관계된 광범위한 활동 영역을 지칭하는데 가장 적합한 용어라고 주장할 정도가 되었다. 그렇지만 로마 가톨릭의 색채를 가진 **교리문답**이 제대로 확산될 수 있는지의 여부에 의문을 제기하는 사람들도 있다. 나 역시 유보적인 부류에 해당한다. 따라서 용어가 의지하고 있는 전제들을 검토하는 일이 중요하다. 기초적 질문들이 또다시 분석의 토대를 제공한다.

2. 가톨릭교육

여러 문서 가운데 일반적으로 가장 중요하게 취급되는 것은 아니지만, 제2차 바티칸공회의 "기독교교육에 관한 선언"(*Gravissium educationis*)은 가톨릭교회가 확실한 교육철학을 소개하는데 지속적으로 관심을 갖고 있음을 보여준다. "진정한 교육은 궁극적인 목적을 존중하는 것은 물론, 그와 동시에 인간이 자신이 소속되어 있고 성인으로서 책임을 공유하게 될 그와 같은 사회들의 선을 존중하도록 형성하는 것을 목표로 삼고 있다."는 확신은 역사가 오랜 신념을 반영하고 있다.[3] 공회 참석자들이 교육에 관해서 표명한 내용은 사실 19세기와 20세기에 걸친 교황의 교훈들에 적절히 자리 잡고 있는 철학이었고 덕분에 수많은 저서들이 "가톨릭의 교육철학"을 다룰 수 있었다. 그렇지만 **가톨릭교육**이 근거로 삼고 있는 신학과 철학의 가정을 변화시킨 공회로부터 교회의 혁명이 시작되었다는 것을 공회 참가자들이 전반적으로 예상하지 못했다는 것은 예상 밖이었다. 제2차 바티칸공회는

"영원한 진리"의 재고와 새로운 범주들의 등장을 상징했다. 따라서 신앙과 교육의 관계에 관한 사고방식에 상당한 영향을 미쳤다.

1) 제2차 바티칸공회 이전의 가톨릭 교육철학

20세기 초반에는 그런 식으로 재검토의 과정을 거치게 되리라고는 거의 상상할 수 없었다. 교육에 관한 진리는 아주 명확했다. 신앙은 물론이고 하나님과 인류에 관한 진리는 절대적이고 불변하기 때문이었다. 1879년에 발표된 교황 레오Leo 13세의 칙령(Aeterni patris)에 포함된 교육 사상의 범주들이 확실한 "동의 기준"grammar of assent을 제공했고, 그것을 통해서 가톨릭신자들에게 명확한 정체성을 부여하고 또 교육철학이 발전할 수 있는 원리를 확립할 수 있었다. 그 원리를 간단히 소개하면 이렇다. 토마스 아퀴나스Thomas Aquinas가 증명했듯이 인격적인 하나님의 존재는 이성으로 입증이 가능하다. 더구나 이 하나님은 인간을 몸과 영혼을 함께 지닌 이성적이고 자유로운 존재로 창조했다. 영적인 영혼은 순수하게 물질적이면서 일시적인 질서를 초월하는 인간 본성의 고등한 차원이었다. 뿐만 아니라 하나님은 "초자연," 즉 신적 삶을 공유하는 원천을 인간에게 선물했다. 그렇지만 아담은 이 최초의 상태에서 타락했고, 그로 인해서 모든 후손들이 하나님의 아들 예수에 의해서 구속받고, 그리스도와 하나가 됨으로써 초자연적 삶을 회복하고 그의 모범과 교훈을 따라야 했다. "따라서 예수 그리스도를 통해서 그리고 그 안에서 계시된 것처럼 가톨릭 교육철학의 출발점은 초자연적인 것의 실재이다."[4]

그래서 교황 비오Pius 11세는 자신의 회칙 "젊은이를 위한 기독교교육"(Divini illius Magistri, 1929)에서 교육은 본래 개인들이 해야 할 일과 자신들이 창조된 "숭고한 목적을 성취하기 위해 현세에서 실천해야 할" 일을 준비하는 것으로 구성되어 있다고 피력했다. 개인의 최종적인 목적을 조금이라도 지향하지 않는 진정한 교육은 있을 수 없으며, "기독교교육과 무관하게 이상적으로 완벽한 교육" 역시 존재하지 않는다.5) 더구나 기독교교육은 종교적 교훈을 단순히 분배하는 것 그 이상이었다. 그것은 하나님의 은총을 통해서 모든 삶에 **스며든다**. 기독교적 교육만이 인간의 삶이 지닌 굴곡-신체적 그리고 영적, 지적 그리고 도덕적, 개인적, 가정적 그리고 사회적-을 "그리스도의 모범과 교훈에 따라서 향상시키고, 통제하고 또 완성하기 위해서" 남김없이 수용할 수 있었다.

> 따라서 기독교교육의 산물인 진정한 그리스도인은 그리스도의 모범과 교훈의 초자연적 빛이 조명한 바른 이성을 따라서 부단히 그러면서 일관되게 생각하고, 판단하고 행동하는 초자연적 남성(여성)이다.…그것은 진정한 성품을 형성시키는 주관적 원리들에 근거하는 모든 유형의 지속적이고 확고한 지도가 아니라 영원한 정의 원리들을 지속적으로 추종하는 것이기 때문이다.6)

비버카는 비오 11세의 회칙에서 발췌한 위의 내용이 미국 교육학자들이 광범위하게 발전시킨 가톨릭 교육관의 세 가지 주요 특징들을 강조하고 있다고 주장했다. 첫째, 교육의 일차 목적은 본질적으로 선한 인간의 본성에 근거한 은혜로운 삶을 개발함으로써 그리스도인들을 형성하는데 자리 잡고 있다. 둘째, 기독교교육은 광범위하고 아주 포괄적이라서 당연히 사회적 차원을 포함한다. 그리고 셋째, 뚜렷한 가톨릭의 생활방식이 존재하기 때문에 신앙은 문화를 가득 채우고 변형시켜야 한다. 가톨릭 학교에서 활용되는 규범으로 바꾸어 표현하면, 세 가지 원리들은 학교를 하나님의 은총이 성립할 수 있도록 인간의 본성을 조절하고 완벽하게 만드는 도구로 이해했고, 교육과정은 미국 사회에 대한 사회적 책임감을 학습하는 원천으로 인식했고, 그리고 독특한 가톨릭의 정신을 지속적으로 개발하려고 시도한 것을 의미했다.

교회의 교훈 역시 진정한 교육철학을 그릇된 것과 구분 짓는 유용한 도구가 되었다. 가령, 존 리든John D. Redden과 프랜시스 라이언Francis A. Ryan이 1942년에 출판한 「가톨릭의 교육철학」*A Catholic Philosophy of Education*은 사실 전반적으로 현대 철학(자연주의자, 사회주의자, 공산주의자, 그리고 경험주의자)을 반대하는 가톨릭 교육철학을 제시했는데, 단순히 실증적이거나 합리적인 자연주의적 소재가 아니라 신적 계시라고 하는 무오하고 초자연적인 소재로부터 이끌어낸 것이었다.7) 그들은 가톨릭 교육철학은 보편적이고, 삶을 통합된 전체로 파악하고 있으며, 개체이며 동시에 사회의 일원인 개인의 완벽한 변형을 목적으로 삼고 있다고 주장했다. "그런 변형은 지성의 계몽, 의지의 훈련 그리고 무엇보다도 **영원한 가치***eternal values*(저자의 강조 추가)를 수용하고 고수하는 것을 뜻한다."8) 반면에 다른 철학들은 인간 본성의 한쪽 측면에 초점을 맞추지만, 나머지 것들은 부정하고, 배제하고, 또 무시했다. 자연주의는 인간 경험의 모든 요소들을 생리학적 및 생물학적 기능으로 축소했고, 사회주의는 사회 자체를 교육의 궁극적인 목적으로 삼았고, 국가주의는 나라의 물적 번영을 교육의 근본적 문제로 장려했고, 공산주의는 계급 없는 사회를 창조하는데 단순히 목적을 맞추었고, 그리고 경험주의(진보주의)는 경험을 사회질서의 바탕으로 재구성하는 것을 우상으로 삼았다.

2) 진보주의에 대한 비판

어쩌면 리든과 라이언이 "경험주의자들"(윌리엄 제임스William James, 퍼스C. S. Peirce, 존 차일즈John Childs, 그리고 누구보다 존 듀이John Dewey)을 비판하는 과정에서 가톨릭의 교육철학이 가장 분명하게 드러나게 되었을지 모른다. 가톨릭의 관점에서 가장 큰 문제 가운데 하나는 **경험**이었다. 경험 덕분에 형이상학과 전통이 진리의 안내자 구실을 못하게 되었다고 간주했다. 학교를 실험실로 만드는 바람에 교육의 목적, 방법 그리고 결과가 어쩔 수 없이 상당한 혼란을 겪게 된 것이라고 포덤Fordham 대학교 교수들은 주장했다. "교육의 목적과 절차를 해석하고 평가하는데 필요한 본질적인 진리와 필수적인 지혜"를 소유한 철학은 더 이상 존재하지 않았다.9) 삶의 조건을 변화시키기 위해 적응하려고 시도하는 경험주의는 진리를 상대화시켰다.

그런 철학은 모든 실재를 잘못 해석한다. 그 철학의 추종자들은 기존의 조건과 상황에 즉시 도움이 되는 것들 이외에는 고수할 원리들이 존재하지 않는다고 주장한다. 그들은 안정화를 시도하는 권위적 해석을 철저히 배격한다. 그것들은 문명의 변화가 새롭고, 역동적인 원리들, 혹은 옛 원리들의 재해석의 필요성이 형성되는 것을 제지하기 때문이다. 따라서 경험주의는 절대적 진리의 존재, 그리고 그 자리를 부정하고, 상대적 진리나 혹은 "진보적 진리"라고 부르는 것으로 대체한다.10)

따라서 리든과 라이언은 상반된 측면들을 적지 않게 지적했다. "근본적인 원리들"과 관계된 것들은 다음과 같다. (1)진보적인 교육철학은 어린이들 자체를 목적으로 간주하지만, 가톨릭 철학은 그들이 일차적으로 하나님에게 그리고 이차적으로는 사회에 의해서 규정되는 것으로 간주했다. (2)진보주의자들은 어린이들이 본유적인 관심과 능력을 표현함으로써 내부로부터 외부로 발달한다고 믿었지만, 가톨릭 학자들은 어린이들이 내적인 자극은 물론 제정된 권위의 인도와 지침을 통해서 발달한다고 믿었다. (3)진보주의자들은 어린이들이 지속적인 경험의 재구성을 통해서 진리를 직접 선택할 수 있다고 주장했지만, 가톨릭 학자들은 개인들이 추종해야 하는 단 하나의 객관적인 진리체가 존재할 뿐이라고 주장했다. (4)진보주의철학은 실용적 혹은 도구적 가치만으로 인간의 경험을 평가하게 만들었지만, 가톨릭 철학은 추종적 가치(즉, 영원에 비추어서 수행하는)의 중요성을 강조했다.

전통적인 가톨릭 교육과 진보주의 사상 간의 충돌을 보여주는 역할을 한 또 다른 상반된 주제들은 영혼, 관념의 기원, 진리, 지식, 선성, 의지의 자유, 도덕성, 민주주의 그리고 하나님과 같은 주제들에 집중했다. 리든과 라이언은 경험주의적 입장을 배격하고 나서 경험주의의 오류를 파악하려고 가톨릭의 스콜라 철학적 해석을 활용했다. 가령, 경험주의자들은 상대적이며 실증적인 검증에 적합할 경우에만 진리를 수용했다. 따라서 진리의 초자연적 기초는 유지할 수 없다. 그렇지만 스콜라주의자들은 진리(명제)라는 용어는 불변하고, 사물의 본질에 관한 진리는 필연적으로 바뀌지 않는다. 사물은 그렇게 존재해야 하는 것이기 때문이다. 경험주의자들은 영원한 법의 절대적이며 불변하는 규범을 부정했다. 그들은 사물들의 본질에서 이끌어낸 형이상학적 및 영구적인 진리들을 파악하는 데 실패했다.[11]

당연히 리든과 라이언은 경험주의가 "그릇되고 배타적인 세계관, 남성〔여성〕관, 도덕관, 그리고 민주주의에 대한 견해"를 제시했다고 결론을 내렸다. 그것은 "기원, 목적 그리고 인생의 목표와 그에 따른 교육적 과정의 목표"를 그릇된 견해를 근거로 삼았기 때문이었다. 게다가 오로지 가톨릭의 교육철학만 진정한 진보로 간주할 수 있었다. "바람직하고 합리적인 '진보적 교육'의 특징들이 어린이의 진정한 본성, 지고의 선 그리고 최종적인 목표와 일치하는 목적, 이상 그리고 가치의 발달에 기여한다는 측면에서 그 모두를" 유일하게 수용했다는 게 그 이유이다.[12]

3) 진보주의에 대한 보다 적극적인 평가

경험주의가 가톨릭 철학과 병립할 수 없다는 확신에도 불구하고, 모든 가톨릭 교육학자가 리든과 라이언의 부정적 입장에 동의한 것은 아니다. 진보주의의 관점에 개방적인 지지자들 가운데는 아메리카 가톨릭 대학교 교육학과의 학과장이었던 조지 존슨George Johnson이 가장 두드러졌다. 존슨은 이렇게 주장했다.

결코 변하지 않는 영원한 진리와 상황이 어떻게 바뀌든지 간에 여전히 유효한 기본적인 원리들이 존재하는 것은 사실이다. 그렇지만 상황은 바뀌고 그런 변화 때문에 영원한 진리와 기본적인 원리들의 새로운 해석과 적용이 필요하다. 절대적인 것에 대한 우리의 신앙이 상대적인 것의 존재를 바라보지 못하게 해서는 안 된다.[13]

그래서 다수의 가톨릭 교육학자들이 진보주의의 실제 전략을 수용했는데, 상당수의 방법들이 가톨릭의 사상과 통합될 수 있는 것처럼 보였기 때문이다. 덕분에 사회과학이 보다 광범위하게 활용되었고, 어린이중심 학습이 더 많이 유행했으며, 또 "실천을 통한 학습"이 여러 교사들의 입에 오르내릴 수 있었다. 종교교수 역시 영향을 받기는 마찬가지였다. 1920년대 초반에는 교리 형식과 교리문답 교재들을 기계적으로 암기하고 추상적으로 제시하는 것을 그리 만족스럽게 여기지 않았다.[14] 진보주의가 가톨릭 학교를 장악한 적은 없었고, 뉴욕시의 코퍼스크리스티Corpus Christi 학교처럼 존 듀이의 사상에 특히 개방적인 학교들은 악명을 얻었다. 그렇지만 가톨릭 지도자들 가운데 일부가 실제로 진보주의를 받아들였다는 사실은 **가톨릭교육** 철학이 일부 지지자들이 믿는 것처럼 그렇게 획일적이지 않은 것은 물론 실제로도 상이한 해석이 가능했다는 것을 뜻했다.

4) 가톨릭교육과 가톨릭 학교들

가톨릭교육의 철학은 가톨릭 학교의 학생들에게 다소 혼란스런 메시지를 제공하도록 만들기도 했다. 한편으로는 확실한 가톨릭의 분위기를 고수하는 강력한 전통-합리성과 논리를 중시하는-때문에 일종의 분리 의식이 형성되었다. 물론, 여러 가지 측면들을 고려하면 이것은 신학적으로 수세적 입장에 있던 시기(19세기 가톨릭 신학은 근대 세계를 거침없이 비난했다)는 물론이고 편협한 미국적 상황을 배경삼아서 발달했던 학교 제도의 자연스런 결과였다. 이민이 증가하는 만큼(가령, 1820년부터 1920년 사이에 450만 명의 아일랜드 이민자들이 미국에 도착했다) 처음부터 공립 학교제도에 영향을 끼쳤던 반 가톨릭 정서도 증가했다. 뉴욕의 존 휴즈John Hughes 주교가 주장했듯이 공립학교는 "가톨릭 신자들이 불가피하게, 도덕적으로, 지적으로, 틀림없이 멍청한 인종"이라고 가르쳤다. 그는 미국이 이민 때문에 "술에 찌들고 타락한 사람들이 넘쳐나는" 아일랜드의 공공 하수구로 바뀔 수 있다고 진술한 어느 교과서를 인용했다.15)

또 다른 한편으로, 사회 지향적이던 가톨릭 철학은 민주주의를 교육할 수 있게 추진력을 제공했다. 미국에서는 이것이 이민자들의 수용 욕구와 맞물리면서 미국적 생활방식의 무비판적인 수용과 진보주의의 제2세대가 제기한 효율적 양식("과학적 경영") 가운데 일부를 받아들이는 것을 뜻할 때가 많았다.16)

결국 적어도 미국에서는 **가톨릭교육**이 가톨릭 학교와 거의 대부분 결합되었다. 가톨릭의 독특한 교육철학은 절대적이거나 몰 역사적인 용어를 구사하기도 했지만, 그럼에도 불구하고 신앙과 사회의 관계를 표명하려고 노력했었다. 그런데 이제 **가톨릭교육**은 학교의 발전 그리고 그것의 유지와 실제로 동일시되었다. 재정적으로 곤경에 처한 학교제도를 부각시키고 점차 기술 중심적으로 흘러가는 사회에서 인문주의적 전통을 유지하려는 시도 때문에 일부 철학적 관심사는 물밑으로 가라앉았다. 그리고 가톨릭 학교들은 국가를 상대로 자신들이 합법적이라는 것을 인정받으려고 공립학교를 닮으려고 애썼고, 종교를 가르치는 것만 그들과 다를 뿐이라고 생각했다. 가톨릭 교육철학이 모든 것에 **심어두었던** 의미는 자취를 감추었다(아니면 모호해진 것일 수도 있다). 실제로 이 의미는 "가톨릭식 산수" 문제로 축소될 때도 많았다("만일 해리가 하루도 거르지 않고 로자리오 기도를 드린다면 몇 번이나 로자리오 기도를 할 수 있을까?").

5) 보다 체계적인 학교 종교교육

그렇게 해서 보다 체계적인 종교교육이 시작되었다. 비버카의 검토에 따르면, 교리문답이 종교교육의 한 가지 모형으로 등장하게 된 것은 가톨릭 학교가 종교 수업을 교육과정에 포함된 개별 과목으로 새롭게 강조하는 동시에 기독교교리협회Confraternity of Christian Doctrine(CCD)가 출범한 것과 대체로 일치했다. 그렇지만 교리문답의 발전을 검토하기에 앞서 세 가지의 예비 작업이 필요한데, 학교제도와 무관한 기독교교리협회가 수행하는 **가톨릭교육**의 검토, **가톨릭교육**의 요약, 그리고 신앙교육에 관한 문제를 취급하는데 중대한 영향을 미쳤던 사건이라고 할 수 있는 제2차 바티칸공회에 대한 간략한 설명이 그것들이다.

6) 기독교교리협회

가톨릭 학교들은 정점에 도달했을 때도(1965년에는 초등학교와 중등학교에 재학 중인 학생이 560만 명이었다.) 가톨릭계 학생 전체를 수용하지 못했다. 기독교교리협회가 대안으로 등장했다. 20세기 초반에 시작된(1902년에 뉴욕, 1907년에 피츠버그, 그리고 1932년에 로스엔젤레스) CCD는 가톨릭 학교에 입학하지 않은 이들을 위한 종교교육의 수단이 되었다. 미국에는 생소했지만 이 조직의 뿌리는 카스텔로 드 카스텔라노Castello de Castellano가 1536년에 밀라노에서 창립했고, 밀라노의 추기경 카를로 보로메오Charles Borromeo가 강력하게 추진할 정도로 광범위했다. 목적은 "훈련된 교사가 지도하는 기독교 교리학교를 조직해서 청소년과 글을 모르는 남녀가 신앙의 진리를 가르치는 것"이었다.17) 1584년에 그 협회는 약 3,000명의 교사들을 동원해서 약 40,000명의 어린이와 성인을 가르쳤다. 1710년에는 271개의 협회 모임이 유럽 전체에 산재했다.

가톨릭 신학의 활력이 둔화되면서 그 협회 역시 적지 않게 영향을 받았다. 18세기 후반과 19세기까지 그 영향이 지속되었기 때문이다. 하지만 교황 비오 5세가 1905년의 회칙(*Acerbo nimis*)에서 또다시 거론함으로써 협회의 중요성이 회복되었을 뿐 아니라, 1914년에 제정한 교회법에 포함됨으로써 주교들은 교구마다 기독교교리협회의 설립을 보장해야 했다. 물론, 미국의 경우에는 이 일을 추진하는데 다소 시일이 소요되었다. 1920년대 초반에 시골 지역 어린이를 위한 종교 직업학교의 기틀을 다진 에드윈 오하라Edwin O'Hara 주교의 주도로 CCD가 마침내 대규모로 조직되었고 1935년에는 전국 사무실이 문을 열었다.

협회의 보다 중요한 측면들 가운데 하나를 지적하면, 16세기에 밀라노에서 출발해서 오늘에 이르기까지 일차적으로 평신도 중심으로 사역을 진행한 것을 꼽을 수 있다. 사실 사도직응용연구센터 (CARA, Center for Applied Research in the Apostolate)의 후원으로 1978년에 실시한 여성 사역에 관한 연구는 CCD가 미국에서 가장 일반적인 여성 사역이라는 사실을 밝혀냈다.[18] CCD는 거의 전적으로 어린이와 젊은이를 대상으로 활동하지만 최근에는 특히 성인교육의 자극제 구실까지 담당하고 있다. 교사들이 보다 바람직한 교수법을 찾아서 신학 및 교육 워크숍과 강의에 참가하고 있기 때문이다. 하지만 이런 이야기를 언급하기에는 아직 이르다. 그런 새로운 흐름은 제2차 바티칸 공회 이후 시대에 해당한다.

7) 가톨릭교육: 요약

기초적 질문들을 검토하면 **가톨릭교육**을 요약할 수 있는 방법을 확보할 수 있다. 계시는 무엇보다 중요했다. 하나님은 교회를 통해서 계시했다(고전적인 형식으로 표현하자면, "하나님의 말씀이 교도권을 빌어서 남성과 여성에게 전달되었다" *locutio Dei ad homines per modum magisterii*). 토마스 철학의 유산은 진리에 대한 동의를 특히 강조하려고 했다. 토마스 아퀴나스에게 있어서 계시는 하나님이 구원에 필요한 진리를 인류에게 갖추게 한 구원 행위였기 때문이다. 신앙은 신자들에게 교회의 신조로 표현된 신적 진리에 동의하도록 만들었다. 따라서 교회의 교훈을 고수하는 것은 하나님의 계시를 수용하는 일차적인 방식으로 간주되었다. 아는 것은 명제적인 형식으로 표현된 진리에 동의를 표하는 것이었다.

리처드 니버가 주장했듯이, 고전적인 토마스 철학은 그리스도와 문화의 통합적 입장을 제시했다. 하나님의 규칙이 사물의 본성 안에 자리하는 것으로 간주되었고, 구원은 창조질서의 파괴를 수반하지 않았다. 은혜는 자연 위에 성립하기 때문이다. 기독교적 원리를 구분하지 않은 "문화적 그리스도인"과 비기독교적 질서를 경멸한 근본주의자와 달리 종합을 추구하면 비신자와 함께 활동하면서도 그리스도의 중심성을 주장할 수 있었다. 하지만 "그리스도와 문화, 하나님의 일과 사람의 일, 일시적인 것과 영원한 것, 율법과 은혜를 단일한 사고와 실천의 체계로 통합하려는" 이런 시도는 "어쩌면 불가피하게 상대적인 것을 절대시하고, 무한한 것을 유한한 형식으로 축소하고, 그리고 역동적인 것을 물질화하는 경향이 있다."[19]

그렇지만 종합적 견해는 문화에 대한 보다 부정적인 평가와 공존하게 되었다. 교회가 19세기의 정치적, 사회적 그리고 경제적인 현실을 다루게 되면서 점차 폭넓은 문화를 상대로 수세적이 되었고 세상으로부터 퇴행한 것으로 보인다. 따라서 **가톨릭교육**은 야누스와 비슷한 특성을 갖고 있었다. 한편으로는 문화와 학문을 높이 평가하면서 "인간적인 것은 이질적인 게 있을 수 없다"고 선언했지만, 또 다른 한편으로는 "과감하게 직접 사고하라"는 계몽주의의 표어(칸트 이래로)를 엄격하게 취급하면서 근대성을 비난했다. 이 역설은 가톨릭철학 Catholicism은 오랫동안 사변적 이성을 중시했지만, 가톨릭의 교회론은 비판적 이성에 대해서 부정적인 판단을 조장했다는 랭던 길키Langdon Gilkey의 지적을 통해서 적어도 그 일부가 규명되었다. 따라서 가톨릭 철학은 계몽주의의 도래와 근대 경험주의의 등장과 맞서는 전쟁에 점차 관여하게 되었다.[20] 적어도 전체적인 지형을 감안할 때 19세기와 20세기의 가톨릭철학의 이런 신랄한 특징은 근대성에 대한 근본주의의 반감과 상당히 유사했다.

철학과 신학은 인간적 지식의 요약으로 간주되었고, 교육에 대한 이해를 뒷받침하는 것은 물론이고 사회과학을 비판할 수 있는 원리들로 활용되었다. 교회는 교육이 전인의 형성과 관계가 있기 때문에 무엇보다 중시했다. 교육은 개인들이 기독교적 성품을 계발하고, 그것을 통해서 천국을 준비하는 일차적인 도구 가운데 하나였다. **가톨릭교육**이 학교 건물에 속박되지 않았다는 사실이 중요하다. 교육을 문화에 포함된 것, 즉 삶을 있는 그대로 받아들이는 방식으로 간주한 것이었다.

비버카는 **가톨릭교육**은 기껏해야 "교육은 학교교육보다 더 광범위하고 종교는 교회나 신조보다 더 광범위하다는 것을 이해한 종교교육의 공적 시각을 상징할" 뿐이라고 결론을 내렸다.[21] **가톨릭교육**이 한발 앞서서 "통전적"holistic(요즘의 표현대로라면)이었다는 것은 분명한 사실이다. 하지만 비버카가 또다시 지적한 것처럼 그런 전제는 가톨릭철학이 근대성을 파악하자마자(비난한 게 아니라) 더 이상 지속이 불가능한 세계관에 근거한 것이었다. 따라서 가톨릭교회가 오랫동안 미루어두었던 근대 시대와 대면했던 제2차 바티칸공회는 신앙교육이 무엇을 의미하는지를 어쩔 수 없이 재고하게 만들었다.

8) 제2차 바티칸공회(1962~1965)

로즈메리 휴튼Rosmery Haughton이 제2차 바티칸공회의 특징으로 자주 인용하는 "장엄한 파괴의 공회"는 그로 인해서 빚어진 소란을 시사한다. "변화하는 교회"에 관한 저서들이 다수 집필되었지만, 사실 변화의 성격 그 자체-얼마나 변화해야 하고 어떻게 진행되어야 하는지-가 문제의 본질처럼 보였다. 변화를 통해서 "구성하고, 전보하고, 파괴하고, 도전하고, 심판하고, 재창조하고 또 우리를 불러내시는 숨겨진 하나님의 낯선 얼굴"을 볼 수 있다는 길키의 주장은 일종의 신학적 해석이었지만 누구나 그런 적극적인 메시지를 찾아내지는 못했다.[22]

제2차 바티칸공회의 두 가지 차원은 **가톨릭교육-교리문답**에서 발생한 강조의 변화를 이해하는데 특히 도움이 될 수 있다. 첫째는 타협적인 기조에 초점을 맞추고 있고, 둘째는 가톨릭철학과 신학을 오랫동안 주도한 초자연적/자연적 입장 간의 분열 해소에 집중한다.

제2차 바티칸공회의 기조는 대부분 이단에 대한 반박과 여러 가지 오류나 적수를 상대로 교회를 옹호하는 것에 치중한 과거의 스무 차례에 걸친 공회들과는 극적으로 달랐다. 교황 요한 23세는 1962년 10월 11일의 "어머니 교회는 기뻐한다"(*Gaudet Mater Eclesia*)라는 제목의 개회 연설을 통해 참석자들이 자비와 화해의 영을 통해서 숙고하도록 초대했다. 병약한 교황은(8개월 뒤에 세상을 떠났다) 현대 세계에서 "거짓말과 파괴" 이외는 접할 수 없고 늘 과거와 못마땅하게 대조하는 "우울한 예언자들"을 부드럽게 꾸짖으면서 "현재의 상황에서 신적 섭리가 우리를 새로운 인간관계의 질서로 인도하고 있다"고 희망을 섞어서 확고하게 말했다.[23] 교회는 오류에 집착하기보다는 더 개방하고 환영해야 한다. 그 이유는 이렇다. "오늘날의 그리스도의 신부는 엄격함보다는 긍휼이라는 약을 사용하고 싶어 한다. 신부는 비난하기보다는 자신이 보유하고 있는 교훈의 가치를 입증함으로써 현시대의 요구에 부응하려고 한다."[24]

이 우아한 기조는 20세기 초반의 소위 근대주의자들에 대한 비난과 대조할 경우에는 한층 더 인상적이다(1907년의 라멘타빌리 *Lamentabili* 칙령과 파센디 도미니치 그레기스 *Pascendi dominici gregis* 회칙). 사실상 그와 같은 개방적 기조는 19세기 가톨릭철학의 확고한 특징이라고 할 수 있는 "공격 정신"siege mentality을 반박한 것이었다. 스스로를 "진리"로 정의하고 다른 모든 체계를 비난하는 가톨릭의 교육철학을 이제는 재고할 필요가 있다는 뜻이었다. 승리주의는 비극적인 최후를 맞은 것처럼 보였다.

이원론의 "은혜로부터의 타락"과 무관하지 않았다. 오랫동안 자연과 초자연이라는 이층으로 구성된 세계가 가톨릭의 세계관을 지배해왔다. 전자는 창조 질서로 구성되어 있기 때문에 자연, 시간, 공간 및 물질 그리고 상대적이며 변화하는 것과 연계되어 있다. 초자연적 질서는 그와 달리 하나님의 영원한, 절대적인 그리고 변함없는 성품을 표현했다. 그것과 자연의 내부 영역 사이에는 분열이 존재한다. 신적으로 조성된 교회는 이 신-인의 간극을 매개하기 위해서 존재했다. 하나님이 허락한 능력과 권위는 일상 세계의 시공간에서 이루어지는 하나님의 간섭을 증거하기 위해서 부여되었다. 그리고 실제로 교회가 죄인들로 구성되었지만, 그럼에도 불구하고 교회는 하나님의 절대적, 불변적, 그리고 무오한 성품을 공유했기 때문에 이중적 존재였다. 이것은 불가피하게 "문화에 대항하는 그리스도"라는 확고한 입장이 등장하는 계기가 되었는데, 이때 교회는 스스로를 근대성과 상반된 것으로 간주했다.

> 정말 통탄스러운 일은, 우리가 속한 시대가 사물의 궁극적 원인을 모색하느라 모든 속박을 물리친 채 인류의 유산을 배격할 정도로 새로운 것들을 뜨겁게 추구할 때가 잦다는 것이다. 따라서 신성한 권위, 성서의 해석 그리고 신앙의 주요 신비들에 관심을 가질 때마다 훨씬 더 심각해지는 아주 중대한 오류를 범한다.…
> 이 오류들이 신자들 사이에 매일 확산되고 있다. 그것들이 신자들의 마음을 사로잡아서 순수한 신앙이 오염되지 않도록 비오 10세 교황성하는 거룩한 로마 당국과 최고 종교재판소가 대표적인 오류에 주목하고 정죄하라는 결정을 내렸다.[25]

제2차 바티칸공회의 가장 중요한 문헌 가운데 하나인 "현대 세계에서의 교회에 대한 목회 규정"(*Gaudium et spes*)은 정말 달랐다. 그것은 이렇게 시작된다.

> 이 시대 사람들, 그중에서도 가난하거나 아니면 어떤 식으로든지 고초를 겪는 이들이 간직한 기쁨과 희망, 슬픔과 불안은 그리스도를 따르는 이들의 기쁨과 소망, 슬픔과 불안이기도 하다. 사실, 순수하게 인간적인 것은 그들의 마음을 움직인다. 그들은 사람들로 이루어진 공동체에서 생활하기 때문이다. 그리스도 안에서 맺어진 그들은 아

버지의 나라로 여행을 하면서 성령의 인도를 받게 되고 모든 사람을 위해 마련된 구원의 소식을 기꺼이 맞이했다. 이 공동체가 인류는 물론이고 그 역사와 진정으로 그리고 긴밀하게 결속되어 있다고 생각하는 것도 바로 그 때문이다.[26]

물론 선별적으로 인용하다 보면 지나치게 많은 문헌이 등장할 수도 있다. 게다가 제2차 바티칸공회의 문헌들이 균일한 수준을 유지한 것도 분명히 아니다. 모든 정치적 문서들이 그렇듯이 타협과 합의가 반영되어 있다. 그럼에도 불구하고 공회가 있은 지 20년이 지난 유리한 시점에서 바라보면, 이 제2차 에큐메니칼 공회 덕분에 교회의 자기이해가 중대하게 변화되었다는 게 한층 더 분명해진다. 여기서 모든 것을 판단할 수는 없지만 종교교육에 상당한 의미를 갖는 핵심적인 개념을 간략하게 짚고 넘어갈 필요가 있다. 거기에는 진리, 지식, 구원, 인간성, 회심 그리고 계시라는 개념들이 포함된다.

이 장의 서두에 상당 부분 드러나 있듯이 회의가 개회되기 이전까지는 진리가 몰 역사적인 명제들의 개념과 관련된 것으로 파악했다. 그렇지만 바티칸공회 기간과 그 이후에는 전혀 다른 관점이 등장했다. 즉, 진리는 인간의 언어로 항상 그리고 불가피하게 표현되는 한 문화, 시간 그리고 장소에 대해서 늘 상대적이다. 이것은 어떤 교리도 인간의 문화를 벗어날 수 없고, 그 때문에 역시 상대적이라는 것을 시사한다. 사실 교회의 교훈은 영원한 하나님에 관한 것이지만 영원히 불변하는 언어체계로 구성된 이상 시간과 무관하지 않다. 가톨릭식의 경험이 진리를 충분히 규명할 수 없다는 게 한층 더 분명해졌다.

지식에 대한 새로운 이해가 시도되었다. 비록 가톨릭의 전통이 오랫동안 합리성을 존중하기는 했지만 현대성은 이성의 한계까지 노출시켰다. "신앙을 동의"로 간주하는 개념은 교회에 대한 하나님의 계시가 의심을 받지 않는 초자연적 교회론에 기초했다(예컨대, 교황 비오 10세는 1906년에 이런 발언을 했다. "군중의 임무는 지도자에게 순종하며 인도를 받고 따르는 것이다."). 그렇지만 인식은 분명히 실존적 차원을 지니고 있었다. 물론, 아르스의 사제Curé of Ars처럼 하나님에 대한 지식이 타고난 지능과 무관한 이들에게 성인의 지위를 부여하는 것도 교회가 이것을 오랫동안 인정해온 방법 가운데 하나이다. 그렇지만 "작은 사람들"을 존중하다가 간혹 반지성주의를 합법화하거나 무비판적인 교회론으로 흐를 때도 있었다. 그렇지만 공의회는 단순히 정설orthodoxy("바른 신앙")이 아니라 정행orthopraxis("바른 실천")과 결합된 인식의 개념을 새롭게 자극했다.

    진리와 지식을 재고함으로써 신앙을 해방의 동력으로 바라보게 되었을 뿐만 아니라, 그것을 통해서 구원에 대한 시각도 달라졌다. 19세기는 이 "눈물의 세상"에서의 삶과 영원한 삶, 성스러운 것과 세속적인 것 간의 분열을 유산으로 남겼다. 그렇지만 제2차 바티칸공회는 "타계적"otherworldly 구원에 대한 이해를 제거하고 역사 안에서 통치하는 하나님에 대한 헌신으로 그것을 대체할 수 있는 추진력을 제공했다. 구원은 전인을 수용하는 것이라는 사실을 점차 교회가 의식하게 되면서 하늘과 땅, 물질적인 몸과 부패할 수 없는 영혼 간의 이원성이 모호해졌다.

    따라서 개인의 본성은 선하다는 것, 그리고 초자연적인 것과 자연적인 것의 계급적 범주들은 개인의 본질적인 통합에 별다른 영향을 미치지 못한다는 주장이 제기되었다. 실천보다 묵상, 그리고 평신도보다 성직자를 중시하는 게 의심을 받게 되었다는 사실이 무엇보다 중요하다. 공회 때문에 "평신도 교회"와 "평신도의 시대"라는 표현이 유행하게 되었다.

    이와 관련해서 회심이 점차 강조되었는데, 이것은 가톨릭의 신자가 되거나 "타락한" 뒤에 교회로 돌아오는 것보다는 삶의 철저한 변화, 즉 그리스도를 통한 새로운 삶의 실천을 무엇보다 중시했다는 뜻이다. 성직자나 종교 생활에 힘쓰는 이들만이 아니라 모든 사람들이 지속적으로 회심을 하는 삶을 살도록 부름을 받았다.

    그리고 진리, 지식, 구원, 인간성 그리고 회심에 대한 확장된 이해와 계시에 대한 보다 역동적인 견해가 서로 결합했다. 그것을 설명하려면 교리문답 운동의 흐름을 살피지 않을 수 없다.

3. 교리문답

1) 새로운 계시관의 의의

제2차 바티칸공회의 "계시에 관한 규약"(*Dei veerbum*)은 과거에 교회가 그 주제에 관해서 주장한 내용과는 판이하게 달랐다. 특히 19세기 중반 이후부터 계시는 명제적 진리체로서 신스콜라철학의 범주에 포함되는 것으로 간주되었다. 애버리 덜레스Avery Dulles가 적절히 요약한 것처럼 신스콜라철학의 관점에 의하면, 계시는 성서시대에 "신앙의 축적"deposit of faith이 이루어진 전체적인 과정과 그 계시된 축적이 사도시대 이후에 신자들에게 전달되어진 과정을 의미했다.[27] 따라서 교회가 담당하는 역할은 하나님이 성서와 전통 속에 계시한 진리를 지켜내고 권위 있게 설명하는 일이다. 따라서 종교교육자들이 해야 할 일은 신앙의 진리를 전달하는 것이었다.

이와 달리 제2차 바티칸공회는 개인주의적이며 성서적인 범주들에 한층 더 신세를 진 계시의 개념을 표명했는데, 이는 신앙교육에 적지 않은 영향을 미치는 이해가 달라졌다는 것을 뜻했다. 이 개정된 견해는 "눈에 보이지 않는 하나님(골 1:15, 딤전 1:17 볼 것)이 자신의 넘치는 사랑 때문에 친구처럼 사람들에게 말씀하고(출 33:11, 요 15:14~15 볼 것) 그들 가운데 거하면서(바룩 3:38) 그들을 초대해서 교제한다."는 확신에 근거하고 있었다.[28] 공회의 참석자들은 그리스도 안에서 완성된 하나님의 자기 계시는 거룩한 성서나 거룩한 전통과 불가분 결합된 흐름들의 원천이라고 할 수 있는 하나의 신적 샘으로부터 흘러나온다고 주장했다. 트렌트공회가 주장한 두 개의 기원은 더 이상 설자리가 없어 보였다. 달리 비유를 들자면, 전통과 성서는 "지상의 순례하는 교회가 하나님을 바라보는 거울과 비슷했다."[29]

2) 성서에 대한 새로운 관심

덕분에 새롭게 성서가 관심을 끌게 되었다. 과거에는 성서의 역할이 스콜라철학의 추상적 개념이나 반종교개혁의 논쟁에 가려 있었다(그렇다고 해서 공회가 이것을 명확하게 인정한 것은 아니다). "모든 성실한 그리스도인이 성서에 쉽게 접근할 수 있어야 한다"는 새로운 명령이 하달되었다.30) 사실, 여섯 장으로 구성된 규약Constitutions 가운데 네 장이 성서에 초점을 맞추고 있었는데, 그것은 성서와 계시의 새로운 결속을 생생하게 반영했다. 그렇지만 획기적인 구분이 시도되었다. 성서는 계시를 포함할 수는 있지만, 그 자체가 계시와 동일시될 수는 없다. 하나님의 말씀은 언제나 인간의 언어로 표현되지 않을 수 없기 때문에 역사적 맥락, 문학양식, 그리고 문화의 영향을 인정해야 한다. 게다가 성서가 계속해서 숨을 쉬고 있는 교회의 살아 있는 전통 역시 고려해야 한다. 따라서 제2차 바티칸공회는 성서가 신앙공동체 안에서 해석되어야 하며, 단순히 사적 계시를 정당화하는데 활용되어서는 안 된다고 제안했다.

물론 공회의 계시 신학이 진공상태에서 등장한 것은 아니었다. 사실 그것은 새로운 토마스철학(저명한 칼 라너Karl Rahner의 스승인 조제프 마레샬Joseph Marechal과 주로 관계가 있는 초월적 토마스철학 trnscendental Thomism이라는 이름이 붙은)과 소위 케리그마신학을 비롯한 유럽신학이 아주 활발하게 논의를 진행하는 가운데 발전하게 되었다. 지금부터는 **교리문답**catechetics이 등장하는데 모체가 된 이 케리그마 신학운동을 논의하고자 한다.

3) 케리그마 운동

초대교회의 생활에 대한 새로운 관심이 케리그마신학의 체계화에 기여했고, 현대 세계에서 하나님의 말씀을 선포하는 게 어떤 의미가 있는지에 대한 커다란 관심 덕분에 교리문답의 발전이 가능했다.

케리그마신학의 경우에는 특히 요셉 융크만(1889~1975)의 업적이 중요하다. 교리문답의 발전에는 국제교리문답연구주간International Catechetical Study Weeks(1959~1968)의 공헌과 요하네스 호핑거, 피에르-앙드레 리에주Piere-André Liègè, 아말로르파바다스D. S. Amalorpavadass, 그리고 드링크워터F. H. Drinkwater 같은 대표자들의 업적이 인정을 받고 있다. 그렇지만 그 두 가지 운동은 "예전은 교회의 활동이 지향하는 정상이며, 동시에 모든 능력이 흘러나오는 샘"이라는 한 가지 확신에서 비롯되었다. 제2차 바티칸공회의 "거룩한 예전에 관한 규약"(Sacrosanctum concilium)에 포함된 이 진술은 두 가지 운동과 그 핵심적인 인물들에게서 상당한 영향을 받았다.[31]

융크만은 아주 탁월한 예전론자liturgist였다. 1948년에 처녀 출판된 미사의 역사를 다룬 그의 저서는 지금도 고전적인 작품이며, "케리그마신학"kerygmatic theology이라는 이름을 갖게 된 간접적인 이유가 된다. 그는 초대교회의 예배를 연구하다가 무엇 때문에 현대 교회가 무력해지는지에 관심을 갖게 되었다. 융크만은 성서의 생생하고, 선포적인 언어와의 만남을 통해서 추상적인 스콜라신학과 거리를 두게 되었다. 신약성서를 그리스도 중심적으로 인식하게 된 그는 여러 세기에 걸쳐서 발전해온 무수한 예배 형식들을 확신할 수 없었다. 한 마디로 융크만은 예전 연구에 집중함으로써 교회가 그 근원에 얼마나 충실한지 조사하는 일에 착수하게 된 것이다. 교회가 정설의 명제적 개념에 집중하고 있다면, 그것은 진정한 영광을 누리게 하는 정신을 상실한 것이었다.

1936년에 융크만은 근본으로 돌아갈 필요가 있다고 주장했다.[32] 이것은 무엇보다 성서의 언어와 범주에 새롭게 관심을 갖는다는 뜻이었다. 그는 설교와 교수가 그리스도를 통한 구원의 "복음"을 한층 더 명확하게 구현해야 한다는 것과 하나님의 계획이 갖고 있는 통일성을 분명하게 드러낼 필요가 있다고 믿었다. 따라서 그는 "구속사"(Heilsgeschichte)를 핵심 주제로 삼아서 제안했다. 역사를 통한 하나님의 진보적인 계시는 구약성서에 예기되었고, 신약성서에서는 그리스도를 통해서 성취되었으며, 교회 안에서 지속되고 있다. 이 주제를 늘 강조하다 보면 적당한 진리의 위계가 드러날 것이다. 그리스도는 교회의 모든 생명이 흘러나오는 중심이 될 것이다. 구원의 역사는 "변함없는 배경을 제공하고 인생의 단계에서 겪게 되는 여러 가지 문제와 갈등에 필요한 틀을 형성했다."33)

융크만도 이런 주제를 통해서 교회가 보다 정적인 스콜라철학 때문에 상실했던 활력을 되찾게 될 것이라고 믿었다. 융크만의 견해에 따르면, 추론과 추상적 개념에 집중한 신스콜라철학은 우연찮게 하나님의 확실한 계획을 감추고 말았다. 따라서 신학은 세상에서 움직이는 하나님의 구원을 선포하는 케리그마에 근거할 필요가 있었다. 그가 나중에 밝힌 것처럼, 케리그마신학은 독립적인 신학의 영역이 아니라 신학이 본래 가지고 있는 선포적 특성을 인정하는 것이었다.

융크만의 작업을 못마땅하게 생각한 전통주의자들은 1936년에 출판된 저서의 배포와 번역을 막아버렸다. 1962년까지 영어 번역본이 출판되지 못했다. 이런 어려움에도 불구하고 융크만의 사상은 폭넓게 수용되었고, 다수의 사람들에게 열렬한 지지를 받았다. 이것은 그의 오스트리아 출신 동료 요하네스 호핑거가 중국, 필리핀, 오스트레일리아 그리고 미국을 부지런히 여행하면서 가르친 영향이 컸다. 호핑거의 논문, 그리고 다른 종교교육학자들과 함께 집필하기도 했던 저서들이 융크만의 기초적인 주제들을 발표하고 확산시켰다. 융크만과 호핑거의 전통은 제2차 바티칸공회 이전의 갱신을 주도한 한 가지 핵심적인 요소로 작용했고, 간단히 "케리그마운동"kerymatic movement이라고 종종 불리기도 했었다. 그것은 근본으로 돌아갈 필요성을 절실히 느끼도록 만들었으며 예전적 삶과 성서적 학문을 예리하게 구분할 수 있게 했다. 1943년에 발표된 두 가지의 회칙들(*Mystici corporis*와 *Divino afflante spiritu*)도 각각 이 기본적인 구분을 지지했다. 이와 같은 각성은 "복음 선포"에 대한 강력한 관심으로 역시 표출되었다. 이 때문에 신앙교육을 **교리문답**이라는 이름으로 부르게 되었고, 또 공회 이전이나 이후에 극적으로 발전한 예전과 성서의 갱신-전반적으로 유럽식 특징을 지닌-의 핵심으로 간주하지 않을 수 없었다.

4) 교리문답과 교리문답서

여기서 동일한 어원(*katechein*, 반향하다)을 지닌 "교리문답" catechetics과 "교리문답서"catechism를 구분할 필요가 있다. 역설적이지만, 전자의 시대가 도래한 이후로 후자가 소멸하거나 중요성이 감소했다. 교리문답서-항상 질문과 응답으로 표현되는 신앙교범-는 구전에서 문서를 통한 교육으로의 전환을 반영했고, 그 덕분에 1438년에 인쇄기가 도래하면서 정점에 도달했다. 그것을 보급하는데 핵심적인 역할을 한 인물이 바로 마틴 루터였는데, 그가 1529년에 발행한 소교리문답과 대교리문답이 상당한 영향력을 발휘했다. 이어서 트렌트공회(1545~1563)는 물론이고 페트루스 카니시우스Peter Canisius와 로베르토 벨라르미노Robert Bellarmine로 대표되는 반종교개혁자들이 루터를 반박하고 가톨릭을 바로잡기 위해서 교리문답서를 집필했다.

미국에서는 「볼티모어 교리문답서」*Boltimore Catechism*라는 교리문답서가 광범위하게 사용되었는데, 제3차 볼티모어 총회의 결정을 따른 것이라서 그런 이름을 얻게 되었다. 1885년에 처음 출판되고 이어서 1941년에 개정된 「볼티모어 교리문답서」이외에도 수많은 교리문답서들이 존재했지만, 신앙을 교육하는 데는 그것을 능가하지 못했다. 그것은 신학적 질문에 준비된 답변을 제공하는 질의응답 형식(초판은 421개의 질문과 대답을 담고 있었고 개정판은 515개였다.)으로 가톨릭 신자들을 훈련했다. 게다가 제1차 바티칸공회(1869)의 결과물이었던 그 교리문답서는 공회의 불분명한 교회론을 단순한 범주들로 번역해서 신앙의 내용 대부분을 암기하기에 적당한 형식으로 분해했다.34) 물론 학습자들이 정확한 대답을 "알고 있는지"의 여부-설명할 수 없다면, 암송할 수 있는지-를 확인하는 데는 효과적이었다. 그렇지만 신학적 이해가 발달하고 교육학자들이 심리학의 성과를 활용하면서—대부분의 내용이 다양한 연령 세대를 적절하게 포괄하지 못했다—교리문답서는 점차 활용되지 않았다(1970년에 250,000부가 판매되었지만). 반면에 **교리문답**은 "복음의 전령"이 되는 게 무엇을 뜻하는지 고려하는 것에서 유래한 신앙교육의 구전적 특성을 새삼 강조했다. 케리그마식 갱신은 결국에 교리문답서의 부적절성을 한층 더 부각시키는 계기가 되었다.

융크만이 **교리문답**의 기본적인 지형을 구축하는데 상당한 영향을 행사하기도 했지만 독특한 관심사와 내용은 다양한 기관이나 인물들에 의해서 형태를 갖추게 되었다. 처음에는 국제교리문답연구주간 International Catechetical Study Weeks에 유럽 선교사들이 참여하면서 한층 더 세계적인 관점을 확보하게 되었다. 본래부터 구속사 언어와 긴밀하게 결합된 **교리문답**은 "역사의 구속"과 관련된 보다 더 정치적인 언어를 점차 수용하게 되었다. 일단 성서학과 밀접한 관계를 유지하게 되었지만, 성서학이 더욱 전문화되면서 **교리문답**은 그 분과의 방법과 통찰을 통합하기가 쉽지 않았다. 그렇지만 성서를 위한 독특한 핵심적 역할은 지속되었다. 출발부터 예전의 갱신에 뿌리를 둔 **교리문답**은 카테쿠메나테catechumenate의 복원을 통해서 예전과의 결속을 강화했다. 그렇게 해서 **교리문답**은 공회 이후에 수많은 변화를 거쳤다. 이것을 일별함으로써 기초적인 질문들을 검토할 수 있는 연대기적 구조를 확보할 수 있다.

5) 교리문답 운동의 국면들

다음에 소개하는 변화들을 너무 쉽게 특정 국면들로 간주해서는 안 된다는 경고를 해 둘 필요가 있다. 그럼에도 불구하고 초기 케리그마 운동이 1960년 아이흐쉬테트Eichstätt(오스트리아)에서 열린 국제교리문답연구주간에서 극명하게 표명되었듯이 "모두를 수용하는 하나님의 구원 계획"을 강조한 것과 얼마 뒤에 구원의 메시지를 특정 문화 및 하부 문화에 적응시키는 일에 더 큰 관심을 갖고서 개최된 연구주간-1962년의 방콕, 1964년의 카티곤도(우간다), 그리고 1967년의 마닐라-사이에는 다소의 차이점을 확인할 수 있다. 반드시 짚고 넘어갈 필요가 있는 아이흐쉬테트 연구주간은 "사람들의 삶과 사상"에 대한 적응을 명시적으로 거론했지만,35) 나중에 열린 대회들은 이것을 한층 더 광범위하게 토론하고 발전시켰다. 게다가 조제프 콜롱브Joseph Colomb, 피에르 바뱅Pierre Babin, 마르크 오헤송Marc Oraison, 그리고 마르셀 반 카스터Marcel van Caster를 비롯한 프랑스 교리문답 이론가들의 "학파"는 심리학적 통찰을 자신들의 연구와 통합했다. 벨기에의 루멘 비타이Lumen Vitae 교리문답학교(1937년에 교리문답문헌센터로 설립된)에서는 상당수의 지도자들이 가르쳤고, 학술지를 자주 출판해서 심리학적 연구를 끌어들이도록 자극하기도 했다.

1968년 이전의 국제교리문답연구주간과 1968년에 개최된 메델린(컬럼비아) 회기 중간에도 계속해서 중대한 변화가 진행된 것으로 보인다. 메델린의 참석자들은 하나님이 준비한 계획의 통일성-케리그마운동의 기본 원칙-은 다음의 주제를 이분법적으로 간주하지 않는다고 결론을 내렸다.

> 인간의 가치와 하나님과의 관계, 사람의 계획과 그리스도 안에 나타난 하나님의 구원의 계획, 인간 사회와 교회, 인간의 경험과 하나님의 계시, 그리고 우리 시대 기독교의 점진적 성장과 종말론적 성취.36)

여기에는 복음 선포가 라틴 아메리카의 경우처럼 특히 경제적인 어려움을 겪고 있는 이들의 생활방식에 특정한 의미들을 수반한다는 인식이 반영되어 있었다. 이 "메델린의 전환"Medellin shift(국제교리문답연구주간이 개최된 그 다음 주에 메델린에서 회합을 가진 제2차 라틴 아메리카 주교 회의의 문헌을 포함해서)은 **교리문답**의 의미를 받아들이는 시각이 현저히 발전했다는 것을 뜻했다. 마이클 워렌Michael Warren은 이렇게 주장한다. "현대 교리문답에서 비약적인 도약이 있었다면, 내용에서 사람으로 바뀐 게 아니라 교리문답과 정치적 실재의 관계에 대한 인식은 물론 사랑스런 공동체가 사회 및 정치 구조 내부의 제도적 악에 관심을 가져야 한다는 생각으로 전환한 것이었다."37)

1971년 주교회의에서 발표한 "세계의 정의"라는 문서는 메델린의 결론을 확인했고 현대 교리문답을 재고하는데 필요한 일차 자료 가운데 하나가 되었다. 자주 인용되는 논문에서 그 취지를 확인할 수 있다.

> 우리는 정의를 위한 행동과 세계의 변혁을 위한 참여를 복음 전파 혹은, 달리 말해서, 인류의 구속과 모든 억압적 상황으로부터의 해방을 위한 교회의 사명이라는 본질적 차원으로 간주한다.38)

교회의 본유적인 정치적 특성을 거론하는 이 진술 – 교령 *Lamentabili*과 대조할 경우에 현저하게 드러나는 – 은 한층 성숙한 복음전도의 개념에 신학적 근거를 두고 있다. 사실, 1950년대와 1960년대에 복음전도에 새롭게 관심을 갖게 됨으로써 **교리문답**의 새로운 차원이 부각되었고, 이번에는 이런 재고를 통해서 교회가 세상에서 담당하는 보다 폭넓은 역할을 인식하게 되었다.

6) 교리문답과 복음전도

복음전도evangelization를 재고하게 만든 이들 가운데는 프랑스 신학자 피에르-앙드레 리에주가 있다. 그는 복음전도와 **카테케시스**를 동시에 수용해서 확대시킨 "말씀의 사역"Ministry of the Word이라는 개념을 빌어서 상당한 영향력을 발휘했다. 리에주는 복음전도를 "개인이 회심하고 세례를 받아서 교회에 입문하도록 이끄는 성령의 능력을 빌어 자신의 나라를 세우려고 그리스도로써 찾아온 하나님을 알리는 복음과의 충돌"로 간주했다.39) 달리 말하자면, 리에주에게 있어서 복음전도란 개인에 대한 하나님의 부름을 인식하고 응답할 때 가능해지는 삶의 변화, 즉 회심으로서의 신앙으로 이끄는 "원초적인 말씀"을 수반했다. 이때 케리그마는 신앙에 도달하는 과정에서 교리적인 문제에 압도되지 않도록 아주 분명하게 제시해야 한다. 그렇지만 리에주 역시 공동체의 지혜가 신앙을 강화시키는 두 번째 운동을 알고 있었다. 그는 이것을 "**카테케시스**"라고 불렀다. **카테케시스**는 "기독교적 신비의 통일성으로 계시–전통에 관한 전체 내용을 제시한다."[40] 그는 **카테케시스**를 복음전도의 연속이며, 서로 긴밀하게 결합되어 있다고 생각했는데, 이는 그것이 개인으로 하여금 늘 회심의 초기 행위로 돌아가게 만들기 때문이다. **카테케시스**는 기독교를 유기적인 통일체로 제시하는 기능을 하기 때문에 종합적이고, 사람들에게 전달되기 때문에 공공적이며, 또 "구분할 수 없을 정도로 교리적, 도덕적 그리고 예전적"이었다.[41] 따라서 기독교적 신비의 차원을 설명하거나 그 이상으로 의미를 부여해서 소개하는 일은 교리문답자의 책임이었다.

복음전도의 의미는 줄곧 확대되었지만 리에주는 공회 이후에 집필한 문헌에서도 여전히 복음전도와 **카테케시스**를 구분했다. 1974년에 같은 주제로 세계주교회의가 개최된 뒤에 1975년에 출판된 복음전도에 관한 사도적 권고(*Evangelii nuntiandi*)는 복음전도의 의미를 네 가지로 제시했다. 만인에게 복음의 전달, 변혁과 갱신의 과정, 비그리스도인이 대상이 되는 최초의 선포, 그리고 복음을 소개하는 모든 언어와 행위. 복음전도에는 동시적이며 주기적인 두 가지 순간들이 포함되는데, 복음의 선포와 이 구원 소식의 실천이다. 따라서 복음전도는 선언의 수준을 넘어서서 물질적 억압과 개인적 이기심으로부터의 해방과 연계된 것으로 간주하는 게 중요하다. 복음전도는 생활 전도, 말씀의 예전, 매스미디어, 성례전, "생활 설교," **카테케시스**, 개인적 접촉 그리고 일상적 경건처럼 다양한 방법을 활용할 수 있다.

따라서 일반적 수준에서 말하면, 개인이 일차적으로 복음에 충실한 삶을 준비해서 적응하려는 시도는 "복음전도"의 범주에 포함될 수 있다. **카테케시스**는 보다 구체적인 국면, 즉 교육으로써 신앙을 활성화해서 초보적인 신앙을 성숙케 하려는 의도를 가진 시도이다.

7) 교리문답의 정의

1971년 로마에서 발행된 문서인 「공동 교리문답 지침」*General Catechetical Directory*은 "카테케시스"를 "신앙 공동체와 거기에 속한 개인들을 성숙한 신앙으로 안내하는 교회의 행동 양식"으로 정의했다.[42] 「지침」은 **카테케시스**가 담당한 기능을 다음처럼 규정한다(숫자는 각 단락을 가리킨다).

> 개인들이 성령의 행위를 본받게 하고 회심을 강화시킨다(#22).
> 실재하는 하나님과 교제를 하도록 돕는다(#23).
> 지고의 가치를 지닌 인간의 삶을 안전하게 보존하는 방식으로 기독교의 메시지를 소개한다(#23).
> 신학적 관용이 증가하도록 촉진하고 계발한다(#23).
> 신자에게 성서의 독서와 전통의 학습을 준비시킴으로써 하나님의 계획에 관한 전체 진리를 점진적으로 파악하도록 돕는다(#24).
> 능동적으로, 의식적으로, 그리고 순수하게 예전에 참여하도록 격려한다(#25).
> 신자가 인간적 사건을 기독교적으로 해석하도록 가르친다(#26).
> 에큐메니칼 대화를 후원한다(#27).
> 각각의 공동체가 복음을 전파하고 비그리스도인들과 대화를 시작하도록 돕는다(#28).
> 장차 누릴 "하늘의 예루살렘"의 즐거움을 기대하도록 지도하고 또 "인간 사회가 발전할 수 있도록 이웃과 인류를 위한 사역에 기꺼이 협력할 수 있게" 촉구한다(#29).
> 평생 지속되는 신앙에 입문해서 성장하도록 도움을 제공한다(#30).

카테케시스의 영역이 지나치게 광범위하게 정의된 게 사실이었다. 1971년 로마에서 개최된 국제교리문답회의International Catechetical Congress에서 인도 출신 아말로르파바다스는 「지침」의 개요 가운데 일부를 구체화했다. 아말로르파바다스는 회심자와 세례자의 신앙 교육을 **카테케시스**의 목적으로 간주했다. 그것은 "신앙의 각성, 조성 및 발달은 물론이고 처음의 회심이 보다 더 개인적이며 실제적이 될 수 있도록 갱신하고, 심화하고, 완벽하게 수행하는 것을 목적으로 삼고 있다."[43] 아울러서 그는 이 평생에 걸친 신앙 교육과 그에 따른 삶의 변화가 아주 구체적인 시사점을 제기한다고 주장했다.

> 그것은 새로운 세계관을 제시하고, 상이한 가치 체계를 설정하고, 태도를 변화시키고, 전인을 형성하고, 자유를 교육하고, 기독교적 성숙을 지향하도록 안내하고, 개인을 교회공동체의 일원이 되게 하고, 그리고 그 개인이 사회적 과제와 인간에게 필요한 발달을 시도하도록 이끌어야 한다.[44]

리에주 그리고 특히 아말로르파바다스의 작업은 카테케시스와 삶의 회심이 서로 밀접한 관계에 있다는 것을 시사한다. 실제로, 회심의 중요성은 **교리문답(카테케시스)**을 요약하기 위해서는 기본적인 질문들을 활용하는 게 적절하다는 것을 보여준다.

8) 교리문답: 요약

교리문답을 요약하려면 발전 과정에서 중대한 역할을 담당한 계시의 신학에서 출발하는 게 바람직하다. 유럽의 사상적 동요는 결국 제2차 바티칸공회의 문서에 반영되었는데, 그 중에서도 특히 "거룩한 예전에 관한 규약"은 **교리문답**이 형태를 갖추도록 상당한 영향력을 발휘했다. 가톨릭교회가 성서 연구를 수용하고, 성서와 전통의 통일성을 인식하도록 만든 새로운 열정 때문에 **교리문답**은 성서에 기초하지 않을 수 없었다. **교리문답**을 일종의 말씀 사역으로 간주하는 것 역시 성서와 **교리문답**의 긴밀한 관계를 가리킨다. 게다가 **교리문답**을 말씀의 사역으로 지칭하게 되면 **교리문답**의 가장 중요한 특징 가운데 하나라고 할 수 있는 예전적 생활과의 본유적인 연결고리를 검증하는 것이다.

사실 새로 발표된 공식 문서 「신앙의 빛 나누기: 미국 가톨릭 신자를 위한 전국 교리문답 지침」*Sharing the Light of Faith: National Catechetical Directory for Catholics of the United States*(1979)을 통해서 케리그마 갱신운동이 시작된 이후로 **교리문답**은 예전적으로 근거를 확보했다. 이것은 분명히 융크만의 대표적인 기여 가운데 하나이고, 나중에 학자들이 그의 지침을 따랐다. 갱신운동은 처음부터 존 듀이의 전통을 수용해서 예전을 "실천을 통한 학습"으로 인식했다.[45] 예전은 단순한 정보전달을 넘어선 인식의 한 가지 형식과 관계가 있다. 1960년에 발표된 아이흐쉬테트 원리의 설계자는 이렇게 소개한다.

> **예전**은 기독교적 신비를 참여자의 마음에 전달하는 것 이상을 수행한다. 그것은 직관적 과정, 활동, 경험을 통한 교수, 가치의 분배라는 건전한 교육학적 원리를 구사한다. 그것은 인격 전체, 감수성, 지성 그리고 의지에 호소한다. 그것은 전체적 삶에 그리스도의 영이 배어들게 하는 도구이다.[46]

초기의 논문도 다음과 같은 방식으로 설명했다.

> 예전은 추상적인 개념이 아니라, 지적이며 간구하는 형식으로 기독교 교리를 제시한다. 그것은 기도하고 신앙을 실천하는 방법을 가르친다. 그것은 전인에게 스스로를 분명히 제시한다. 기독교적 신앙의 합리적 요소, 즉 기독교 교리를 아주 정당하게 처리하면서도, 그럼에도 불구하고 종교적 지성주의는 기본적으로 반대한다. 그것은 오감에 신앙의 자양분을 제공하기도 하는데, 실제로 그것은 시각적 요소들로 출발해서 가시적 기호와 상징을 빌어 비가시적 내용과 신비로

안내한다.47)

예전학자 에이던 캐버너그Aidan Kavanagh의 결론처럼 예전은 "구체적이고, 풍요롭고, 모호하고, 기초적으로" 가르친다.48) 예전을 활용하는 이런 방식의 교수teaching는 사실 회심에 대한 이해와 밀접한 관계가 있다. 캐버너그 자신은 보편적으로 수용하거나 활용되지 않음에도 불구하고 회심과 **교리문답**catechetics/catechesis을 조명하는 몇 가지 특징들을 제시했다. 캐버너그는 서로 맞물린 세 가지 과정, 즉 "회심요법"(catechesis), 교훈적 가르침(catechetics), 그리고 예전적인 말씀의 선포(homiletics)를 따로 구분하면서 회심이 나머지 것들의 기초가 되어야 한다고 주장했다. 그가 **카테케시스**를 "회심요법"으로 간주하는 게 특히 흥미롭다. 그것이 카테쿠메나테catechumenate(세례준비기간)와 연결되어 있기 때문이다. 캐버너그는 카테쿠메나테를 이렇게 소개한다.

> 카테쿠메나테는 CCD 같은 교육프로그램보다는 알콜중독자모임(Alcoholics Anonymous)이나 특정한 사회적 역할의 개선과 관련된 성격의 변화를 취급하는 기타 유형의 모임에 더 가깝다. 카테쿠메나테의 목적은 교실에서처럼 가르치는 게 아니라, 신앙을 갖고 생활함에 따라서 요구되는 바를 앞뒤 안 가리고 충분히 공유할 정도로 성숙의 첫 순간에 도달할 때까지 성격과 관련된 일련의 요구를 자극하는 것이다. 카테쿠메나테는 초기의 신앙이 교회적으로 명확해지지 않을 수 없게 만드는 지점이다.49)

캐버너그의 논지는 회심의 중요성을 지적하는 것은 물론, 회심의 반문화적 성격까지 함께 거론하고 있다. 회심은 개인의 가치를 재배열한다. 그것의 그리스도 중심적 성격은 개인이 방향을 다시 설정하는데 있어서 예수의 언행을 기초로 삼는다는 뜻이다. 게다가 교리문답은 회심을 심화해야 하기 때문에 사회의 영역에서 하나님의 방식을 식별하려는 노력을 확대해서 사람들로 하여금 교회의 예언자적 사명에 참여할 수 있도록 해야 한다.

여기에는 교회와 문화의 모호한 관계에 대한 이해가 함축되어 있다. 세속 문화를 정죄한 세기의 전환기 문서들과 달리 제2차 바티칸 공회의 문서들은 모든 피조물을 선한 것으로 간주했다. 하지만 동일한 문서와 더불어서 교황 바오로 6세의 1967년 회칙(Populorum progressio)이나 "세계의 정의" 회의와 같은 일련 후속 문서를 빌어서 교회는 죄에 물든 사회구조가 만연하고 있음을 인정했다. 리처드 니버의 범주에 따르면 사회 변화를 가능하게 하는 기초 구실을 하는 신앙에 가치를 부여하는 변혁적(transformist) 입장이 등장해야 할 것 같았다. 교리문답의 출현은 세계 안에서 교회가 담당하는 역할을 보다 더 복잡하게 바라보게 되었다는 것을 뜻했다.

신앙과 신념belief 간의 관계 역시 **교리문답**이 본래부터 긴장을 유지하고 있는 부분이다. 과거에는 신앙을 주지주의적 용어를 빌어서 명제적 진리의 본체를 암시하는 영혼의 조명으로 간주하기도 했지만 지금은 한층 더 실존적 성격을 갖게 되었다. 신앙은 종종 전인을 강조하거나 성숙의 과정과 결합된 것으로 거론되었다. 교리문답 사역은 "교육의 빛으로 개인의 '신앙이 생생하고, 의식적이고, 또 활동적이 되도록' 만드는" 것을 목적으로 삼았다.[50] 하지만 "개인이 신뢰하는 신앙," 즉 언행으로 표현하는 신앙 역시 존재했다. "신자들의 공동체가 성장함에 따라서 신앙은 신조, 교리, 그리고 도덕 원칙과 교훈의 형식으로 표현된다."[51] 따라서 교리문답 사역자는 공동체가 고백한 신앙의 의미가 깊어지는 만큼 신앙이 성숙하도록 사람들에게 요구하는 일을 불가피하게 담당하는데, 이 일 때문에 교회의 공식적인 교훈에 보다 더 주목하도록 요구하는 세력과 개인적인 신앙생활을 촉진하는 과정에서 교리에 별다른 관심을 갖지 않는 이들 간의 현저한 긴장을 실제로 여러 차례 겪을 수 있다. 이런 차이를 가장 생생하게 보여주는 사례로는 가톨릭신앙연대Catholics United for the Faith로 알려진 모임이 있는데, 주류 교리문답 이론에 대한 그들의 거친 비판은 여러 차례 심각한 갈등을 야기했다. 미네소타의 세인트폴에서 발행되는 일간지 『원더러』The Wanderer는 신앙과 신념의 관계를 예리하게 판단하는 문제를 요란스럽게 소개한다.

이런 심각한 불화에도 불구하고 모든 모임은 교리문답 이론에서 신앙이 차지하는 비중을 인정하곤 했는데, 신학적 전제가 달라도 사정은 마찬가지였다. 사실상 가톨릭신앙연대 같은 비평가들은 시기상으로 제2차 바티칸공회를 앞서고, 또 이 장의 서두에서 소개한 **가톨릭교육**의 이론에 기초를 제공한 신학 및 철학적 확신을 반영하고 있는 것처럼 보인다. 그렇지만 이 연구에서 특히 중요한 것은 교리문답 학자들이 한결같이 신학에 큰 의미를 부여한 것인데, 교리문답이 신학을 지나치게 강조하고 교육에는 무관심하다는 이유로 상당수의 주도적인 학자들이 교리문답 "학파"에 관여하지 않는 것을 고려하면 특히 그렇다. 그들의 비판은 6장과 7장에서 다룰 예정이며, 지금은 적어도 교리문답의 신학적 이해와 범주들이 지나치게 중시되고 있고 그 때문에 교육적 연구가 과소평가되고 있다는 것 정도만 지적해둔다.

교리문답이 지나치게 학교식 모형과 결합된 것처럼 보이고, 그래서 과도하게 인지적인 목표를 추구하게 될 것을 염려해서 교육과정이나 교수 등과 같은 교육 언어가 다소 불편하다고 말하는 사람들이 있을 수 있다. 로버트 헤이터Robert Hater와 마이클 워렌Michael Warren 같은 학자들은 "종교교육"의 언어는 학교의 학습 모형과 아주 밀접한 관계를 맺고 있기 때문에 신앙을 심화하는 과정에는 정당하지 않고 **교리문답/카테케시스**의 언어와 달리 회심의 경험에는 부적합하다고 주장했다.[52] 이런 주장들은 적어도 교리문답 이론이 일반적으로 교육과정과 교수 문제에 별다른 관심을 기울이지 않는다는 사실에 대한 일부 이유가 된다.

사회과학의 역할과 의미에 대한 질문이 **교리문답**의 중요한 주제로 점차 부각되었다. "신앙 성숙"과 같은 표현을 구사하는 것은 발달심리학을 적극적으로 수용한다는 뜻인데, 그 분야는 처음에 프랑스의 교리문답 학파가 중시했고 에릭 에릭슨, 로렌스 콜벅 그리고 제임스 파울러의 단계 이론들이 등장한 이후로 계속해서 중요한 역할을 수행하고 있다. 「신앙의 빛 나누기」*Sharing the Light of Faith*는 이 주제를 8장에서 명확하게 거론한다.

> 신앙생활은 인간의 발달과 관계가 있기 때문에, 단계 혹은 수준을 거치게 된다. 게다가, 사람들은 저마다 상이한 신앙과 관련된 상이한 수준의 측면들을 소유하고 있다. 가령, 하나님의 말씀을 수용하는 포괄성과 강도, 그것을 설명할 수 있는 능력, 그리고 생활에 응용할 수 있는 능력을 고려하면 이것은 사실이다. 카테케시스는 인간의 발달 단계를 돕고 궁극적으로는 예수와 안전히 하나가 되도록 이끄는 것이다.
> 교회는 생물학, 사회학 그리고 심리학을 목회에 활용하는 것을 격려한다.…교리문답 담당자들의 교범은 심리학 및 교육학적 통찰들은 물론이고 방법론적 제안들까지 고려해야 한다.…
> 그렇지만 이런 과학들은 하나님의 은총에 대해 사람들이 신앙으로 응답하는 능력이 어떻게 성장하는지 이해하도록 돕는다. 따라서 그것들은 카테케시스에 상당한 공헌을 할 수 있다. 동시에, 교리문답 담당자들은 이런 과학을 무비판적으로 활용하면 안 된다. 부단히 새로운 발견이 이루어짐에 따라 낡은 이론들이 이따금씩 수정되거나 경우에 따라서는 폐기되기 때문이다.[53]

적어도 미국에서의 신앙교육에 영향을 미치는 일부 문화 및 종교적 특성을 서술하고 있는 「신앙의 빛 나누기」 첫 장에 따르면, 사회학 역시 교리문답 이론에 적합하다. 이 학문은 가톨릭 학교와 청소년 및 어린이의 신앙에 대한 실증적 연구를 주요 자료로 활용했다.[54]

그렇지만 교리문답 이론은 비판적 교회론에 대한 어떤 의식을 결여하고 있는 것처럼 보이는데, 이것이 바로 교육을 정치행위로 간주하는 단서가 된다. 현대 **교리문답**은 신앙공동체로 사회화되는 과정만 중시하는 것 같다. 나까지 포함해서 비평가들은 교리문답 이론이 신앙교육을 의미한다고 전체적으로 간주하기에는 그 기초가 적절하지 않다고 지적한다. **교리문답**은 특수한 전통 안에서 신앙에 도달하려는 정서적, 경험적 행위를 강조하지만, 종교교육 전체를 수용할 만큼 포괄적이지는 않다.

  기초적인 질문들을 검토하면 **가톨릭교육-교리문답**이라는 고전적 표현이 초래한 다양한 발전들을 생생하게 접하게 된다. 그것은 앞에서 이미 검토한 **복음주의, 종교교육** 그리고 **기독교교육**이라는 세 가지 고전적 표현들과 다르지 않다. 이제 우리는 네 가지 고전적 표현들이 현대적 상황에서 어떻게 변경되었는지 확인하게 된다.

표5 가톨릭교육-교리문답

기초적 질문들	고전적 표현: **가톨릭교육-교리문답**
계시	· 하나님은 교회의 생활 속에 계시되었다. · 계시는 교도권에 따라서 해석된다. · 교회의 예전 생활과 결합되었다. · 하나님의 신비를 파악하는 것. · **계시는 보다 개별적이고 성서적인 범주로 표현되었다.**
회심	· 가톨릭 신자가 되거나 "타락하고" 나서 교회로 돌아오는 것. · 개인의 생활의 철저한 변화, 그리스도 안에서 새로운 삶에 헌신하는 것. · 사람들에게 복음을 전하는 것은 그들의 가치를 재배열하도록 요구하는 것이고, 그들에게 교리문답을 가르치는 것은 그들의 회심을 심화시키는 것이다. · 카테케시스는 "회심요법"이다.
신앙과 신념	· 신앙은 신자들로 하여금 교회의 신조에 표현된 신적 진리에 동의하도록 만들었다. · 신앙은 보다 실존적 용어로 이해되었다. · 신앙은 개인의 성숙 과정과 결합되었다.
신학	· 생각하는 생활은 중요하고, 따라서 철학과 신학도 중요하다. · 다수의 가톨릭신자들은 일차적으로 교리문답서를 통해서 교육을 받았다. · 교리를 강조했다. · 변증적 성향이 있었다. · 케리그마, 즉 세상에서 역사하는 하나님의 구원 선포에 근거한 것처럼 보였다. · 신앙 공동체 안에서 역사적으로 해석된 성서가 보다 중시되었다.

신앙과 문화	· 초자연인 것과 자연적인 것을 서로 구분했다. · 근대성은 의심한다. · 창조 질서의 선성을 인식. · **교회와 세계 간의 결속을 긍정.** · **문화 양식이 교리와 예전을 형성하는 방식의 인식.** · **체제 악의 파악.**
교육의 목표	· 전인의 형성. · 모든 생활에 하나님의 은총 파급. · 개인으로서나 사회의 일원으로서 한 사람의 완벽한 변형 성취. · **초보 신앙의 성숙을 위해서 교육을 통한 신앙의 활성화.** · **개인의 새로운 회심과 심화.**
지식	· 명제적 형식으로 표현된 진리에 대한 동의. · **정설을 정행으로 보완.**
사회과학	· 사회과학을 포함시키는 것의 적절성 유보, 경험의 강조는 불신한다. · **사회과학을 비판적으로 평가하면서도 활용을 격려했다.** · **발달심리학의 수용.**
교육과정과 교수	· 교수는 본질적으로 전달하는 방식으로 신앙의 진리를 전한다. · 교육과정은 주로 교리문답서를 통해 형성되었다. · 교육과정은 성례전 생활, 즉 탁월한 교사인 예전 때문에 풍성하다. · 분리된 교육제도가 나름의 정체성을 부여했다. · **교수를 "복음" 선포로 간주했다.** · **교수를 대화에 참여하는 것으로 간주했다.** · **교육과정은 인간의 경험을 포함하기 위해서 확장되었다.**
교육의 정치적 측면	· 가톨릭 철학의 사회적 성향이 민주주의의 교육을 촉진시켰다. · **복음화를 물질적 억압과 개인의 이기심 모두로부터 해방을 포함하는 것으로 간주되었다.** · **"정의와 세계 변혁을 위한 참여를 위한 행동"을 복음 선포의 일부로 간주했다.**

★제2차 바티칸공회(1962~1965)와 관련된 발전들은 굵은 글씨체로 처리했다.

주

1) Fayette Breaux Veverka, "Defining a Catholic Approach to Education in the United States, 1920-1950," (paper presented to the Association of Professors and Researchers in Religious Education, Anah im, CA., 19 November 1983).
2) 상호 관련된 이 용어들을 명확히 하려면 이 장의 참고문헌을 볼 것.
3) Walter M. Abbott, ed., *The Documents of Vatican* II (New York: Guild, America and Association Presses, 1966), 639.
4) Neil G. McCluskey, *Catholic Viewpoint on Education*(Garden City, NY: Doubleday, 1959), 79.
5) In *Papal Teachings on Education*(Boston: Daughters of St. Paul, 1960), 203.
6) Ibid., 244.
7) John D. Redden and Francis A. Ryan, *A Catholic: Philosophy of Education*(Milwaukee, WI: Bruce, 1942), 518.
8) Ibid., 519.
9) Ibid., 493.
10) Ibid., 492.
11) Ibid., 524.
12) Ibid., 533.
13) George Johnson, "The Need for a Catholic Philosophy of Education," in Charles A. Hart, ed., *Aspects of the New Scholastic Philosophy*(New York: Benziger Brothers, 1932), 297. Veverka, "Defining a Catholic Approach," 23에서 인용.
14) Veverka, "Defining a Catholic Approach," 27 볼 것.
15) David B. Tyack, *The One Best System: A History of American Urban Education* (Cambridge, MA: Harvard University Press, 1974), 85에서 인용.
16) Fayette Breaux Veverka, "The Ambiguity of Catholic Educational Separatism," *Religious Education* 80(1985): 64~100 볼 것.
17) Joseph B. Collins, "The Beginnings or the CCD in Europet and Its Modern Revival," *American Ecclesiastical Review* 168(1974): 695~706, reprinted in Michael Warren, ed., *Sourcebook for Modern Catechetics*(Winona, MN: Saint Mary's Press, 1983), 149.
18) Doris Gottemoeller and Rita Hofbauer, eds., *Women and Ministry: Present Experience and Future Hopes*(Washington, DC: Leadership Council of Women Religious, 1981).
19) H. Richard Niebuhr, *Christ and Culture*(New York: Harper & Row, 1951), 145.
20) Langdon Gilkey, *Catholicism Confronts Modernity: A Protestant View*(New York: Seabury, 1976), 23.
21) Veverka, "Defining a Catholic Approach," 32.

22) Langdon Gilkey, *Reaping the Whirlwind: A Christian Interpretation of History*(New York: Seabury, 1976), 34.
23) In Abbott, ed., *The Documents of Vatican* II, 712.
24) Ibid., 716.
25) Lamentabili sane, 3 July 1907, in Anne Fremantle, ed., *The Papal Encyclicals*(New York: Putnam), 1956, 202.
26) In Abbott, ed., *The Documents of Vatican* II, 199~200.
27) Avery Dulles, Models of Revelation(Garden City, NY: Doubleday, 1983), 44.
28) In Abbott, ed., *The Documents of Vatican* II, 112.
29) Ibid., 115.
30) Ibid., 124.
31) Ibid., 142.
32) Josef Jungmann, *Die Frohbotschaft und unsere Glaubensverkündigung*(English translation, William A. Huesman and Johannes A. Hofinger, eds., *The Good News Yesterday and Today* [New York: Sadlier, 1962]).
33) Josef Jungmann, *Announcing the Word of God*(London: Burns and Oates, 1967), 17.
34) 월터 옹-Walter Ong은 그 인쇄물이 종결감을 촉진했고, 그리고 기타 여러 가지 영향들 가운데 교리문답서는 명확한 수용 과정에서 빚어진 역설을 제거했다고 지적한다. *Orality and Literacy: The Technologizing of the Word*(London: Methuen, 1982), 132.
35) General Conclusion #11, from International Catechetical Study Week in Eichstätt, Austria, 1968, in Johannes Hofinger, ed., *The Art of Teaching Christian Doctrine*(Notre Dame, IN: University of Notre Dame Press, 1957), 270.
36) General Conclusion #12, from the International Catechetical Study Week in Medellin, 11~17 August 1968, reprinted in *Lumen Vitae* 24(1969): 346.
37) Michael Warren, "Introductory Overview," in Warren, ed., *Sourcebook*, 27.
38) In Joseph B. Gremillion, ed., *The Gospel of Peace and Justice: Catholic Social Teaching Since Pope John*(Maryknoll, NY: Orbis, 1976), 514.
39) Piere-Andrè Liègè, "The Ministry of the Word: From Kerygma to Catechesis," *Lumen Vitae* 17(1962): 21-36, reprinted in Warren, ed., *Sourcebook*, 324.
40) Warren, ed., *Sourcebook*, 325.
41) Ibid., 327.
42) *Directorium Catechisticum Generale*, in English translation(Washington, DC: United States Catholic Conference, 1971), #21.
43) D. S. Amalorpavadass, "Catechesis as a Pastoral Task of the Church," *Lumen Vitae*

17(1972): 259~80, in Warren, ed., *Sourcebook*, 342.
44) In Warren, ed., *Sourcebook*, 342. 워렌은 보다 포괄적인 언어를 몇 차례 활용했다. 이 단락은 한 가지 사례가 되는데 원문에는 대명사들이 철저하게 남성형이다.
45) Leo Dworshak, "Learning by Doing," in *Education and Liturgy: Proceedings of the 1957 North American Liturgical Week*(Elsberry, MO: The Liturgical Conference, 1958), 28~33.
46) General Conclusion #10, in Hofinger, ed., *The Art of Teaching*, 269.
47) Johannes Hofinger, "Catechetics and Liturgy," *Worship* 24(1954~1955): 92.
48) Aidan Kavanagh, "Teaching Through the Liturgy," *Notre Dame Journal of Education* 5(1974): 41.
49) Ibid., 43.
50) *Sharing the Light of Faith: National Catechetical Directory for Catholics of United States*(Washington, DC: United States Catholic Conference, 1979), #32. 인용된 내용은 "Decree on the Bishops' Pastoral Office in the Church"(Christus dominus), #14, in Abbott, ed., *Documents of Vatican* II, 406.
51) *Sharing the Light of Faith*, #59.
52) Robert J. Hater, *Religious Education and Catechesis: A Shift in Focus* (Washington, DC: National Conference of Diocesan Directors of Religious Education. 1981); Michael Warren, "Catechesis: An Enriching Category for Religious Education," *Religious Education* 76(1981): 115~27, reprinted in Warren, ed., Sourcebook, 379~94 볼 것.
53) *Sharing the Light of Faith*, 174~75.
54) Andrew M. Greeley, William C. McCready, and Kathleen McCourt, *Catholic Schools in a Declining Church*(Kansas City, MO: Sheed and Ward, 1976); R. H. Potvin, D. R. Hoge, and H. M. Nelsen, *Religion and American Youth*(Washington, DC: United States Catholic Conference, 1976); H. M. Nelsen, R. H. Potvin, and J. Shields, *The Religion of Children*(Washington, DC: United States Catholic Conference, 1976) 볼 것.

참고문헌 해제
가톨릭교육-교리문답

가톨릭교육과 교리문답의 관계에 대한 내 견해는 페이트 비버카Fayette Breaux Veverka와의 대화를 통해서 크게 영향을 받았는데, 그녀의 논문 "Defining a Catholic Approach to Education in the United States, 1920-1950"(presented to the Association of Professors and Researchers in Religious Education, Anah im, CA, 19 November 1983) 그리고 "The Ambiguity of Catholic Educational Separatism," *Religious Education* 80(1985): 64~100이 특히 그렇다. 때문에 나는 다음과 같은 고전적인 가톨릭철학의 자료를 검토했다. *Papal Teachings on Education*(Boston: Daughlers of St. Paul, 1960); William F. Cunningham, *The Pivotal Problems of Education*(New York: Macmillan, 1940; Neil G. McCluskey, *Catholic Viewpoint on Education*, Catholic Viewpoint Series(Garden City, NY: Doubleday, 1959 ; William J. McGucken, *The Catholic Way in Education*(Milwaukee, WI: Bruce, 1934); 그리고 John D. Redden and Francis A. Ryan, *A Catholic Philosophy of Education*(Milwaukee, WI: Bruce, 1942). 아울러서 아주 계몽적인 Mary Perkins Ryan, *Are Parochial Schools the Answer? Catholic Education in the Light of the Council*(New York: Holt, Rinehart and Winston, 1964)는 학교수업과 성인 종교교육 간의 긴장상태를 아주 오랫동안 예상한 저서이다.

역사에 관한 세 권의 중요한 저서들은 James Hennesey, *American Catholics*(New York: Oxford University Press, 1981); Jay P. Dolan, *The American Catholic Experience: A History from Colonial Times to the Present*(Garden City, NY: Doubleday, Image Books, 1985); 그리고 Mary Jo Weaver, *New Catholic Women: A Contemporary Challenge To Traditional Religious Authority*(San Francisco: Harper & Row, 1985)를 꼽을 수 있다. 일차적인 참고문헌들은 John Tracy Ellis, ed., *Documents of American Catholic History*, 3 vols.(vols. 1 and 2 reprints of a 1967 publication; Wilmington, DL: Glazier, 1987)에 수록되어 있다.

역시 이 장에서 전반적으로 크게 도움을 받은 저서들은 다음과 같다.

Richard P. McBrien, *Catholicism*, 2 vols.(Minneapolis, MN: Winston, 1980); Langdon Gilkey, *Catholicism Confronts Modernity: A Protestant View*(New York: Seabury, 1975); Avery Dulles, *Models of Revelation*(Garden City, NY: Doubleday, 1983) 그리고 "The Meaning of Faith Considered in Relationship to Justice," in John Haughey, ed., *The Faith That Does Justice*, Woodstock Studies 2(New York: Paulist, 1977), 10~46; Gerald A. McCool, *Catholic Theology in the Nineteenth Century: A Search for a Unitary Method*(New York: Seabury, 1975); T. Mark Schoof, *A Survey of Catholic Theology 1800~1970*(New York: Paulist, 1970); 그리고 Leonard Doohan, *The Lay-Centered Church: Theology and Spirituality*(Minneapolis, MN: Winston, 1984). 또 다른 중요한 역사 논문들은 John H. Westerhoff and O. C. Edwards, eds., *A Faithful Church: Issues in the History of Catechesis*(Wilton, CT: Morehouse-Barlow, 1981)에 수록되어 있는데, 특히 Mary Charles Bryce, "Evolution of Catechesis from the Catholic Reformation to the Present," 204~35가 유용하다.

교리문답에 관한 핵심적인 문서들 가운데서 the United States Catholic Conference(Washington, DC)가 발행한 다음의 출판물들을 기초적인 것들로 간주해야 한다. *The Central Catechetical Directory*(1971); *To Teach as Jesus Did*(1972); *Basic Teachings for Catholic Religious Education*(1973); *The Rite of Christian Initiation*(1977); 그리고 *Sharing the Light of Faith: National Catechetical Directory for Catholics of the United States*(1979). 버라드 마탤러Berard Marthaler는 *General Catechetical Directory* 그리고 *Sharing the Light of Faith*라는 두 권의 해설서를 집필했다. 그가 집필한 *Catechetics in Context*(Huntington, IN: Our Sunday Visitor, 1973) 그리고 *A Commentary on the National Catechetical Directory*(Washington, DC: United States Catholic Conference, 1981)를 볼 것. Anne Marie Mongoven, *Signs of Catechesis: An Overview of the National Catechetical Directory*(New York: Paulist, 1979) 역시 유용하다.

중요한 이차 문헌들 가운데 가브리엘 모런Gabriel Moran이 계시를 주제로 집필한 두 권의 저서들이 교리문답에 대한 새로운 견해들을 통합하는데 상당한 기여를 했다. *A Theology of Revelation*과 *A Catechesis of Revelation*(both New York: Herder and Herder, 1966) 없이 제2차 바티칸공회 이후의 교리문답 교육을 제대로 설명할 수 없다. 메리 브라이스Mary Charles Bryce가 집필한 *Baltimore Catechism*의 자세한 역사도 역시 필독서이다: *The Influence of the Catechism of the Third Plenary Council of Baltimore on Widely Used Elementary Religion Text Books from Its Composition in 1885 to Its 1941 Revision*(Ann Arbor, MI: University Microfilms, 1971). 마이클 더저리어 Michael Dujarier는 카테쿠

메나테의 본래 형태를 이해하는데 필수적인 두 권의 역사물을 집필했다: *A History of the Catechumenate: The First Six Centuries*(New York: Sadlier, 1979) 그리고 *The Rites of Christian Initiation*(New York: Sadlier, 1979). 자크 오디넷Jacques Audinet의 "Catechesis" in Karl Rahner, ed., *Encyclopedia of Theology: The Concise Sacramentum Mundi*(New York: Seabury, 1975), 176 역시 중요한 역사적 관점을 제공한다.

나는 *Biblical Interpretation in Religious Education*(Birmingham, AL: Religious Education Press, 1980)에서 케리그마운동의 기원을 자세히 다루었다. 독자들은 거기에 포함된 각주를 통해서 케리그마 시대에 관한 광범위한 문헌을 접할 수 있다. 나는 독자들이 Josef Jungmann, *The Good News Yesterday and Today*, ed. Johannes Hofinger and William Huesman(New York: Sadlier, 1963)를 직접 읽도록 권한다. 호핑거Hofinger의 자전적 기록인 "Catechetical Sputnik," in Marlene Mayr, ed., *Modern Masters of Religious Education*(Birmingham, AL: Religious Education Press, 1983)은 이 중요한 시기에 대한 따뜻하고, 개인적인 관점을 제공한다. 마이클 워렌Michael Warren이 요약한 *Sourcebook for Modern Catechetics*(Winona, MN: Saint Mary's Press, 1983)에는 교리문답의 발전을 문서화한 중요한 논문들이 수록되어 있다. 게다가 거기에는 교리문답 모형들에 대한 워렌의 개인적인 애정, 즉 내가 전에 "The Standpoint of Religious Education," *Religious Education* 76(1981): 128-41에서 거론한 바 있는 결론이 반영되어 있다. **교리문답**에 대한 기타 중요한 해석은 Kenneth Barker, *Religious Education, Catechesis and Freedom* (Birmingham, AL: Religious Education Press, 1981); 그리고 R. M. Rummery, *Catechesis and Religious Education in a Pluralist Society*(Huntington, IN: Our Sunday Visitor, 1979)에서 확인할 수 있다.

소위 경험적 교리문답의 시기에 대한 매혹적인 관점은 Didier-Jacques Piveteau and J. T. Dillon, *Resurgence of Religious Instruction*(Birmingham, AL: Religious Education Press, 1977)에서 접할 수 있다. 그 시대를 위해서 무대를 설정한 저서로는 Pierre Babin, *Options*(New York: Herder and Herder, 1967); Marcel van Caster and Jean LeDuc, *Experiential Catechetics*(New York: Paulist, 1969); Marcel van Caster, *The Structure of Catechetics*(New York: Herder and Herder, 1965) 그리고 *Values Catechetics*(New York: Pauist, 1970)가 있다.

복음전도와 **교리문답**의 관계는 Alfonso Nebreda, *Kerygma in Crisis*(Chicago: Loyola University Press, 1965)에서 다루어지고 있는데, 저자는 복음이 요청하는 회심을 사람들이 준비하려면 "복음전도 이전 단계"prevangelization가 필요하다고 주장한다. Johannes Hofinger, *Evangelization and Catechesis*(New York: Paulist, 1976) 역시 흥미로운데, 저자는 이론상 두 가지를 구분할 수 있어도 실제로는 긴밀하게 결합되어 있다고 지적한다.

예전과 교리문답 간의 관계가 갖는 의미는 Mary Charles Bryce, "The InterRelationship of Liturgy and Catechesis," *The American Benedictine Review* 28(1977): 1~29에 정리되어 있다. Virginia Sloyan, "Liturgical Dimension of Catechetics," *The American Ecclesiastical Review* 160(1969): 255~61; Paul Marx, *Virgil Michel and the Liturgical Movement*(Collegeville, MN: Liturgical Press, 1957); 그리고 "The American Liturgical Movement: The Early Years," *Worship* 50(1976): 474~89 역시 볼 것. 아울러 Aidan Kavanagh, "Teaching through the Liturgy," *Notre Dame Journal of Education* 5(1974): 35~47 역시 주목할 만 하다.

"친족"어 catechetics와 catechesis의 관계는 정밀하게 규정하기가 더 어려운 특징을 갖고 있다. 나는 일관된 용법을 확인할 수 없었다. 마탤러Berard Marthaler는 워렌Warren의 *Sourcebook for Modern Catechetics*의 "서론"에서 catechetics는 윤리가 에토스ethos에 대한 것처럼, 그리고 통계가 데이터에 대한 것처럼 catechesis와 관계를 형성한다는 의견을 제시한다. "catechetics 연구는 이론을 형성하고 시험할 목적으로 수행한다…catechesis의 정의가 보편적으로 수용된 적은 없었다. *Sharing the Light of Faith*는 그것을 공동체의 형성에서 기도로, 기독교 공동체의 입문에서 영적 및 도덕적 성숙에 기여하는 태도, 행동 그리고 지식을 조장하는 것을 포함하는 노력과 결합시킨다. 목회사역마다 대부분 교리문답의 차원을 소유한다"(15~16). 웨스터호프John Westerhoff는 그 두 가지 용어를 이런 방식으로 구분해야 한다고 주장한 바 있다. 즉, 전형적으로 catechetics는 개인들과 그들의 경험을 배제하는 쪽으로 내용을 강조하는 교리문답서라면 catechesis는 현재의 경험과 신앙 전통을 결합시키는 일종의 목회사역이다 ("Risking a Conclusion," in John H. Westerhoff, Ⅲ, ed., *Who Are We? The Quest for a Religious Education* [Birmingham, AL: Religious Education Press, 1978], 268). 그는 Westerhoff and Edwards, eds., *A Faithful Church*, 1~9 그리고 293~14에 수록된 "The Challenge: Understanding the Problem of Faithfulness"와 "Farming an Alternative Future for Catchesis"라는 두 편의 논문에서 catechesis에 대한 자신의 정의를 자세히 소개한다. 여기에서 그의 용법은 너무 광범해서 종교적인 것 가운데 catechesis에 어떤 식으로든지 수용되지 않은 게 있는지 의심스러울 정도이다. 워렌의 편집본에서 웨스터호프는 catechesis를 분명히 선호하는 듯하지만, 거의 명확한 구분을 포기한 채 두 가지 용어들을 혼용하는 것처럼 보인다("Catechetics: An Anglican Perspective," 428~35). 그런 혼란 때문에 내가 택한 용법이 다소 자의적으로 보일 수도 있다. 결국 나는 catechetics를 보다 일반적으로 거론하기로 결정했는데, 더 익숙한 용어라는 것(적어도 카테쿠메나테가 복원될 때까지는)과 워렌이 자신의 저서-이 고전적 표현의 이해를 도울 수 있는 최고의 편집본-에 *A Sourcebook for Modern Catechetics*라는 제목을 붙인 것을 따르기로 결정한 게 일부 이유가 된다.

용어의 활용에 관심을 갖는 것은 사회화와 예전을 둘러싼 문제들을 비롯해서 이 책 후반에 다루어질 실제적인 문제를 반영하고 있기 때문이다. 따라서 나는 다음 장부터 더 많은 참고문헌을 추가하겠다.

제6장 | 탐색의 확대: 고전적 표현들의 현대적 변형들

나는 2장부터 5장까지 개별적인 신학적 관점들과 일부 교육적 이해들이 서로 엇갈리는 특정 시기에 형성된 네 가지의 "고전적 표현들" 혹은 신앙교육 방법들의 발전 과정을 소개했다. 제대로 분석이 이루어졌다면 독자들은 여러 번 "고개를 끄덕이면서" 개신교와 가톨릭 진영에서 20세기 북미의 신앙교육에 활용한 바 있는 다양한 관심과 특징의 "지속적인 효력"을 파악했을 것이다.

이제는 1960년대 후반부터 1980년대까지의 고전적 표현들이 발전한 각각의 경로들을 확인하려고 한다. 그런 작업을 통해서 부단히 증가하는 다양성 속에 여전히 존재하는—비록 변경될 때도 잦기는 하지만—연속성의 핵심을 드러내는 방식으로 고전적 표현을 한 가지씩 추적하게 될 것이다. 따라서 이 6장은 네 가지의 고전적 표현들(**복음전도, 종교교육, 기독교교육, 가톨릭교육-교리문답**)을 오늘의 모습 그대로 차례로 다루고자 한다.

1. 복음전도

회심을 유발하는 방식으로 성서를 설교하거나 교육하는 것이라는 **복음전도**에 대한 다소 광범위한 정의 그리고 부흥운동과 복음주의라는 이중적인 외형들은 이 고전적 표현이 신앙교육에 대한 이해의 범위를 넉넉히 포괄할 수 있다고 주장한다. 특히 "중생한 그리스도인" born-again Christian이라는 표현이 미국인들의 언어에 포함되고 나서는 복음주의의 존재가 점차 확연해졌다. 뿐만 아니라 **복음전도**는 정치적으로도 무시하지 못할 정도로 권력을 누리게 되었는데, 도덕적다수 Moral Majority, 기독교음성Christian Voice, 종교토론Religious Roundatable, 그리고 전국보수정치행동National Conservative Political Action과 같은 복음주의적 근본주의 우파 단체들의 급속한 성장이 그것을 입증했다. 그렇지만 소저너스협회Sojourners Fellowship 같은 단체들은 정치적 견해를 신봉하는 것은 물론, 보다 주도적인 복음주의 단체들과 사뭇 다른 생활 방식을 고수하면서 자신들만이 진정한 복음주의자라고 주장한다. 소저너스협회는 미국의 주류 사회와 우파 복음주의를 싸잡아 비판하는 복음주의 전통들에 대한 새로운 해석의 사례가 되고 있다. 아울러서 대다수의 복음주의자들은 근본주의자나 급진적인 반문화주의자처럼 자신들이 극단적으로 간주하고 있는 입장들과는 거리를 두고 있고, 그래서 한층 더 중립적인 견해를 선호한다.

　　현대 복음주의자들의 흐름은 다양한 색깔을 유지하고 있으며, 그 매혹적인 모자이크는 단순한 일반화를 부정하는 표지 구실을 한다. 성서의 계시 문제(특히 무오성)나 사회윤리학(특히 그리스도와 문화)에 관한 평가들이 서로 상당히 엇갈리기 때문에 신학은 복음주의운동을 이해할 수 있는 유용한 분석의 틀이 된다.

　　지금까지 분명하게 살펴본 것처럼 신학만 가지고서는 신앙교육의 다양한 견해를 설명할 수 없다. 현대 복음주의와 공명하는 교육철학의 내용까지 확인해야 한다. 이런 교육적 모색은 일정 부분을 추론의 방식으로 진행할 필요가 있다. 대부분 신학적 언어를 가지고서 논쟁을 벌여왔기 때문이다. 그럼에도 불구하고 복음주의 교육에 관해서 질문을 제기하지 않을 수 없다. 복음주의자들은 분명한 교육철학을 제시하지 못할 때도 많지만 강력하면서도 광범위하게 신앙교육을 실시한다.

단순히 신학이 아니라 교육을 분석의 주요 요인으로 삼을 경우에는 다음과 같은 세 가지 패턴들을 확인할 수 있다. 즉, 진리를 매개하는 종교교육, 반문화적인 사도 공동체와 신앙을 공유하는 종교교육, 그리고 선교로서의 종교교육이 그것들이다. 이 세 가지 패턴들은 상호 배타적이지는 않지만 복음주의의 우파, 좌파 그리고 중도와 각각 연계될 수 있다.

하지만 이 패턴들을 서술하기에 앞서 부흥운동revivalism을 잠시 거론할 필요가 있다. 비록 모양이 일정하지는 않더라도 각각의 패턴마다 특징이 확연하기 때문이다. 부흥운동은 종교적 현상일 뿐만 아니라 중요한 교육 수단이다. 따라서 그들을 근대 복음주의 교육제도의 전체 형태 가운데 일부로 간주하지 않을 수 없다. 이런 구조적 역할을 인식하지 못하면 그 패턴은 완벽할 수 없다.

1) 진리를 매개하는 종교교육

초기 부흥회 설교자들이 강단의 기술을 가지고 청중을 불러 모았다면, 진리의 매체와 결합된 현대 설교자들—특히 제리 팔웰Jerry Falwell, 패트 라벗슨Pat Robertson, 로버트 슐러Robert Schuller, 렉스 험버드Rex Humbard, 그리고 짐 베이커Jim Bakker—은 전자 제국의 도구들로 시청자들과 관계를 구축한다. 그들이 운영하는 텔레비전 프로그램("올드 타임 가스펠의 시간," "P.T.L〔주님을 찬양하라〕클럽," "700클럽," "능력의 시간")은 매주 약 1400만 명이 시청하고 있고, 또 매주 4700만 명이 라디오로 그들과 접촉한다.[1] 사람들은 언제든지 기도상담센터에 전화할 수 있고, 잡지나 소식지들이 다양한 보수적 견해를 쏟아내고 있으며, 모금을 위해서 컴퓨터로 전화통화자나 구독자를 추적한다. 신학자 하비 콕스Harvey Cox는 이렇게 평가한다. "최근에 미국에서 일어난 가장 중대한 종교적 사건은 보수 종교와 전자 대중매체 간의 애정행각이다."[2]

제리 팔웰의 추종자들에게 있어서 "근본주의자"fundamentalist라는 용어는 명예로운 이름이다. 이것은 성서에 관한 단순한 판단을 의미하지 않는다. 팔웰은 이렇게 말한다. 성서는 "신앙이나 실천과 관계가 있는 모든 문제는 물론이고 지리, 과학, 역사 등과 같은 영역에서도 절대적으로 무오해서 실수가 없다."3) "근본주의자"라는 호칭은 그들이 근대성, 즉 "불경하고, 세속적인 인본주의자들"의 파멸로 간주하는 것과 상반된 의미까지도 포함한다. 사실 근본주의의 가장 강력한 원동력은 근대성을 반대하는 호전적인 입장이라고 할 수 있다. 근본주의자들은 성서에 계시된 하나님의 진리를 통찰력이 있고 불변한 것으로 믿고 있기 때문에 다원적 사회의 상대주의를 이단적인 것으로 평가한다. 그들은 성서의 문자적 해석과 결별하고 낙태, 동성연애, 여성 평등권, 그리고 진화와 같은 악을 감수하거나 찬성함으로써 잘못된 길에 들어선 자유주의자들과 인본주의자들을 통렬히 비난한다. 근본주의자들은 하나님의 진리를 전달하려고 모든 매체-교회 예배, 텔레비전, 비디오카세트, 라디오, 소식지나 잡지, 집회, 사립학교, 그리고 컴퓨터 성경 프로그램-를 동원해서 "복음주의의 전파"에 매진한다. 그런 활동을 통해서 그들은 직접 이 "악한 때"evil time로 규정한 상황의 악화를 저지한다.

    사립학교는 근본주의자들이 사회를 갱신하는데 활용하는 가장 좋은 방법 가운데 하나이다. 공립학교 제도(학교에서 기도를 금지하고, 인본주의적 가치와 성교육을 실시하고, 그리고 국가의 애국심보다는 신뢰할 수 없는 세계적 상호의존성을 선호하는 것을 비롯해서)의 도덕적 중립성에 대해서 비판적인 근본주의자들은 대안을 개발하는 일에 진력했다. 1971년부터 1981년 사이에 근본주의 기독교 학교에 입학한 학생의 숫자가 14만 명에서 45만 명으로 증가했다. 학교는 절대적인 도덕조건을 가르치는 도구를 제공하고 "문화에 대항하는 그리스도"라는 분명한 입장을 반영한다. 세 딸을 위해서 학교(홈스쿨링을 의미-옮긴이)를 운영하는 네브래스카 출신의 어느 여성은 이렇게 말한다. "아이들은 다른 아이들과 어울리고 싶어 하지만, 우리의 생각과 상반된 교육을 받는 어린이가 되고 싶어 하지는 않는다." 그녀가 운영하는 교육과정 자료들은 여성평등, 사회주의, 낙태 그리고 혼전성관계 같은 자유주의의 가치들에 이의를 제기하는 "진리의 꾸러미"이다.[4]

근본주의자들이 텔레비전 공학, 컴퓨터를 통한 대규모의 우편물 발송, 그리고 노련한 상거래 기법을 열정적으로 수용하는 것은 분명히 역설이다. 콕스의 평가를 소개할 필요가 있다.

> 현대 기계적 복제의 궁극적 형태인 컬러텔레비전의 네트워크를 수용한 제리 팔웰과 기타 종교적 전통론자들은 자신들이 지켜내고자 하는 "옛날의 복음"과 전통적 종교 자체에 치명타를 날렸다. 부흥강사의 천막에서 진공관으로 자리를 옮김으로써 전통을 고수하는 이들의 음성을 강력하게 증폭되었다. 동시에 그로 인해서 매체 자체의 양식과 가정에 보다 더 의존하게 되었다.…
>
> 전통적인 종교와 대중매체 간의 모순은 피할 수 없을 것 같다. 철저하게 종교적인 공동체의 본래 모습을 묻는 질문에 가장 큰 모순이 자리하고 있다.…서신, 전화방문, 그리고 카메라에 담긴 소박한 모습들을 가지고 사람들을 끌어 모으려는 그들의 시도에도 불구하고, 텔레비전 교인들에게는 본질적인 것을 발견할 수 없다. 근본주의자들은 대중매체의 세계를 지나치게 다량으로 구매함으로써 그토록 도전하고 싶어 하는 바로 그 현대 세계의 가장 큰 특징 가운데 하나로 구매되었다.[5]

대각성 운동기(1730~1760, 그리고 1800~1830)의 부흥사들은 단순한 의견의 변화가 아니라 가슴의 변화를 추구했다. 근본주의 지도자들 역시 청중과 교인들에게 "거듭나도록," 예수를 주인과 구세주로 선포하도록, 그리고 "지배자들과 권력자들"를 상대로 벌이는 전투에서 "주님의 군대"에 동참하도록 촉구한다. 무기는 성서의 문자적 해석에서 찾아낸 하나님의 진리이다. 그것은 그들과 나머지 사회를 구분하고(그러면 "도덕적 소수"일까?) 갱신된 질서에 필요한 토대를 제공한다. 팔웰은 자신이 발행하는 『근본주의저널』*Fundamentalist Journal*에서 이렇게 평가한다.

> 미국은 성서를 신뢰하는 목회자들이 이끄는 순수한 영적 부흥의 충격이 필요하다.…
>
> 사실상 성서를 믿는 미국의 교회 구성원들은 신학적으로는 서로 아주 가깝다. 그들은 신앙의 근본원리 위에 서있다. 그들은 성서를 하나님의 말씀으로 믿고, 그들은 천국, 지옥 그리고 사후의 삶을 믿는다. 그들은 예수가 우리의 죄를 위해서 죽었고, 죽었다가 살아났고, 그리고 다시 온다는 것을 믿는다. 그들은 이 나라를 함께 붙잡고 있는 "평범한" 중도적인 미국인들이다.
>
> 목회자인 우리들은 하나님과 사람들에게 성서의 진리대로 이끌어야 할 의무가 있다. 미국은 이 세기에 처음으로 부흥의 기회가 무르익었다.6)

2) 반문화적인 사도 공동체와 신앙을 공유하는 종교교육

팔웰처럼 소저너스협회의 창립자 가운데 한 명이자 잡지 『소저너스』Sojourners의 편집장인 짐 월러스Jim Wallis는 이 나라는 이성적 판단과 달리 어떤 부흥을 필요로 한다고 믿고 있다.

> 오늘날 미국은 죄를 벗어나지 못하고 있다. 우리 모두는 탐욕, 권력, 이기심 그리고 교만의 포로가 되었다. 우리는 바람직하지 못한 인종차별, 물질주의, 폭력 그리고 억압의 세월에 물들어왔다. 우리는 여러 죄악의 희생자들-빈민, 유색인, 그리고 여성-의 절규를 외면했다. 우리는 더 이상 하나님을 신뢰하기보다는 부와 군사력을 신뢰하고 있으며, 우상숭배의 결과는 세상의 멸망을 예고하는 핵무기 경쟁이다.
>
> 단순한 정치적 해결책으로는 충분하지 못할 것이다. 신앙을 요청하지 않은 채 사회 변화를 요청하는 것은 낙심과 절망으로 인도할 뿐

이다. 그리고 우리가 처한 위기를 거론하지 않는 복음주의는 복음에 충성하지 않는 것이다.

　이 나라에서 순수한 성서적 신앙의 부흥은 미국 체제의 고질병이 된 불의와 폭력을 대부분 침식해 들어갈 수 있는 한 가지 방법이다. 사회적 정의와 평화는 영적 변형의 결과일 따름이다. 우리는 회개와 회심을 가져오는 성령의 강력한 분출을 희망한다.7)

　부흥을 요구하는 윌러스의 급진적 성격은 소저너스협회의 역사적 맥락을 검토하면 명확해진다. 그 모임은 1970년 시카고에서 시작되었다. 베트남 전쟁을 배경으로 예닐곱 개의 신학대학원 학생들이 미국 역사상 고통스런 시기에 성서적 그리스도인이 된다는 게 무엇을 의미하는지 모색하기 위해서 트리니티 복음주의 신학대학원Trinity Evangelical Divinity School에 함께 모였다. 다양한 배경에도 불구하고 그들은 그리스도에 대한 헌신은 어떤 방식으로든지 사회 및 정치적 질서에 참여하는 것을 의미한다는 사실을 점차 의식하도록 조장하는 복음주의 신앙을 공유했다. 교회가 체제 순응적인 또 다른 기관에 불과하다는 것, 즉 "미국 사회의 불의 및 이익을 위해 행사하는 폭력의 군목"으로 비쳐지는 것에 환멸을 느낀 그들은 전국을 휩쓰는 폭력과 탐욕을 비판하는 잡지 『포스트 아메리칸』*Post American*의 발행에 역량을 집중했다.8) 창간호 표지에는 십자가가 사라진 그리스도의 상을 미국기로 덮고서 "그리고 그들이 그를 십자가에 매달았다"는 문구를 집어넣은 그림을 실었다. 그들은 반응을 접하고서 복음의 근본적인 의미가 수많은 사람들에게 전해질 수 있다는 것을 깨닫게 되었다.

　그런 인식은 우호적인 관계와 공통의 예배를 통해서 사회적 성향을 심화하게 된 일종의 공동체를 발전시키는 일에 헌신하게 만들었다. 여러 해 동안 갈등을 겪고 난 뒤에 일차적인 사업과 방향이 명확해졌고, 1975년에는 20명가량의 핵심 그룹이 예언자이자 목회자로서 성숙한 생활을 가능하게 만든 장소라고 할 수 있는 워싱턴으로 자리를 옮겼다. 또 그들은 잡지의 이름 역시 『소저너스』로 변경하기로 결정했다. 그 이름이 하나님의 통치에 복종하는 이방인이자 순례자로 살아야 하는 하나님의 백성들에게 적합한 핵심적인 성서적 은유 가운데 하나를 연상시켰기 때문이다.

매달 잡지를 발행하고 식량조합, 로비, 이웃과의 레크레이션 프로그램, 그리고 방과후 교육프로그램을 통해서 빈민을 위한 사업을 적극적으로 수행하는 소저너스협회는 스스로를 반문화적으로 간주한다. 하지만 그와 같이 "문화에 대항하는 그리스도"의 입장은 "경건하지 않고 세속적인 인본주의"라고 부르면서도 "성공의 복음"을 수용하는 복음주의 우파의 그것과는 다르다. 자본주의, 군비 증강, 그리고 애국심을 열정적으로 후원하는 복음주의 우파는 "문화에 대항하는 그리스도"의 입장이 주류의 삶에 아주 만족하는 "문화에 속한 그리스도"와 공존한다고 주장한다. 한편, 소저너스 협회는 아주 일관되게 모든 세속 질서에 대항하는 체제 의식을 고수한다. 모든 면에서 그리스도를 본받고 오로지 그가 가치를 부여하고 중시한 것을 추종하고자 모색하는 소저너스협회는 미국의 생활방식이나 정치적 개혁이 아니라 성서에 근거해서 억압된 사람에게 응답할 경우에만 정의가 실현될 수 있다고 생각한다. 그들은 잠시 머무는 사람들답게 이방인으로 자처하면서 마르크스주의나 자본주의, 자유주의나 보수주의를 가리지 않고 모든 우상숭배를 비신화하고 폭로한다.9) 개인적 차원은 물론이고 집단적 차원에서 회심을 추구하는 그들에게 있어서 사회의 변혁은 대안이 되는 "정치" 구조의 창조를 의미한다. "우리〔소저너스협회〕는 나름의 조건에 맞추어서 체제에 부응하기보다는 삶의 근간이 되는 사회적 비전에 따라서 행동하는 독창적이며 예언적인 소수의 증언을 통해서 더 많은 변화가 도래한다고 생각한다."10)

월간지『소저너스』는 편집위원회와 직원들의 작업 결과라기보다는 공동체 생활의 결실이다. 잡지의 기사들은 "값진 제자직"의 비전을 소개하면서 영성, 화해, 억압적인 경제, 해방(빈민, 유색인, 그리고 여성), 그리고 평화와 정의를 위한 양육과 같은 주제를 취급한다. 그들은 다큐멘터리 영화를 제작해서 대여하거나 판매하기도 하지만, 다른 복음주의 단체들처럼 "텔레비전 전도"를 자주 활용하지는 않는다. 그렇지만 최근에 공동체가 부흥회를 대표적인 교육 방법으로 활용하기로 결정한 것은 아주 흥미롭다. 앞서 소개한 바 있는 짐 월러스의 사설을 다시 인용한다.

지난 몇 년간 강연요청의 성격이 바뀐 것과 내 자신의 방향 감각 때문에 대학교와 신학교의 강의, 집회의 강연, 그리고 문제 중심의 세미나, 그리고 도시를 대상으로 하는 광범위하고, 에큐메니칼적인 설교 행사를 멀리하게 되었다. 이것들은 복음주의, 가톨릭, 주류 개신교단, 흑인 교회, 역사적인 평화 교회, 그리고 다양한 평화 및 정의 단체로 구성된 교회 연합의 후원을 받으면서 대개 하루 혹은 이틀 동안 계속되었다.

이제 우리는 방향을 보다 분명히 정하고서 그 개념을 확대해서 다양한 도시에서 한 주 정도 설교 운동을 진행하고자 한다. 부흥회는 밤마다 계속해서 설교 시간을 배당하는데, 적어도 세 차례 혹은 일곱 차례 정도가 가능하다. 우리는 이런 행사들이 고도로 가시적이고, 상당수의 사람들을 끌어 모으고, 그리고 복음의 설교가 다시 한번 공적으로 논쟁의 대상이 될 수 있기를 바란다. 그것들은 사람들이 지배적인 미국의 신화, 환상 그리고 생활방식과 사람들의 범죄나 국가의 범죄, 불의와 전쟁, 그리고 개인적인 이기심을 멀리하도록 설계될 필요가 있다. 그것들은 사람들이 그리스도, 개인적인 변화 그리고 정의와 평화라는 성서의 비전을 따르도록 촉구할 필요가 있다[굵은 글씨체는 저자 추가].

오늘날 어떤 이들은 진공상태에서 영적 갱신을 요구하지만 또 다른 사람들은 회심의 필요를 인정하지 않으면서 사회적 문제를 거론하기도 한다. 군사적 광기, 억압적인 풍요로움, 그리고 빈민의 포기에 직면한 우리는 영적 부흥을 설교할 것이다. 우리는 부흥회가 도시나 지역에 영적으로, 사회적으로, 경제적으로 그리고 정치적으로 강력한 영향을 미칠 수 있기를 희망한다. 우리는 대부분이 부흥회를 통해서 그리스도에게 돌아서고, 그 때문에 빈민, 평화, 인종간의 정의나 화해를 추구하는 전체적으로 새로운 차원의 공적 활동이 등장하게 되기를 희망한다.

나는 복음주의적 전통에서 성장했고, 오랜 순례를 하고 난 뒤에 여전히 내가 진정한 복음주의자라는 것을 깨닫게 되었다. 따라서 이런 설교 운동의 개념은 우리 사회의 비번과 나 자신의 개인적 소명에 대한 뚜렷한 의식 모두를 반영하고 있다.[11]

소저너스협회는 내가 염두에 두고 있는 확실한 종교교육 프로그램을 운영하지는 않지만, 대안적인 신앙 공동체는 사람들에게 복음의 의미를 교육하는 방식으로 존재해야 한다는 것을 아주 분명하게 이해하고 있다. 소저너스협회는 단순한 생활방식과 소유의 공유를 주장하고, 빈민을 옹호하고 관여하며, 잡지를 발행하고 그리고 지금은 전국적인 부흥회를 주도함으로써 완벽하게 개발된 교육 프로그램을 확보한 그 어떤 기독교 모임만큼 확실하게 신앙교육을 실시하고 있다.

3) 선교로서의 종교교육

어떤 의미에서 복음주의 단체는 종교교육을 한결같이 선교활동으로 간주한다. 죄를 범한 사람들에게 그리스도에게로의 회심을 긴박하게 요구하는 것은 복음주의의 대표적인 요소이다. 그렇지만 이 장의 서두에서 밝혔듯이 선교는 가령 팔웰의 제자들이 생각하는 것과 소저너스협회의 그것은 전혀 다르다. 부분적으로 이것은 회심에 대한 이해가 다르기 때문이다. 팔웰의 경우에 회심은 "거듭나는" 것을 경험함으로써 그리스도의 주권에 개인적으로 복종하는 것을 의미한다면, 소저너스에게는 개인적인 제자의 모습은 물론이고 폭력, 인종차별 그리고 불의를 멀리하는 사회로 변화된 것을 의미한다.

그렇지만 모든 복음주의자들이 이 두 가지 입장을 따르는 것은 아니다. 일각에서는 텔레비전 전도자들이 제시하는 문제의 해결을 불편해하거나 그들이 기금 모금에 집착하는 것 때문에 당황스러워하는 것 같다. 하지만 그들은 소저너스협회의 반문화적 입장도 불편하게 생각하는 듯하다. 이 중도적인 입장은 복음주의의 교리에 집중한다. 대부분은 1943년에 작성된 전국 복음주의협회의 교리 선언을 명시적으로 수용한다.

> 1. 우리는 성서가 영감 되었고, 유일하게 무오하며, 권위 있는 하나님의 말씀으로 믿는다.
> 2. 우리는 영원히 성부, 성자 그리고 성령의 세 가지 위격으로 존재하는 유일한 하나님의 존재를 믿는다.
> 3. 우리는 우리 주 예수 그리스도, 동정녀 탄생, 무죄한 삶, 기적, 보혈의 흘림으로써 대속한 죽음, 육체의 부활, 아버지의 오른편으로 승천한 것과 권능과 영광으로 재림할 것을 믿는다.
> 4. 우리는 길을 잃고 죄를 범한 사람의 성령에 의한 중생이 절대적으로 필수적이라고 믿는다.
> 5. 우리는 그리스도인에게 내주함으로써 경건한 삶을 살게 하는 성령의 현재 역사를 믿는다.
> 6. 우리는 구원받은 사람과 잃어버린 사람 모두의 부활과 생명의 부활로 구원을 받은 사람들과 저주의 부활로 잃어버린 사람들로 갈라진다는 것을 믿는다.
> 7. 우리는 우리 주 예수 그리스도 안에서 신자들의 영적 일치를 믿는다.12)

그렇지만 이런 진술을 수용한다고 해서 신학적인 문제들이 일거에 해결되는 것은 아니다. 캘리포니아의 풀러 신학대학원Fuller Theological Seminary이나 매사추세츠의 고든-코넬 신학대학원Gordon-Conwell Seminary이 지적으로 중심지 노릇을 하는 이런 여러 복음주의자들 사이에서는 성서적 권위의 기능과 사회적 관심의 역할을 심각하게 재고하는 경향이 있다. 그렇지만 종교교육에 대한 가장 분명한 이해를 검토하고자 할 경우에 특히 두드러지는 것은 복음을 신뢰할 수 있는 방식으로 소개하고자 하는 바람, 즉 전도를 중시한다는 것이다. 게다가 선교는 "친목"이나 회중-공동체-의 생활을 의미하기도 한다.

이것은 성경공부나 후원을 위한 친목단체(가령, 영라이프Young Life나 기독학생회InterVarsity Fellowship 같은)의 발전에 크게 주목하는 것은 물론이고 기독교교육(그들이 선호하는 이름인)을 전공하는 대학원생이 매체, 집단역학, 그리고 기독교 캠핑 과목을 수강할 수 있다는 것을 뜻한다.

이것을 가장 적절하게 지적하는 학자가 로렌스 리처즈Lawrence O. Richards이다. 그는 복음주의자들이 교실에서 성서를 다루는 방식이나 교사가 전달하는 방식, 그리고 "지체 안에서 활동하는 신자들의 총체적 삶"에 대한 교육적 사고를 더 이상 제한할 수 없다고 주장한다. 기독교교육자들은 "지체의 화합과 사랑을 지지하는 관계의 발전을 촉진하는 상호작용이 일어나는 모든 상황"-회의와 위원회, 성장과 실행 모임, 회중 예배, 전화방문과 낚시여행-을 고려해야 한다.[13] 결국, 리처즈에 따르면 기독교교육자는 "교회 생활의 설계자"로 간주해야 하고, 교육과정은 내용의 전달보다 역할이나 관계의 구조화를 더 많이 반영해서 설계해야 한다. 과정은 중요하다. 교육과정이 교수 학습 상황을 구조화하는 방식이 특정 내용보다 학습자에게 더 큰 영향을 미칠 수 있기 때문이다.[14]

이것은 결국 기독교교육을 사회화, 즉 신앙공동체 안에서 개인을 유도하고 형성하는 것으로 파악하고 있다는 뜻이다. 따라서 기독교교육자는 단순히 교안의 집필자나 훈련을 실시하는 교사가 아니라 "형식 교육과 비형식 교육-교육보다는 사회학이나 인류학에 더 가까운 분야-에 숙달할 필요"가 있는 "공동체의 촉진자"이다.[15] 그렇다고 해서 성서를 하나님의 "실제 계시"로 인식하는 데 따른 신학적 분과들의 기본적인 중요성을 부정하는 것은 아니다. 이것들은 신앙공동체에 관심을 갖고서 기독교교육자와 회중 지도자를 안내한다.[16]

선교를 중시하는 신앙 교육을 실시한다는 것은 "다가서는" outreach 프로그램과 공동체를 구축하는 과정을 일차적으로 중시한다는 뜻이다. 그것은 부흥운동을 배제하지 않고-빌리 그레이엄Billy Graham은 여전히 대중 집회를 강조하지만-"친목"을 핵심적인 교육 요소로 강조한다.

이상의 세 가지 패턴들 간의 차이점을 과장할 필요는 없지만, 그것들은 복잡하고 활기찬 오늘날의 **복음전도**를 지칭한다. 고전적 표현인 **복음전도**는 신앙교육에서 회심의 경험이 핵심이 된다는 것과 복음을 증거하는 일의 긴박성을 입증하고 있다.

2. 종교교육

각각의 고전적 표현들은 다양한 요소들이 한 가지 형태로 조화를 이루는 일종의 모자이크이다. 가령, **종교교육**은 채닝의 유니테리언 교리, 청소년의 회심보다 가족 내부의 양육을 선호한 부쉬넬, 그리고 교육을 재구성으로 간주한 듀이-코우-엘리엇으로 구성된다. 이런 요소들은 유니테리언 보편주의Unitarian Universalist 교회나 "비슷한" 전통을 공유하는 윤리문화협회Ethical Culture Society, 옥스퍼드의 맨체스터 칼리지Manchester College의 종교경험연구소Religious Experience Research Unit의 활동, 그리고 이론가인 파울로 프레이리Paulo Freire와 가브리엘 모런Gabriel Moran의 연구 같은 교육적 시도 덕분에 오늘날까지 지속되고 있다. 차례로 살펴보면 종교교육의 현재 "숙련된 상태"를 일별할 수 있다.

1) 유니테리언 전통과 종교교육

편집자문위원 소피아 파즈Sophia Lyon Fahs와 미국유니테리언협회의 종교교육 소장 어니스트 퀴블러Ernest Kuebler의 지도 덕분에 뉴비컨시리즈New Beacon Series가 활성화되었다. 파즈를 계승한 도로시

스펄Dorothy Spoerl은 교육과정에 인류의 종교성을 포함시킬 만큼 그 폭과 발달이론을 계속해서 강조했다. 심리학자이며 목회자인 스펄은 파즈와 공동으로 작업을 하면서 인본주의적 계통을 따라서 자신의 작업을 확대해나갔다.[17]

1965년에는 휴고 홀러로스Hugo J. Holleroth가 유니테리언 보편주의협회의 교육과정을 담당하면서 새로운 특징이 나타났다(두 가지 전통은 1961년에 등장했다). 특히 폴 틸리히Paul Tillich의 실존주의에 영향을 받은 홀러로스는 삶의 어려움, 복잡함 그리고 모호함 속에서 "의미 추구"를 모색한 교육과정을 만들어내는데 상당한 관심을 보였다. 따라서 그는 "결단"(어린이들이 창조적 상호작용을 통해서 획득한 이성과 통찰의 능력을 발견할 수 있도록), "문화 창조자인 인간"(어린이들이 상이한 풍습이나 사회관습을 비롯한 세상에 대한 어떤 지적 이해를 확보할 수 있도록), "인간의 유산"(어린이들이 생물학적 및 문화적 진화를 파악할 수 있도록), "자유와 책임"(청소년이 사랑, 감수성 그리고 자유의 관계 속에서 함께 지낼 수 있는 인간의 잠재력을 실현할 수 있도록), "의미 창조자인 인간"(청소년이 더 잘 의사소통을 할 수 있도록), "성별에 관해서"(청소년이 자신들의 성에 맞추어서 "삶을 강화하는 성향"을 계발하도록), 그리고 "잊혀지지 않는 집"(어린이들이 외로움을 느끼고, 꿈을 꾸고 그리고 친밀감을 느끼는 장소에 대한 필요를 확인할 수 있도록)과 같은 멀티미디어 교육과정 꾸러미를 출판하는 길로 들어서게 되었다.[18]

이 「우리 세계에 참여하기」Relating to Our World라는 멀티미디어 교육과정을 뒷받침하는 홀러로스의 철학을 소개하는 내용은 상당히 유용하다. 홀러로스는 여기서 유니테리언 보편주의 전통에 속한 종교교육의 세 가지 목적들을 소개한다.

1. 어린이와 청소년이 주변 세계로부터 영향을 받는 것들뿐만 아니라 자아 내부의 다양한 능력을 의식하고 파악할 수 있도록 돕는다. 여기에는 생물적 요구나 심리적 욕구를 비롯해서 세계를 향해서 나

가서 상호작용을 하도록 영향을 미치는 문화적 기대, 전통 그리고 진화적 유산의 형식이 보유한 능력처럼 인간으로서 부여받은 능력이 포함되어 있다.

2. 어린이와 청소년이 유니테리언 보편종교라는 **과정**을 발견하고 활용하는 방법에 익숙해지도록 돕는다(굵은 글씨체는 저자 추가). 여기에는 인간 정신, 자신들과 다른 인간, 그리고 자연과의 창조적인 상호작용, 자유와 사랑과 예민함과 정직함과 자립정신 그리고 모험심을 통해 관계를 형성하면서 사람들과 지내는 것, 인간 지식의 전체 영역을 활용하는 것, 그리고 다양한 사고의 구사를 발견하고 활용하는 방법에 익숙해지도록 돕는 일이 포함된다.

3. 어린이와 청소년이 지적, 도덕적, 감각적, 미적 그리고 도덕적 존재로서 세계로부터 영향을 받는 방식들과 관계를 유지하고 취급하는 유니테리언 보편종교라는 **과정**을 활용하도록 돕는다(굵은 글씨체는 저자 추가). 여기에는 경험의 의미를 헤아리고, 책임 있는 선택을 하고, 감정을 구분하고, 그것들을 이해하고, 그리고 세계를 향해서 기질을 발전시키고, 인간 존재의 파편들을 결합하고 삶을 총체적으로 파악하고, 존재의 불확실성과 죽음의 확실성을 대면하고 삶의 드라마에서 자신들의 자리를 이해할 수 있게 그 과정을 활용하도록 돕는 일이 포함된다.[19]

엘리자베스 베이커Elizabeth Baker는 그런 목적들로부터 교육 방향의 변화를 확인한다. 개인이 무수한 권력 때문에 심각한 고통을 겪는 것으로 간주하는 홀러로스의 실존주의적 견해는 듀이의 영향 때문에 각각의 행위를 지적 행위로 갈등을 해결하려는 자아의 통합된 경험으로 간주했던 뉴비컨시리즈를 탈피했다는 것을 보여준다. 게다가 홀러로스가 유니테리언 보편주의를 일정한 과정들이 양립할 수 있는 어떤 의미의 체계라기보다는 오히려 하나의 과정으로 기술한 것은 역사적 자료를 거의 활용할 수 없어서 현재와 개인 중심적인 자료를 활용한 데 따른 결과였다. 그의 성향은 일관된 교육철학에 그다지 근거

하지 않은 탓에 발달이론이나 교수법에 별다른 관심을 기울이지 않았다.[20]

어쩌면 그런 차이점은 유니테리언 보편주의의 성격에 근거한 것일 수도 있다. 주디스 홀러Judith Hoehler에 따르면 그것은 유대 기독교, 유신론 그리고 인본주의라는 세 가지 "신앙의 태도들"로 구분된다. 세 가지 모두 유니테리언 보편주의의 특징을 나타내는 주제들-자유의지, 반삼위일체론, 이성, 초월론, 보편구원 그리고 인본주의-로 통합될 경우에만 신뢰할 수 있다. 그럼에도 불구하고 그것들이 일부 주제를 제각기 강조할 경우에는 서로 배타적이 되고 결국 예배와 종교교육은 본질적으로 달라진다.[21] 가령, 유대-기독교 전통에서는 구성원들이 예수 그리스도 안에서 하나님과 인간 사이에 형성하는 관계에 대한 계시를 확인하기 때문에 교육과정에서 성서가 핵심적 역할을 수행한다. 반면에 유신론적 입장은 하나님에 관한 언어가 보다 더 모호하고 초월론과 직접적으로 연계되어 있어서 그것은(뉴비컨시리즈처럼) 교재 안에 보다 포괄적으로 표현되고 이야기나 상징을 한층 더 폭넓게 구사하게 된다. 인본주의 입장은 인간의 추론과 과학적 인식의 능력을 강조한다. 성서를 활용할 경우에는 창세기의 문자적 번역을 순진하다고 비판하거나 성서를 문학의 계통에 따라서 접근한다. 홀러는 교단이 한 가지의 핵심적인 교육과정을 보유할 수 없다고 결론을 내린다.

그녀의 유형론은 유니테리언 보편주의 교육자들이 주장하는 다원주의를 소개하는 「스톤 하우스 대화록」*Stone House Conversations*이라는 저서의 지침이 되었다. 그 저서는 유니테리언 보편주의협회의 종교교육 자문 그룹과 직원들의 대화를 엮은 것이다. 13명의 참가자들이 간단한 논문을 기고했다. 각자 다음의 순서를 따랐다. "유니테리언 보편주의는 무엇인가?" "유니테리언 보편주의의 종교교육 목적은 무엇인가?" "이 목적을 성취하려면 교육과정에 어떤 내용과 경험을 포함시켜야 할까?"[22] 유신론적 입장이 가장 압도적인 것처럼 보이지만, 책을 읽는 사람들은 유대-기독교 전통을 고수하는 게 무엇을 의미하는가를 역시 접할 수 있다.23) 이 저서는 교육과정의 네 가지 구성 원리들-진화론, 과학적 방법, 민주적 절차 그리고 철저한 다원론-을 제시하는 인본주의 철학까지 명확하게 제시한다.24) 「스톤 하우스 대화록」은 유니테리언 보편주의의 다원론을 지적하면서 종교교육 운동이 발전시킨 방향 가운데 하나를 반영하고 있다.

2) 종교교육과 종교경험연구소

조지 코우는 지난 4반세기에 급속히 발전한 연구방법이 분명한 실증적인 종교 연구의 개척자였다. 가령, 그 덕분에 과학적종교연구회Society for Scientific Research in Religion가 출범했고 신앙교육에는 발달심리학을 비롯한 행동과학이 도입되었다. 따라서 장 피아제Jean Piaget나 로렌스 콜벅Lawrence Kohlberg 같은 이름들이 종교교육학자들과 상당히 친숙해졌고, 제임스 파울러James Fowler와 그의 동료들의 신앙발달 단계들에 관한 연구가 그 분야에서 무엇보다 중요한 새로운 업적으로 등장하게 되었다. 이 실증적 연구는 다음 장에서 보다 자세히 논의되기 때문에 여기서는 코우와 이 독특한 흐름의 관계를 지적하는 것만으로도 충분하다.

제대로 알려지지는 않았지만, 옥스퍼드의 맨체스터 칼리지에서는 또 다른 유형의 종교 연구가 진행되고 있다. 영국 출신의 과학자 앨리스터 하디Alister Hardy 경은 동료 과학자들이 인간의 삶에서 종교경험이 담당하는 역할을 파악할 수 있도록 1969년에 그곳에 종교경험연구소를 설립했다. 현재 에드워드 로빈슨Edward Robinson이 주도하는 일부 연구가 아동기의 종교적 특징을 중시한 바 있는 호레이스 부쉬넬과 일치한다.

로빈슨은 생활 속의 종교적 차원에 대한 어린시절의 경험을 사람들이 어떻게 이해하는지 확인하려고 설계한 질문지의 제작과 편집을 자신의 연구 프로젝트로 삼았다. 처음에 하디는 삶 속에서 어떤 방식으로든지 "자신들의 한계를 넘어서는 어떤 힘"을 겪은 사람들을 초대해서 그 경험과 영향을 소개하게 했다. 4,000명 이상의 참가자 가운데 15퍼센트 정도가 관련된 사건이나 경험을 어린시절까지 거슬러 올라갔다. 이것이 로빈슨의 관심을 촉발했다. 그는 어린이들이 세계를 경험하는 과정을 더 정확히 확인하기 위해서 특정 응답자군을 추적하기로 결정했다. 그래서 그는 약 500매의 질문지를 발송했는데, 거기에는 다음과 같은 질문이 포함되었다. "어린시절의 종교적 생각이나 감정이 자신의 가족이나, 혹은 본받고 싶었거나 아니면 단지 대화를 나누고 싶었던 사람들의 도움에 빚지고 있다는 것을 어떻게 생각하는가?" 이런 질문도 있었다. "어린시절의 하나님에 대한 개념은 부모에게서 확인한 것에서 비롯되었다는 생각에 어느 정도나 동의하는가?" 나머지 것들은 종교 의식의 발달 과정에서 학교교육과 종교조직의 영향, 종교 감정과 관련이 있는 "사회적으로 조장된 양심"의 출현, 자기정체성의 성장한다고 느껴지는 시기, 그리고 아동기가 성인기의 유리한 시점을 고려하는 방식에 관해서 질문했다.

이런 질문들에 대한 반응과 로빈슨 자신의 평가를 기초로 1977년에 「최초의 시각: 아동기의 종교경험에 관한 연구」*The Original Vision: A Study of the Religious Experience of Childhood*가 출판되었다.[25] 로빈슨은 그 저서에서 부쉬넬과 비슷한 견해를 갖고 있는 논지를 제시한다. "내가 아동기의 '최초의 시각' original vision이라고 이름 붙인 것은 단순히 상상력에 근거한 공상이 아니라 **지식**의 한 가지 형식이며 어떤 성숙한 이해에 도달하는데 필수적인 것을 가리킨다."[26]

로빈슨은 자신의 저서가 피아제의 이론에 근거하기는 했지만, 그가 아동기를 제대로 파악하지는 못했다고 지적했다. 피아제는 성인처럼 세계를 파악하지 못하는 어린이의 무능력을 출발점으로 삼고서 어린이를 "무기력한 성인"으로 간주하기 때문이었다. 오히려 로빈슨은 자신의 연구를 기초로 어린이는 나름대로의 가치 있는 경험을 한다고 주장한다. 그의 주장대로라면 다양한 아동기의 경험은 자기 입증적이며, 다른 권위 소재로부터 확인이나 허락을 필요로 하지 않는 절대적 권위를 직접 유지한다. 게다가 이런 경험은 개인의 자아의식에 기여하기 때문에 본질적으로 종교적인 것으로 간주하지 않으면 안 된다. 어쩌면 로빈슨의 가장 중요한 평가는 "여기 아동기의 개념에 포함된 모든 것에 공감하는 통찰을 결여할" 경우에는 "종교적"이라는 용어를 이해하거나 정의하는 게 불가능하다는 것일지 모른다.[27]

로빈슨의 연구가 지닌 한 가지 측면에 주목하게 되면 그의 시도를 가장 잘 확인할 수 있다. 교회의 예배와 종교 체계의 영향을 묻는 질문에 대해서 응답자 가운데 31퍼센트가 "아주 긍정적인" 영향을 받았고, 25퍼센트는 "다소 긍정적"이었다고 응답했으며, 30퍼센트는 "전혀 받지 않거나, 경우에 따라서 약간" 영향을 받았다고 응답했다. 그리고 9퍼센트는 "다소 부정적인" 영향을 받았고, 5퍼센트는 "아주 부정적인" 영향을 받았다. 답변 자체를 확대하게 되면 통계는 더 많은 의미를 제시하는데, 로빈슨은 어린이들이 시를 대하듯이 종교에 반응한다고 소개한다. 가령, 어떤 응답자는 이렇게 진술했다. "교회의 대규모 축제는 내 안에 향수를 자극했는데, 내가 잃어버린 그 무엇을 일단 깨닫게 된 것 같은 기분이었다." 이렇게 진술한 사람도 있었다. "내가 알 수 없는 무엇인가를 어느 정도 의식했던 것 같다.…지금도 예전이나 분위기, 혹은 지나친 신앙과는 무관한, 대단한 경험으로 기억하고 있다." 로빈슨의 평가는 이렇다. "사람들은 어린시절을 돌아보다가 의식적으로 모퉁이를 돌아선 어떤 특정 사건이나 특별한 순간들을 분명히 지적하지 못할 때가 종종 있지만, 엄청난 일이 진행되었다는 것은 여전히 기억하고 있다."[28] 로빈슨의 지적은 계속된다.

나는 지금껏 어떤 형식으로든지 종교 조직에 대해서 부정적으로 반응한 이들을 거의 인용하지 않았다. 그들은 무시할 정도는 아니지만, 소수였다(젊은 대상자의 4분의 1이 넘었다). 그렇지만 대부분은 아주 솔직했고, 그들은 종종 전부를 배격했다. 종교는 해석의 수단이 되는 언어를 제시하면 수용될 수도 있다. 아무리 분명하지 않더라도 무엇인가를 의식하는 것은 이미 실재하고 있다고 느낀 것이기 때문이다. 그러나 그것이 이미 만들어진 해결책을 제시할 뿐이라고 간주하게 되면 사정은 다르다. "교회에는 내가 겪은 경험과 조금이라도 일치하는 게 전혀 없는 것 같았다." 그것만이 실재했고, 그것만이 진정한 것이었다는 뜻이다.

나는 한 차례 이상 진정성에 대한 개념을 거론하게 했다.…여기서 우리가 확신하는 실재는 경험 그 자체에 속하지 않고, 그렇다고 해서 경험의 타당성을 추인하는 어느 초월적 질서에 전적으로 속한 것도 아니다. 신빙성이 입증된 것은 경험이 발생하는 자아이다. 다소 상이한 문제이기는 하지만, 그렇게 간주될 수도 있다는 것이다. 하지만 우리가 이렇게 은밀하지만 의심할 수 없을 정도로 인정하는 게 정확히 무엇인지 질문을 제기하면, 이전보다 덜 신비하고 모호해질 때가 많다. 종교는 이렇게 창발적인 자기의식을 지원할 수는 있지만, 그것을 지시하지는 못한다. 하나님이 이런 내적 권위를 수용하지 않는 이상 궁극적으로 인정을 받을 수 있는 교회는 없다.[29]

로빈슨의 지적 가운데 종교 경험의 성격에 관한 평가는 더 흥미롭다. 그는 선험적으로 정의하지 않고, 오히려 개인의 삶에서 그것이 차지하는 의미가 무엇인지 확인하려고 시도한다. 로빈슨의 주장에 따르면, 그것이 무슨 의미를 갖든지 간에 종교 경험에는 한 가지 요소가 포함된다. 즉, 성장을 가능하게 만든다는 것이다. "발생하는 것만으로는 경험에 도움이 되지 않는다. 반드시 그것을 '승인' 해야만 한다." 그는 계속해서 설명한다.

어느 응답자의 진술에 따르면, "종교적 경험은 '그 이상의 무엇' 이라는 상황이 존재한다는 느낌을 갖게 만드는 어떤 경험이다." 그 신비함을 분석하면, 초월성은 더 이상 이 "그 이상의 무엇"에 대한 느낌이 아니다. 결국, 의미는 유의미한 대상이나 상황 그 자체가 아니라 언제나 그것 너머에서 찾아야만 한다.…오늘날의 많은 사람들이 미켈란젤로의 웅장한 그림보다 반 고흐의 낡은 구두 때문에 더 큰 감동을 받게 된다고 생각하는데, 이것은 어떤 종교적 의미를 서술할 경우에 활용하는 방법이다. 그리고 이렇게 무의미한 것에 의미를 부여하는 것은 성서적, 기독교적 전통의 핵심 주제이다. 아주 세미한 음성, 겨자씨 한 알, 잃어버린 동전 한 닢, 참새 한 마리의 죽음은 종교 경험을 가능하게 하는 소재이다.[30]

로빈슨의 연구는 특히 마리아 해리스Maria Harris가 승계했는데, 교육과 예술에 관한 그녀의 저서는 개인의 종교 경험을 형성하는 이미지, 이야기, 그리고 상징의 능력에 중대한 의미를 부여한다. 이 주제는 다음 장에서 자세히 논의하게 된다.

그렇지 않았다면 로빈슨의 연구결과는 여전히 미국에서 별다른 영향을 발휘하지 못했을지 모른다. 그럼에도 불구하고 아동기의 종교 경험을 중시한 부쉬넬의 확신은 중요한 새로운 표현을 접했을 것이다.

3) 종교교육과 파울로 프레이리

브라질 출신 파울로 프레이리(1921~1997)는 종교교육학계에서 구체적으로 활동하지 않았지만 그의 이론은 수많은 현대 종교교육학자들―특히, 윌리엄 케네디William Bean Kennedy, 맬콤 워포드Malcolm Warford, 레티 러셀Letty Russell, 그리고 토마스 그룸Thomas Groome―에게 상당한 영향을 미쳤고, 그 덕분에 타당성이 입증되었다. 뿐만 아니라 프레이리는 교육을 사회 변혁의 수단으로 간주한다는 측면에서는 코우와 근본적으로 관점이 일치하고 있다.

이것은 프레이리가 듀이-코우 전통으로부터 영향을 받았다는 뜻이 아니다. 프레이리는 전혀 다른 소재와 환경을 통해서 자신의 이론을 구축했다. 프레이리는 미국인들의 삶에 뿌리를 둔 "하나님의 민주주의"라는 코우의 순진한 주장이나 자유주의적인 낙관론을 좋아하지 않을 것이다. 오히려 프레이리는 특히 제3세계의 시민으로서 코우의 사상에 담긴 이 차원을 상당히 비판적으로 간주할 수도 있다. 그렇지만 두 사람이 교육은 본래 정치적이고, 결코 중립적일 수 없다는 확신을 공유한 것은 분명한 사실이다. 교육은 사람들을 길들이지 않으면 해방시킨다. 프레이리와 코우는 해방시키는 교육은 구성적 특징을 소유하고 있기 때문에 억압하는 세력을 극복함으로써 사회를 재구성하려고 시도한다는 확신을 함께 공유한다. 아울러서 두 사람은 교육을 전적으로 교회 안에서 수행되는 "종교"교육의 범위를 넘어선 종교활동으로 간주한다.

  프레이리는 철저하게 인간적이 되어야 할 개인의 소명과 인간성을 부정하는 무수한 세력들이 존재한다는 사실에 대한 부수적인 각성을 출발점으로 삼고, 사람들로 하여금 자신들이 처한 상황을 비판적으로 자각하고 나서 변혁을 위해 싸울 수 있도록 도움을 제공했다. 그는 억눌린 사람들이 인간답게 생활하도록 해방의 교육을 발전시키는데 그들이 참여할 수 있게 돕는 절차를 핵심적인 문제로 간주한다.

  이것을 위해서 그가 활용하는 방법을 "억눌린 사람을 위한 교육"이라는 이름으로 부를 때가 많다. 프레이리의 교육은 "저축식 교육"banking education을 비판하는 것에서 시작된다. 그의 은유는 이미 아주 널리 알려져 있는데, 코우의 "전달식"transmissive 교육(창조적 교육과 대조적인)의 개념과 비슷하다. "저축식"교육은 타인을 철저히 무시하기 때문에 교사는 전문가이고 학습자는 수동적인 수용체로 간주한다. 따라서 교사는 교육의 진행을 장악하고, 모든 대화를 통제하고, 모든 결정을 내리고, 그리고 지식의 권위와 자신의 직업적 권위를 혼동한다. 결국, 학습자들이 자신들에게 부과되는 "예금"deposits을 쌓아두려고 하면 할수록 "세계의 변혁자로서 세계에 간섭할 때 형성되는 비판의식이 발달하지 않는다."고 프레이리는 주장한다. 달리 말하면, "그들이 자신들에게 부과되는 수동적 역할을 완벽하게 수용하면 할수록 그만큼 실제 세계는 물론이고 자신들에게 예금되는 단편적인 현실에 대한 견해에 순진하게 순응하는 경향이 있다."[31]

  이와 달리 프레이는 "문제 해결식"problem-solving 교육을 제안하는데, 그것을 통해서 "비판의식"이 형성되고 억압적인 상황을 변혁할 수 있다. "문제제기"problematizing는 세계를 바라보는 한 가지 관점이라기보다는 "상황이 진행되는 방식"을 용납하거나 제시하는 것을 문제 삼는다. 그것은 현실은 정말 사회적으로 구성되고-피터 버거Peter Berger와 토마스 루크만Thomas Luckmann이 주장한 것처럼[32]-전통적으로 사물에 이름을 붙이는 방식이 유일한 가능성이 아니라는 인식에 근거한다. 더 나가서 문제제기는 교사가 모든 문제에 대답할 수 없다는 고백에 근거한다. 이것 때문에 순수한 교육적 상황은 반드시 자기만족과는 양립이 불가능한 태도라고 할 수 있는 대화로 귀결되어야 한다. "만남의 순간에는 전혀 무지하거나 완벽하게 지혜로운 사람은 존재하지 않는다. 함께 지금 알고 있는 것보다 더 많이 알고자 노력하는 사람들만이 존재할 따름이다."[33]

프레이리가 초기에 시도한 문제제기 교육은 일차적으로 읽기와 쓰기 교육literacy을 지향했다. 농부들이 스스로의 상황을 살펴보고, 핵심 주제를 만들어내고(가끔 슬라이드, 사진, 그리고 테이프를 이용한 토론을 이용하는) 그리고 그 주제들을 의미 있는 낱말들("생성적 낱말들," 즉 "오두막," "쟁기," "빈민가," "노동")로 표현하는 수단으로 읽기를 깨우칠 수 있게 돕는 프레이리의 방법은 단순하고, 의미 없는 문장들과 어휘를 기초로 만들어진 문맹퇴치 프로그램과 상당히 대조적이다. 브라질의 농촌 빈민에게 실시한 프레이리의 읽기와 쓰기 교육 프로그램은 대단한 성과를 거두었다. 가령, 1960년대 중반에 10개월간 그가 조직한 팀들이 수천 명의 농민에게 읽기를 가르치는데 한 달 반이 걸리지 않을 때가 많았다. 그런데 그들이 글을 읽는 법만 배운 것은 아니었다. 그들은 보다 비판적인 시선으로 삶이 처한 상황을 읽는 법을 익혔다. 프레이리는 이 때문에 1964년에 체포되어 구금되었다가 칠레로 망명해야 했다. 그는 칠레에서 에두아르도 프레이Eduardo Frei가 이끄는 기독교민주당Christian Democratic 정부와 더불어 5년간 활동하고 나서 하버드 대학교에서 가르쳤고 제네바의 세계교회협의회 교육분과 특별자문위원으로 위촉되어 종교교육학자들에게 영향을 끼쳤다.

종교교육 분야에 끼친 프레이리의 영향은 아마 그의 활동에 핵심이라고 할 수 있는 "의식화"conscientization와 "프락시스"praxis라는 두 가지 낱말들로 요약된다. 전자는 현실의 사회적, 정치적 그리고 경제적 모순을 비판적으로 인식하게 되는 과정을 뜻한다. 후자는 이론과 실천을 변증법적으로 유지함으로써 성찰하면서 행동하고 그리고 행동하기 위해서 생각하는 일에 집중한 것을 지칭하는데, 이것은 존 듀이의 개념과 달랐다. 비판적이 된다는 것은 "충분한 프락시스" 속에서 생활하는 것, 바꾸어 말하자면 개인의 행동이 서서히 개인의 사고를 구성해가는 비판적 성찰을 포함하고 그것을 통해서 아주 순진한 현실에 대한 지식으로부터 "현실의 원인들"을 확인할 수 있게 하는 수준으로 나가게 되는 것이다.[34] 의식화의 과정과 프락시스라는 개념은 7장에서 소개하듯이 현대 종교교육의 핵심적인 용어가 되었다.

그렇지만 지금은 코우에서 프레이리로 진행된 사상의 경로를 파악하는 게 중요하다. 두 사람은 철저하게 다른 세계의 출신이지만, 단지 개인의 회심보다는 사회 변혁에 적합한 교육적 과정을 구성하려는 공통된 노력은 종교교육을 상당한 수준으로 발전시켰다. 사실 코우는 "구원은 오직 다른 사람들과 더불어서 성취될 수 있다"는 파울러의 확신에 갈채를 보냈을 것이고,[35] 그리고 프레이리의 활동은 종교교육이 새로운 세계를 조성하는데 진력해야 한다는 코우의 신념과 다르지 않다.[36]

4) 종교교육과 가브리엘 모런

가브리엘 모런의 수많은 저서는 분류가 쉽지 않다. 모런의 작업을 현대 **종교교육**의 흐름에 포함시킨다고 해서 그의 저서들이 취급하는 모든 영역을 정당하게 평가했다고 주장할 생각은 없다. 그의 사고 영역 자체가 광범위한 독창적 개념들의 스펙트럼을 제시한다. 그렇지만 여기서는 모런의 작업 가운데 한 가지 측면, 즉 교회에 출석하는 사람들이 다음 세대에 신앙을 전달하기 위해서 수행하는 것보다 폭넓은 방식으로 종교교육을 개념화하려는 그의 시도는 분석하기에 적합하다. 신학적 언어는 종교교육을 지배할 수 없고 종교교육 자체는 공적이며 세상을 지향한다는 모런의 확신에서 코우의 사상이 다시 한번 등장하는 것을 확인할 수 있다. 아울러서 이것은 직접적인 영향을 받는 계열에 해당한다는 것을 의미한다기보다는 몇 가지 전제들을 공유한 데 따른 친숙한 관계를 지칭한다.

코우가 그랬듯이 모런은 코우가 "전달식 교육"이라고 부르던 것과 자신이 "아동으로 하여금 공식적인 교회에 복종하도록 주입하는 교회의 관리들"이라고 언급한 것을 거의 활용하지 않는다. 모런은 공동체적 성격을 강조하면서 종교교육을 "종교 공동체 전체가 세계 전체를 마주한 채 자유롭고 지적인 결단을 내리도록 교육〔하는〕 전체적인 종교 공동체"로 즐겨 정의한다.37) 코우의 후계자 해리슨 엘리엇 Harrison S. Elliott처럼 모런은 "기독교교육"을 거의 신뢰하지 않는다. "대체로 교육의 주류를 벗어난" 것으로 간주하기 때문이다.

> 신정통주의 신학은 기독교가 "계시된 말씀," 즉 인간의 경험과 종교와 구분할 수 있는 순수한 메시지에 근거하고 있다고 주장했다. 그 신학을 교육적으로 적용한 게 "기독교교육"이며, 그것의 주요 임무는 "구원의 메시지를 선포하는 것"이다. 그 메시지를 섬기는 데 투입되는 모든 교육적 기교와 교육심리학을 교육적인 것으로 보장할 수 없다.38)

모런은 가톨릭의 교리문답 운동 역시 교육의 모험과는 거리가 먼 그와 같은 운동을 공유하고 있다고 비난한다. 때문에 모런은 오랫동안 "종교교육"이 그 분야에서 가장 적절한 용어라고 주장해왔다. 사실, 모런은 "종교"와 긴장상태에 있는 "교육"(듀이처럼 그는 "인간 이해의 성장에 필요한 경험의 체계적 계획"으로 간주한다.)이라는 용어를 유지하고 싶어 한다.39) 종교교육을 교구나 교회 너머로까지 확대하려면 교회의 언어는 물론이고 교육의 언어까지 구사해야 한다.

따라서 모런은 자세한 이유까지 일치하는 것은 아니지만 코우처럼 신학이 종교나 종교인에 관해서 보다 체계적으로 그리고 통찰력 있게 사고하는 과정에 "겸손히 공헌할" 따름이라고 생각한다. 종교교육은 삶의 의미를 종교적으로 사고하는 것을 수반하기 때문에 그 삶을 공유하는 이들과 그렇지 않은 이들을 모두 포괄하는 관계 안에서 수행하지 않을 수 없다.

결국 종교교육의 언어는 불가피하게 두 가지 요인들에 민감해야 한다. 즉, 종교집단 고유의 내적 언어와 기타 종교집단의 내적 언어 간의 긴장, 그리고 종교집단의 내적 언어와 종교집단에 대한 헌신을 넘어서는 언어, 즉 그 분야의 공적 특징들 사이에서 빚어지는 긴장이 거기에 해당한다. 가령, "신앙"이나 "계시" 같은 용어를 신학적 방식으로만 접근하는 것은 충분하지 않다. 모런은 신학이 실제로 종교교육의 배경(그 방법이나 구조, 그리고 제도적 형식이 아니라)에 공헌할 수도 있지만, 종교를 가진 사람이 체계적이며 포괄적인 연구에 기여하기에는 다소 심각한 한계를 지니고 있다고 주장한다. 첫째, 신학은 기독교 교회의 내적 언어와 너무 긴밀하게 결합되어 있다. 둘째, 기독교 신학 방법들이 상당히 다양하기는 하지만, 신학은 여전히 삶의 종교적 차원을 언급하는 한 가지 모형에 불과하다.[40]

모런의 또 다른 사상적 측면은 나중에 또 한 차례 다루게 된다. 하지만 적어도 이 대목에서는 모런이 **종교교육**-그가 교육의 역할과 신학의 한계를 분명하게 인식하고 있다는 것을 증명하는-이라는 용어를 선호해서 코우와 엘리엇의 궤도를 따르는 게 분명하다는 것을 인정할 필요가 있다.

3. 기독교교육

어쩌면 **기독교교육**이 고전적 표현으로서 간직하고 있는 대표적인 특징은 신학, 특히 성서신학에 중대한 역할을 부여하는 것일지 모른다. 역사비평historical criticism과 "탈비평적"postcritical 성서연구가 발전하면서 성서신학운동이 쇠퇴하게 되고 주류를 형성하던 신정통주의의 유형들은 영향력을 상실했다. 때문에 랜돌프 밀러Randolph Crump Miller의 경우에는 종교교육을 지탱할 목적으로 과정신학process theology 유형들을 끌어들이려고 시도했고,[41] 신학을 종교교육의 "실마리"라고 주장하던 초기의 주장을 수정했다. 신학과 교육이론이 동등한 목소리를 내야 한다는 게 현재 밀러의 주장인데, 이것은 1952년부터 일관되게 고수해온 태도를 확실하게 바꾼 것이다.[42] 신약성서의 여러 공동체들로부터 상이한 관점들을 이끌어내고 있는 엘리스 넬슨C. Ellis Nelson은 「신앙의 터전」Where Faith Begins에서 회중 생활 그 자체가 교육과정이었다는 사실을 입증해냈고, 신앙의 의미는 삶 속에서 발생하는 사건들과 관계를 맺고 있는 역사와 회중의 구성원들끼리 상호작용을 하면서 진보한다는 자신의 논지를 문화인류학 및 사회학과 통합해서 확대시켰다.[43] 요컨대, **기독교교육**이라는 고전적 형식의 특징이었던 변증법적 신학이 사회과학을 한층 더 전용하는 또 다른 신학적 관점으로 대체된 것이다. 하지만 그와 같은 전용은 넬슨의 「신앙의 터전」과 레티 러셀Letty Russell의 「파트너쉽과 교육」Growth in Partnership에서 볼 수 있듯이 성서신학에 대한 상당한 관심에 기초하고 있다.[44] 사회과학을 활용하려는 흐름은 로렌스 콜벅Lawrence Kohlberg의 도덕발달 이론을 비판한 크레익 다익스트라Craig Dykstra[45]와 교수teaching에 관한 저서를 집필한 새라 리틀Sara Little처럼 신학적 관점을 유지하는 여러 저서들로부터 비판적으로 검토되고 있다.[46] 따라서 현대적 흐름 속에서도 **기독교교육**은 성서나 신학적 유형들을 여전히 중시한다.

대체로 **기독교교육**은 신앙교육의 과정을 서술하는데 무엇보다 자주 활용되는 용어가 되었다. 이렇게 활용 범위가 확대된 것은 바르트주의자들에게 굳이 신세를 질 필요가 없는 다양한 신학적 및 교육적 견해들이 반영된 것이다. 신학적 기반의 확대와 사회과학에 대한 개방적 자세는 기독교교육의 융통성을 입증하는 것이지만, 동시에 그 성격과 목적에 관한 명료성과 통일성을 다소 결여하고 있다는 뜻으로도 해석될 수도 있다.

따라서 어떤 의미에서 "**기독교교육**"이라는 용어는 더 이상 과거처럼 교회의 교육과정 영역에서 신학에 우선권을 부여한다는 것을 의미하지 않는다. 다양한 관점들이 폭넓게 수용되고 있기 때문에 현대적인 변형들을 지도로 작성하는 것은 간단한 일이 아니다. 오늘날 개신교와 가톨릭의 여러 학자들은 **기독교교육**의 범위 안에서 자신들의 작업을 진행하면서도 신정통주의와 동일한 비판은 염두에 두지 않는다. 그렇기 때문에 지금부터는 **기독교교육**이라는 고전적 표현의 연속성과 불연속성이라는 핵심적인 요소만 간단하게 추적하고자 한다.

1) 현대의 기독교교육: 고전적 형식과 일치하는 요소들

기독교교육의 상수들 가운데 하나는 계시, 그중에서도 특히 성서에 관심을 갖는 것이다. 가령, 이것은 회중의 신앙생활이 발휘하는 형성적 능력을 연구한 엘리스 넬슨의 「신앙의 터전」에서도 즉시 확인할 수 있다. 넬슨은 계시가 전통의 진정한 의미를 노출시킴으로써 개인으로 하여금 자아를 초월해서 문화의 바깥에 설 수 있도록 만든다고 강조한다. 그는 계시가 발견되지 않고, 외부로부터 주어진다는 사실을 독자에게 주지시킴으로써 자유주의자들의 특징인 점진적 계시의 도식을 비판한다.[47] 넬슨은 성서의 문헌을 만들어낸 다양한 공동체에서 신앙이 어떤 역할을 했는지 입증함으로써 회중의 삶과 신앙의 역할에 관한 자신의 논지를 소개하고 있기 때문에, 성서는 핵심적인 역할을 한다. 비록 넬슨이 전임 기독교교육학자들보다 성서의 역사비평학을 한층 더 폭넓게 활용한 게 사실이지만, 그렇다고 해서 그들보다 성서를 의지하지 않는다는 것은 아니다. 레티 러셀이 주장하는 신앙교육의 핵심적인 은유인 파트너쉽partnership 역시 현대의 성서학에 근거한다. 기독교교육의 궁극적 목적은 예수 그리스도를 통한 하나님의 나라라고 하는 토마스 그룹의 제안 역시 마찬가지이다.[48]

기독교교육이라는 고전적 표현의 또 다른 핵심적 요인은 교회를 중시하는 것이다. 넬슨은 신자들의 공동체에서 신앙이 발달하는 과정을 이해하는 것을 교육적 과정의 필수로 간주했고, 존 웨스터호프John H. Westerhoff는 "학교식-교수 패러다임"보다는 교회가 신앙을 전달하는 방식을 중시한다. 웨스터호프는 신학보다 철학, 사회과학, 그리고 일반교육을 의지하는 것에 의문을 제기한다.49) 웨스터호프는 학교수업보다 신앙공동체를 강조하는 새로운 패러다임을 제시하고 있다고 주장하고는 있지만, 그의 논지는 신학 이외 분과의 지나친 영향에 이의를 제기하는 한 신정통주의 전통과 일치한다.50)

보다 최근에는 크레익 다익스트라가 교회를 강조하면서 특히 넬슨의 초기 저서에 어울리는 다섯 가지의 논지들을 제시했다.51) 다익스트라는 기독교교육의 영역을 정의하다가 핵심적인 질문-기독교교육이 교회 안에 그리고 교회에 속해 있음으로써 어떤 방식으로 독특한 형식을 갖추게 되는가?-을 제기했다.

> 기독교교육은 교회가 역사적, 공동체적, 난제적, 반문화적 교회의 실제를 가르쳐서 교회로 하여금 한층 더 완벽하고 철저하게 그것들에 참여하는 법을 익힐 수 있게 하는 특정 활동이다. 그것은 하나님이 수행하는 개인적 및 사회적 삶의 구속적 변형에 공동체가 훨씬 더 심층적으로 바라보고, 파악하고, 그리고 참여하게 되는 문답식 교수학습의 과정(질문, 해석, 성찰 그리고 돌봄과 연루된)이다.52)

다익스트라는 기독교교육의 실행만으로 교회가 성립할 수 없다고 지적하면서도 사람들이 교회가 무엇인지 인식하도록 촉진함으로써 그 역동성과 본질을 어느 정도 파악하게 될 때 교회 생활에 보다 강렬하게 참여할 수 있다고 주장한다. 뿐만 아니라 기독교교육은 단지 교인의 증가보다 교회가 하나님의 구속 활동에 참여하게 되는 도구이다.

계시, 성서 그리고 교회를 집중적으로 강조하는 것은 고전적 표현으로서의 **기독교교육**과 연속적인 요소들을 가리킨다. 실제로 위에서 인용한 학자들의 작업은 이런 규범만으로는 분류할 수 없다. 그들의 주장에는 신정통주의의 요소들과 쉽게 결합될 수 없는 또 다른 차원이 존재하기 때문이다. 그럼에도 불구하고 기독교교육의 분야에 속한 현대 학자들은 자신들의 전임자들에게 적지 않게 신세를 지고 있다.

2) 고전적 형식과 일치하지 않는 현대 기독교교육

어쩌면 과거의 학자들과 가장 의견을 달리하는 요소를 꼽는다면 **선포**proclamation보다 **과정**process을 중시하는 것일지 모른다. 오늘날 기독교교육을 논하는 대부분의 사람들은 계시된 말씀의 권위적인 특성을 그리 중시하지 않고 오히려 계시의 과정, 즉 신앙이 뿌리를 내리고 발달하는 역학에 관심을 갖고 있다.

이것은 교육과정과 교수를 중시하는 사람들 가운데서 특히 두드러지는데 캠벨 위코프D. Campbell Wyckoff, 새라 리틀, 메리 무어 Mary Elizabeth Moore, 그리고 찰스 포스터Charles R. Foster가 단연 대표적이다. 아주 실제적인 의미에서 위코프와 리틀은 고전적 형식의 **기독교교육**으로부터 지금 논의를 계속하고 있는 현대적 형식으로 이행을 시도한다. 그들이 이런 재구성을 가능하게 만드는 대표적인 촉매자들에 해당한다고 말할 수도 있다. 그들은 줄곧 과정에 깊은 관심을 표명해왔기 때문이다.

리틀이 최근의 저서에서 피력하는 것처럼 교수는 교회가 개인들로 하여금 혼란스런 세계에서 의미를 찾도록 돕는데 활용할 수 있는 의도적 행위이다. 교수는 "도움이 되는 지성을 추구하는 신앙"에 대한 응답이다.[53] 리틀은 교육학에 의존하는 것을 비난하는 이들과 달리 의도적인 교수가 신념belief을 형성하는데 본질적이라는 주장에 그것을 활용한다.

신앙 공동체에 의해서 유지되고, 개혁되고, 그리고 구체화되는 신앙에 의해서 비롯되고 형성하는 개인의 사고력과 관계된 신념은 삶을 통합하고 보전하는데 있어서 중요한 요인이 될 수 있다. 이런 유형의 신념을 형성하는데 기여하는 교수는 분명한 목적을 가진 다양한 모형들의 선별적 활용을 필요로 하고, 의도적 교수를 지원하고 상호작용을 하는 맥락의 존재를 가정한다.[54]

따라서 리틀은 믿음을 강화시키는 교수 전략을 설계하기 위해서 교육학 문헌을 활용한다. 그녀는 사고를 자극하고, 상호작용을 격려하고, 간접적 커뮤니케이션을 촉진하고, 개인적인 자각을 조장하고, 그리고 행위와 성찰을 서로 결합하는 모형을 선택한다.

리틀보다 구체적이지는 않지만 무어와 포스터 모두 교육의 과정을 중시하는 일관된 논지를 발전시키고 있다. 그들의 작업은 나중에 다시 다루기 때문에, 여기서는 교육의 과정을 강조하는 기독교교육학자들 가운데 그들을 포함시키는 게 타당하다는 것만 지적해둔다.

기독교교육은 관심이나 강조, 그리고 주제가 아주 다양하다. 따라서 분석이 쉽지 않다.

4. 가톨릭교육-교리문답

여러 가지 측면에서 **가톨릭교육**은 가톨릭 학교와 동의어가 되었는데, 일반적인 대화는 더욱 그렇다. 때문에 가톨릭교육의 철학 및 신학적 근거에 대한 논의는 학교의 정당화와 서로 맞물려 있는 것처럼 보인다. 그럼에도 불구하고 학교를 포함하면서도 거기에 국한되지 않는 가톨릭교육에 대한 독특한 현대적 이해로부터 일부 중요한 사상의 흐름을 구별하는 것은 가능하다. **교리문답**(catechesis)을 초심자를 신앙공동체의 삶으로 사회화하는 방법으로 간주하는 것도 바로 이 때문이다. 따라서 일차적으로 가톨릭 교육학자들의 자기 이해를 다루고 나서 교리문답 이론의 기초가 되는(적어도 암묵적으로는) 견해를 제시하는 학자들로 넘어가야 한다.

1) 제2차 바티칸공회 이후의 가톨릭 교육철학: 새로운 시대

제2차 바티칸공회 이후 가톨릭신자들은-적어도 미국에서는-교육 현장에서 무수한 변화를 목격했다. 세계에서 가장 큰 규모의 사립학교 제도를 구축하고 있는 가톨릭 학교는 대다수가 주장하는 것처럼 학교와 입학 인원의 모두의 감소와 새로운 의미의 선교를 개발하는 것을 포함해서 정체성의 위기를 성공적으로 극복했다.[55] 교구학교와 기독교교리협회의 기관을 통해서 아동의 종교교육을 중시하는 전통적 입장은 성인을 포함하는 쪽으로 확대되었고, 덕분에 교육 기관들을 새로운 형태를 조성하고 교구 생활에 새로운 의미를 부여할 수 있었다. 게다가 공회의 논의에 따른 결과로서 1972년에 **성인기독교입문의식** *Rite of Christian Initiation of Adults*(RCIA)에 또다시 세례준비기간을 포함시키자 유아세례에 대한 격렬한 찬반 논쟁을 야기한 것은 물론이고 가톨릭의 공동체적 성격에 관한 연구가 상당히 많이 진행되었다.[56] 후자의 엄밀한 조사는 RCIA가 "로마 가톨릭에서 회의 이후의 예전 개혁에서 이룩한 가장 중요한 진전이며…[그것은] 우리 가톨릭 신자들이 스스로를 교회로 인식하는 과정에 가장 큰 영향을 미칠 것"이라는 열렬한 반응을 이끌어냈다.[57] 보다 최근에는 북미의 가톨릭 신자들이 교육의 활성화를 위해서 제3세계 여러 국가들의 이른바 바닥공동체들base communities의 잠재력을 검토하기 시작했다. 이 연구는 보다 작고, 보다 개인적인 공동체 모임에 대한 강력한 관심을 교회 생활의 일차적 경험이자 구성원을 교육하는 기반으로 상당 부분 고려하는 것과 일치하고 있다.

2) 제2차 바티칸공회 이후의 가톨릭 교육철학: 가설

이처럼 공회 이후에 이룩한 발전을 뒷받침하는 전적으로 포괄적인 가톨릭의 교육철학이 존재할까? 가톨릭 학교의 정체성을 형성하는 뿌리에 대한 확신, 성인의 교육과 형성(특히 세례준비기간)에 대한 주목 및 바닥공동체에 대한 관심은 어떻게 표출되고 있을까?

이렇게 서로 결합된 가톨릭 교육의 차원들을 포괄하는 통합적이고 명쾌한 진술이 부재할 경우에는 가설을 제시하는 게 적절할 수도 있다. 제2차 바티칸공회 이후의 로마 가톨릭 교육철학은 일차적으로 가톨릭 자체의 특성에 기원을 두고 있다. 둘째는 다양한 공식적 및 그에 준하는 모임들(가령, 전국주교회의, 전국가톨릭교육협회와 같은 모임들)의 선언과 출판물이며, 셋째는 다양한 형식의 가톨릭 공동체의 통일된 생활(가령, "신앙 공동체"로서의 학교, 교구기관, 정의센터, 그리고 기타 대안교육기관들)인데, 특히 이런 공동체들이 "선교 선언"에 등장하는 이념들을 형성하고 구체화하는데 힘쓰고 있기 때문이다. 그 공동체들은 보다 자세히 검토할만한 어떤 일관된 형태를 유지하고 있다.

3) 가톨릭신앙의 특징들: 그 교육철학의 구심력

가톨릭신앙의 성격에 따라서 결정된 기본적인 조직을 개신교 신학자 랭던 길키Langdon Gilkey가 개략적으로 서술했고, 계속해서 리처드 맥브라이언Richard P. McBrien이 확대시켰다. 길키는 가톨릭의 고유한 특징들을 다섯 가지로 정리한다. 첫째, **인간됨**peoplehood에 대한 견해가 가톨릭신앙에 전반적으로 자리 잡고 있어서 다양한 인종과 문화를 포함하고 개인주의보다는 공동체를 조장한다. 둘째, **전통**tradition을 중시한다. 사람들을 형성하는 데는 연속성이 존재하고 과거의 경험을 존중한다. 셋째, 길키가 **카리타스**caritas라고 부르는 게 가톨릭신앙의 핵심이다. 이것은 가톨릭신앙의 가장 무형적인 특징일지 모른다. 길키는 삶에 대한 사랑, 지체의 축하, 그리고 인간의 죄성에 대한 일정한 관용이 흘러넘치는 공동적인 삶의 자비와 은총 의식을 지칭하는데 그 용어를 활용한다. 넷째, 길키는 **성례성**sacramentality, 즉 일상적이며 평범한 세상의 상징들을 통해서 매개되는 하나님과 은총의 임재에 관한 확신을 가톨릭신앙의 고유한 것으로 간주한다. 끝으로, 그는 **합**

리성rationality의 중요성에 주목한다. "신적 신비가 전통적이며 성례전적인 임재를 통해 현현한다고 주장하는 것은 가장 첨예한 합리적 성찰에 의해서 간파되고, 옹호되고, 그리고 설명될 수 있는 범위 안에서 가능하다."[58] 맥브라이언은 길키의 다섯 가지 특징을 기초로 **기독교적 실재론**Christian realism(세계가 의미에 의해서 매개된다)이라는 철학적 초점과 **성례성**(하나님은 가시적, 구체적, 창조적 질서 안에서 그리고 그것들을 통해서 임재하고 활동한다), **중재**mediation(하나님은 은총을 전달하기 위해서 표지와 도구를 활용한다), 그리고 **성만찬**communion(우리가 하나님에게 나가고 하나님이 우리에게 다가오는 방법은 공동체가 매개한다)의 원리라는 신학적 초점을 모두 지적한다.[59]

로즈메리 휴튼Rosemary Haughton은 길키와 브라이언의 분석을 「가톨릭적인 것」The Catholic Thing에서 구체화하면서 가톨릭 정신은 "하나님 나라를 추구하면서 인간의 삶을 전일적으로 통합하는" 시도였다고 주장한다.[60] 그녀의 논지는 가톨릭 교육철학의 핵심을 지적한 것으로 평가할 수 있는데, 1967년에 전국가톨릭교육협회(National Catholic Educational Association)가 후원하고 1백 명 이상이 참가한 심포지엄의 결과와 다르지 않다.

> 어떤 의미에서 교육은 교회의 핵심적인 사명이다. 일반적으로 간주하듯이, 교육을 통해서 사람은 보다 충실하게 인간적이 된다. 사람이 실재의 가장 심오한 차원과 접촉하게 하는 이것은 역시 교회의 업무이다. 교육이 보다 협소하게, 보다 형식적인 의미와 특히 종교적 형성과 무관하게 받아들여질 때조차 그것은 교회의 관심사이다. 사람이 자신과 삶의 의미를 이해하는데 영향을 미치기 때문이다.[61]

4) 가톨릭 교육철학을 위한 문서

어쩌면 미국에서 가톨릭교육을 거론한 가장 포괄적인 선언은 주교 목회서신인 「예수처럼 가르치기: 가톨릭교육에 관한 목회 소식」

*To Teach as Jesus Did: A Pastoral Message on Catholic Education*일지 모른다.[62] 앞서 인용한 것과 비슷한 생각을 갖고 있는 주교들은 "교육이란 교회가 개인의 존엄성과 공동체를 구성하는 일을 수행하는 가장 중요한 방법 가운데 하나"라고 주장한다.[63] 그들은 더 나가서 교회의 교육적 사명은 "교회가 선포하는 하나님에 의해 계시된 메시지(*didache*), 성령을 따르는 교제하는 삶(*koinonia*), [그리고] 기독교 공동체와 전체 인간 공동체에 대한 봉사(*diakonia*)라는 서로 맞물린 세 가지 차원들을 포괄하는 통합된 사역"이라고 단언한다.[64] 이 세 가지 요소들-메시지, 공동체, 봉사-은 가톨릭교육의 의미를 지속적으로 성찰하는데 여전히 중심이 되고 있다.[65]

「예수처럼 가르치기」는 특별히 상당한 영향력을 행사한 문서였던 것 같다. 특히 "전체 가톨릭교육"의 비전, 성인교육의 옹호, 그리고 가톨릭 학교들이 "신앙 공동체"가 되어야 한다는 주장에 집중적으로 영향을 미쳤다. 첫째, 그 서신은 성인교육, 가족 중심 교육, 학원 사역, 가톨릭 칼리지와 대학교, 기독교교리협회(CCD) 및 기타 교구 프로그램, 그리고 가톨릭 학교와 청소년 사역처럼 교회의 지원을 받는 다양한 교육기관이나 기구를 거론한다. 이렇게 광범위한 범위는 메시지, 공동체 그리고 봉사라는 삼중적 규범의 맥락에 속한 가톨릭교육의 영역에 의미를 부여한다. 따라서 가톨릭교육을 일반 학교교육과 동일시하는 것을 효과적으로 거부하면서 각 기관으로 하여금 전체적인 구성형태와 관련해서 스스로를 정의하도록 암묵적으로 압박한다. 둘째, 목회서신은 "지속적인 성인교육은 중요하지 않은 교회교육의 사명이 아니라 핵심이다"라는 주장을 통해서 우선순위의 중대한 변화를 제기한다.[66] 게다가 주교들은 성인교육의 대화적 성격이라는 새로운 의미를 제시한다. "교회의 이름으로 가르치는 이들은 단지 성인들을 가르칠 뿐 아니라 그들로부터 배운다. 만일 성인들에게 귀를 기울이면 유일하게 그들의 관심을 끌게 될 것이다."[67] 이런 진술은 평신도가 "헌금하고, 기도하고, 그리고 순종하라"는 낡은 공식대로 움직이던 시절과는 상당히 달라졌다는 의미를 담고 있다.

셋째, 가톨릭 학교를 문서에 포함시킨 것은 지지자들이 그 가능성을 보다 포괄적으로 간주하도록 추진력을 제공하고 가톨릭교육의 전체 맥락에 배치하려는 의도가 있었던 것 같다. 이것은 학교가 종교 진리와 가치를 삶과 통합할 수 있는 공동체로 간주했다는 것을 뜻했을 뿐만 아니라, 그것은 "봉사 프로젝트," 즉 학생들이 직접적이고 확실한 방식으로 다른 사람을 섬길 수 있는 프로젝트를 교육과정에 포함하도록 기초를 제공했다. "가톨릭교육의 일차 목적은 하나님의 사랑을 이웃에 대한 사랑과 결합하는 것"이기 때문이다.[68]

5) 의미를 추구하는 공동체: 가톨릭 교육철학의 전형

1972년에 발표된 서신이 제기한 주제들은 1970년에 창간된 NCEA의 계간지 『모멘텀』*Momentum*의 지면을 통해 대부분 계속해서 논의되었다. 가령, 여기서 "파급"permeation의 현대적 개념을 접할 수 있다.

> 학교와 관련된 사람들이 어떤 의도, 어떤 형식이나 복잡한 가치, 이해, 정서, 희망 그리고 꿈을 공유할 경우에는 수학과목, 체육활동, 춤, 교사의 휴식시간을 비롯한 다른 모든 일들을 철저히 규정한다.[69]

마이클 오닐Michael O'Neill의 주장대로라면 "파급"은 고전적 표현으로서의 가톨릭교육의 핵심에 자리 잡고 있는 실체를 반영한다. "종교적" 교육은 단순히 종교수업을 진행하는 것은 물론이고, 전체적인 교육적 경험을 형성하려는 의도를 포함한다. 종교는 교실의 상황에서 공부할 수 있고 반드시 그렇게 해야 하는 게 아니라, 그 이상이다. "종교 생활"—삶, 사랑, 고통, 섹스, 친밀감, 하나님에 관한 궁극적 질문[70]—은 교육과정(그렇지만 단지 명시적인 교육과정만이 아니라)을 **가득 채운다**. 이것이 가능할 때, 그 과정은 "우리의 후손을 교육할 수 있는 진정으로 해방된 공동체"를 형성해야 한다.[71]

6) 반문화 기관으로서의 가톨릭 학교

　　이런 표현은 가톨릭 학교를 반문화 기관으로 조성하는데 현재의 초점이 맞추어져 있다는 것을 보여준다. 일차적으로, 이것은 학교에서 정의와 평화 교육을 중시하는 일에 우선권을 부여하려고 강력하게 시도하는 것, 즉 공동체가 하나님과 이웃 사랑의 결합을 체계적으로 확장해서 파악할 경우에는 학교의 개념을 "신앙 공동체"로 확대하는 것을 중시한다는 의미로 간주되었다. 그 덕분에 가톨릭 학교가 종교수업(그리고 예산)만이 공립학교와 다르던 초창기부터 정체성의 변화를 겪은 것으로 보인다. 가령, 다수의 학교 지도자들이 "정의를 위한 행동이나 세계 변혁에 참여하는 것은 복음전파를 구성하는 차원으로 우리에게 구체적으로 나타난다…"는 1971년의 주교회의 성명의 의도를 간파하고서 보다 정의로운 사회질서를 형성하는데 필요한 지식과 가치를 확실하게 통합하는 방식에 관심을 가진 것도 그 때문이다.[72] NCEA 역시 "혼합법"infusion method, 즉 정의와 평화의 근본적인 개념을 특정 단위나 과정으로 분리하기보다 전체적인 교육과정에 통합하는 방식에 관한 워크숍을 후원하고 교사들에게 자료를 제공한다.[73] 뿐만 아니라 학교 운영위원회, 교사들, 그리고 종교담당자는 물론이고 설교자들을 대상으로 하는 두 권짜리 교육설계 자료집 「정의로운 사회의 모색」Seeking a Just Society을 출판하고 배부한다.[74]

　　가톨릭 학교를 반문화적 신앙공동체로 간주하는 이런 새로운 흐름은 종교수업의 전문성과 교사 및 지원자원의 "양성"formation에 대한 지속적 관심을 동시에 요구했다. 전자가 보다 적절한 신학적 준비작업을 의미했다면, 후자는 학교에서 신앙공동체가 발전하도록 기여할 수 있는 교사 생활의 종교 및 영적 차원을 강조한다.

　　그것[교사를 양성하는 일]은 전체적인 준비 과정에 필수적인 전문적인 교육을 포함하지만, 가톨릭교육의 기본적인 교훈이나 계시, 성서,

전통 그리고 교회의 문서와 같은 분야에 대한 지식과 이해를 촉진할 수 있는 보다 포괄적인 개념이다. 게다가 그것은 영적 성장과 발달의 원리들에 대한 지식과 이것들이 기독교적 가치교육과 연계되는 방법을 고려한다. 그렇지만 더욱 중요한 것은, **교사들을 기독교적으로 양성하는 일은 교육자들로 하여금 기독교적 자세와 성품을 지닌 인격체가 되어서 복음의 증인, 교회의 증인, 메시지의 선포자, 그리고 "삶과 교훈을 통해서 유일한 교사인 그리스를 증거할 수 있도록" 성령과 교제하는 사람이 되는 일종의 과정이라는 것이다** 〔강조 저자 추가〕.75)

마찬가지로 가톨릭학교최고경영자협회Chief Administrators of Catholic Schools(CACE)가 의뢰한 논문은 교사들이 스스로 복음화하고, 즉 그리스도를 따르는 제자직으로 전환하고, 교리문답을 하고, 즉 기독교적 삶의 의미와 적절성을 기꺼이 검토하고, 교회에 결합되어 있고, 즉 가톨릭의 정체성을 제대로 파악하고 있고, 성례전과 기도에 참여하고, 사회적 의식을 유지하고, 그리고 행동과학을 삶의 종교적 차원과 통합하는 방식을 추구함으로써 인간 발달을 성취하는 쪽으로 진행해야 한다는 결론을 내린다.76) "교사의 양성"이 교회에서 성인을 교육하는 일차적인 도구이며, 그에 따라서 「예수처럼 가르치기」에 처음 언급된 성인교육에 대한 관심과 학교의 기능을 통합하는 방법이 된 것은 흥미롭다.

7) 목회 언어와 교리문답

교사 양성의 강조는 목회 언어를 활용하게끔 만들었다. 가령, 교사는 "가톨릭의 교육 목회자"가 된다. 이렇게 교육 언어에서 목회 언어로 바뀜에 따라서 부정적이든 아니면 긍정적이든 간에 몇 가지 결과들이 제기되었다고 할 수 있다. 첫째, 교사의 종교적 및 영적 양성을 무엇보다 중시한 것은 학교를 도덕적 양성 기관으로서 상관적으로 강조한 것이다. 과거에는 이것이 지적 생활의 평가절하를 의미했지만 오늘날에는 이게 반드시 그런 경우에 해당하는지 결정을 내리지 못하고 있다. 사실, 교사의 직업적 능력과 신앙의 성숙 사이, 그리고 신앙을 소개하는 일과 신앙의 **비판적**(즉, 안목을 갖춘) 전용 사이에 긴장이 존재한다는 것을 확인할 수 있다. 이 때문에 주입식 방법 indoctrination에 대한 영원한 유혹을 새롭게 살펴볼 필요가 있는데, 이 주제는 나중에 검토한다. 뿐만 아니라 계시의 신학, 그중에서도 권위적인 계시의 해석자로서의 교회의 역할을 이해하는 절차의 중요성을 제시한다. 둘째, 목회 언어는 "총체적 교육"total education에 관한 관심을 가리키는데, 이때 학교는 교회의 전체 교육기관 구조에 자리를 확보하게 된다. 학교 교육을 목회로 간주하는 것은 목회 활동의 광범위한 범위에 그것을 포함시킬 수 있는 방법을 제공하는 것이다. 그것을 통해서 학교는 다소 고립을 벗어날 수 있다. 보다 긍정적으로 표현하자면, 그와 같은 언어는 학교가 비록 아주 중요하기는 하지만 가톨릭 교육의 일부라는 포괄적 견해의 근거가 된다. 그리 만족스럽지 않은 측면을 지적하면, 목회 언어는 교회의 배타성을 조장하고 궁극적으로는 가톨릭 학교와 공적 영역의 분리를 반영할 수 있다는 것이다.

  양성과 목회에 관한 새로운 주장에 대해서 결론을 내리기에는 이르다. 이 대목에서는 가톨릭의 교육철학이 점차 확실한 형태를 갖추어가고 있다는 것 정도만 지적할 수 있다. 신앙과 문화의 고전적 종합이 제자직을 지향하는 공동체 안에서 현재 진행되고 있는 것을 접하게 된다. 하나님의 부름에 대한 응답과 그리스도를 따르기로 한 결단을 일평생 심화하는 것으로 이해되는 회심은 핵심적인 요소로 간주되고 사람들이 다양한 사회적 가치들 속에서 생활하게 된다는 것을 뜻한다. 파급, 혼합, 그리고 양성에 주목하는 가톨릭 학교는 회심의 의미가 바뀌었다는 것을 보여준다.

  목회 언어는 제2차 바티칸공회 이후의 가톨릭 교육철학에 새로운 의미를 부여한 **교리문답**(catechetics, catechesis)의 언어와 관계가 있다. 교육철학의 공동체적 성격이 여기에서 다시 한번 분명히 드러나는데,

특히 **교리문답**은 근본적으로 신앙공동체로의 사회화(즉, 집단과 개인의 상호작용)를 경험하는 것이라는 버라드 마탤러Berard L. Marthaler의 주장이 대표적이다.[77] 마탤러가 생각하듯이 **교리문답**은 신앙을 일깨우고, 촉진하고, 그리고 발전시킨다. **교리문답**은 일상적인 삶의 이면에 존재하는 신비를 드러내고 표지(성서적, 예전적, 교리적, 실존적)를 읽고 해석할 수 있게 함으로써 개인의 의식을 고양하고, 그리고 전통의 지혜, 특히 우주에 대한 성례전적 견해를 전수한다. 따라서 이런 신앙교육 방법은 상응하는 세 가지 목적을 지니고 있는데, 그것들은 신앙의 성숙을 촉진하고, 개인에게 소속감을 부여하고, 그리고 공동체의 의미와 가치를 구성원들에게 각인시켜서 개인의 내부에서 상징체계가 공명하게 하는 것이다. 한 마디로 마탤러는 **교리문답**이 "공동체 교육"의 핵심이며, "개인이 교회와 동일시하도록 만드는 상호 연동하고 후원하는 기관과 단체, 직업적 지도자들과 시민 개인들, 공식적 및 비공식적 영향이라는 취약한 네트워크"를 구축하고 있다고 주장한다.[78] 그 임무는 단순히 개인에게 상징체계를 내면화시키는 것은 물론, 인간적 삶의 의미를 해석하고 행동을 구체화하는 방식을 제공하는 것이다.

마탤러의 주장은 가톨릭 교육철학의 공동체적 성격에 비추어보면 상당한 설득력이 있다. 그렇지만 그의 이론은 구성원들이 공동체의 전통에 사회화될 뿐 아니라 그런 전통이 왜곡되거나 절대화될 수 있는 방식을 구별할 수 있게 되는, 보다 포괄적인 종교교육에 대한 이해를 결여하고 있다. 다시 한번 리처드 니버의 유형론을 활용하면 사회화 이론으로서의 **교리문답**은 덜 변혁적인 그리스도와 문화를 통합하고 있다고 볼 수 있다. **교리문답**은 신앙공동체의 존재 주변에서 성장한 부수적인 것들을 비판적으로 검토할 수 없다. 가령, 현대의 교리문답 이론은 복음 전파의 "본질적 요소"라고 할 수 있는 정의에 관한 교회의 교훈에 분명히 근거하지만, 교회 공동체의 외부는 물론 내부에 존재하는 정의롭지 못한 구조에 관심을 촉구하지 못한다.

그렇지만 교리문답 언어는 인식의 정서적 차원과 사람들에게 신앙을 갖게 하는 공동체의 중요성을 강조한다. 보다 최근의 목회 언어와 마찬가지로, 그것은 성인기독교입문의식(RCIA)의 핵심 요소이다.

8) 성인의 기독교 입문 의식

특히 RCIA의 세 가지 측면들은 신앙을 갖게 하는 "후원," 정서를 포함하는 지식, 그리고 과정 중심의 교육이라는 가톨릭 교육철학과 아주 잘 어울린다.

성인의 기독교 입문 의식은 사람들을 신앙으로 안내하는 공동체의 역할을 확실하게 강조한다. 이것은 교육을 "후원"으로 제시하는 것이다. 학교가 신앙공동체를 발전시키는 과정을 도입했듯이 교구 역시 RCIA에 집중했다. 사실 이 의식을 다룬 상당수의 문헌이 교구의 공동체 생활의 수준에 따라서 바라는 결과가 결정된다고 주장한다.

게다가 RCIA는 사람들로 하여금 생활의 회심을 가능하게 만드는 형성의 과정으로 분명히 간주한다. 캐버너그Aidan Kavanagh가 세례 준비기간을 "회심치료"라고 평가했다고 앞에서 인용한 것을 기억할 필요가 있다.[79] 그것은 에드워즈Jonathan Edwards가 생각의 변화가 아니라 가슴의 변화가 필요하다고 간주한 것과 달리 지식의 정서적 특징을 중시한다. 동일한 맥락에서, 성인의 기독교 입문 의식을 지지하는 사람들은 교수teaching의 경험적 특징을 강조한다. 그들은 실제로 수업과 교육과정에 관한 어떤 교육 언어든지 가르치기에 부적절하다고 간주하는 경향이 있는데, 이는 예전의 전문화와 종교교육 사이에서 확대된 분열을 지칭하는 것은 물론이고 교육을 환원론적으로 이해하는 성향을 반영한 판단이다. 그렇지만 RCIA는 초심자뿐 아니라 후원자까지 신앙교육을 하는 방법이고, 가톨릭 학교교육에서 부각되는 핵심적인 특징들을 확실히 반영하고 있다. 그것은 사실 예전적인 의식이지만 가톨릭 교육철학의 한 가지 표현으로 간주해야 마땅하다. 아울러서 그것은 가톨릭의 전통 안에서 예전과 교육이 확고하게 결합되어 있다는 것을 증거하고 있다.

9) "바닥공동체"

공회 이후 가톨릭교육에 등장한 "신앙공동체"라는 개념에 가장 적합한 일은 소위 바닥basic 혹은 풀뿌리grass-roots 공동체가 제기하는 의미를 수용하는 것이다. 가끔 "CEBs"(스페인어 *Communidades Eclesiales de Base*의 앞 글자들을 조합해서 만든)로 불리기도 하는 이 공동체들은 대부분이 가난하고 거의 언제나 사회의 권력 구조에 속하지 못하는 그리스도인들의 작은 모임이다. 이 그리스도인들은 구성원들끼리 정의를 실천하기 위해서 성찰-이따금씩 성서 이야기에 근거해서-에 참여하는 공동체를 구성한다. 1950년대 후반에 브라질에서 출발한(최근의 평가에 의하면 활동적인 소집단은 현재 100,000개 정도이다.) 신앙공동체는 라틴 아메리카와 아프리카에 산재해 있고, 거기에 미치지는 못하지만 네덜란드와 이탈리아, 그리고 북아메리카에도 존재한다.[80] 성찰에 필요한 공동체의 맥락을 조성하는 일은 사회 질서의 재편을 지향한다. 바닥공동체는 음성을 거의 접할 수 없는 이들이 불의에 저항해서 외칠 수 있도록 연대를 형성할 수 있는 방법을 제공한다. 이런 공동체들이 추구하는 지식은 행동하도록 만드는 것이다. 따라서 **프락시스**praxis, 즉 행동과 성찰의 변증법적 운동에 초점을 맞춘다. 성서의 이야기를 말하는 순간 그들 자신들의 투쟁에 얽힌 일화들이 조명된다. 가령, 글을 모르는 농부들은 부유한 그리스도인들이 듣지 못하는 마리아가 부른 노래(눅 1:46~55)의 메아리를 접한다. 마리아의 찬가는 하나님이 굶주리는 사람에게 좋은 것으로 배부르게 한다는 소식을 접하는 방법이 되고, 그로 인해서 하나님의 사역에 참여할 수 있는 힘을 제공하는 희망을 갖게 만든다.[81]

CEBs는 일차적으로 정의를 위해 투쟁하는 가난한 사람들의 공동체로 존재하기 때문에, 모리스 모네트Maurice Monette가 지적했듯이 "교육 중심적"educational이기보다는 "교육 지향적"educative이다. 구성원의 교육보다는 사회의 변화를 목적으로 삼고 있기 때문이다.[82] 그것들은 보다 급진적인 신앙공동체를 대표하고 있고, 구성원들은 직접적으로 사회질서를 근본부터 바꾸고 개혁하기 위해서 활동한다. 따라서 그들의 교육은 "급진적"이고, 경우에 따라서는 스스로의 삶을 예리하게 "읽는" 방법을 익히도록 글을 가지고 사람들을 가르치는 "억눌린 사람을 위한 교육"pedagogy of the oppressed을 바탕으로 삼기도 한다.

> 이 방법론은 교양교육에서 일반적인 단편화를 거부한다. 그것은 개인이 처한 현실을 복음의 연구와 전파, 사회적 회칙에 관한 수업, 사회 분석, 그리고 사회의 정의를 위한 행동을 구별하지 않는다. 출발점은 세계 안에서 개인이 처한 상황이며, 그것은 사회적 분석과 신학적 분석으로 각각 이어진다.[83]

그리스도인의 바닥공동체는 "신앙공동체"의 대안이 되는 모형을 제시한다. 그것들은 무능력한 사람들(보다 형식적으로 종교 및 신학 교육을 준비한 이들이 이따금씩 격려하는)이 스스로를 가톨릭교육의 핵심으로 간주하는 방법을 소개하고 있으며, 교육을 통해서 남성과 여성이 보다 더 인간적이 되고 그리고 세계가 보다 더 인간적이 될 수 있다는 것을 보여준다. 휴턴의 표현을 빌자면, 그런 공동체는 "가톨릭적인 것"의 대담한 구현체이다.

CEBs의 정치적 성향은 한층 더 급진적이지만 매리지 엔카운터 Marrage Encounter, 쿠르실료cursillos(사흘간의 영적 갱신), 은사 갱신 모임, "의식 고양" 모임, 그리고 이혼자와 사별자 지원 모임 같은 공동체 운동의 교육적 기능을 의식하고 있다. 이 모든 모임들이 일차적으로는 교육과 무관하더라도 실제로는 공동체의 경험을 통해서 구성원들을 새로운 의식수준으로 안내한다. 지금껏 제대로 분석이 시도되지는 않았지만, 이런 모임들은 인식의 정서적 특징을 강좌는 성인교육을 제공한다. 그것들은 이따금씩 교회의 사명에 대한 연구를 심화할 수 있는 추진력과 새로운 방법이 되기도 한다.

10) 평화와 정의 연구소들

현대 가톨릭 교육철학의 표현들 가운데 전국에 산재한 정의와 평화 연구소들을 한 차례 더 소개할 필요가 있다. 일부는 교구의 지원을 받고 있고, 워싱턴의 시사연구소나 보스턴의 가톨릭연대, 그리고 남부 캘리포니아의 정의와 평화연구소는 종교 공동체와 교인들의 후원(시간과 돈)으로 운영되고 있다. 이런 사무실들은 교육과정 자료를 준비하고, 상징적 행위에 참여하고, 그리고 파편화된 세계에서 그리스도인의 책임에 대한 이해를 심화하려고 하는 이들을 위해 워크숍을 개최한다. 어떤 단체는 이렇게 운동 방향을 소개한다.

> 가톨릭연대는 특히 보스턴 지역의 가톨릭 공동체와 그 이외 지역에서 증가하는 가톨릭 신자들을 교육하는 것은 물론 구성원들로 하여금 평화, 중미, 도시의 임시거처 마련 그리고 무주택 문제와 같은 정의로운 공공정책을 위해서 활동하도록 동기를 부여하기 위해서 존재한다. 그것은 사회적 행위(불의의 결과를 취급하는)와 별개로, 사회적 정의(불의의 원인을 취급하는)를 강조한다.[84]

가령, 가톨릭연대는 "사람들이 보다 정의롭고 평화로운 세계를 위해서 다른 사람들을 교육하고 영향을 미치는 행동을 하는" 신앙공동체를 형성하는데 참여하는 것을 사명으로 간주한다.[85] 마찬가지로, 네트워크와 같은 전국적인 조직은 국회의원들이나 유권자들과 직접 접촉하면서 하원과 상원에서 제기되는 정의와 관련된 문제들을 소개함으로써 압력을 가하기도 한다. 이 모든 단체들은 비록 학교의 영역을 벗어나 있기는 하지만 가톨릭교육의 정의 차원을 분명하게 강조하면서 교육을 실시한다.

이런 단체들이 주류에 속한 경우는 거의 없지만 공회 이후의 가톨릭교육에 특히 의미가 크다. 니버의 용어를 빌자면, 문화를 변혁하는 신앙의 비전을 상징한다. CEBs처럼 프락시스 지향적인 그 단체들은 변혁을 추구하는 게 진정한 지식이라는 것을 보여주고 있다. 그들은 신학적 이해뿐만 아니라 사회 분석의 기술까지 강조한다. 평화와 정의 연구소의 직원들은 교육과정 자료를 주도적으로 제작하고 대체로 대화나 혹은 과정 지향 교육에 집중한다. 예산과 교구의 실제 정치에서 가끔씩 소외되는 것을 통해서 제도권 교회와 다소 긴장상태에 있다는 것을 알 수 있지만, 그런 연구소들이 가톨릭의 철학을 반영하는 교육의 영역에서 움직이고 있는 것은 분명하다.

외부인들에게는 공회 이후의 가톨릭 교육철학이 놀랄 만큼 일관되게 보다 더 정의로운 사회 건설을 지향하는 신앙공동체를 강조하는 것처럼 보일 수 있다. 그렇지만 가톨릭이 발행하는 문서의 성향은 실상보다 더 크게 일관성을 강조하면 판단을 그르치게 할 수도 있다. 한계와 장애, 그리고 모순을 남김없이 알고 있는 내부자들에게는 그와 같은 철학의 형태가 매일 벌어지는 힘겨운 사역과는 도무지 일관되지 않은 것처럼 보일 수도 있다. 그렇지만 아주 다양하게 교육적 과제를 수행하는 기관들은 아무리 기대에 못 미치더라도 그 표현을 진지하게 받아들이고 있는 게 분명하다.

이 장에서 나는 지난 20년간 고전적 표현들이 거쳐 온 경로를 살펴보았다. 이 경로들은 나름대로 형태를 유지하면서 어느 때는 서로 겹치거나 엇갈리기도 했지만, 단순히 자신들의 방식을 고수할 때도 많았다.

나는 **복음전도**의 신학적 및 교육적 흐름을 세 가지-대략 이름을 붙이면 "우파," "좌파," 그리고 "중도"-로 정리했다.

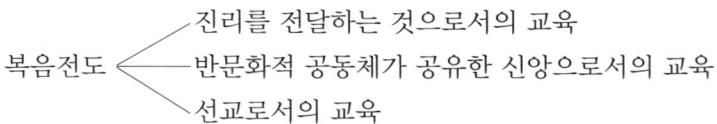

나는 **종교교육**의 지형을 규정하면서 네 가지의 독특한 발전들을 소개했는데, 각기 고전적 표현의 요소를 반영하고 있다. 유니테리언 보편주의는 낮은 기독론의 경로를 따라 진행하면서 사회윤리를 강조하고, 진화론을 수용한다. 종교경험에 관한 에드워드 로빈슨의 연구는 호레이스 부쉬넬이 어린이의 종교생활에 주목한 것과 같은 유형에 속한다. 파울로 프레이리의 작업은 교육이 반드시 사회 질서를 변혁해야 한다는 조지 코우의 확신에 제3세계의 관점을 제시한다. 가브리엘 모런 역시 종교교육 이론에서 신학의 역할을 크게 강조하지 않는다는 측면에서 코우와 "비슷하다."

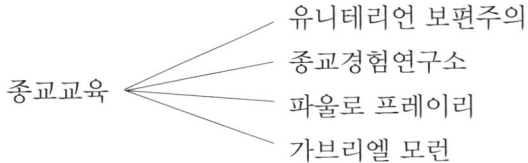

기독교교육이라는 고전적 표현은 너무 다양해서 성서신학을 무엇보다 중시한다는 측면에서는 연속성을, 그리고 교육 과정을 새롭게 강조했다는 측면에서는 불연속성이라는 용어를 가지고 분류가 가능할 정도이다.

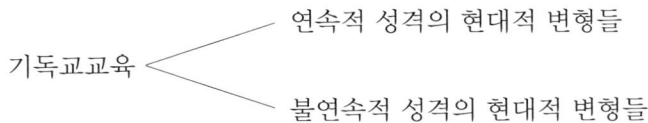

끝으로, 제2차 바티칸공회 이후 시대의 가톨릭 교육철학에서는 네 가지의 표현들을 살펴보았다. 가톨릭 학교, **성인기독교 입문 의식**, 바닥공동체, 그리고 정의와 평화연구소가 상호 연관된 기관들의 현대

적 네트워크를 구성한다.

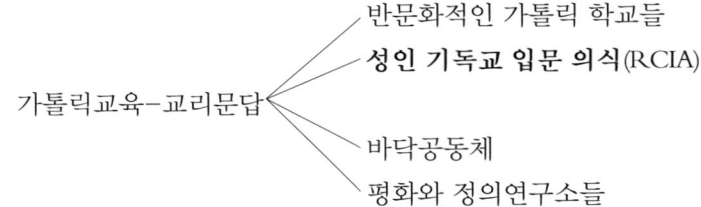

주

1) 이 글을 쓰는 순간에도 P.T.L.클럽의 리더십에 대한 논쟁이 잦아들지 않고 있다. 짐Jim과 테미 베이커Tammy Bkker의 "은혜로부터의 타락"이 복음주의 진영에서 어느 정도나 리더십 역할의 약화를 초래할지는 불분명하다.
2) Harvey Cox, *Religion in the Secular City: Toward a Postmodern Theology*(New York: Simon and Schuster, 1984), 43.
3) Jerry Falwell, *Listen, America!*(New York: Bantam, 1980), 54.
4) *Time*(8 June 1981): 55에서 인용.
5) Cox, *Religion in the Secular City*, 69~70.
6) Jerry Falwell, "Time for Revival," *Fundamentalist Journal* 2(February 1983): 8.
7) Jim Wallis, "A Hope for Revival," *Sojourners* 13(March 1984): 4~5.
8) Jim Wallis, "Crucible of Community," *Sojourners* 6(January 1977): 16.
9) Jim Wallis, *Agenda for a Biblical People*(New York: Harper & Row, 1976), 134.
10) Jim Wallis, in Robert K. Johnston, *Evangelicals at an Impasse: Biblical Authority in Practice*(Atlanta, GA: John Knox, 1979), 93.
11) Wallis, "A Hope for Revival," 5.
12) Statement of Faith of the National Association of Evangelicals, printed in the pamphlet *Leadership through Cooperation*(Wheaton, IL: National Association of Evangelcals, n.d.).
13) Lawrence O. Richards, *A Theology of Christian Education*(Grand Rapids, MI: Zondervan, 1975),15.
14) Ibid., 317~20.
15) Lawrence O. Richards, "Experiencing Reality Together: Toward the Impossible Dream," in Norma Thompson, ed., *Religious Education and Theology*(Birmingham, AL: Religious Education Press, 1982), 215.
16) Ibid.
17) 엘리자베스 베이커는 스펄의 작업이 파즈의 그것보다 덜 유신론적이라고 생각한다(*Retrospect*, Unitarian Universalist Advance Study Paper #14[Boston, 1980], 21).
18) Hugo J. Hollerorth, *Relating to Our World*(Boston: Unitarian Universalist Association, 1974), 14~35.
19) Ibid., 13.
20) Baker, *Retrospect*, 27~28.
21) 나는 이 부분을 주디스 홀러가 1981년에 했던 두 편의 설교 "The Unitarian Universalist Dilemma"와 "To Be Specific"에서 발췌했는데, 모두 *Religious Education Futures Papers*(Boston: Unitarian Universalist Association. n.d.)에 포함되어 있다.

22) Hugo Hollerorth, ed., *Stone House Conversations*(Boston: Unitarian Universalist Association, 1979).
23) Ibid., 29; 76 그리고 78~83에서의 논의 대조.
24) Ibid., 121~22; 124~30에서의 논의 대조.
25) Edward Robinson, *The Original Vision: A Study of the Religious Experience of Childhood*, U.S. ed.(New York: Seabury, 1983). 질문지와 응답 통계 도표는 159~71에 실려 있다.
26) Ibid., 16.
27) Ibid.
28) Ibid., 94.
29) Ibid., 96.
30) Ibid., 147.
31) Paulo Freire, *Pedagogy of the Oppressed*(New York: Seabury, 1974), 60. Original Portugese edition, 1968.
32) Peter Berger and Thomas Luckmann, *The Social Construction of Reality: A Treatise in the Sociology of Knowledge*(Garden City, NY: Doubleday, 1966).
33) Freire, *Pedagogy of the Oppressed*, 79.
34) Ibid., 125~26.
35) Ibid., 142.
36) George Albert Coe, *What Is Christian Education?*(New York: Scribner, 1929), 28.
37) Gabriel Moran, *Religious Body*(New York: Seabury, 1974), 150.
38) Ibid., 152~53.
39) Gabriel Moran, "Two Languages of Religious Education," *The Living Light* 14(1977): 10.
40) Gabriel Moran, "From Obstacle to Modest Contributor," in Thompson, ed., *Religious Education and Theology*, 42~70. 모런의 *Interplay: A Theory of Religion and Education*(Winona, MN: Saint Mary's Press, 1981), 9~78 대조.
41) Randolph Crump Miller, *The Theory of Christian Education Practice*(Birmingham, AL: Religious Education Press, 1980), 22~46.
42) Randolph Crump Miller, "Theology in the Background," in Thompson, ed., *Religious Education and Theology*, 31. 밀러의 *Theory of Christian Education Practice*, 153~64 대조.
43) C. Ellis Nelson, *Where Faith Begins*(Atlanta, GA: John Knox, 1967).
44) Letty Russell, *Growth in Partnership*(Philadelphia: Westminster, 1982).
45) Craig Dykstra, *Vision and Character: A Christian Educator's Alternative to Kohlberg*(New York:

Paulist, 1981). Donald M. Joy, ed., *Moral Developmental Foundations: Judeo-Christian Alternatives to Piaget/Kohlberg*(Nashville, TN: Abingdon, 1983) 대조.

46) Sara Little, *To Set One's Heart: Belief and Teaching in the Church*(Atlanta, GA: John Knox, 1983).

47) Nelson, *Where Faith Begins*, 84~85.

48) Russell, *Growth in Partnership*; Thomas H. Groome, *Christian Religious Education: Sharing Our Story and Vision*(San Francisco: Harper & Row, 1980), 49.

49) John H. Westerhoff, *Will Our Children Have Faith?*(New York: Seabury. 1976), 24.

50) Ibid., 30. 웨스트호프는 자신의 연구 모형이 근거한 해방신학을 자유주의신학과 신정통주의신학의 종합으로 간주한다.

51) 다익스트라는 "Understanding Your Church Curriculum," *The Princeton Theological Seminary Bulletin* 68(1970): 82~83이라는 논문에서 자신이 모범으로 삼고 있는 위코프D. Campbell Wyckoff의 영향을 거론한다.

52) Craig Dykstra, "Ecclesial Education"(paper presented to the Association of Professors and Researchers of Religious Education on the Eastern Seaboard, Princeton, NJ, 26 April 1985), 23.

53) Little, *To Selt One's Heart*, 5~7.

54) Ibid., 9~10.

55) 가톨릭학교들은 1965년~1966년에 사상 최고의 재학생 숫자를 기록했는데, 약 560만 명이 초등학교와 중등학교에 재학했다. 당시 그 인원은 비공립학교 정원의 87퍼센트를 차지했다. 20년이 지나지 않은 1981년~1982년에 가톨릭학교의 재학생은 비공립학교의 64퍼센트에 해당하는 300만 명을 약간 넘겼다. Thomas C. Hunt and Norlene M. Kunkel, "Catholic Schools: The Nation's largest Alternative School System," in James C. Carper and Thomas C. Hunt, eds., *Religious Schooling in America*(Birmingham, AL: Religious Education Press, 1984), 1~34.

56) 제2차 바티칸공회에서 발표된 다음의 문서들을 볼 것: *The Constitution on the Sacred Liturgy*, #64; *Decree on the Chuch's Missionary Activity*, #14; *Decree on the Bihops' Pastoral Office in the Church*, #14.

57) Edward K. Braxton, "Adult Initiation and Infant Baptism," in William J. Reedy, ed., *Becoming a Catholic Christian: A Symposium on Christian Initiation*(New York: Sadlier, 1979), 188.

58) Langdon Gilkey, *Catholicism Confronts Modernity: A Protestant View*(New York: Seabury, 1975), 22.

59) Richard P. McBrien, *Catholicism*, 2 vols.(Minneapolis, MN: Winston, 1980), 2: 1183~84.

60) Rosemary Haughton, *The Catholic Thing*(Springfield, IL: Templegate, 1979).
61) "Statement of the Washington Symposium on Catholic Education," in Russell Shaw and Richard J. Hurley, eds., *Trends and Issues in Catholic Education*(New York: Citation Press, 1969), 308.
62) *To Teach as Jesus Did: A Pastoral Message on Catholic Education*(Washington, DC: United States Catholic Conference, 1973).
63) Ibid., #13.
64) Ibid., #14.
65) 가령 Hunt and Kunkel, "Catholic Schools," in Carper and Hunt, eds., *Religious Schooling in America*, 14~16.
66) *To Teach as Jesus Did*, #43.
67) Ibid., #44.
68) "Statement of the Washington Symposium," in Shaw and Hurley, eds., *Trends and Issues in Catholic Education*, 30.
69) Michael O'Neill, "Toward a Modern Concept of Permeation," *Momentum* 10(May 1979): 49.
70) Michael O'Neill, "A Se ond Spring for American Catholic Education," *Momentum* 12(October 1980): 34.
71) Mary Peter Trdviss, "The Catholic School as a Liberating Community," *Momentum* 11(February 1980): 44.
72) "Justice in the World," in Joseph P. Gremillion, ed., *The Gospel of Peace and Justice: The Catholic Social Teaching Since Pope John*(Maryknoll, NY: Orbis, 1976), 514.
73) Loretta Carey, "Adapting the Infusion Method," *Momentum* 13(October 1982): 40~42; Michael S. Griffin, "Test d Approaches for Implementing the Infusion Method in Justice and Peace," *Momentum* 15(December 1984): 53~54 볼 것.
74) Edward van Merrienboer with Veronica Grover and William Cunningham, *Seeking a Just Society: An Educational Design*(Washington, DC: National Catholic Educational Association, 1978). 한 권은 수준별 내용을 다루고, 나머지는 주제를 다룬다. 특히 저자들이 자신들의 전제를 자세히 소개하는 각 권의 31~36 볼 것.
75) Russell Bleich et al., *The Pre-Service Formation of Teachers for Catholic School: In Search of Patterns for the Future*(Washington, DC: National Catholic Educational Association, 1982), vii.
76) Alfred A. McBride, *The Christian Formation of Catholic Educators*(Washington, DC: National Catholic Educational Association, 1981).
77) Berard L. Marthaler, "So ialization as a Model for Catechetics," in Padraic O'Hare,

ed., *Foundation for Religious Education*(New York: Paulist, 1978), 64~92.
78) Ibid., 80.
79) 5장의 "Catechetics: A Summary" 볼 것.
80) 정확한 숫자에 유의할 필요가 있다. 페루의 신학자 구티에레즈Gustavo Gutièrrez는 "우리나라 사람들이 10만이라고 말한다면 그것은 공동체들이 아주 많다는 뜻이다"(공개강연, Boston College, 17 October 1986).
81) Ernesto Cardenal, *The Gospel in Solentiname*, 4 vols.(Maryknoll, NY: Orbis, 1976~1982) 볼 것.
82) Maurice Monette, "Justice, Peace and the Pedagogy or Grass Roots Christian Communities," in Padraic O'Hare, ed., *Education for Peace and Justice*(San Francisco: Harper & Row, 1983), 87.
83) Ibid., 90.
84) 1983년의 어느 그랜트 발표회Grant Proposal에서 인용한 것인데, 가톨릭단체성찰/계획의 날the Catholic Connection Reflection/Planning Days(30 June~1 July 1984)를 위한 문서에 포함되어 있다.
85) *Original Document of the Catholic Connection*(1980)에서 인용. 이 참고문헌과 발표문 모두 가톨릭단체Catholic Connection의 임원을 역임한 카펠리Margherita Cappelli가 제공했다.

참고문헌 해제
고전적 표현들의 현대적 변형들

여기에서는 고전적 표현인 **복음전도**를 소개하는 데 필수적인 일부 문헌들 역시 유용하다. 특히 George M. Marsden, *Fundamentalism and American Culture: The Shaping of Twentieth Century Evangelicalism: 1870~1925*(New York: Oxford University Press, 1980) 그리고 William McLoughlin, *Revivals, Awakenings and Reform*(Chicago: University of Chicago Press, 1978)가 특히 그렇다. 복음주의 신학에 관한 두 권의 대작들이 유용한 배경을 제시한 바 있다. Carl F. H. Henry, *God, Revelation and Authority: God Who Speaks and Shows*, 4 vols.(Waco, TX: Word, 1976~1979) 그리고 Donald G. Bloesch, *Essentials of Evangelical Theology*, 2 vols.(San Francisco: Harper & Row, 1978~1979). Donald Dayton, *Discovering an Evangelical Heritage*(New York: Harper & Row, 1976); Robert K. Johnston, *Evangelicals at an Impasse*(Atlanta, GA: John Knox, 1979); Richard Quebedeaux, *The Young Evangelicals*(New York: Harper & Row, J974) 그리고 *The Worldly Evangelicals*(New York: Harper & Row, 1978); Jack B. Rogers, *Confessions of a Conservative Evangelical*(Philadelphia: Westminster, 1974); 그리고 Jim Wallis, *Agenda for a Biblical People*(New York: Harper & Row, 1976) 역시 유용한 정보를 제공한다. 도움이 될 수 있는 두 권의 자서전은 Marshall Frady, *Billy Graham: A Parable of American Righteousness*(Boston: Little, Brown, 1979) 그리고 David E. Harrell, *Oral Roberts: An American Life*(Bloomington, IN: Indiana University Press, 1985)가 있다.

사회학자 제임스 헌터James Davison Hunter는 *Evangelicalism: The Coming Generation*(Chicago: University of Chicago Press, 1987)에서 복음주의 세계, 특히 고등교육기관들을 예리하게 분석한다. Frances Fitzgerald, *Cities on a Hill: A Journey Through Contemporary American Culture*(New York: Simon and Schuster, 1986)는 제리 팔웰Jerry Falwell의 리버티 침례교회를 흥미롭게 분석한다. 하비 콕스Harvey Cox의 *Religion in the Secular City: Toward a Postmodern Theology*(New York: Simon and Schuster, 1974) 역시 복음적 근본주의를 예리하게 비평한다. Daniel C. Maguire, *The New Subversives: Anti-*

Americanism of the Religious Right(New York: Continuum, 1982)는 복음주의 우파를 "미국의 진로에 대한 현저한 위협"이라고 강력하게 비난한다(p. 1). 복음주의자들의 미디어 활용을 연구한 저서로는 두 권이 있다. Ben Armstrong, *The Electric Church*(New York: Nelson, 1979) 그리고 Jeffrey K. Hadden and Charles E. Swann, *Prime Time Preachers: The Rising Power of Televangelism*(Reading, MA: Addison-Wesley, 1981). 딕 데브니Dick Dabney 기자는 "God's Own Network," *Harper's* 261(August 1980): 33~52에서 패트 라벗슨Pat Robertson을 다루었다. 로버트 린Robert Wood Lynn은 자신의 역사연구 "The Unnoticed Revolution: Mainline Protestantism and the Media Society" (미간행 원고, 1975)에서 복음주의자들의 활동을 균형 있게 검토한다.

소저너스 공동체에 얽힌 일화는 그들이 발행하는 잡지 『소저너스』 *Sojourners*(과거의 이름은 the Post-American)를 통해서 일차적으로 접할 수 있다. 짐 월러스Jim Wallis는 애빙던 시리즈를 통해서 자신의 자서전을 출판했다(*Revive Us Again: A Sojourner's Story*[Nashville, TN: Abingdon, 1983]).

복음주의 진영에서 종교교육을 거론하는 최근의 저서들은 다음과 같다. Lawrence O. Richards, *A Theology of Christian Education*(Grand Rapids, MI: Zondervan, 1975) 그리고 G. Temp Sparkman, *The Salvation and Nurture of the Child of God: The Story of Emma*(Valley Forge, PA: Judson, 1983); Jim Wilhoit, *Christian Education and the Search for Meaning*(Grand Rapids, MI: Baker, 1986); Timothy Arthur Lines, *Systemic Religious Education*(Birmingham, AL: Religious Education Press, 1987); 그리고 Robert W. Pazmiño, *Foundational Issues in Christian Education: An Evangelical Perspective*(Grand Rapids, MI: Baker, 1988).

유니테리언파의 보편주의적Unitarian Universalist 종교교육을 거론하면서 인용한 저서들 이외에도 Harold Rosen, *Religious Education and Our Ultimate Commitment: An Application of Henry Nelson Wieman's Philosophy of Creative Interchange*(Lanham, MD: University Press of America, and Boston: Unitarian Universalist Association, 1985)를 볼 것. 가톨릭 교육학자 Padraic O'Hare, "Religious Education as Inquiry: The Thought of Henry Nelson Wieman," *Religious Education* 70(1975): 317~22 역시 볼 것.

프레이리Paulo Freire에 관한 상당한 양의 문헌들이 지난 10여년에 걸쳐 출판되었다. 물론, 누구든지 그의 저서에서 출발해야 한다. *Pedagogy of the Oppressed*(New York: Seabury, 1974). 이외에도 *Education for Critical Consciousness*(New

York: Continuum, 1973 [original 1969]); *Cultural Action for Freedom*(Cambridge, MA: Harvard Educational Review and The Center for the Study of Development and Social Change, 1970); "Conscientization," *Cross Currents* 23(1974): 23~31; 그리고 *Pedagogy in Process*(New York: Seabury, 1978) 볼 것. 이차문헌으로는 Denis E. Collins, *Paulo Freire: His Life, Works and Thought*(New York: Paulist, 1977); Regina A. Coll, *Paulo Freire and the Transformation of Consciousness of Women in Religious Congregation*(Ann Arbor, MI: University Microfilms, 1982); John L. Elias, *Conscientization and Deschooling: Freire's and Illich's Proposals for Reshaping Society*(Philadelphia: Westminster, 1976); Henry A. Giroux, *Theory and Resistance in Education*(South Hadley, MA: Bergin and Garvey, 1983); 그리고 Daniel S. Schipani, *Conscientization and Creativity: Paulo Freire and Christian Education*(Lanham, MD: University Press of America, 1984) 볼 것. 그리고 Suzanne C. Toton, *World Hunger*(Maryknoll, NY: Orbis, 1982) 역시 볼 것.

가브리엘 모런Gabriel Moran의 저서는 이 책 후반부에 자주 등장한다. 지금은 내가 집필한 *Biblical Interpretation in Religious Education*(Birmingham, AL: Relgious Education Press, 1980), 특히 149~60에서 이미 그의 사고방식을 소개하려고 했다는 것을 간단히 언급해둔다.

북미 주교회의의 목회서신 *To Teach as Jesus Did*(1972)가 두 권의 *Notre Dame Journal of Education* 6(Fall and Winter 1975)에 실린 연속 논문에서 광범위하게 검토되었는데 첫째 논문은 목회서신 이후의 교육적 발전을, 그리고 둘째 논문은 학교식 수업의 대안 형태를 집중적으로 검토한다. 첫 번째 호에는 예배 프로그램에 관한 논문 역시 포함되어 있다. 게다가 목회서신은 실제 목회를 돕도록 구성된 다음과 같은 두 권의 워크북에 촉매 구실을 했다. Charles Brady and Mary Sarah Fasenmyer, eds., *Giving Form to the Vision*(Washington, DC: National Catholic Educational Association, 1974) 그리고 Ted Wojcki and Kevin Convey, *Teachers, Catholic Schools, and Faith Community: A Program of Spirituality*(New York: Le Jacq, 1982). 두 번째 호는 교사 "양성"과 관련된 활동을 소개한다.

이것에 관해서는 두 편의 NCEA 연구논문집이 도움이 된다: Alfred McBride, *The Christian Formation of Catholic Educators*(1981); 그리고 Russell Bleich et al., *The Pre-service Formation of Teachers for Catholic Schools: In Search of Patterns for the Future*(1982). 호커James Hawkers의 논문 "Schools as an Evangelizing Community: Guidelines Regarding

Teachers, Pupils, Parents" 역시 유용한데 Thea Bowman, "Relig ous and Cultural Variety: Gift to Catholic Schools"와 함께 논문집 *The Non-Catholic in the Catholic School*(Washington, DC: National Catholic Educational Association, n.d.)로 출판되었다.

Andrew M. Greeley, William C. McCready, and Kathleen McCourt, *Catholic Schools in a Declining Church*(Kansas City, MO: Sheed and Ward, 1976)는 가톨릭 학교들의 효율성을 사회학적으로 광범위하게 연구했다. 매크리디McCready와 매코트 McCourt는 미국 가톨릭 인구의 80퍼센트가 교구학교들이 존속되는 것을 선호하고 가톨릭 학교들이 실제로 영향을 발휘하고 있다는 증거를 인용한다. 가톨릭 교육은 종교적 행동을 예측하는 배우자의 종교성에는 못 미치지만 상당한 수준의 인종적 관용과 관계가 있다. "파급이론"permeation theory에 대해서 그릴리Greeley 등은 "우리의 자료에 근거할 경우에 종교수업이 가톨릭 학교들보다 더 큰 이익을 돌려줄 수는 없는데, 이는 후자가 어떤 값을 치르더라도 무엇인가를 이루어내기 때문이다"(p. 310)라고 결론을 내린다. 그릴리가 로씨Peter Rossi와 수행한 초기 연구(*The Education of Catholic Americans* [Chicago: Aldine, 1966))를 비롯한 초창기 조사연구는 Frances Forde Plude, *The Flickering Light*(New York: Sadlier, 1974)에 비전문적인 방식으로 요약되어 있다. 초기 연구논문인 Michael O'Neill, *How Good Are Catholic Schools?*(Washington, DC: National Catholic Educational Association, 1968) 역시 볼 것.

가톨릭 학교수업을 다루는 문헌은 James C. Carper and Thomas C. Hunt, *Religious Schooling in America*(Birmingham, AL: Religious Education Press, 1984)라는 유용한 저서에 적절하게 포함되어 있는데, 루터교, 칼뱅주의, 안식일교, 기독교, 그리고 유대교 주간학교에 관한 논문들이 함께 실려 있다. 아울러서 James Coleman el al., *Public and Private Schools: A Report to the National Center for Educational Statistics Under Contract No. 300-78-0208*(Chicago: National Opinion Research Center, 1981) 역시 도움이 된다.

오스트레일리아의 가톨릭 학교수업에 관한 문헌은 가치 있는 통찰을 일부 제공한다. Marcellin Flynn, *Some Catholic Schools in Action*(Sydney: Catholic Education Office, 1975); Marisa Crawford and Graham M. Rossiter, *Teaching Religion in the Secondary School: Theory and Practice*(Sydney: Province Resources Group, Christian Brothers, 1985); 그리고 *Catholic Education in Victoria: Yesterday, Today and Tomorrow*(Catholic Education Office of

Victoria, n.d.) 볼 것. 아울러서 잡지 *Catholic School Studies*, Mount Saint Mary, 179 Alber Road, Strathfield, N.S.W. 2135 역시 볼 것. 보다 광범위한 관점을 확보하려면 Michael Mason, ed., *Religion in Australian Life: A Bibliography of Social Research*(Bedford Park, S. Australia: The Australian Association for the Study of Religions and the National Catholic Research Council, 1982); 그리고 Edmund Campion, *Rockchoppers: Growing Up Catholic in Australia*(Ringwood, Victoria: Penguin, 1982)를 볼 것. 영국의 종교교육에 대한 견해는 잡지 *New REview*, NCA 23 Kensington Square, London W85HN을 볼 것.

"바닥공동체"에 관한 문헌이 급속히 증가하고 있다. 특히 Sergio Torres and John Eagleson, eds., *The Challenge of Basic Christian Communities*(Maryknoll, NY: Orbis, 1981)는 신학적 관점을 소개하기 때문에 유용하다. Alvaro Barreiro, *Basic Ecclesial Communities: The Evangelization of the Poor*(Maryknoll, NY: Orbis, 1982) 역시 볼 것. 주목할만한 논문들은 다음과 같다. Rosemary Radford Ruether, "'Basic Communities': Renewal at the Roots," *Christianity and Crisis* 41(1981): 234~37; Maurice L. Monette, "Basic Communities: Parish with a Difference," *PACE* 10(1979): 1~5 그리고 idem., "Justice, Peace and the Pedagogy of Grass Roots Christian Community," in Padraic O'Hare, ed., *Education for Peace and Justice*(San Francisco: Harper & Row, 1983), 83~93. 아울러서 *Developing Basic Christian Communities: A Handbook*(Washington, DC: National Federation of Priests' Councils, 1979) 역시 볼 것.

이 시기를 역사적으로 요약한 것은 Jay Dolan, *The American Catholic Experience: A History from Colonial Times to the Present*(Garden City, NY: Doubleday, Image Books, 1985), 421~54 볼 것. 가톨릭의 예전과 교육 간의 관계에 관한 한 가지 관점은 Mary Kathryn Oosdyke, "The *Christ Life Series* in Religion(1934~1935): Liturgy and Experience as Formative Influences in Religious Education"(Ph.D. diss., Boston College, 1987) 볼 것.

제 2 부
전 망

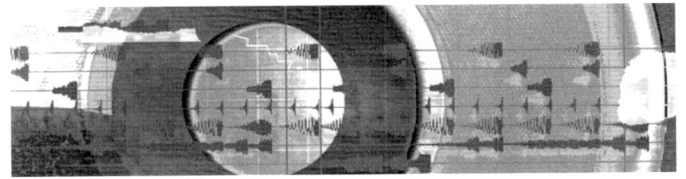

제7장 | 새로운 동향: 발전과 방향

여행자들에게 긴요한 길잡이가 되는 지도는 개척자들이 작성한 전망을 제공한다. 하지만 마침내 이주민은 나름대로 상황을 판단하면서 전진할 수밖에 없다. 그들은 지도를 자주 참조하게 되고, 그러면 지도는 닳아서 찢어진다. 그렇지만 이주민은 결국 또 다른 경로나 길을 일러주는 경계표를 발견한다. 정착한다는 것은 특정 지역에 대한 본인의 시각을 한층 더 확신하고, 그 때문에 자신의 방향 감각에 주목한다는 뜻을 일부 포함한다.

종교교육의 사정 역시 다르지 않다. 1부에서 그 분야의 지도를 작성한 것은 방향을 설정하는 연습, 즉 어려운 지형에 뛰어들 수 있는 도구를 확보하기 위함이었다. 내가 도착한 지역을 파악하는데 필요한 지도제작의 과정을 끝냈기 때문에 이제는 다른 사람들에게 나름의 여정을 이해할 수 있는 방법을 소개하는 지도제작 과정을 제시한다. 현장에서 활동하는 이들과 나눈 대화를 통해서 내가 작성한 지도가 종교교육을 분석하는 한 가지 방법에 지나지 않는다는 것을 분명히 깨닫게 되었고, 그 덕분에 다른 지도들부터 큰 도움을 받게 되었다. 따라서 나는 1부에서 소개한 지도가 독자 나름대로 지형을 파악하는데 유용한 도구나 자극이 되기를 바란다. 내 지도가 최종적으로 지향하는 것은 지도의 제작과정이 교육적 경험으로 인정받는 것이다. 종교교육학자들은 이전의 이론들이 제시하는 경로를 파악하려고 시도할 때 비로소 본연의 업무를 한층 더 제대로 파악할 수 있다.

이번에 사십대가 된 친구는 "아래로 성장하는"게 자신의 목표라고 소개했다. 나는 2부에서 이것을 시도했다. 그리고 내 나름대로 자리를 잡고 정착하는 방법을 과감히 소개했다. 바꾸어 말하자면, 내가 여기서 추구하는 것은 **아주 포괄적이고**-제1부에서 소개한 다양한 관점과 활동을 포함하기 위해서-동시에 **적당히 개별적인**-특정의 신앙교육 방법이 발전하도록 촉진하려고-방식으로 종교교육을 소개하는 것이다. 계속해서 지도를 참고하겠지만, 확신이나 경험 역시 지침으로 삼고 싶다. 제대로 전진하지 못할 때마다 제자리로 다시 돌아와서 지도의 도움을 받을 것이다.

나는 이 장에서 1부의 지도를 손에 들고서 보다 더 새로운 지형을 살피도록 제안한다. 이 유리한 지점에 자리를 잡게 되면 광활한 초록의 평원, 지식에 대한 확장된 이해, 어떤 기본적인 문제를 재고하게 만드는 페미니스트를 비롯한 서로 다른 목소리들의 공헌, 그리고 교회의 공적 책임이라는 새로운 풍경이 시야에 들어온다. 일차적으로 나는 광범위한 발전과정을 서술하고 나서 종교교육에 미치는 영향을 차례차례 더 소상하게 소개하고자 한다. 이런 시사점들이 종교교육의 분야를 개념화하는데 어떤 의미를 갖게 되는지 다음 장에서 구체적으로 다루게 될 것이다.

1. 인식의 방법: 세계 의식의 확장

처음부터 줄곧 주장했듯이, 아는 게 무엇을 의미하는지 묻는 것은 어느 교육이론이든지 필수적이다. 우리가 인식에 도달하는 과정은 오늘날 특히 중요하다. 어쩌면 이것은 부정적인 외형들 때문에 한층 더 두드러질 수도 있다.

계몽시대 이후로 서구사회는 기술의 진전과 진보, 정보와 지식, 이성과 지혜, 자격증과 교육, 그리고 교수와 기교를 서로 혼동해온 것 같다. 따라서 검증이 가능하고, 측정할 수 있고, 그리고 객관적인 것을 높이 평가하는 경향이 있다. 실증적이지 않은 지식의 형태는 배격하고 양적 실체를 취급하는 분야를 중시한다. 따라서 기술 산업은 융성하고 있지만, 순수예술의 예산은 줄어든다. 대중이 낮은 학업성취도에 관심을 보이면 "기본으로 돌아가자"라는 식의 표어들이 학교의 위기에 대한 보다 신중하고 독창적인 해결책을 대신할 때가 많다.

그 결과 서구인들의 교육에 대한 이해는 제한적일 수밖에 없다. 역사학자 더글라스 슬로언Douglas Sloan은 현대 교육이 "합리성을 결여한 이성, 지능을 결여한 지성, 이해를 모르는 지식…어떤 일이 진행되고 있는지 파악하지 못하거나 분명한 관심도 없이 세계를 분류하는데 능숙한, 절묘하게 어리석은 영리함"을 발휘하는 편협한 과학적 인식론을 기초로 삼고 있다고 지적한다.[1] 비교종교학자 휴스턴 스미스Houston Smith 역시 "우리는 과학에 필수적인 객관성, 예측, 숫자, 그리고 통제에 지나치게 가깝도록 인식론적 촉수들을 잘라버렸다"고 평가한다.[2]

그렇지만 이게 전부는 아니다. 지식을 환원론적으로 간주하는-진리는 측정이 가능하고 객관적이라는-정신이 유행하고 있음에도 불구하고 불완전한 인식론을 벗어나서 신비를 간직한 채 우리의 "이해"를 넘어서는 복잡한 과정의 일종으로 인식을 존중해야 한다는 징후가 학문 전반에 등장하고 있다. 다양한 분야의 학자들이 동의하듯이 인간의 인식은 검증이 가능하고 합리적인 것을 초월한다. 이런 합의는 종교교육의 경우에 아주 중요하다.

복잡한 문제를 한 가지 만족스럽게 서술할 수 있는 한 가지 방법은 존재하지 않는다. 그렇지만 최근에 출판된 「인식 방법으로서의 학습과 교수」Learning and Teaching the Ways of Knowing는 몇 가지 유용한 특징들을 제시한다. 가령, 제롬 브루너Jerome Bruner는 가치문제를 논의하면서 인식은 환원이 불가능한 두 가지 양태들, 즉 "패러다임적"paradigmatic(혹은 논리적-과학적)인 것과 "서사적"narrative인 것으로 존재한다고 주장한다. 각기 경험을 배열하고, 실재를 구성하고, 지각을 선별하고, 그리고 기억을 구성하는 방법을 제시한다. 패러다임적 양태가 제대로 작동하면 괜찮은 이론, 탄탄한 분석, 논리적 입증, 그리고 추론된 가설이 안내하는 경험적 발견으로 이어진다. 이런 인식의 방법을 보완하는 서사적 양태는 제대로 활용하면 괜찮은 이야기, 흥미로운 드라마, 그리고 신뢰할 수 있는 역사 서술로 이끈다. 물론, 두 가지 양태들은 진리를 표현하려고 시도한다. 그렇지만 패러다임적 양태의 경우에 진리는 본질적으로 명료한 문제(진리를 실험을 통해 검증이 가능한)이지만, 서사적 양태의 경우에는 진리가 한층 더 다면적이고 쉽게 의미를 파악할 수 없다. 따라서 두 가지 양태가 평가하는 진리는 서로 다르다. 브루너가 현명하게 관찰한 것처럼 "과학은 이야기나 드라마가 수행하지 못하는 방식으로 '진보'한다."[3] 덧붙이자면, 브루너의 주장은 문학이란 진화하지도 않고 그렇다고 개선할 수도 없다는 노스럽 프라이Northrop Frye의 평가를 문학 비평적으로 추종하고 있다. "우리는 장차 「리어왕」*King Lear*처럼 뛰어나지만 완전히 다른 희곡을 집필하는 작가를 만날 수 있지만, 그 드라마는 「리어왕」을 능가하지 못할 것이다."[4]

　　브루너의 이중적 분류에도 불구하고, 또 다른 차원들의 인식이 존재한다. 엘리엇 아이스너Elliot Eisner는 지능이 추상적 개념의 조작이라는 가정을 바로잡으려고 미학적 양태aesthetic mode의 중요성을 주장한다.[5] 그는 순수예술을 배격한 채 기본적인 것들로 돌아가야 한다고 주장하는 이들을 반대하면서 이렇게 피력한다.

　　　　인간이 의미를 구성하고 전달하며 예술의 창조가 판단, 지각, 재주 그리고 목적-한 마디로 하자면, 지능-의 활용을 요청하는 방법 가운데 하나를 대표하고 있음을 인식하는 것은 교육의 상태를 평가하는 대부분의 사람들과 관계없는 것처럼 보이고, 입시위원회에 자리를 잡고서 입시정책을 결정하는 교수들과는 전혀 무관하다.[6]

엘렌 버쉬드Ellen Berscheid 역시 또 다른 인식의 방법을 제시한 바 있는데, 사회적 지능(다른 사람과 자신을 인식하는)과 사회적 능력(타인과의 상호작용을 하면서 적절하게 응답할 수 있는 능력)을 한꺼번에 포괄하는 "대인 인식"interpersonal knowing이 그것이다.[7] "실용적 지식," 즉 일상생활에 유용한 절차적 정보를 중시하자고 제안하는 이들도 있다.[8] 일상의 상황에서는 무엇보다 개인의 사고가 "행동을 유발한다."[9]

학자들이 제시하는 인식의 양태들이 서로 다르다 보니 우리가 오랫동안 막연히 의식해온 것에 대한 이론적 토대를 마침내 확보하게 되었다고 생각할 가능성이 다분하다. 요컨대, 인식의 방법은 다양하다는 것이다. 하지만 이런 확신이 제아무리 지혜롭더라도, 대개 교육구조들은 아주 제한적인 인식의 틀을 제공한다. "지능적"으로 간주되는 문화를 영위하는 이들의 사례가 거기에 해당한다. 전형적으로 그들은 언어나 수학적 기능이 우수한데 "IQ" 테스트를 비롯한 규격화된 검사결과와 일치한다. 그런 검사들은 계층, 성별 그리고 인종적 편견의 영향을 크게 받을 뿐 아니라, 일정한 기능들을 지능과 동일시하게 되면 사람들로 하여금 "마틴 루터 킹Martin Luther King의 도덕 및 윤리적 능력…버지니아 울프Virginia Woolf나 헨리 제임스Henry James의 소설을 분간하는 미묘한 내면적 차이점에 대한 감성"을 외면하게 만들 수도 있다.[10]

따라서 인식의 방법들이 다양하다는 것을 이해하려면 나머지 요인들 가운데 인간 지능의 복잡한 특성을 먼저 파악하는 게 순서이다. 특히 이 점에 관해서는 심리학자 하워드 가드너Howard Gardner의 이론이 유용하다. 그는 지능이 구체적이고 측정이 가능한 실체라기보다는 편의에 따라서 일부 현상에 이름을 붙이는 한 가지 방식이라고 주장한다. 그는 우리가 "전문적인 기능"know-how이 단위를 이루면서 작동하는 다양한 지능들을 염두에 두도록 제안한다. 특히 가드너는 지능을 여섯 가지로 구분하는데, 언어와 음악, 논리 및 공간, 신체운동과 자성지능이 거기에 속한다.[11] 그의 "다중지능"multiple intelligences

이론은 대부분의 서구 교육이 탈피하지 못하는 편견을 탁월하게 지적하면서 한층 더 상상력이 넘치는 교육과정에 필요한 훌륭한 기초를 제공한다.

게다가 철학자 맥신 그린Maxine Greene의 지적처럼 가드너의 연구는 정치적인 의미를 함의한다. "평범한 사람이 넘쳐나는 것"을 비난하면서 "탁월한 사람"을 위한 교육을 강조하는 내용을 담고 있는 최근의 정부보고서「위기에 처한 국가」*A Nation at Risk*의 배경을 비난하는 그린은 가드너가 탁월함을 다중적 의미로 간주해야할 근거를 제시하고 있다고 결론을 내린다. 즉, 탁월함은 "…비판적-독창적 사고, 성실함, 자율성, 충실도, 상상력, 모험심, 자기성찰, 협조정신, 도덕적 감수성, 그리고 의지력이나 인내 혹은 완고함까지 포함하는 특정 능력들이 발달한 것"을 의미한다.12) 그린은 이렇게 덧붙인다.

> 규정된 교육의 영역이 강조되고, 인간이 일차적으로 국가의 이익을 증진할 수 있는 "자원"으로 간주된다면, 차별화된 성장이나 발달을 위한 기회는 타당성과 효율성이라는 이름 때문에 엄격하게 통제될 수 있다. 우리는 특히 오늘날 강조되고 있는 것과 무관한 능력과 재능을 소유한 이들-헨리 소로우Henry David Thoreau, 마가렛 풀러 Margaret Fuller, 제임스 볼드윈James Baldwin, 그레고리 베이트슨 Gregory Bateson, 헬렌 콜디콧Helen Caldicott, 기타 다수의 사람들-을 떠올릴 필요가 있다. 우리는 친절을 모르는 이웃들과 맞서 점포학교를 시작할 수 있는 독특한 능력을 갖춘 사람들, 하천을 살리려고 나서는 이들, 핵전쟁을 막기 위해 시민불복종에 참여하는 이들을 생각해낼 수도 있다.13)

1) 종교교육을 위한 시사점

앞서 거론한 바 있는 사상가들이 제안했던 앎의 지평 확장 때문에 종교교육에 대한 이해가 한층 더 넓어졌다. 그것은 어떤 교육이든지 간직하고 있는 초월성과 그에 따른 종교적 특징에 주의를 기울이도록 촉구하는데, 파커 파머Parker Palmer와 드웨인 휴브너Dwayne Huebner가 집중적으로 연구하고 있다.[14] 그 연구 역시 확대된 인식의 개념을 종교교육의 영역 자체에 반드시 포함시켜야 한다고 강조한다.

이 대목에서는 마리아 해리스Maria Harris의 작업이 중요하다. 특히 철학자 수잔 랭어Susanne Langer와 아이스너에게 영향을 받은 해리스는 종교교육의 미학적 특징에 대부분의 역량을 집중했다. 그녀는 "마른 대지를 비옥하게 만들고, 분명하지 않은 본문의 비밀을 드러내고, 또 상처받은 마음을 치유하는" 경험적 지식의 가치를 인정한다. 그럼에도 불구하고 해리스는 인식이 예술적 인식으로 마무리되지 않으면 완성될 수 없다고 주장한다.[15] 그녀의 지적에 따르면 예술은 "우리 신체를 통한 원초적 형태의 인식이다.…예술적 양태로 사색하고, 사고하고, 인식하는 사람은 대상들-나무, 강, 진흙, 명암-에 관해서 생각하지 않는다. 사람은 실제 감각과 구체적인 참여를 통해서 그것들을 알고, 그것들을 통해서 생각한다."[16] 해리스에게 있어서 예술적 인식은 교육과정에 필수적이다. 그녀는 이렇게 주장한다.

> 어쩌면 교육자의 가장 값진 정신적 자세는, 그가 부모거나 목회자거나 설교자거나 아니면 교육자거나 간에, 추론적인 지능보다는 시적, 예술적 지능에 더 가까울 것이다. 신학의 주제와 마찬가지로, 교육의 주제는 철저하게 파고드는 지식, 즉 내주하는 지식이다. 죄책감, 용서, 죽음, 화해, 부활, 사랑, 그리고 신앙은 본디 개념이 아니다. 그것들은 본디 인간의 실재라서 직접성과 참여를 통해서 가장 잘 이해된다.[17]

신학적 용어를 빌어서 표현하자면 이 지식은 성례전적 상상력의 근원, 즉 모든 창조를 신적인 것의 매체로 파악하는 시선이다. 해리스의 지시를 따르는 종교교육자들은 온갖 표현을 동원하는 예술의 계시적 성격에 주목하지 않을 수 없다. 그들의 교육적 과제는 은유,

모양, 색깔, 차원, 매체, 구조, 그리고 운동과 정적, 소리와 침묵에 대한 감수성을 포함한다.

제임스 마이클 리James Michael Lee 역시 자신의 삼부작 가운데 마지막 작품인 「종교수업의 내용」*The Content of Religious Instruction*을 통해서 종교교육에서 강조되고 있는 그와 같은 과제들을 거론한다. 이 두툼한 저서(814쪽에 달하는)에서 마이클 리는 "종교"의 구조가 결과와 과정, 인지와 정서, 언어와 비언어, 의식과 무의식 그리고 생활양식이라는 아홉 가지의 내용들로 구성되어 있다고 단정한다. 이런 주제에 대한 마이클 리의 자세한 설명에 담긴 여러 가지 시사점들은 해리스의 그것과 상당 부분 일치한다. 둘 다 종교에 관한 교육과 신학에 관한 수업의 동일시를 배격한다는 측면에서는 더욱 그렇다. 나는 해리스와 마이클 리의 주장을 근거로 모든 교육자, 그중에서도 특히 종교교육자들에게 맡겨진 책임을 다음 같이 제시한다.

· 언어를 아주 중시하고, 특히 상징 언어에 관심을 갖는다. 교수 teaching는 발언의 능력을 인식하도록 요청한다.
· 침묵을 존중하고 비언어적 의사소통 방법을 활용한다. 교수는 소리와 침묵, 행위와 수용의 리듬으로 이루어진다. "천하에 범사가 기한이 있고 모든 목적이 이룰 때가 있나니"(전 3:1)
· 몸을 진지하게 간주하고 학습의 감각적 특성에 주목한다. 교수는 시각, 청각, 감각, 미각, 후각에 근거한다.
· "오른쪽 두뇌"를 존중한다. 교수는 분석적, 인지적, 그리고 논리적 활동을 하는 왼쪽 두뇌를 보다 직관적, 정서적, 그리고 비언어적 활동을 하는 오른쪽 두뇌로 보완하는 일에 관여한다.
· 상상력을 활용해서 주제에 접근한다. 교수는 확대, 각성, 창조적 활동이다.

이상의 내용이 해리스와 리의 결합에 의해서만 가능한 것은 결코 아니지만, 보다 생동적인 종교교육에는 반드시 필요한 것들이라는 게 내 생각이다. 다음 장에서 내 나름대로 종교교육의 영역을 정의하면서 또다시 그것들을 다루게 될 것이다.

　　종교교육에 필요한 확대된 인식론적 기초를 형성하고 있는 또 다른 중대한 차원, 즉 토마스 그룸의 주장처럼 인식은 **프락시스**를 포함한다는 사실에 주목할 필요가 있다. 바꾸어 말하자면, 인식은 구체적일 뿐 아니라(해리스나 마이클 리처럼) "관계적이고, 경험적이며, 활동적"이다. 그룸은 일종의 프락시스적 인식의 방법을 통해서 자신이 의도하는 바를 소개하려고 이 세 가지 형용사들을 일관되게 활용한다. 아울러서 프락시스는 의도를 갖고 성찰하면서 선택한 윤리적 행위를 지칭하기 때문에 그룸이 제안하는 "공유된 기독교적 **프락시스**"shared Christian *praxis*의 무브먼트들에 근거한 교육은 당연히 참여자들로 하여금 교육받는 내용에 대해서 신앙으로 결단을 내리고 응답하도록 안내한다.[18]

　　어떤 측면에서 볼 때 종교교육학자들은 조너선 에드워즈의 인식론과 전혀 다르지 않은 그것에 에돌아서 도달한 것처럼 보인다(2장 참조). 해리스, 마이클 리, 그리고 그룸이 그와 같은 논의를 아주 세련되게 확장시킨 게 사실이지만 그들의 관심은 에드워즈가 언급한 바 있는 "이해의 정보"information of the understanding와 상당히 유사한 인식의 방법을 염두에 두고 있다. 세 사람 모두 방법은 다르지만 "마음이 **숙고하고 바라보는** 것은 물론이고 **즐기고 느끼는**" 바로 그 "영적 지식"을 핵심으로 간주한다.[19] 에드워즈처럼, 그들은 종교적인 문제들을 통해서 추구하는 지식 때문에 사람들이 서로 상이한 삶을 살게 된다고 확신한다.

　　그들과 내가 주장하는 바를 한 마디로 정리하면, 세계에 대한 우리의 의식을 "확장시킬 수 있는" 교육이다.[20] 우리에게는 자율성, 합리성, 추상적 개념, 그리고 기술을 상호성, 정서, 독특성 그리고 경외를 가지고서 보완할 수 있는 인식의 이론이 요청된다. 어떤 "종교"교육이든지 이런 인식론에 근거해야 한다.

2. 기초적 질문에 관한 관점들: 페미니스트의 음성에 귀 기울이기

나는 전망을 확대하기 위해서는 종교교육이 인식론적 토대를 확보할 필요가 있다고 피력하는 과정에서 세계에 대한 의식을 강화시키는 시각의 이미지를 활용했다. 위대한 랍비 아브라함 헤셀Abraham J. Heschel이 지적했듯이 우리는 보는 것을 알기보다 알고 있는 것을 보는 경향이 있다.[21]

이제부터는 청각을 통해서 시각적 이미지를 확대하고 싶다. 특히, 음성을 지적 및 윤리적 성숙에 적합한 일종의 은유로 간주하는 문헌-페미니스트 이론-을 전체적으로 활용하려고 한다.[22]

페미니즘은 대체로 여성을 배제하거나 무시하는 지식으로 구성된 패러다임을 검증한다. 그렇다고 해서 페미니즘의 음성이 하나로 통일되었다는 것은 결코 아니다. 진 엘스테인Jean Bethke Elshtain은 이렇게 평가한다. "여성학이라는 커다란 우산 밑에서 다양한 인식론, 이데올로기, 서사적 양식, 그리고 윤리적 및 정치적 실천이 서로 겨루는 활기차고, 논쟁이 잦은 세계를 접할 수 있다."[23] 그럼에도 불구하고 나의 관점에서는 페미니스트의 이론을 다음의 다섯 가지 근본적인 활동들을 중심으로 요약할 수 있다. 즉, 학문에 깊숙이 자리 잡고 있는 개념, 결론, 그리고 원리라는 인습적 지혜에 대한 이의 제기, 근거의 재검토, 간과되거나 전에는 접근이 불가능했던 정보의 탐색, 방법론에 대한 관심, 그리고 새로운 이론들의 추동이 그것들이다. 페미니스트의 이론은 의식을 파괴하거나 확대하기보다는 오히려 그것을 "고양한다." 그것은 현실에 대한 이해를 확장하는데 적합한 기반이라고 할 수 있는 "관점의 변형"이다.[24]

1) 페미니스트의 음성들

침묵에 대한 관심은 페미니스트 이론의 서막이자 선행조건이다. 경청은 질문을 유발한다. 이 대화에서 배제된 사람은 누구일까? 어째서 여성들의 경험을 충분히 배려하지 않은 것일까? 남성들이 만들어낸 범주들은 여성들의 관점을 고려하고 있을까? 가령, 남성 대상자들로부터 이끌어낸 자료들을 가지고 도덕적 추론이든, 신앙이든, 아니면 인지가 되었든 간에 발달 단계들을 올바르게 일반화할 수 있을까? 남성들만 자료로 활용할 경우에 신학자는 인간이 처한 조건을 적절하게 성찰할 수 있을까? 비교적 동질적인 남성 집단의 사고가 논의의 주류를 형성할 경우에 교육의 목표나 과정이 사회의 요구에 부응할 수 있을까?

침묵에 대한 관심은 의심으로 이어진다. 모든 인식은 부분적일 뿐 아니라 시각을 반영하고 있고, 이유는 한결 같이 "관점을 의존한다."[25] 의심의 대상은 무엇일까? 오랫동안 결론은 당연한 것으로 간주되었으며, 방법론들은 아주 확고하게 자리를 구축했고, 그리고 규범들은 변경될 수 없는 것으로 받아들여졌다. 차이점들이 간과되고 감추어져 왔다는 게 무엇보다 의심스럽다. 성gender은 단순히 성적인 차이로 인한 당연한 귀결이 아니라, 인간들이 자신들의 사회적 실체를 생각하고 구성하는 분석 범주이기 때문에 문제가 된다.[26] 그리고 성을 고려하지 않았기 때문에 우리의 세계관이 왜곡되었다.

침묵과 의심에는 변형의 씨앗이 잠재해 있다. 페미니스트 이론은 결국 사회적 비전의 확대를 지향하게 된다. 이것이 바로 이제부터 교육과 신학 분야와 관계된 페미니스트 사상 가운데 일부 내용을 간략하게 서술하면서 강조하고 싶은 내용인데, 나는 그것이 종교교육에 대한 우리의 이해를 재구성하는데 도움이 될 수 있다고 생각한다.

2) 페미니스트의 교육사상

최근 몇 해 동안 적지 않은 페미니스트 학자들이 일차적으로 남성들의 경험에서 이끌어낸 결론들을 집중적으로 검토해오고 있다. 가령, 캐럴 길리건Carol Gilligan은 심리학 이론들이 여성의 발달을 무시하거나 평가절하 한다고 지적하면서 세상을 떠난 하버드 대학교의 동료 로렌스 콜벅Lawrence Kohlberg에게 이의를 제기한다. 콜벅은 도덕적 추론의 원리들이 보편적이고, 불변의 순서에 맞추어서 위계적으로 구조화된 단계별로 발달한다고 주장했다. 그런데 그의 연구는 전적으로 남성들과의 인터뷰에 근거했다. 길리건은 여성 대상자들과의 인터뷰를 기초로 삼아서 여성들은 "다른 음성으로"in a different voice 도덕적 발달을 표현한다고 주장한다. 남성들이 형식적으로 사고하고, 이론으로부터 사실로 진행하며, 또 자기self와 도덕적 행동을 자동적으로 정의하는 반면, 여성들은 한층 더 상황적이고, 귀납적으로 추론하는 경향이 있을 뿐만 아니라 일반적으로 친밀감과 돌봄care의 상호의존성을 강조한다.27) 그들은 정의의 윤리(콜벅이 결론을 내린 것처럼)보다는 돌봄의 윤리를 따른다. 따라서 콜벅이 주장하는 보편적 특징은 의심스럽다.28)

  물론, 길리건의 연구가 최종적인 결론은 아니다. 실증적인 연구들이 남녀의 도덕적 성향이 다르다는 그녀의 주장을 전적으로 지지하지는 않는다.29) 게다가 길리건의 연구는 여유 있는 계층에만 초점을 맞추고 있기 때문에 사회적 지위는 고려하지 않았다. 조앤 트론토Joan Tronto는 미국에 거주하는 소수인종들의 도덕적 관점은 정의의 윤리보다 돌봄의 윤리적 특성에 한층 더 가깝다고 주장한다. 아울러서 그녀는 길리건이 자신의 윤리를 도덕 및 정치 이론이라는 보다 넓은 맥락을 근거로 삼지 않았다고 비판한다.30) 폴 필리버트Paul Philibert는 길리건이 콜벅으로부터 확인한 바 있는 방법상의 약점을 역시 극복하지 못했다고 결론을 내린다. 바꾸어 말하자면, "도덕성의 심리학을 개별적이고, 변증법과 무관한 성찰에 근거하고" 있다는 것이다.31)

  이와 같은 비판에도 불구하고 길리건의 작업은 다음과 같은 흥미로운 질문들을 제기하는 탓에 중요하다. 여성과 남성의 사고는 서로 상이할까? 그들은 자율성과 관계를 서로 상이하게 평가할까? 그리고 만일에 차이점이 존재한다면, 그것은 사회화 때문일까 아니면 생물학 때문일까? 인간의 개별적 관계와 추상적인 보편적 원리를 모두 중시하는 윤리적 관점을 발전시킬 수 있을까?

이상의 질문들을 편견 없이 수용해야 한다면, 여성의 교육적 경험에 주목하지 않을 수 없다. 어떤 호소력 있는 연구는 사실 여성과 남성은 서로 다른 인식의 관점으로 세상을 파악하고 바라본다고 주장한다. 매리 벨렝키Mary Field Belenky와 세 명의 공저자들은 「여성들의 인식 방법들」*Women's Ways of Knowing*에서 여성의 경험이 인식의 방법을 어떻게 결정하는지 소개한다. 네 명의 저자들은 연령, 상황 그리고 배경이 다양한 135명과의 폭넓은 인터뷰를 근거로 삼아서[32] 여성들이 인식하는 방법을 다음과 같이 서술할 수 있다고 전제한다.

· 수용된 지식received knowledge: "여성들이 모든 인식의 외부적 권위들로부터 제시되는 지식을 수용하고, 심지어 모사까지 할 수는 있지만 직접 지식을 창조할 수 없다고 스스로를 간주하는 관점."
· 주관적 지식subjective knowledge: "진리와 지식이 개인적, 사적, 그리고 주관적으로 파악되거나 직관된 것으로 간주되는 관점."
· 절차적 지식procedural knowledge: "지식을 획득하고 전달하는 객관적 절차를 학습하고 적용하는 일에 여성들이 투입되는 입장."
· 구성적 지식constructed knowledge: "여성들이 모든 지식을 상황적으로 간주하고, 자신들을 지식의 창조자로 경험하고, 그리고 주관적 및 객관인 인식의 전략들을 공히 중시하는 입장."[33]

저자들은 이 네 가지 관점을 "단계"로 분류하지 않는다. 그들은 심리학자들처럼 한쪽의 성이나 계층, 혹은 문화에서 이끌어낸 자료와 자신들이 내린 결론이 일치한다고 해서 "보편적인 발달의 경로"로 일반화하기를 거절하기 때문이다.[34]

저자들의 작업에서 가장 두드러진 특징 가운데 하나는 인터뷰 대상과 인식 방법을 서로 연계한 것이다. 그들은 특정 환경에 속한 여성들의 경우에는 "수용된 지식"마저 불가능하다고 지적한다. 이런 여성들은 저자들이 "침묵"silence이라고 부르는 관점에 속해 있다. 즉, 여성들은 스스로를 생각할 수 없고 소리를 낼 수 없는, 바꾸어 말하자면, 외적 권위의 생각에 종속되어 있어서 귀가 멀고 말을 하지 못하는 존재로 간주한다. 구타를 겪은 여성이었던 앤Ann은 이렇게 말한다.

> 그들이 하는 말을 도무지 알아들을 수 없었다. 나는 학교를 얼마 다니지 못했다. 무엇인가를 배워본 적이 없었다. 그냥 자리에 앉아 있었고 사람들이 알 수 없는 말을 떠벌이면 그렇다고 말하곤 했다. 나는 너무 당황스러워서 도대체 무슨 뜻인지 물을 수 없었다. 입을 떼기 어려웠다. 무엇인가를 말하려고 할 때 누군가 잘못되었다고 하면, 갑자기 눈물이 솟구쳤다. 나는 무너져 내렸다.35)

누구나 생각할 수 있듯이 이런 여성들은 누구보다 나이가 어리고 누구보다 경제적으로, 사회적으로 그리고 교육적으로 열악한 축에 속했다. 그들은 경험이 제한적이고 확신이 부족해서 학교에서 교육을 받은 대로 스스로를 어리석게 생각할 따름이었다.

그렇지만 앤과 비슷한 여성들의 삶에서 괜찮은 기록을 접하게 될 경우에는 거의 대부분 출산이나 자녀를 돌보는 일과 같은 경험들이 혁명적인 사고를 촉발할 때가 많았다. 이 여성들은 자신들도 배울 수 있다는 것을 깨달았다. 경우에 따라서는 어머니 역할을 수행하다가 지적 능력이 강화되기도 하는데, 새라 러딕Sara Ruddick은 그것을 "모성적 사고"maternal thinking라고 부른다.

> 나는 한 어머니의 **사고**thought를 언급하고 있다. 그러니까 그녀가 계발하는 지적 능력, 그녀가 내리는 판단, 그녀가 전제하는 형이상학적 태도, 그녀가 긍정하는 가치가 거기에 해당한다. 한 어머니가 어떤 과목에 참여한다. 즉, 그녀는 다른 것들보다 특정의 질문들을 제기하고, 주어진 대답들의 진실성, 적절성 그리고 타당성을 구분하는 기준을 정하고, 그리고 자신이 내린 결정에 관심을 갖고 행동할 수 있다. 대개 과목이 그렇듯이, 그녀가 참여하는 과목은 나름의 실수, 유혹,

그리고 목표를 보유하고 있다. 모성의 사고라는 과목은 실수와 성공을 결정하는 기준을 설정하고, 우선권을 부여하고, 그리고 기준이 전제하는 덕목과 책임을 간파하는 것으로 구성된다.[36]

하지만 처음으로 스스로의 음성을 발견한 여성들은 대개 제한적인 의미에서 학습을 경험한다. 즉, 권위적인 언어를 수용하고 receiving, 유지하고retaining, 그리고 반향returning을 한다. 이 "세 가지 R"에 직면한, "수용적으로 인식하는" 여성들은 모호한 것을 감당하지 못하고, 문자적으로 해석하고, 그리고 예측이 가능하고 명료한 것을 선호하는 경향이 있다.

인생의 경험이 "주관적 지식"의 수준으로 안내할 때도 가끔 있는데, 그때 여성은 나름의 권위를 갖추면서 내면의 진리를 발견하고 삶 속에서 배운 것을 소중히 간직하게 된다. 그런 여성 가운데 한 명은 이렇게 말했다. "얼마 전까지 깨닫지 못한 내 자신의 일부가 있는데, 그것은 바로 본능, 직관과 같은 것이다. 그것이 나를 돕고 보호한다. 그것은 지혜롭고 빈틈이 없다. 그냥 내 안에 귀를 기울이면 어떻게 행동을 해야 할지 알게 된다."[37] 저자들에 따르면 이런 양태를 유지하는 여성들은

> 논리, 분석, 추상화, 그리고 심지어 언어 그 자체까지 불신한다. 그들은 이런 방법들을 남성들에게 속한 이질적인 영역으로 간주한다.… 이 여성들이 인식의 도구들인 논리와 이론에 익숙해져서 그것들을 거부하기로 결정한 것은 아니다. 여성들은 비여성적이고 비인간적이며 느낄 수 있는 능력에 해롭다고 생각하는 사고의 한 가지 양태에 반발하는 모호하고 검증되지 않은 선입관을 소유하고 있을 뿐이다. 이 반이성적인 태도는 주관주의subjectivism의 시기에 해당하는 여성들의 일차적인 특징인데, 그들은 직관을 진리에 도달할 수 있는 보다 안전하고 보다 유용한 접근으로 평가한다.[38]

따라서 저자들의 평가처럼 주관주의는 자기 확신의 증가를 의미함에도 불구하고 "부적절한 결과"를 통해서 인식하는 한 가지 방법이다.[39] 대부분의 여성들은 주관주의의 시기를 거치고 나서 정규교육formal education으로 복귀한다.

정규교육을 전체적으로 평가하면 "절차적" 지식, 즉 이성적이고 보다 자의식적이고, 체계적으로 분석을 시도하는 음성에 기여한다. 저자들은 절차적인 지식에는 두 가지의 형식이 존재한다고 주장한다. "분리된"separate 지식, 혹은 비판적 사고라는 한 가지 형식은 주관주의의 경쟁 상대이며 성격상 본래 상극이다. 둘째 형식은 "연결된 지식"connected knowledge 혹은 이해이고, **수용적 합리성**receptive rationality과 관계가 있다.[40] 연결된 지식은 절차를 거쳐서 감정이입으로 진행하는데, 저자들은 여성의 대화와 남성의 "자유토론"이 관계가 있는 것처럼 연결된 지식은 절차적 지식과 관계가 있다고 주장한다.[41] 피터 엘보Peter Elbow가 구분하듯이 여성들의 대화는 "의심의 게임"이라기보다는 "신뢰의 게임," 즉 명제를 비판하기보다는 기꺼이 즐긴다.[42] 어느 학생은 이것을 마치 자신이 두 사람의 대화를 엿듣거나 하는 것처럼 시 한수를 낭송하는 것으로 받아들였다.

연결된 인식은 대개 협력 작업과 관계가 있다. 어느 2학년 학생은 메리 셸리Mary Shelley의 「프랑켄슈타인」Frankenstein에 관한 학급토론이 즐거운 이유를 이렇게 설명했다. "그 이야기의 앞부분만 읽어도 된다. 그러면 메리 셸리의 삶과 감추어진 모든 부분들의 바닥에 도달하게 되고, 어떤 사람들은 다른 사람들보다 어떤 부분을 보다 많이 목격하고서 그것들을 설명하고 보여줄 수 있다. 따라서 여러분의 동의를 구할 필요는 없지만, 그것은 사실이다."[43]

끝으로 저자들은 일부 여성들이 인식을 "구성적"constructed으로 이해한다고 주장한다. 이 양태는 직관을 통해서 알고 있는 바를 통합하고 다른 사람들로부터 배우는 것을 경험하는 시도로부터 비롯된다.

구성적 여성들의 경우에 단순한 질문은 단순한 대답만큼이나 드물다. 구성주의자들은 특정의 상황이나 준거의 틀을 벗어나 있는 어떤 입장을 취할 수 있고, 또 가끔은 그렇게 하도록 주장하면서 질문을 제기하는 "사람," 도대체 그 질문이 제기된 "이유," 그리고 대답에 도달하게 된 "방법"을 돌아보기도 한다. 더 이상 그들은 질문이 제기될 때마다 고분고분 대답하려고 애쓰지 않는다. 그들로부터 "당신의 질문이 잘못되었다!"는 말을 종종 듣게 된다. "당신의 질문이 상황과 무관하다"는 것이다.44)

구성주의자들처럼 인식하는 여성들은 두 개의 내적 음성들, 즉 정서를 표현하는 음성과 이유를 공유하는 음성을 동시에 경청할 수 있다.45)
「여성들의 인식 방법들」은 교육자들이 인식에 미치는 성의 영향에 한층 더 예민해질 수 있는 방법을 진지하게 성찰하도록 자극한다. 저자들이 제시하는 한 가지 방법은 "연계 교수"connected teaching이다. 산파술을 떠올리게 하는 연계 교수는 교사들이 결론을 내리게 된 과정들과 학습자들을 연결한다. 교사와 학습자는 확인confirmation-환기evocation-확인confirmation으로 구성된 주기에 참여한다. "산파 교사들은 학습자들이 자신들의 발언을 세계 전달하도록 돕고, 또 그들은 학습자들이 문화-과거와 현재-에 속한 다른 음성들과 대화를 하도록 자신들의 지식을 활용한다."46)
벨렝키와 나머지 저자들이 인식과 성, 인종 그리고 계급이라는 범주들 사이의 고리에 유의하도록 촉구한 것처럼, 제인 마틴Jane Roland Martin은 교육철학 분야에서 성의 문제를 의식하도록 촉구한다. 「대화의 요구: 교육받은 여성의 이상」*Reclaiming a Conversation: The Ideal of the Educated Woman*에서 마틴은 사회가 **생산적**productive 요구-시민권과 일터와 **생식적**reproductive 요구, 즉 임신과 출산을 비롯해서 자녀를 성장시키고, 환자를 돌보고, 가족의 필요에 부응하고, 그리고 가사를 담당하는 것을 동시에 교육해야 한다고 제안한다.47) 마틴은 교육 사상을 취급하는 역사가들이 플라톤, 장 자크 루소, 메리 울스턴크래프트

Mary Wollstonecraft, 캐서린 비처Catharine Beecher, 그리고 샬롯 길먼 Charlotte Gilman의 작품에 구체적으로 드러나 있는 사회의 증식 과정에 대한 관심을 어떻게 상실하게 되었는지 상당히 체계적으로 논증한다. 결국, 역사가들은 교육의 분야에서 기술, 신조, 감정, 정서, 가치, 그리고 자녀를 양육할 때(다른 사례들 가운데) 출현하는 세계관의 전수를 배제시켰다.

이성과 정서, 그리고 자기와 타자의 분리에 따른 그와 같은 생략은 비극적 결과를 초래했다.

> 플라톤이 우리에게 물려준 분리가 중요할까? 플라톤으로부터 우리에게 전수되고 오늘날까지 지속되고 있는 교양교육의 중대한 역설은 교육을 받은 남성 혹은 여성의 특징이 아량이나 관대함과는 무관하다는 것이다.…거기에는 몸을 교육할 수 있는 여지가 없고, 대부분의 행위가 몸동작과 관련이 있기 때문에, 이것은 행위를 교육할 수 있는 여지가 거의 없다는 뜻이 된다. 남을 배려하는 감정이나 정서를 교육할 수 있는 여지도 역시 존재하지 않는다. 교양을 교육받은 남성이나 여성은 남들에 대한 지식을 갖추겠지만, 그들의 복지에 관심을 갖거나 혹은 그들을 친절하게 대하도록 교육을 받지 않을 것이다. 그 사람은 사회에 대한 이해를 어느 정도 소개받을 수 있지만, 불의를 느끼거나 그 운명에 관심을 갖는 것조차 배우지 못할 수 있다. 교양 교육을 받은 사람은 상아탑에 속한 사람이라서 추론은 가능하지만 실제 세계의 실제 문제들을 해결하고 싶은 생각을 하지 않거나, 기술적인 사람이라서 실제 문제를 해결하고 싶어 하면서도 실제 사람들이나 지구 자체를 위한 해법의 결과에는 관심이 없다.[48]

마틴은 만병통치약을 제안하기보다는 성이 개인의 관심, 기대, 행동 그리고 지각에 영향을 미친다는 것을-플라톤과 달리-인정하는 "성에 민감한"gender-sensitive 교육을 촉구한다. 특히 그녀는 사회의 전체적인 요구에 부응하도록 교육할 수 있는 세 단계를 제안한다.

1. 여성의 비하나 우리의 문화가 여성들과 관련짓는 임무, 특성, 그리고 기능에 관한 학교교육의 잠재적인 교육과정에 대한 인식을 강화하라.
2. 여성들에 관한 새로운 학문을 교육과정에 통합하라.
3. 양육의 능력과 돌봄의 윤리를 교육과정 그 자체에 포함하라.

마틴은 합리성과 자율성이 특정 주제들, 그리고 전체적으로는 교육과정의 목표들로 간주되고 있는 것처럼 양육과 연결 역시 특정 주제들의 목표일 뿐 아니라 무엇보다 중요한 교육 목표가 될 수 있다고 결론을 내린다.[49] 그렇지만 그녀는 교육과정이 사회의 생산과 생식 과정들 간의 분열을 반복해서는 안 된다는 경고를 추가한다. 만일 우리의 교육이 "양육 능력과 3C〔돌봄caring, 관심concern 그리고 연결connection〕를 생식의 과정에서 발생하는 가정 경제 같은 주제들과만" 결합시키게 되면, 우리는 "이런 특성들의 **전체적인** 도덕적, 사회적, 그리고 정치적 중요성을 깨닫지 못할 수 있다."[50] 그리고 만일 합리성과 자율적 판단이 사회의 생산 과정과 독점적으로 결합된다면, 생식의 과정들은 계속해서 가치를 상실하게 될 것이다.

벨렝키와 그녀의 공저자들, 그리고 마틴과 같은 페미니스트 학자들이 "성에 민감한" 교육의 중요성을 주장하는 것은 남성과 여성을 위한 교육적 지평의 확대를 기대하기 때문이다. 마틴의 발언처럼, "여성들을 교육의 영역으로 이끄는 예기치 못한 보상들 가운데 하나는 인구의 '나머지' 절반을 교육하는 문제에 대한 연구가 모든 교육을 달리 바라보도록 만들 수 있다는 것이다."[51] 이 학자들은 우리가 "다른 음성"을 경청하도록 주장하면서 전일적holistic 교육 목표, 성과 계층에 대한 감수성 때문에 확대된 인식의 이해, 과정 지향적 교육학, 포괄적 교육과정, 그리고 남성과 여성이 파트너십을 유지하면서 활동하는 사회에 대한 비전에 관해서 대화하도록 자극한다. 한 마디로, 그들은 교육에 기초가 되는 그 질문들에 관해서 발언하도록 요청하는 것이다.

3) 페미니스트의 신학사상

페미니스트 신학자들 역시 유사한 방식으로 신학에 기초가 되는 질문들을 재고하도록 부추겨왔다. 마가렛 팔리Margaret Farley의 지적처럼 페미니스트의 양태를 따르는 일련의 신학적 종합이 새롭게 시도되고 있지만, 신학의 전체 영역에서 상당한 문헌이 등장하고 있다.[52] 이 대목에서는 종교교육에 보다 적절한 기초를 확보할 수 있도록 페미니스트 신학의 담론 가운데 일부에 "귀를 기울이고자" 한다.

페미니스트 신학자들은 교육학의 동료들처럼 자신들의 인식론적 토대를 인식하고 있으며, 일관되게 그 관점의 영향을 인정하면서 "우리의 시각을 새롭게 의식하도록 압박함으로써 우리가 바라보는 **과정**과 **이유**는 물론, 우리가 바라보는 **내용**까지 성찰하게 한다."[53]

페미니스트의 시각으로 제일 먼저 분석하면 기독교의 역사에서 여성들을 왜곡시킨 망령이 드러난다. 전통을 세밀하게 검토하는 작업은 일차적으로 여성들을 불구로 만든 문서들을 확보하는 일이다. 팔리는 이렇게 자세히 검토하고 난 결과를 적절하게 요약한다.

> 그리고 의도적으로 여성을 역사의 변증법적 과정에서 위협 세력으로 간주했건, 아니면 전체 역사가 남성들의 유혹하는 존재로 간주했건, 그것도 아니면 남성들이 내부에서 두려워한 것의 상징으로 간주했건 간에, 오랫동안 기독교의 작품 속에서 악마의 특별한 대리자로 등장하고 있다. 이점에 관해서는 순교자 유스틴, 이레니우스, 터툴리안, 오리겐, 어거스틴, 제롬, 토마스 아퀴나스와 보나벤처, 루터, 존 낙스 그리고 청교도들의 글을 인용할 필요가 거의 없을 정도이다.[54]

페미니스트들 역시 전통적인 이야기에서 여성들의 행방이 드러나지 않는다는 사실을 강조하면서 이야기꾼들-신학자들과 교회 관계자들-이 전체 내용 가운데 일부만 들려주게 된 사연을 소개한다.

엘리자벳 피오렌자Elisabeth Schüssler Fiorenza는 여성이 전통에 의해서 왜곡되고 간과됨으로써 굴종과 복종에 빠져들었다는 바로 그 이유 때문에 계시에 대한 이해를 재고해야 한다고 주장한다. 그녀는 남성과 여성을 해방시키는 신학은 "그 어떤 억압적이거나 파괴적인 성서의 본문이나 전통과 계시적 권위를 조화시킬 수 없다."고 지적하면서 기독교의 핵심적인 자기이해를 비판한다. 우리는 하나님의 이름을 빌어서 "폭력, 소외 그리고 가부장적인 복종"을 영구화하는 그런 본문과 전통을 배격하지 않으면 안 된다고 그녀는 주장한다. 오히려 우리는 "하나님의 백성의 해방적 경험과 비전"을 표명하는 요소를 복구해야 한다.[55]

따라서 페미니스트의 신학 작업은 궁극적으로는 구성적이다. 실제로, 페미니스트 신학의 가장 독보적인 공헌 가운데 하나는 성서, 조직신학 그리고 영성 같은 분야에서 상상력과 이성을 전혀 다른 방식으로 통합한 것이다. 가령, 필리스 트라이블Phyllis Trible은 창세기의 창조 이야기들을 감성적으로 읽어내는데 페미니즘을 "해석학적 열쇠"로 활용한다. 덕분에 그녀는 하나님을 가리키는 여성적 은유들을 강조함으로써 "성서로 하여금 성서를 새롭게 해석할" 수 있게 했다.[56] 게다가 피오렌자 역시 여성의 행방이 드러나지 않는 것을 의식하면서 침묵을 강요하는 주장을 거부한다.[57] 즉, 어느 대목에서 여성들이 명확하게 거론되지 않는 것은 남성들만 관여하고 있다는 뜻이 아니다. 오히려 그녀는 여성들의 역사 및 신학적 경험을 초기 기독교 운동의 "평등적 실체"egalitarian reality에 대한 실마리로 활용한다. 그녀는 상상력을 동원해서 역사적 실체를 재구성함으로써 성서학자들이 도구로 활용하는 역사비평historical-critical 방법을 보완한다. "우리는 텍스트를 그것이 발언하고 있는 어떤 실체의 타당한 반영으로 이해하기보다는 텍스트가 침묵하고 있는 실체를 지칭하는 실마리나 암시를 추구해야 한다."[58]

로즈메리 류터Rosmary Radford Ruether 역시 비슷한 맥락에서 텍스트를 수집해서 페미니스트 신학의 소재로 활용해왔다. 그녀는 성서의 한계를 뛰어넘어서 고대 근동은 물론, 유대교와 기독교의 변두리에 머물던 공동체들(즉, 영지주의)의 고전 텍스트를 수집목록에 포함시킨다. 더 나가서 그녀는 비유와 시와 신화를 혼합한다. 류터는 자신이 수집한 것을 "우리의 경험에 대한 확대된 기억에 근거한 이야기들의 실질적인 핸드북"이라고 부르는데, 그것의 목적은 독자들이 "직접 신학적 성찰의 작업을 시작할" 수 있도록 논의를 자극하는 것이다.59) 류터는 그와 같은 수집목록이 정경적이고, 가부장적인 텍스트를 새로운 시각으로 읽는데 도움이 된다고 주장한다. 그렇게 되면 텍스트들은 규범적 지위를 상실하게 되고, 독자들은 페미니스트 신학과 어울리지 않는 과거의 정경이 아니라 새로운 정경을 구성하는 작업에 참여하도록 자극을 받게 됨으로써 여성들은 타자에 의해서 규정되지 않고 스스로 규정할 수 있게 된다.60)

피오렌자와 류터 모두 신적으로 계시된 텍스트의 권위를 핵심적인 문제로 간주하는 게 사실이다. 실제로 그것은 특히 페미니스트 신학자들의 관심거리이며 그들 사이에서 격렬하게 진행되고 있는 논쟁의 핵심이 되고 있지만, 그렇다고 해서 누구나 피오렌자나 류터에게 동의하는 것은 아니다.61) 페미니스트 신학자들의 의견은 서로 상당한 차이가 있다.

계시의 의미(성서의 권위보다 폭넓은 문제이기는 하지만, 기독교 신학과 불가분의 관계가 있는)는 20세기 사상가들의 관심을 사로잡은 주제였다. 페미니스트 신학자들은 어떤 규범적인 형식이든지 여성들의 역사적 경험을 진지하게 취급하도록 주장함으로써 논쟁을 진전시켰다. 이것은 추상적인 신학적 작업 그 자체를 목적으로 간주하는 것을 배격한다는 의미를 일부 포함하고 있다. 계시가 권위적이라고 하는 주장의 핵심은 페미니스트들이 관계를 중시하는 것에서도 역시 확인할 수 있다. 장 람베르Jean Lambert는 이렇게 주장한다. "성서의 권위는 사람들을 관계로 초대하는 그 역할과 구분할 수 없다."62)

관계의 개념은 페미니스트 신학의 전반적인 열쇠이며 특히 영성spirituality의 분야에서 두드러진다. 당연히 하나님의 모습을 다시 그리고 있는데, 아버지로 그려진 하나님의 모습은 너무 오랫동안 그리스도인의 삶에서 압도적인 은유로 활용된 탓에 군주의 신적 권리든 아니면 여성에 대한 남성의 주권이든 간에 그 지배를 합법화해왔다.[63] 페미니스트들, 특히 필리스 트라이블의 경우에는 하나님의 여성적 이미지를 주제로 광범위하게 집필해왔고 하나님을 "친구"로 묘사하는 방식으로 새로운 이미지들을 제시하였다.[64] 물론, 엘리자벳 존슨 Elizabeth Johnson이 정확하게 지적하듯이 하나님을 일방적으로 남성으로 간주하는 것에 의문을 제기한다고 해서 하나님의 남성적 이미지가 부적절하다고 주장할 수는 없다. "우상이라고 해서 파괴된 것이 또다시 우상적 상징이 될 수" 있기 때문이다.[65] 하나님에게 여성의 이미지를 부여한다고 해서 유대-기독교 전통에 속한 한분 하나님에 대한 신앙을 훼손하는 것도 물론 아니다. "예기치 못한 은유들을 활용하면 하나의 거룩한 신비에 대한 종교적 경험을 새롭게 할 수 있는 가능성이 개방되기" 때문이다.[66]

따라서 페미니스트의 영성에 대한 정의의 핵심에 관계가 자리 잡고 있다는 게 아주 중요하다. 앤 카Anne Carr는 영성을 하나님을 비롯해서 타자, 정치, 사회 및 세계와 맺고 있는 우리의 관계가 포함된 삶 전체와 관계를 유지하고 있는 우리의 가장 심오한 자아self로 규정한다.[67] 조앤 콘Joann Wolski Conn은 영성을 자기초월 능력, 즉 관계를 형성하고 자유롭게 헌신할 수 있는 능력과 동일시한다. 그녀는 그리스도인의 삶에서 영성의 계발과 관련된 주요 쟁점 역시 여성 운동의 핵심적인 문제로 전제한다. 가령, "영적 지도direction에 대한 실증적 접근"〔어쩌면 경험을 진지하게 고려하는 것일 수도 있는〕은 "기도를 통한 성장이 실제로 삶 속에서 소원하고 있는 것과 하나님의 임재를 진정으로 느끼는 방법에 대한 인식을 강화시키는 능력과 관계가 있다고 주장한다."[68]

캐럴 옥스Carol Ochs 역시 여성의 경험은 실재와의 관계를 새롭게 성찰하게 할 뿐 아니라 이 세상의 영성을 촉진한다고 지적한다. 그녀는 어머니의 역할을 핵심적인 이미지로 구사하면서 그것을 붙잡기와 내려놓기라는 기본적인 두 가지 리듬으로 구성된 사랑의 방식, 즉 자아의 "주변화"de-centering라고 정의한다. 여성은 영성에 생동적인 관점을 제공한다. 성숙에 대한 남성의 정의가 전통적으로 독자성이나 개체성을 강조해왔기 때문이다. 이와 달리, 여성은 타자와 관계를 형성할 수 있는 능력이 성장하면서 성숙에 도달하는 경향이 있다. 여성은 일상을 거룩함의 기반으로 파악할 수 있는 방법을 제시한다.[69]

4) 종교교육을 위한 시사점

다양하고 풍성한 페미니스트의 음성은 비교적 일천한 기간을 고려하면 놀라울 정도이다. 그들의 음성은 아주 색다르다. 피해 당사자라는 생각 때문에 가끔은 "단조로운 비판"이 제기될 때도 있지만,[70] 그럼에도 불구하고 종교교육학자들의 생산적인 말상대가 되기도 한다. 페미니스트 교육학자와 신학자를 대상으로 서로 연관된 종교교육의 두 가지 차원, 즉 교육과정과 가르치는 행위teaching를 검토해보자.

교육과정을 대체로 "기독교 공동체의 축적된 지혜"로 간주할 경우에는 전통의 복잡하고 역동적인 성격을 의식할 필요가 있다.[71] 우리가 기독교를 이해하기 위해서 활용하는 소재들은 역사적 상황이라는 한계를 못 벗어났다. 우리는 그것들의 불완전함(여성과 기타 소수 인종을 무시한 것)이나 왜곡(여성을 종속적으로 간주한 것)을 간과할 때가 많았다. 우리가 일반적으로 의지하는 자료는 그 영역이나 관점이 지나치게 협소하다. 백인, 그것도 서구 남성들이 텍스트의 대부분을 집필했기 때문이다. 보다 최근에는 문헌을 보충하고 "성서에 등장하는 여성"이나 "루터의 여성관"을 다루는 수업을 추가해서 부족한 부분을 메울 수도 있었다. 하지만 그렇게 교육과정에 덧붙이는 방식은 부적절하다. 성gender을 소재 분석의 범주로 활용하려면 페미니스트의 음성을 분과학문 그 자체와 통합할 필요가 있다. 간단히 말해서, 교육과정을 전반적으로 재고할 필요가 있다는 것이다. 마가렛 앤더슨 Margaret Anderson은 이렇게 피력한다.

여성은 형식화된 지식을 창조하는 일에서 배제되어왔기 때문에, 여성을 포함시키는 일은 여성을 기존의 지식에 추가하거나 아니면 그들을 지식의 새로운 대상들로 삼는 것 그 이상을 의미한다.…여성을 포함시킨다는 것은 여성의 경험을 지식에 필요한 일차 주제로 간주하고, 여성을 지식의 창조 과정에서 능동적인 매개자 구실을 하는 것으로 개념화하고, 성을 서구사상에 대한 지식을 표명하는데 기본이 되는 것으로 간주하고, 그리고 여성과 남성의 경험을 성sex/gender의 체계와의 관계 안에서 파악하게 함으로써 지식을 재 정의하는 복잡한 과정을 가리킨다.[72]

우리는 현재 상황의 설명 방식이 불완전하다고 성가실 정도로 의심을 부추기는 페미니스트의 음성을 가까이 해야 한다. 우리의 시각은 모두 부분적으로 유전되었을 뿐 아니라, 그 객관성까지 의심을 받는다. 관점이 의식된 적이 없기 때문이다. 남성들은 객관성을 주장하면서도 세계를 있는 그대로가 아니라 인식하는 대로 서술했다. 애드린 리치Adrienne Rich는 이렇게 도발적으로 평한다. "남성들은 대체로 사고하는 게 서투르다. 개인적 삶과 유리된 가장 비합리적인 열정이 들끓는 객관성을 고수하면서도 버지니아 울프Virginia Woolf가 간파했듯이 전문성을 추구하는 감각은 상실했다."[73] "객체"와 "주체"의 균형을 유지하려면 페미니스트의 음성이 무엇보다 필수적이다. 페미니스트의 이론은 합리성이 중요하더라도 그 자체가 목적이 될 수는 없다고 일관되게 주장한다. 게다가 페미니스트의 음성은 발전을 거듭하면서 호소력이 강화되고 있고, 길리건의 「다른 음성으로」를 중심으로 진행된 활기찬 대화가 입증하듯이 자기비판은 엄격해지고 독창성은 분명해지고 있다.

페미니스트 이론은 과정에 대한 관심을 역시 반영한다. 종교교육학자들은 신학자들과의 대화를 나눔으로써 과정과 협력을 중시하는 페미니스트에게 반드시 요구되는 교육에 관심을 갖게 만든다. 보다 전통적 방식으로 작업하는 신학자들은 대개 가르치는 행위를 학문과 무관하게 평가하면서 간단한 테크닉 정도로 간주한다. 나는 페미니스트 신학이 가르치는 행위를 얼마나 진지하게 간주하는지의 여부가 시금석이 된다고 생각한다.74) 페미니스트가 제안한 이상적 개념들은 가르치는 행위에 의해서 상당 부분 성취된다.

가르치는 행위는 개인이 과정을 얼마나 중시하는지 보여준다. 학급이나 워크숍, 그리고 프레젠테이션을 구성하는 절차에 따라서 직간접적인 주제들과의 관계에 관한 우리의 신념이 드러난다. 가르치는 행위는 권위에 대한 우리의 생각, 기독교적 자료들에 대한 우리의 해석, 우리가 상상력에 부여하는 가치, 그리고 우리가 중요하게 간주하는 대화를 검증한다.

나는 이 주제들 가운데 일부를 8장에서 발전시킬 것이다. 하지만 지금은 성숙의 과정에 들어선 사회과학을 둘러봄으로써 새로운 영역을 계속해서 답사하려고 한다.

3. "거룩함은 전일성이다": 사회과학의 관점들

나는 이 세 번째 절에서 사회과학이 종교교육을 어떻게 강화시킬 수 있는지 간략하게 제시하고 싶다. 이 장을 구성하는 나머지 세 가지 주제들처럼, 본격적으로 논의를 하려고 하면 책 한 권 정도의 분량에 해당한다. 사실, 현재의 사회과학 수준은 판단이 쉽지 않다. 논제들이 복잡해서 어떻게 접근하더라도 선별적일 수밖에 없다. 사회과학은 "인간 사회의 다양한 측면을 취급하는 학문 분야"를 포괄하는 "거대 개념"으로 간주되어 왔다.75) 사회과학이나 혹은 그 분과 및 방법론을 정의하는 데는 이론의 여지가 없다. 사회과학이 "과학적"이라고 규정하는 범위가 뜨거운 논란거리가 되고 있다. 실증적이거나 또는 그래야 마땅한 범위 역시 논쟁이 진행 중이다. 게다가 사회과학자들이 심리학의 다양한 유형들을 생략할 때도 많지만, 일반적으로는 사회과학의 범위에 포함시키기 때문에 나 역시 그대로 따른다.

위험하다는 것은 신중하게 진행할 필요가 있다는 뜻이다. 그 때문에 사회과학이 종교교육을 재구성하는 방식이 모호해지면 안 된다. 사회과학이 총체적으로 인류를 연구하는 한[76] "거룩함은 전일성이다."holiness is wholeness라는 주제를 어느 정도 매력적인 방식으로 부각시킬 수 있다. 나는 아주 다양한 개념들 가운데 사회학과 심리학이 종교교육에 어떻게 영향을 발휘하는지에 대해서만 논의할 것이다.

1) 사회학

종교교육 분야에서 영향력을 행사하는 사회학의 흐름은 최소한 세 가지로 구분할 수 있다. 첫째, 실증적 연구는 데이터베이스를 구축해서 관점과 행동을 파악하고 분류한다. 여기서는 과학적 방법이 중요하다. 이따금씩 부록에 장황하게 거론되기도 하는 조사연구 설계가 연구의 가치를 결정하는 열쇠가 된다. 사회학은 이런 방식으로 종교 집단의 계층, 인종배경, 학교교육, 그리고 수입과 같은 요인들의 영향을 검토하고, 의식과 관련된 생활, 청소년기의 신앙 위기 경험, 그리고 교회구성원들이 교리적 진술에 집착하는 것을 연구한다. 정교한 방법론들과 연구 주제들의 범위를 파악하려면 『종교 연구 리뷰』Review of Religious Research나 『종교의 과학적 연구 저널』Journal for the Scientific Study of Religion 같은 잡지를 살펴보는 것만으로도 충분하다. 교회학교의 영향,[77] 교회의 이탈 현상,[78] 그리고 회중생활의 역학[79]과 같은 문제들 역시 분석의 대상이다. 사회학자들이 제안한 기술적descriptive 연구는 특정 상황에서 작용하는 복잡한 변수들을 염두에 두도록 종교교육자들을 압박한다.

사회학의 두 번째 흐름은 역사적, 철학적 그리고 신학적 문헌에 한층 더 관심을 갖고 있는데, 피터 버거Peter Berger, 그레고리 바움Gregory Baum, 로버트 벨라Robert Bellah와 그의 동료들(특히 「마음의 습관」Habits of the Heart처럼), 그리고 존 콜먼John Coleman 같은 학자들의 저서에 구체적으로 드러나 있다. 나는 이 장의 마지막 부분에서 벨라와 콜먼의 저서를 중심으로 교회가 공적 책임을 새롭게 자각하는 것에 관해서 논의할 것이다.

앞의 내용과 무관하지 않은 세 번째 흐름은 당연히 "지식사회학"sociology of knowledge으로 분류해야 한다. 처음부터 막스 쉘러Max Scheler나 칼 만하임Karl Mannheim이 관여한 이 작업은 개인의 사회생활이 본인의 지식, 사고 그리고 문화에 영향을 끼치는 방식을 연구한다.[80] 보다 최근에는 자체의 선입관을 인식하지 못하는 비판을 폐기하는데 활용된 바 있는 "비판이론"critical theory이 영향력 있는 종교교육학자들의 어휘목록에 추가되면서 지식사회학이 부각되고 있다.[81]

그것은 처음부터 파울로 프레이리의 영향을 받았던 토마스 그룸의 저서가 가장 두드러진다. 그는 비판이론이 인간의 프락시스를 보다 심층적으로 파악하는 것을 한 가지 이해 방식으로 간주한 것으로 받아들였다(6장 참조). 그룹은 헤겔Georg Hegel(이론과 프락시스의 통합에 관해서)과 마르크스Karl Marx(진정한 인식은 인간의 자유와 해방을 지향하는 변혁의 행위가 되어야 한다는 점에서)를 자료로 활용한다. 아울러서 그는 마르크스가 언급하는 프락시스의 제한적인 의미를 확대시키는 동시에 개인이 선입관과 이익으로부터 자유롭다는 그릇된 개념을 고수하는 "객관주의의 환상"을 조망하려고 하버마스Jürgen Habermas를 활용한다. 지식사회학은 그룹이 주장하는 "공유된 기독교적 프락시스"shared Christian praxis의 두 번째 무브먼트의 기초가 된다. 이는 그룹이 하버마스를 따라서 인식 주체의 우월성을 강조하고, 관심이나 상징, 자세, 가정, 기술공학에 의문을 제기하고, 그리고 왜곡된 의사소통과 대화의 억압에 관심을 갖고 있기 때문이다.

> 공유된 프락시스는 사람들로 하여금 나름대로 구성적인 인식(즉, 그들 나름대로 세계에 참여하게 하는 인식)에 이름을 붙이고, 그리고 원인과 결과(그들의 "관심")가 드러나도록 그 인식을 비판적으로 성찰하도록 시도한다.[82]

월리엄 케네디William Bean Kennedy 역시 지식사회학의 영향으로 종교교육자들의 이데올로기 의식이 한층 더 강화될 필요가 있다고 주장한다. 케네디는 최근에 발표한 논문에서 더글라스 켈너Douglas Kellner처럼 "이즘으로서의 이데올로기"ideology-as-ism(새로운 세계관을 탄생시키고 정치 행위를 옹호하게 만드는 능력)와 "패권적 이데올로기"hegemonic ideology(사태가 지속되는 방식의 수용과 그에 따른 현재상황의 수용과 합법화)를 구분한다. 종교교육자들이 패권적 이데올로기의 도구를 활용하게 될까봐 염려하는 케네디는 교수행위에 필요한 여섯 가지의 사항들을 제시한다. 첫째는 교육적 지식이 학습자와 교사 간의 관계 속에서 "구성되는" 교육과정의 내용에 종교교육자들이 관심을 가져야 한다는 일반적인 진술을 담고 있다.

> 우리는 교육단위를 구성하고 수업내용을 개발하는 동안 이데올로기 활동〔교육제도가 지식을 통제하고 현재의 패권적 이데올로기의 통제를 영구화한다〕에 관여하게 된다. 우리는 거절하는 것과 근본적인 변화를 모색하는 것을 너무 쉽게 포기하고, 상부 구조의 통제를 전복하거나 반대하는 상당히 자유로운 공간을 소유한 교육단위의 목표, 자료, 그리고 교수학습 과정을 공유하는 것까지 너무 쉽게 잊을 수 있다.…현장에서 활동하는 우리 교사들은 교육과정의 설계와 교육단위의 조직을 실험하고, 지배적인 구도에 도전할 수 있는 상당한 자유를 누리고 있다.[83]

나머지 다섯 가지는 이것을 확대한 것이다. 케네디는 "기술적 합리성"technical rationality을 극복하기 위해서 종교교육자들이 미학적 및 창조적 학습 방식을 한층 더 자주 활용하도록 제안한다. 더나가서 그들은 억압을 받는 집단에 대한 지식과 경험에 특히 유의하고, "문제제기"problem-posing 교육에 관여하고(프레이리를 따라서), 갈등을 성찰과 분석의 도구로 활용하고, 그리고 사회의 모순을 파악하고 분석하는 "의심의 해석학"hermeneutic of suspicion을 구사해야 한다. 케네디는 이렇게 결론을 내린다. "상황이 정상적이지 않을 경우에 종교교육은 우리가 마땅히 감당해야 할 개인적 및 정치적 결단을 가늠할 수 있는 것과 대조적인 비전을 우리 가운데서 활기차게 유지하도록 부름을 받았다."[84]

요약하면, 실증적 연구가 개인과 집단의 사고와 행동을 구성하는 요인들을 부각시킨다면 지식사회학은 지배의 양식을 파악할 수 있는 렌즈를 제공한다고 볼 수 있다. 사회학은 세계의 실상에 보다 더 익숙해지도록 훈련할 수 있는 도구를 제공한다.

2) 심리학

사회학, 그중에서도 지식사회학이 여전히 종교교육에 별다른 영향을 발휘하지 못하는 반면에 현대 심리학은 그 분야에 상당한 영향력을 발휘하고 있다. 전문적인 종교교육자가 되려고 준비하는 사람은 적어도 두 가지 분야, 즉 신학과 심리학을 공부하는 경우가 많다. 사실 1900년에 회심의 심리역학을 실증적으로 연구하면서 본격적으로 학문에 길에 입문한 조지 코우 당시부터 심리학은 발달심리학을 중심으로 교육의 분야에서 점차 영향력을 강화해왔다. 신학의 영역을 크게 의지하고 있는 미국 가톨릭신자들을 위한 교리문답 지침서인 「신앙의 빛을 나누기」 *Sharing the Light of Faith* 역시 인간의 발달단계를 중시한다.[85]

물론, 발달심리학이 신학의 유일한 대화 상대는 아니다. 프로이트와 융의 신세를 지는 정신분석 이론은 목회학보다 그 영향력이 분명하지 않더라도 오랫동안 토론과 논쟁을 야기해왔다. 그렇지만 정신분석학계의 새로운 발전, 즉 "대상관계이론" object relations theory이 현재 상당한 관심을 불러일으키고 있는데, 아나 마리아 리주토Ana-Maria Rizzuto의 선구적 저서 「살아있는 신의 탄생」 *The Birth of Living God* 이 대표적이다.[86] 교수학습 과정에 대한 통찰력 때문에 교육심리학이, 그리고 그룹 다이나믹스와 사회화 과정에 대한 통찰력 때문에 사회심리학이 종교교육을 수행하는데 역시 영향력을 행사해왔다.

그럼에도 불구하고 발달심리학은 나머지 관점들을 압도한다. 다양한 이론들 가운데 특히 제임스 파울러James Fowler의 신앙발달이론은 종교교육의 훌륭한 대화 상대이기 때문에 여기에서 일차적으로 검토하고자 한다.[87] 아울러서 이 이론은 사회과학의 성숙을 상징하는 하나의 패러다임-학자들 간의 독창적 교류나 공공정책의 입안자들과의 대화를 시도하는 특징을 가진 발달 이론의 새로운 단계-으로 제시된다. 때문에 나는 신앙발달 이론의 본래 요소들을 나열하고, 그 이론에 대한 학자들의 논평을 전체적으로 서술하며, 그리고 공적 영역과 관계된 것들을 통해서 이 장의 마지막 대목으로 넘어갈 것이다.

파울러가 신앙발달이론가들이 모색하는 것으로 간주하는 기본적인 세 가지 질문들은 그의 이론이 추구하고 있는 의도를 담고 있다. 그의 주장에 따르면, 첫째 질문은 사람들이 일평생 바뀌지 않는 신뢰와 충성, 그리고 신념과 의무를 어떻게 인식하고 태도를 형성하기(그리고 형성되기) 시작하는가와 관계가 있다. 이 때문에 그와 에머리 대학교 캔들러 신학대학원의 신앙발달연구소의 동료들은 신앙을 형성하는 인식과정과 가치평가 방식의 차이점들을 세밀하게 검토한다. 그들은 발달론자들의 용어를 빌어서 두 번째 질문을 제기한다. 개인이 의미를 형성하는 일련의 과정에 예측할 수 있는 단계나 변혁이 존재할까? 인지적, 심리사회적, 그리고 도덕적 영역에서 신앙의 영역과 상관관계가 있는 형태들을 파악할 수 있을까? 그들이 제기하는 세 번째 질문은 올바른 성인과 올바른 인간이 되기 위해서는 자신보다 더 위대한 원인이나 원인들에 대한 강력하고 지속적인 신뢰와 충성이 필수적인지의 여부를 묻는다.[88] 샤론 팍스Sharon Parks는 신앙발달 이론의 핵심 개념을 이렇게 지적한다.

궁극적 차원에서의 의미를 형성하는 것은 복잡성을 수용하고 구분할 수 있는 능력이 확대되는 방향으로 예측이 가능한 발달의 형태들을 경험하는 것이다. 그렇게 되면, 보다 적절하게 신앙(자아, 세계 그리

고 "하나님"이 적절하게 조합되어 있는 보다 적절하고 신뢰할 수 있는 지각)이 구성된다.[89]

이 "예측이 가능한 형태들"이란 무엇일까? 장 피아제나 로렌스 콜벅 같은 구조발달 이론가들의 전통에 속한 파울러는 일곱 가지의 위계적, 순차적 그리고 불변의 신앙단계들의 존재를 전제한다. 단계("정해진 시기에 해당하는 개인의 사고과정을 구성하는 추론이전 prerational의 통합된 구조 단위")마다 개인의 신앙 성숙에 필수적인 변화를 지칭하는 명칭을 갖고 있다.[90] 단계 이론은 드웨인 휴브너가 "이해의 비계"scaffolding of understanding라는 이름으로 불렀던 내용을 포함한다.[91]

파울러의 단계들은 자신의 연구내용을 탁월하게 설명하고 있을 뿐만 아니라 다양한 소재들을 뛰어나게 요약한다.[92] 단계들을 간략하게 소개하는 것은 쉽지 않기 때문에, 나는 독자들의 회상(혹은 입문)을 돕기 위해서 간단히 개요만 소개한다. 내 의도는 파울러가 종교교육에 공헌한 것을 평가하기보다는 그를 분석하는 것이다.

유아가 일차적인 보호자들과 상호 작용하는 과정에서 발달하는 **원초적 신앙**primal faith에서 출발하는 단계는 아동기 초기의 **직관적-투사적 신앙**intuitive-projective faith으로 진행한다. 이 두 번째 단계에서 어린이의 지평이 확대된 것은 장기간 지속되는 이미지를 형성하게 될 상징과 이야기를 생각해낼 수 있다는 뜻이다. 학령기 어린이가 이야기, 규칙 그리고 가치를 의지하는 것은 **신화적-문자적 단계**mythic-literal faith에 들어섰다는 것을 가리킨다. 이 단계를 통해서 결국 청소년기에 도달하게 되고 파울러가 **종합적-인습적 신앙**synthetic-conventional faith이라고 부르는 인습적인 신념과 가치에 의해서 정체성의 가닥들이 종합된다. 성인의 시기는 보다 명료한 자아의 의식, 즉 **개별적-성찰적 신앙** individuative-conventional faith으로 요약된다. 이 신앙이 "두 번째 순수성" second naivete의 역설과 전유를 주도할 때 성인기는 **결합적 신앙** conjunctive faith을 촉진하게 된다. 마지막으로, 일부 성인들이 피조물에 대한 창조자의 사랑을 긴밀하게 확인할 수 있을 정도로 변화될 수 있는데, 파울러는 그런 이들이 **보편적 신앙**universal faith의 시기에 도달한 것이라고 주장한다.

이상의 단계들, 그리고 그것들을 배태하고 있는 이론적 구성물은 격렬한 논란을 야기하는 촉매 구실을 했다. 일부 학자들은 단계 이론을 세련되게 다듬었다. 가령, 샤론 팍스는 3단계에서 4단계로의 이행은 실제로 두 가지의 과도기들을 포함한다고 주장한다. 즉, 성인 초기에는 "헌신의 검증"과 "취약한 내적 종속"이, 그리고 성숙한 성인의 경우에는 "검증된 헌신"과 "확신하는 내적 종속"이 그것들이다.[93] 월터 콘Walter Conn 같은 이들은 회심의 역학을 조명할 목적으로 단계 이론을 비판적으로 평가한다. 콘의 경우에 발달이란 양심과 회심 사이에 자리한 중도적 용어이다. "따라서 발달은 여러 모로 회심을 필요로 하고, 회심은 늘 발달의 과정에서 발생한다."[94] 그럼에도 불구하고 가브리엘 모런 같은 이들은, 앞으로의 논의처럼 단계 이론에 대해서 보다 포괄적으로 회의적이며 파울러의 기본적인 전제에 의문을 제기한다.

이런 측면에서 볼 때 신앙을 "인간의 보편적인" 것으로 간주하는 파울러의 확신이 쟁점이 되고 있다. 그는 신앙을 의미를 형성하고, "궁극적 환경"을 구성하고, "우리 삶의 우발성, 유한성 그리고 궁극성의 요인들을 분석하고, 해석하고 그리고 반응하는" 행위로 파악한다.[95] 신자거나 비신자거나 가릴 것 없이 신앙을 소유하고 있기 때문에 그의 이론은 어느 특정 종교의 입장을 규정하는 경계를 넘어선다.

그런 가정은 편협함을 벗어나서 신앙을 폭넓은 맥락에 배치하는 것이지만, 비판이 없는 것은 아니다. 가브리엘 모런은 파울러가 신앙의 구조를 내용(신념)과 구분함으로써 신앙의 복잡함을 빼앗아간 이분법을 구축했다고 주장한다.[96] 그의 비판을 진지하게 받아들이는 파울러는 개인 혹은 어느 집단의 신앙에 대한 기술은 그 신앙의 내용이나 문법을 구성하는 이야기, 신념, 상징 그리고 실제를 주목하지 않을 경우에는 불완전하다고 되받아친다.[97] 파울러는 「성인이 되기, 그리스도인이 되기」*Becoming Adult, Becoming Christian*의 마지막 세 장을 "기독교 이야기"가 그 구성원을 형성하는 방식에 대한 이해를 묘사하는 데 할애한다. 그는 계약과 소명이라는 주제를 가지고서 기독교적 삶에 관한 서사narrative가 개인을 성숙으로 초대하는 과정을 성찰한다.

파울러의 비평가들은 그의 반응에 전적으로 동의하지 않는 것 같다. 실제로 파울러가 신앙에 대한 자신의 주장을 보다 미묘하게 만들었다는 것을 알고 있는 존 맥더그John McDargh는 명료화나 수정을 시도한다고 해서 구조-발달 모형 그 자체라고 하는 보다 근본적인 문제를 잠재울 수 있는지에 대해서 의문을 제기한다. 현대의 정신분석이론을 종교에 보다 공감하는 대화의 상대로 간주하는 맥더그는 구조-발달적 사고를 정신분석 이론과 통합할 필요가 있다고 주장한다.[98] 칼 슈나이더Carl Schneider 역시 그의 조건을 반복하고 있는데, 그는 파울러가 "심리역동 접근이 활용하는 의심의 해석학을 세련되게 구사하지" 못하고 있다고 지적한다.[99] 결국 슈나이더의 주장에 따르면, 파울러는 정서와 행동을 무시하는 언어는 과대평가하면서도 아동 초기의 중요성을 간과하고 그리고 악과 범죄에 대한 부적절한 교리를 소유하고 있다고 주장한다.[100] 비평가들의 평가 덕분에 인지발달 이론들이 목회적 돌봄보다는 종교교육에 영향력을 더 크게 행사하게 된 이유를 적어도 한 가지 정도는 확인할 수 있다.[101]

나는 종교교육자들이 신앙발달 이론-혹은 어떤 도식-을 성급하게 그리고 간단하게 수용하지 않도록 여러 가지 비판을 유의하도록 촉구한다. 그렇지만 신앙발달에 관한 최근의 문헌 덕분에 학자들의 독특한 연결망이 출현하고 있다는 것을 알게 되었다. 분과들의 경계를 넘어서는 이 문헌은 근본적인 질문을 제기하고 있어서 종교교육자들에게 중대한 지평을 제공한다. 신앙이란 무엇인가? 회심이란? 사회과학은 신학을 어떻게 강화하는가? 사회과학의 한계는 무엇인가?[102] 신학은 사회과학을 상대로 어떤 발언을 해야 하는가?[103]

신앙발달 이론을 마무리하기에 앞서 사회 지향의 성향이라는 또 다른 구성요소를 지적하고 싶다. 이 성향은 두 가지 측면을 소유하고 있다. 한 가지는 비판이론에 대한 수용성이다. 가령, 드웨인 휴브너를 추종하는 샤론 팍스는 발달이라는 은유의 위험성을 지적한다. 외모만 바꾼 제국주의(가령, "저개발" 국가들처럼)에 흡수될 수 있는 생물학적 성숙에 기초한 이미지를 소유하고 있기 때문이다. 그녀는 변혁transformation의 은유가 더 적합할지 모른다고 주장한다.[104]

또 다른 측면은 "공적"public 그리스도인의 교육에 대한 관심이다. 파울러가 이해하는 미국적 경험에 따르면, 과거에 계약은 다양하지만 조화로운 인간 사회를 서로 결합하는 "근본적인 은유"였다. 종교의 해체와 세속주의의 수용 덕분에 학교는 물론 기타 사회 조직들은 신민시대처럼 도덕교육을 강화할 수 없었다. 결국, 교육은 점차 윤리적 지주와 결별하게 되었다.

파울러는 발달의 도덕적 차원에 유의할 필요가 있다고 제안한다. 여기에는 권력, "기제"mechanism(기계적으로 관계를 예측하는), 관계, 그리고 시스템처럼 요즈음의 기초적인 은유들에 대한 비판적 평가가 포함된다. 게다가 이 은유들은 시민들이 상대방, 자연 그리고 창조자와 동반자 관계를 형성하는 사회를 건설할 수 있도록 계약의 수행에 초점을 맞추지 않으면 안 된다. 이것이 이루어질 경우에는 공공정책에 대한 네 가지의 시사점들이 제기될 수 있다. 첫째, 국가는 경쟁을 조장하기보다 자녀를 양육하는 가정을 지원해야 한다. 둘째, 학교의 교육과정은 유행하고 있는 기초적인 은유와 신앙발달의 단계들을 반영해야 한다. 셋째, 국가는 관계 및 계약을 중시하는 입장에서 텔레비전 프로그램의 편성을 모니터하고 지침을 제시할 생각을 해야 한다. 넷째, 이 국가는 신중심의 성서적 기반을 가르치고 공개적으로 표현할 수 있는 방법들을 찾아내지 않으면 안 된다.[105]

대화의 범위를 확대하려는 파울러의 관심은 교회의 공적 책임을 검토하는 일과 직접적으로 관계가 있다.

4. 제자와 시민: 교회의 공적 책임

제임스 파울러가 파편화된 사회에서 구심력을 행사하는 성서적 은유들의 능력을 옹호하는 것은 종교와 사회 분야에서 활동하는 학자들의 느슨한 연결망에서 검토되고 있는 한 가지 주제를 강조하는 것이다.

가령, 사회학자 존 콜먼의 주장대로라면 상이한 세 가지 전통들-공화주의론, 성서적 종교, 그리고 계몽주의적 자유주의-이 미국으로 하여금 공적으로 스스로를 이해하도록 만들었지만, "전통적인 성서적 종교가 미국적 정체성과 목적이 표류하는 느낌을 표명할 수 있는 무엇보다 강력한 상징적 자원처럼 보인다."[106] 「마음의 습관」을 집필한 로버트 벨라와 그의 동료들 역시 성서적 및 공화주의적 주제를 활용한 마틴 루터 킹Martin Luther King, Jr.을 미국식 개인주의를 변혁할 수 있는 일종의 모형으로 활용한다.[107]

그럼에도 불구하고 성서의 언어를 단순하게 전용한다고 해서 저절로 시민의 전폭적 지지로 이어지는 것은 아니다. 저자들도 그것을 충분히 파악하고 있다. 앨런 페시킨Alan Peshkin은 근본주의 기독교 학교를 교육적으로 분석하면서 그것을 문헌으로 제시했다. 페시킨은 네 학기 동안 직접 관찰한 베델학교(가상으로 붙인 학교 이름)의 교사, 행정, 그리고 학생의 성실함을 크게 인정하면서도 그와 같은 학교는 결국 분열을 유발한다고 결론짓는다. 그는 이렇게 피력한다. "개인의 신념이 불확실성을 전혀 용납하지 않을 경우에, 그로 인해서 논쟁, 거래, 그리고 타협이 차단된다."[108] 페시킨의 주장에 따르면, 그런 학교는 학생들에게 미국인들이 서로 다른 신념을 소유한 것을 부정적으로 생각하게 만들기 때문에 "내가 존중하는 다원적인 미국의 관점에서 볼 때 미국식 베다니학교들이 성공하면 할수록 그들의 생존을 보장하는 이상적인 다원주의는 그만큼 성공을 거둘 수 없게 된다."[109]

페시킨처럼 역사학자 마틴 마티Martin Marty 역시 최근에 시민성을 유지하는 신앙의 쇠퇴를 아쉬워한다. 그는 현재의 상황을 "시민성이 미개한 범퍼스티커 전투에 무릎을 꿇고 전제들로 제시된 비합리적인 추론들이 결론이 되고 있다."고 풍자한다.110) 마티는 사람들의 내적 여정이 시민으로서의 소명과 결합될 수 있도록 돕는 소명을 수용할 필요가 있다고 주장한다. 페시킨이 연대순으로 정리했던 교회론의 편협한 교리중심주의와는 대조적으로 마티는 "공적 교회"public church, 즉 "예수 그리스도가 중심에 있는 사도적 교회들의 가족, 신앙의 사람들을 둘러싸고 포함하는 공익, 공적 질서에 특히 민감한 교회들"의 포괄적 성격을 강조한다.111) 공적 교회에 맡겨진 특별한 과제는 복음적 충동을 에큐메니칼 관점과 서로 연결하는 것이다.

적어도 보다 권위적인 신앙 전통의 단순한 답변들이 압도하는 현재의 질서를 고려하면, 공적 교회는 결코 주류가 되지 못할 수 있다. 하지만 그 구성원들은 "폭력적인 하나님을 뒤로 하고서 사람들이 타자들을 공격하지 않으면서 자신들이 믿는 바를 긍정할 수 있는" 새로운 신앙의 단계로 인류를 이끄는 중대한 소명을 간직하고 있다.112)

"공적 교회"의 구성원이 되도록 사람들을 교육하는 일은 20세기 후반에 종교교육자들이 직면한 가장 중요한 과제 가운데 하나이다. 그것은 여러 가지 문제를 야기하고 새로운 도전을 제기하는 힘겨운 과제이다. 예를 들자면, 다원적인 사회에서 고유한 신앙공동체의 전통을 따라서 사람들을 교육하는 동시에 공익을 조성하는 일에 참여할 수 있도록 준비시키는 일이 어떻게 가능할까? 하나님에게 철저하게 충성하도록 가르치면서 그 헌신을 공유할 수 없는 사람들을 관용하도록 어떻게 가르칠 수 있을까? 신앙의 언어와 세속 문화의 언어를 동시에 자유롭게 구사할 수 있는 능력을 어떻게 배양할 수 있을까?

이상과 같은 질문들은 쉽게 답을 구할 수 없는 것들이다. 그렇지만 그저 묻기만 하더라도 새로운 방향으로 연결된다. 게다가 그런 질문들과 처음으로 씨름할 수 있는 바탕을 형성하는 세 가지 주제들은 교회의 선교, 종교와 정치의 관계, 그리고 기독교적 삶의 실행을 강화하는 시민권의 임무이다. 이 주제들은 각기 종교교육을 위한 시사점들을 포함하고 있다.

1) 교회의 선교

그리스도인들에게 맡겨진 과제 가운데 하나는 교회가 세상과 관계를 형성하는 절차를 이해해야 하는 임무이다. 리처드 니버가 「그리스도와 문화」를 연구하면서 증명했듯이 그리스도인들은 철저하게 상이한 관점들을 가정해왔다. 더구나 특정 교단의 유산에서까지 다양한 관점들이 공존하거나 혹은 새로운 것들이 등장한다. 5장에서 소개한 가톨릭 교육철학의 조사가 입증하듯이 20세기의 가톨릭철학은 세계를 상대로 방어적이고, 비타협적인 입장에서 긍정적이고, 개방적인 태도로 전환했다. 이것은 제2차 바티칸 공회의 「현대 세계의 교회에 관한 사목 헌장」*Pastoral Constitution on the Church in the Modern World*에 반영되었고 그리고 1971년의 주교회의Synod 문헌 "세계의 정의"Justice in the World에 이렇게 핵심적인 진술로 과감하게 표명되었다.

우리는 정의와 세계 변혁에의 참여를 위한 행동을 복음 전파나 혹은 환원하면, 인류의 구속과 모든 억압적 상황으로부터의 해방을 위해서 교회가 담당하는 선교의 본질적인 차원 그 자체로 간주한다.113)

그런데 어떤 개념들이 교회의 선교라는 생각을 뒷받침할까? 로저 하이트Roger D. Haight는 교회의 본질적 상징으로서의 선교는 대체로 인간화humanization로 간주되고 있다고 설득력 있게 주장한다. 하이트는 두 가지 유비들을 제안한다. 즉, 교회(*communio*)는 존재가 존재의 목적과 관계가 있는 것처럼 선교(*missio*)와 관계가 있고, 그리고 교회는 선교하는 교회가 비기독교적 세계와 관계가 있는 것처럼 현대 세계와 관계가 있다는 것이다.114) 교회는 성격상 외향적으로 세계를 지향한다. "교회의 전체 존재는 세계를 위한 존재이다."115) 교회의 선교는 모든 사람들과 문화들 가운데 그리스도를 알리는 중대한 표지가 되어야 한다. 그리고 선교하는 교회가 그리스도의 증인이 되기 위해서는 스스로 토착화를 시도하는 것과 마찬가지로 교회가 바람직한 표지가 되고자 한다면, 현대 세계에 **비판적으로** 그리고 **의식적으로** 적응하지 않으면 안 된다. 토착화inculturation는 새로운 요구를 한다. "만일 교회가 문화 안에서 이루어지는 생생한 그리스도의 경험을 통해서 성장하기 때문에 진정으로 문화에 젖어들어야 한다면, 새로운 언어에 의한 교리, 새로운 의미와 뉘앙스를 지닌 성례전의 상징들, 상이한 유형의 조직을 갖춘 교회체제가 존재해야만 한다."116) 오직 토착화된 교회만이 그리스도를 바르게 증언할 수 있다.

  토착화된 교회는 현대 세계에서 무슨 말을 해야 할까? 우리 시대에 한층 더 분명해진 것은 인간화를 수용해야 한다는 것이다. 하이트의 설명처럼, 양쪽 모두 "똑같이 외향적인 교회의 상징적인 추력이 지닌 본질적인 차원들"이다.117) 그는 필리핀 신학자 카타리노 아라벨로Catalino G. Aravelo를 인용한다. "어디서든지 죄를 극복하는 은총을 교회가 접하면, 자체의 세력과 역량을 내려놓아야 한다. 그것의 전체적인 방향은 세계 안에서 은총의 목적을 촉진시키는 것이다."118) 교회는 **세계 안에서의 하나님의 활동에 이름을** 부여하고, **사회에 대한 예언자적 비판자**가 되고, 그리고 **화해를 유도하는 중재자**가 되어서 세계 안에서 진행되는 하나님의 자비로운 활동을 지칭하는 것은 무엇이든 지원해야 할 책임을 갖고 있다.

2) 교회와 정치: 유용한 몇 가지 특징들

  그렇지만 공적 질서에 대한 교회의 헌신을 거론하면 교회의 정치 참여 문제에 대한 감정적인 논란을 불가피하게 야기할 수 있다. 적어도 초반에는 "정치"라는 용어를 "당파 정치"와 융합하면 거의 언제나 문제가 뒤따른다. 하지만 정치 질서는 훨씬 광범위한 활동 영역을 포괄하는데, 정책의 형성이나 법률에 대한 공방, 어떤 프로그램의 옹호, 그리고 선출직의 권력 행사가 거기에 해당한다. 어느 정도는 구분할 필요가 있다.

  머더너 콜밴스크랙Madonna Kolbenschlag은 정치질서를 3단계로 구분하자고 제안한다. 첫 단계인 당파적 활동은 그 용어를 가장 좁은 의미로 활용하는 것을 가리킨다. 목적은 정부 안에서 정치력을 확보하고 행사하는 것이다. 두 번째 단계는 보다 적당하게 비당파적이 되는 것이다. 즉, 권력의 행사나 공공정책, 혹은 임명된 정치 구조 이외의 선별 과정에 영향을 행사하려는 활동이 거기에 해당한다. 그녀는 입법기관에 앞서 파업, 데모, 로비, 그리고 항의가 이 단계를 구현한다고 주장한다. 정치 행위 위원회, 에큐메니칼 및 종교간 조직, 여성집단, 노동조합, 감독회의, 그리고 이웃 실천 위원회들이 일차적으로 이 수준에서 정치에 참여한다.

셋째 단계는 사회정치적 생활 혹은 도덕적 비전에 대한 보편적인 철학을 제시하기 위한 활동이다. 교회의 교훈(가령, 평화에 관한 미국 가톨릭 주교들과 감리교회 감독들의 최근 서신들처럼)은 이 단계의 전형인데, 여성유권자연맹, 코먼코즈Common Cause, "싱크탱크," 그리고 여론조사기관들이 그런 집단에 해당된다.[119]

리처드 맥브라이언Richard McBrien은 정치 활동을 보다 정밀하게 여덟 개의 단계들로 구분해서 제안했다. (1)어떤 주제에 대한 공적 토론의 참여, (2)공무원의 행동에 영향을 미치기 위한 개인적 제휴, (3)정치제도의 결함을 강조하고자 의도한 공적 행위, (4)광범위한 사회 및 정치적 의제를 제기하는 조직적인 종교-정치 운동의 지도력, (5)유권자 등록, 선거자금 모금, 우편물 발송, 그리고 지지를 통한 공직 후보자의 직접적인 후원이나 반대, (6)공개적인 진술이나 참석을 통한 공직 후보자의 간접적인 후원이나 반대, (7)임명직 공직의 수락과 수행, (8)선출직 정치업무의 자발적인 입후보나 봉사.[120]

콜밴스크랙과 맥브라이언이 제시한 분류의 유용성은 일상의 대화에서 생각 없이 사용되는 정치라는 용어에 명료성을 부여한 데 있다. 가령, "교회는 정치를 멀리 해야 한다."고 주장하는 이들은 자신들의 주장을 가다듬고, 교회의 참여가 어느 단계에서 그릇되었는지 규정하고 그리고 그런 판단에 대해서 경고를 제기할 필요가 있다. 정치는 아주 활동의 폭이 넓다. 그것은 "공론의 장이나 그곳에서 발생하는 의사결정의 과정"과 관계가 있다.121) 따라서 공적 교회는 구성원 모두가 전체적인 단계들에 참여하는 문제의 적절성을 놓고서 합의를 볼 수 없는 경우에도 정치적인 질서에 불가피하게 관여하지 않을 수 없다.

덧붙이자면, "정치"라는 용어가 명료하지 않은 것은 오늘날의 교회에 심각한 문제가 된다. 특히 지도자들이 도덕적 관점을 적극적으로 표명하는 교단들(가령, 평화에 관한 성공회의 서신들처럼)의 경우에는 교육자들이 구성원들로 하여금 의사를 결정하도록 도와야 할 책임을 갖는다. 구성원들은 단순히 지도자들의 목표를 이해하지 못할 뿐만 아니라 공적 질서에 기여해야 하는 임무를 파악하지 못할 수 있기 때문에 명료화는 필수적이다.

3) 시민권과 제자직

「공적 교육과 교회」*The Church in the Education of the Public*에서 저자들은 신앙공동체가 종교인을 위해서 일차적으로 책임을 맡고 있는 단 하나의 의도적인 기관이라고 주장한다. "교회가 **교육적 사역**을 스스로에게 국한하는 것은 이 중대한 공적 책임을 간과하는 것이다"〔저자 강조〕.122) 따라서 저자들은 교회의 교육자들이 사람들로 하여금 종교 경험과 일상생활 간의 상호작용으로부터 의미를 추론할 수 있는 방법을 개발하도록 도전한다. "성례전적 상상력"–육화되어 세상에 임재하는 하나님에 비추어서 모든 실재를 파악하는 것–을 형성해서 이야기, 이미지, 그리고 교회의 의식이 종교적 차원을 소유하는 공동체 생활 모두에 불어넣는 게 그와 같은 도전의 토대가 된다.123) 교회의 구성원들은 자신들의 전통에 속한 이미지들과 이야기들을 통해서 벼려진 동정심을 공적 질서에 부여한다.124)

그리스도인들의 유산이 하나님의 사랑과 이웃의 사랑을 해소가 불가능할 정도로 결합시킨다는 데는 거의 의심할 여지가 없다(막 12:29~31 참조). 그것이 외식적인 의식을 비판하는 선지자 이사야의 강렬한 외침이 되었건 아니면 누가의 소위 선한 사마리아인의 비유가 되었건(눅 10:29~37), 그것도 아니면 마틴 루터 킹 같은 해석자들의 강력한 수사가 되었건 간에 교육자들은 활용할 수 있는 이야기들과 이미지들이 놀라울 만큼 풍부한 전통을 소유하고 있다.[125] 월터 브루그만Walter Brueggemann의 표현처럼, 교회가 정치적 질서에 기여해야 하는 부분은 "변형적인 상상력"을 가진 언어이다.[126] 이 상상력이 세계의 선을 형성할 수 있도록 교회의 공통적인 언어를 가르치는 것은 교육자에게 맡겨진 과제이다.

그렇지만 교회의 교육자들은 시민권이 제자직을 강화한다는 바로 그 이유 때문에 공적 영역으로부터 무엇인가를 획득할 수 있다. 존 콜먼은 시민권의 의무가 기독교적 제자직에 세 가지 차원을 추가한다고 주장한다. 첫째, 시민권은 이웃에 대한 사랑의 폭을 확대시킨다. "시민권의 임무는 아주 편협한 내성introspection으로부터 교회를 보호한다."[127] 공적 영역에서 각자의 의무를 의식하는 것은 자신의 필요를 초월해서 바라보고 그리고 관심의 지평을 확대하도록 신앙인을 압박하는 것이다. 그 일을 위해서 눈을 크게 뜨고, 즉 세계의 고통에 주목하면서 기도하지 않으면 안 된다.

둘째, 시민권은 보다 겸손하게 봉사하고, 비전을 구체화하는 매일의 금욕ascesis을 공유하고, 그리고 "가끔은 통제가 쉽지 않은 매일의 정치" 때문에 노력할 수 있는 기회를 제공한다.[128] 공론의 장에 참여하는 것은 그저 익숙한 신앙의 용어보다는 세속적인 근거를 갖고 있는 언어로 말하는 법을 익히는 것과 관계가 있다. 그것은 교회가 사회의 일상적인 상호작용과 관련된 활동을 근거로 선포하도록 요구하고, 그리고 교회가 갈등의 해소, 경제, 식량과 운송 체계, 그리고 지구촌에서 결코 무시할 수 없는 기타 문제를 파악하도록 요청한다. 셋째, 콜먼은 시민권을 "역사적으로 이미 성취되었고 변혁하고 있는 그리스도의 능력에 근거한 변형된 미래에 대한 희망을 구체화할 수 있도록 그리스도인들에게…경험적으로 증명을 시도하는 근거"를 제공하는 쉽지 않은 현실적인 시험이라고 부른다.[129] 시민들인 제자들은 단순히

"주여, 주여"라고 떠들게 아니라 그리스도가 죽음과 죄악을 정복했다는 자신들의 희망이 이 세계에 어떤 영향을 미칠 수 있는지 증명할 필요가 있다.

콜먼의 주장을 진지하게 고려한다면, 교육자들은 교회의 공적 책임을 자신들이 구성한 교육과정의 핵심적인 차원으로 간주해야 한다. 몇 가지 시사점들은 다음과 같다.

4) 종교교육을 위한 시사점

10년 전에 가브리엘 모런은 종교교육자들이 이중 언어를 구사할 필요가 있다고 제안했다. 그의 주장에 따르면, 종교교육자들은 교회의 전통과 교육 분야의 언어를 모두 구사하지 않으면 안 된다.[130] 오늘날 우리는 이 두 가지 언어가 시민권과 제자직을 위한 교육에 참여해야 하는 종교교육자들의 책임까지 포괄한다고 말할 수 있다. 교육자들은 교회의 전통 그리고 공공생활에 참여하는데 필수적인 이해와 기술을 활용해야만 한다. 그렇지 않을 경우에, 교육자는 교회의 선교가 의미하는 바를 축소시켰다. 시민의 관심사에 관여하는 방식으로 복음을 전하는 것은 그 누구보다 종교교육자의 책임이다. 존 콜먼은 이렇게 말했다. "교회들은 공동의 시민들이라는 자신들의 공적 역할에 대한 감각을 반드시 회복해야 한다. 그들만이 유일하게 정치와 경제적 삶의 도덕 문화를 위한 논의의 장을 형성할 수 있다. 그들은 허술한 관심을 초월해서 정치를 추구할 수 있는 공유된 '중립적 공간'을 제공할 수 있다."[131]

사람들을 이중적 의무에 적합하게 형성할 책임은 교수teaching의 역학에 한층 더 큰 의미를 부여한다. 종교적 유산이라는 공동의 언어를 서로 가르치는 일은 상상력을 변형시키는 위대한 상징, 이야기, 그리고 의식에 집중한다는 뜻이다. 다른 사람에게 시민권의 책임을 가르친다는 것은 종교적 의미를 세속적 용어로 "번역하는 것"을 시사한다. 종교교육은 성례전적 상상력으로 구성된 예술적 기교와 공적 봉사의 화용론pragmatics을 요구한다.

종교교육자들이 이런 두 가지 교육에 참여하기 위해서는 일부 단계들에 직접 참여할 필요가 있다. 이것은 종교적 유산의 경계 안팎에서 쟁점들을 연구하고 논의하는 일에 참여한다는 것을 의미한다. 종교교육자들 역시 자신들이 공통의 의제를 공유하는 공동체에 속한 다른 기관들과의 연합을 고려해야 한다.132)

가령, 교회처럼 형제와 자매의 관계를 촉진하고 인종 혐오를 근절하는 일에 힘쓰는 그런 기관들을 살펴보자. 기독교 회중은 구성원들에게 계약에 따라 하나님과 결합된 이들은 그들의 형제와 자매와도 역시 결합되어 있다는 **계약**covenant의 뿌리 은유를 환기시켜서 "변혁적 상상력"transformative imagination을 조성할 수 있다. 그래서 보스턴에서는 10년 전 쯤에 인종 차별적 분위기를 걱정한 유대교 및 기독교 지도자들이 "정의, 평등 그리고 조화"에 헌신하기로 다짐하는 계약에 서명하도록 회중들에게 요구했었다.133) 그렇지만 모든 사람들이 계약의 언어를 말하거나 설득되지는 않았다. 교회와 회당의 경계를 벗어난 다른 기관들은 이상적인 미국식 삶을 표명하는 것들(예컨대, 권리장전)처럼 대안이 되는 언어들을 끌어들이거나 세속적인 용어로 자신들의 사례를 주장할 필요가 있다.

인종차별에 맞서게 하는 세 가지 프로그램을 후원하는 그리스도인과 유대인의 전국협의회(NCCJ) 뉴잉글랜드 사무실의 최근 활동이 좋은 사례가 된다. 극적인 사건을 다룬 비디오테이프("주류에서 소외된 이들")는 공동의 세계에서 벌어지는 차별의 문제에 초점을 맞추었다. 부동산 전문가를 위한 워크숍은 공정한 주택거래에 집중했다. 초등학교 학생들의 갈등해소를 위한 교육과정은 어린이들이 편견과 맞서는 기술을 발전시키게 만들었다.

NCCJ 같은 기관들의 프로그램은 특정 종교 전통의 상징, 이야기, 그리고 의식은 물론이고 이 나라의 유산에 해당하는 그 이외의 것들을 보충하기 때문에 교회 교육자들이 후원할 필요가 있다. 이 목적을 위해서 교회의 모든 목회 및 교육집단(예컨대, 교구의 종교교육 책임자들처럼)은 NCCJ, 기아종식협회Bread for the World, 그리고 구제협회들과 같은 기관들과의 연대를 표명해야 한다. 모런의 주장처럼 종교교육은 "교육으로 하여금 꿈꾼 적이 없는 인류의 가능성에 대해서 계속해서 개방적이 되도록 시도하는 것"이라면, 교회에서 그것을 담당하는 이들은 세계 안에서 그 비전을 구현할 수 있는 길을 찾아내야 한다.134) 교회에 속한 종교교육자들이 교회의 경계를 넘어설 때 비로소 그들은 누룩이 될 것이다.

주

1) Douglas Sloan, *Insight-Imagination: The Emancipation of Thought and the Modern World*(Westport, CT: Greenwood. 1983), 201.
2) Houston Smith, *Beyond the Post-Modern Mind*(New York: Crossroad. 1982), 84.
3) Jerome Bruner, "Narrative and Paradigmatic Modes of Thought," in Elliot Eisner, ed., *Learning and Teaching the Ways of Knowing*(Chicago: University of Chicago Press, 1982), 99. 브루너의 구분은 Rudolf Arnheim, "The Double-edged Mind: Intuition and Intellect," in Eisner, ed., *Learning and Teaching the Ways of Knowing*, 77~96과 대체로 일치한다.
4) Northrop Frye, *The Educated Imagination*(Bloomington, IN: Indiana University Press, 1964), 24~25.
5) Elliot Eisner, "Aesthetic Modes of Knowing," in Eisner, ed., *Learning and Teaching the Ways of Knowing*, 60~76.
6) Elliot Eisner, *Cognition and Curriculum: A Basis for Deciding What To Teach*(New York and London: Longman, 1982), 74.
7) Ellen Berscheid, "Interpersonal Modes of Knowing," in Eisner, ed., *Learning and Teaching the Ways of Knowing*, 60~76.
8) Robert J. Sternberg and David R. Caruso, "Practical Modes of Knowing," in Eisner, ed., *Learning and Teaching the Ways of Knowing*, 133~58.
9) Barbara Rogoff and Jean Lave, eds., "Introduction," in *Everyday Cognition: Its Development in Social Context*(Cambridge, MA: Harvard University Press, 1984), 7.
10) "Rethinking the Value of Intelligence Tests," *New York Times*(19 November 1986), Section 12, 23.
11) Howard Gardner, *Frames of Mind: The Theory of Multiple Intelligences*(New York: Basic Books, 1985).
12) Maxine Greene, "'Excellence,' Meanings, and Multiplicity," *Teachers College Record* 86(Winter 1984): 288. National Commission on Excellence in Education, *A Nation at Risk: The Imperative for Educational Reform*(Washington, DC: Government Printing Office, 1983).
13) Maxine Greene, "'Excellence,' Meanings, and Multiplicity," 287~88.
14) 특히 Parker Palmer, *To Know as We Are Known: A Spirituality of Education*(San Francisco: Harper & Row, 1983); Dwayne Huebner, "Spirituality and Knowing," in Eisner, ed., *Learning and Teaching the Ways of Knowing*, 159~73 볼 것.
15) Maria Harris, "Completion and Faith Development," in Craig Dykstra and Sharon Parks, eds., *Faith Development and Fowler*(Birmingham, AL: Religious Education Press,

1986), 117.
16) Ibid., 120.
17) Ibid., 118.
18) Thomas Groome, *Christian Religious Education: Sharing Our Story and Vision* (San Francisco: Harper & Row, 1980).
19) Jonathan Edwards, *The Works of President Edwards*, 10 vols.(New York: Burt Franklin, 1968), 4: 168.
20) 나는 이 표현을 Smith, "Beyond the Post-Modern Mind," 87에서 빌어 왔다.
21) "바라보는 것의 정신적 부산물은 물론이고 바라보는 습관이 우리의 시각을 약화시킨다. 우리의 시각은 우리가 바라보는 것을 알지 못한데 따른 고통스런 감각 대신에 인식으로 뒤덮여 있다. 마음에 간직해야 할 원리는 우리가 알고 있는 것을 바라보기보다는 우리가 보는 것을 아는 것이다." Abraham J. Heschel, in *The Prophets*, 2 vols.(New York: Harper & Row, Torchbooks, 1962), 1:xi.
22) Mary Field Belenky, Blythe McVicker Clinchy, Nancy Rule Goldberger, and Jill Mattuck Tarule, *Women's Ways of Knowing: The Development of Self, Voice, and Mind*(New York: Basic Books, 1986), 18~19 볼 것.
23) Jean Bethke Elshtain, "The New Feminist Scholarship," *Salmagundi* 70~71(1986): 4.
24) 나의 "Women as Leaven: Theological Education in the United States and Canada," in Elisabeth Schüsler Fiorenza and Mary Collins, eds., *Concilium* No. 182(Edinburgh: Clark, 1985), 114.
25) 이 표현은 Elizabeth Dodson Gray, *Patriarchy as a Conceptual Trap*(Wellesley, MA: Roundtable Press, 1982), 46에서 활용한 것을 로널드 그린Ronald Green(*Religious Reason*[New York: Oxford University Press, 1978])에게 빌어 왔다.
26) Sandra Harding, *The Science Question in Feminism*(Ithaca, NY: Cornell University Press, 1986), 17.
27) Carol Gilligan, *In a Different Voice: Psychological Theory and Women's Development*(Cambridge, MA: Harvard University Press, 1977).
28) 길리건과 콜벅의 확연한 대조를 위해서 Mary Brabeck, "Moral Judgment: Theory and Research on Differences between Males and Females," *Developmental Review* 3(1983): 275~91 볼 것.
29) Ibid., 286
30) Joan Tronto, "Beyond Gender Difference to a Theory of Care," *Signs* 12(1987): 644~63.
31) Paul Philibert, "Relation, Consensus and Commitment as Foundations of Moral

Growth," *New Studies in Psychology* 5/2(1987): 183~95.
32) 135명의 대상자 가운데 90명이 여섯 개의 학교("위기에 처한" 소수민족 학생들을 돌보는 어느 뉴욕시립학교와 웰리슬리 대학Wellesley College를 비롯해서)에 재학 중이었다. 나머지 45명은 육아에 도움을 필요로 하는 여성들, 농촌건강프로그램의 지원을 받는 아동의 어머니들, 십대 어머니들, 그리고 아동학대와 가정폭력의 기억을 극복하려고 노력하는 여성들이었다.
33) Belenky et al., *Women's Ways of Knowing*, 15.
34) 특히 Belenky와 동료들은 William Perry, *Forms of Intellectual and Ethical Development in the College Years*(New York: Holt, Rinehart and Winston, 1970)에 대해서 비판적이다. 페리는 대학생들—대부분이 남성들—과의 인터뷰를 근거로 모든 학생들이 이중적 태도로부터 실천에 이르기까지 아홉 가지의 태도들을 연속적으로 거치면서 자신들의 교육적 경험에 의미를 부여하고 있다고 결론을 내린다. 그의 방법론에 대한 평가는 *Women's Ways of Knowing*, 9, 14~17 볼 것.
35) Belenky et al., *Women's Ways of Knowing*, 23.
36) Sara Ruddick, "Maternal Thinking," in Joyce Treblicot, ed., *Mothering: Essays in Feminist Theory*(Totowa, NJ: Rowman and Allanheld, 1983), 214.
37) Belenky et al., *Women's Ways of Knowing*, 69.
38) Ibid., 71.
39) Ibid., 83.
40) 이 표현은 Nel Noddings, *Caring: A Feminine Approach to Ethics and Moral Education*(Berkeley: University of California Press, 1984), 1에서 인용했다.
41) Belenky et al., *Women's Ways of Knowing*, 114.
42) Ibid., 113에서 인용.
43) Ibid., 119.
44) Ibid., 139.
45) Ibid., 182.
46) Ibid., 217.
47) Jane Roland Martin, *Reclaiming a Conversation: The Ideal of the Educated Woman*(New Haven, CT, and London: Yale University Press, 1985), 6~7.
48) Ibid., 190.
49) Ibid., 196.
50) Ibid.
51) Ibid., 198~99.
52) Margaret Farley, "Feminist Theology and Bioethics," in Barbara Hilkert Andolsen, Christine E. Gudorf, and Mary D. Pellauer, eds., *Women's Conscience*(Minneapolis,

MN: Winston, 1985).
53) June O'Connor, "On Doing Religious Ethics," in Andolsen et al., eds., *Women's Consciousness, Women's Conscience*, 266.
54) Margaret Farley, "Sources of Sexual Inequality in the History of Christian Thought," *Journal of Religion* 56(1976): 165.
55) Elisabeth Schüssler Fiorenza, *In Memory of Her: A Feminist Theological Reconstruction of Christian Origins*(New York: Seabury, Harper & Row, 1983), 32~33. 32~33. 역시 그녀의 *Bread Not Stone: The Challenge of Feminist Biblical Interpretation*(Boston: Beacon, 1984), 39~40 볼 것.
56) Phyllis Trible, *God and the Rhetoric of Sexuality*(Philadelphia: Fortress, 1978), 69.
57) Elisabeth Schüssler Fiorenza, "Breaking the Silence-Becoming Visible," in Schüssler Fiorenza and Collins, eds., *Concilium* no. 182, 3~16.
58) Schüssler Fiorenza, *In Memory of Her*, 41.
59) Rosemary Radford Ruether, *Womanguides: Reading Toward a Feminist Theology*(Boston: Beacon, 1985), xii.
60) Ibid., xi.
61) Schüssler Fiorenza, *In Memory of Her*, 16~21 볼 것.
62) Jean Lambert, "An 'F Factor'? The New Testament in Some White, Feminist, Christian Theological Construction," *Journal of Feminist Studies in Religion* 1(1985): 113.
63) 그렇지만 Carolyn Walker Bynum, *Jesus as Mother: Studis in the Spirituality of the High Middle Ages*(Berkeley: University of California Press, 1982), 특히 110~69를 볼 것.
64) Sallie McFague, *Metaphorical Theology*(Philadelphia: Fortress, 1982), 145~92.
65) Elizabeth Johnson, "The Incomprehensibility of God and the Image or God Male and Female," in Joann Wolski Conn, ed., *Women's Spirituality: Resources for Christian Development*(New York: Paulist, 1986), 257.
66) Ibid.
67) Anne Carr, "On Feminist Spirituality," in Conn, ed., *Women's Spirituality*, 96~97.
68) Joann Wolski Conn, "Women's Spirituality: Restriction and Reconstruction," in Conn, ed., *Women's Spirituality*, 9~10.
69) Carol Ochs, *Women and Spirituality*(Totowa, NJ: Rowman and Allanheld, 1983).
70) Patricia Meyer Spacks, "The Difference It Makes," in Elizabeth Langland and Walter Grove, eds., *A Feminist Perspective in the Academy*(Chicago: University of Chicago Press, 1983), 13.
71) Mary Elizabeth Moore, *Education for Continuity and Change*(Nashville, TN: Abingdon, 1983), 176~77 볼 것.

72) Margaret Anderson, "Changing the Curriculum in Higher Education," *Signs* 12(1987): 224. Marilyn Schuster and Susan Van Dyne, eds., *Women's Place in the Academy: Transforming the Liberal Arts Curriculum*(Totowa, NJ: Rowman and Allanheld, 1985).
73) Adrienne Rich, *On Lies, Secrets, and Silence: Selected Prose 1966~1978*(New York: Norton, 1979), 245.
74) 나의 "Women's Role in Theological Research, Reflection and Communication," in Luke Salm, ed., *Proceedings of the Thirty-Seventh Annual Convention* 38(Bronx, NY: The Catholic Theology Society of America), 58~62 볼 것.
75) Ralf Dahrendorf, "Social Sciences," in Adam Kuper and Jessica Kuper, eds., *The Social Science Encyclopedia*(London: Routledge and Kegan Paul, 1985), 784.
76) Maurice Duverger, *An Introduction to the Social Science*(New York: Praeger, 1964), 11~23.
77) 가령 Andrew Greeley, William C. McCready, and Kathleen McCout, *Catholic Schools in a Declining Church*(Kansas City, MO: Sheed and Ward, 1976) 볼 것.
78) 가령 Dean R. Hoge et al., Converts, Dropouts, *Returness: A Study of Religious Change Among Catholics*(Washington, DC. and New York: United States Catholic Conference and Pilgrim, 1981) 볼 것. 역시 Dean R. Hoge and David A. Roozen, *Understanding Church Growth and Decline*(New York: Pilgrim, 1979) 볼 것.
79) 가령 David Roozen, William McKinney, and Jackson W. Carroll, *Varieties of Religious Presence: Mission in Public Life*(New York: Pilgrim, 1984) 볼 것.
80) Werner Stark, "Sociology of Knowledge," in Paul Edwards, ed., *The Encyclopedia of Philosophy*, 8 vols.(New York: Macmillan, 1967), 7: 474~78 볼 것.
81) Matthew Lamb, "The Challenge of Critical Theory," in Gregory Baum, ed., *Sociology and Human Destiny*(New York: Seabury, 1980), 185.
82) Groome, *Christian Religious Education*, 174. 이 두 번째 무브먼트는 성서의 사례처럼 그룹이 인식에 주목하는 것에서 영향을 받았다.
83) William Bean Kennedy, "Ideology and Education: A Fresh Approach for Religious Education," *Religious Education* 80(1985): 337.
84) Ibid., 343.
85) *Sharing the Light of Faith: National Catechetical Directory for Catholics* (Washington, DC: United States Catholic Conference, 1979), 특히 #s 174~176, 177~180, 182~184.
86) Ana-Maria Rizzuto, *The Birth of Living God*(Chicago: University of Chicago Press, 1979). "대상관계"Object relations는 인간심리의 발달과정에서 개인적 관계들의 형성적 특성을 강조하는 정신분석의 한 가지 이론이다.
87) Craig Dykstra, "Faith Development and Religious Education," in Dykstra and Parks,

eds., *Faith Development and Fowler*, 256.
88) James W. Fowler, *Becoming Adult, Becoming Christian*(San Francisco: Harper & Row, 1984), 51~52.
89) Sharon Parks, "Imagination and Spirit in Faith Development," in Dykstra and Parks, eds., *Faith Development and Fowler*, 140.
90) James W. Fowler, *Stages of Faith*(San Francisco: Harper & Row, 1981), 49. 파울러는 초기 저서에서 여섯 개의 단계들을 언급했다. 현재는 유아의 "원초적 단계"primal stage를 포함시킨다.
91) Dykstra and Parks, eds., *Faith Development and Fowler*, 261에서 인용. Fowler, "Dialogue Toward a Future in Faith Development Studies,"(Dykstra and Parks, eds., *Faith Development and Fowler*, 295)에서 "기억의 비계"scaffolding of remembering를 언급하면서 휴브너를 인용하는 것을 참조.
92) *Stages of Faith*의 244~45과 Walter Conn, *Christian Conversion: A Developmental Interpretation of Autonomy and Self-Surrender*(New York: Paulist, 1986), 37에 소개된 파울러의 도표를 볼 것. 파울러에 대한 아주 명확한 설명은 Sharon Parks, *The Critical Years: The Young Adult Search for a Faith to Live By*(San Francisco: Harper & Row, 1986), 특히 9~72 볼 것. 그룹은 간단히 소개한다. *Christian Religious Education*, 66~73.
93) Sharon Parks, "Young Adult Faith Development: Teaching in the Context or Theological Education," *Religious Education* 77(1982): 657~72; *The Critical Years*, 73~106.
94) Conn, *Christian Conversion*, 157.
95) Fowler, *Becoming Adult, Becoming Christian*, 52. *Stages of Faith*, xiii 역시 볼 것.
96) Gabriel Moran, *Religious Education Development: Images for the Future* (Minneapolis, IN: Winston, 1983), 12-126. Craig Dykstra, "What Is Faith? An Experiment in the Hypothetical Mode," in Dykstra and Parks, eds., *Faith Development and Fowler*, 45~64.
97) Fowler, "Dialogue Toward a Future in Faith Development Studies," 285.
98) John McDargh, "Faith Development Theory at Ten Years," *Religious Studies Review* 10(1984): 341~42.
99) Carl Schneider, "Faith Development and Pastoral Diagnosis," in Dykstra and Parks, eds., *Faith Development and Fowler*, 241.
100) Ibid., 241~48.
101) K. Brynolf Lyon and Don S. Browning, "Faith Development and the Requirements of Care," in Dykstra and Parks, eds., *Faith Development and Fowler*, 209 볼 것.
102) John McDargh, "Theological Uses of Psychology: Retrospective and Prospective,"

Horizons 12(1985): 247~64 볼 것.

103) Don S. Browning, *Religious Thought and the Modern Psychologies: A Critical Conversation in the Theology of Culture*(Philadelphia: Fortress, 1987) 볼 것.

104) Sharon Parks, "Imagination and Spirit in Faith Development," in Dykstra and Parks, eds., *Faith Development and Folwer*, 156, n. 28.

105) James Fowler, "Pluralism, Particularity, and Paideia," *Journal of Law and Religion* 2(1984): 263~307.

106) John Coleman, "A Possible Role for Biblical Religion in Public Life," *Theological Studies* 10(1979): 706.

107) Robert Bellah, Richard Madsen, William M. Sullivan, Ann Swidler, and Steven M. Tipton, *Habits of the Heart*(Berkeley: University of California Press, 1985).

108) Alan Peshkin, *God's Choice: The Total World of a Fundamentalist Christian School*(Chicago: University of Chicago Press, 1986), 295.

109) Ibid.

110) Martin Marty, *The Public Church*(New York: Crossroad, 1981), 103.

111) Ibid., 3.

112) Ibid., 136~37.

113) Joseph Gremillion, ed., *The Gospel of Peace and Justice: Catholic Social Teaching Since Pope John*(Maryknoll, NY: Orbis, 1976), 514.

114) Roger D. Haight, "The 'Established' Church as Mission: The Relation of the Church to the Modern World," *The Jurist* 39(1979): 11~19.

115) Ibid., 11.

116) Ibid., 24.

117) Ibid., 26.

118) Ibid., 38.

119) Madonna Kolbenschlag, "Introduction: The American Experience," in Madonna Kolbenschlag, ed., *Between God and Caesar: Priests, Sisters and Political Office in the United States*(New York: Paulist, 1985), 6~7.

120) Richard P. McBrien, *Caesar's Coin: Religion and Politics in America*(New York: Macmillan, 1987), 47~49.

121) Ibid., 20.

122) Jack L. Seymour, Robert T. O'Gorman, and Charles R. Foster, *The Church in the Education of the Public*(Nashville, TN: Abingdon, 1984), 21.

123) Ibid., 145.

124) Karen Lebacqz, "Paul Revere and the Holiday Inn," in Nelle Slater, ed., *Tensions*

Between Citizenship and Discipleship: A Case Study(New York: The Pilgrim Press, 1989) 볼 것.
125) James M. Washington, ed., *A Testament of Hope: The Essential Writings of Martin Luther King, Jr.*(San Francisco: Harper & Row, 1986).
126) Walter Brueggemann, "2 Kings 18~19: The Legitimacy of a Sectarian Hermeneutic," in Mary C. Boys, ed., *Education for Citizenship and Discipleship*(New York: The Pilgrim Press, 1989).
127) John Coleman, "The Two Pedagogies: Discipleship and Citizenship," in Boys, ed., *Education for Citizenship and Discipleship*.
128) Ibid.
129) Ibid.
130) Gabriel Moran, "Two Languages of Religious Education," *The Living Light* 14(1977): 7~15.
131) John Coleman, "Beginning the Civic Conversation"(paper given to the National Faculty Seminar, Christian Theological Seminary, Indianapolis, IN, 6 February 1987), 8.
132) Seymour et al., *The Church in the Education of the Public*, 151.
133) "정의, 평등 그리고 조화를 위한 계약"의 내용은 다음과 같다.
　　우리는 신앙의 사람들로서 우리 모두 형제와 자매이며 한 분 하나님의 피조물이라고 믿기 때문에,
　　우리는 미국인으로서 모든 사람들이 평등하게 창조되었고 삶, 자유, 그리고 행복의 추구할 수 있는 분명히 양도할 수 없는 권리를 부여받았다는 헌법의 근본 원리를 추종하기 때문에,
　　우리는 모두를 위한 자유가 인간 정신의 완벽한 개발을 유발하는 유일한 환경이라는 것을 알고 있기 때문에,
　　그리고 우리는 자유의 본질을 위협하고 모두의 존엄성을 약화시킬 정도로 우리 사회와 우리 도시에는 갈등과 폭력이 흔하다고 증언해왔기 때문에;
　　여기서 다음과 같이 결의한다.
　　(1) 우리는 모든 사람들의 평화와 조화가 새로운 날을 맞도록 현실을 직시한다.
　　(2) 우리에게 명령하시는 하나님과 우리를 움직이는 인류의 숭고함을 보다 철저히 존중하는 우리는 모든 이웃에 대한 어떤 형태의 폭력도 비난하고, 우리는 정치적 갈등에 따른 무기와 언어를 포기하고, 우리는 아주 잘못된 조롱과 망설임을 포기한다.
　　(3) 우리는 분열을 심화시키고 우리를 분노하도록 만들어서 분리된 진영에

고착시키는 역할만을 담당하는 특수한 이익 집단과 지도력은 무엇이든지 철저히 배격한다.

(4) 우리는 모두를 위한 평등한 정의와 권리를 추구하는 정당한 싸움을 우리를 분열시키는 운동이 아니라 우리를 결집시키는 명령으로 간주한다.

(5) 우리는 다양한 문화, 태도 그리고 전통의 풍요로움이 각각, 그리고 동시에 우리 도시의 독특한 구성에 기여하는 것을 존중할 뿐 [아니라] 축하한다.

(6) 우리는 기도와 행동으로 치유와 용서의 새로운 분위기를 조성함으로써 우리의 차이는 물론이고 우리의 불만까지 초월한다.

(7) 지금 여기, 이 순간에 이 도시에서 우리는 우리 모두가 사로잡혀야 하는 꿈을 성취하고자 일어선다. "모든 하나님의 자녀들, 흑인과 백인, 유대인과 이방인, 가톨릭신자와 개신교신자, 그리고 무슬림들이 손을 잡고 노래할 수 있을 때… '마침내 자유하리라. 마침내 자유하리라. 마침내 우리가 자유하게 된 것에 전능한 하나님에게 감사하리라!!!

자유! 바로 이곳 보스턴에. 자유! 폭력으로부터.

자유! 증오로부터. 자유! 서로에 대한 두려움으로부터.

자유! 어울려 살 수 있는. 자유! 더불어 공부할 수 있는.

자유! 함께 건설할 수 있는. 자유! 나란히 축하할 수 있는.

자유! 서로 하나님께 기도할 수 있는."

자비의 하나님이 우리의 계약의 증인이 되시고, 그리고 우리의 조화로운 다름으로 인해서 그것을 지킬 수 있게 의지와 지혜로 한 목소리를 낼 수 있도록 인도하시기를(in Timothy W. Sweet, ed., *Boston Catholic Directory* 39 [1987], 264).

134) Gabriel Moran, *Interplay: A Theory of Religion and Education*(Winona, MN: Saint Mary's Press, 1981), 62.

참고문헌 해제
새로운 동향: 발전과 방향

이 장 자체는 오늘날의 종교교육에 있어서 특히 중요하다고 생각되는 새로운 발전들에 대한 개관과 현대적 논의에 긴요한 것으로 간주하는 여러 참고문헌을 포함하고 있다. 따라서 다음의 내용에서는 7장에서 인용하지 않은 저서들과 내가 보기에 되풀이 될 정도로 기본적인 저서들만 언급하겠다.

인식의 방법들

인식의 방법들에 대한 최근의 논의 가운데 수잔 랭어Susanne Langer의 *Philosophy in a New Key: A Study in the Symbolism of Reason, Rite, and Art*(Cambridge, MA: Harvard University Press, 1957)가 미학교육과 상상력의 역할에 공헌한다. Elliot Eisner, *The Educational Imagination*(2d rev. ed, New York: Macmillan, 1985)과 *Cognition and Curriculum*(New York: Longman, 1982) 역시 볼 것. 제롬 부르너Jerome Bruner는 자신의 연구를 *In Search of Mind: Essays in Autobiography*(New York: Harper & Row, 1983)에서 소개한다.

마이클 리James Michael Lee는 자신의 삼부작 *The Shape of Religious Instruction* (Dayton, OH: Pflaum, 1971); *The Flow of Religious Instruction*(Dayton, OH: Pflaum, 1973); 그리고 *The Content of Religious Instruction*(Birmingham, AL: Religious Education Press, 1985)을 통해서 "종교 수업"religious instruction을 철저하게 취급함으로써 사회과학적 접근을 종교교육의 인식론에 핵심으로 간주한다.

토마스 그룸Thomas Groome은 집필 중인 저서(여기서 보이즈는 Harper & Row에서 출판되기로 예정된 그룸의 저서를 *Shared Praxis*라는 가제로 소개하고 있는데, 그 책은 1991년에 *Sharing Faith*라는 제목으로 출판되었다-옮긴이)를 통해서 실천에 근거를 두고 그리고 본질적으로 가치와 연계되어 있어서 종교교육에 상당한 시사점을 제공하는 인식의 개념을 고전적인 서구철학의 관점에서 다시 주장하려고 시도 중이다. 종교적 참여의 정서적 특징에 관한 탁월한 작품집은 Roger Lundin and Mark A. Noll, eds., *Voices from the Heart: Four Centuries of American Piety*(Grand Rapids, MI: Eerdmans, 1987)와 Nathan O. Hatch and Harry S. Stout,

Jonathan Edwards and the American Experience(New York: Oxford University Press, 1988) 볼 것.

페미니스트의 음성들

다양한 분과들로부터 문헌이 쏟아지고 있다. 나는 Gerda Lerner, *The Creation of Patriarchy*, Women and History Series, vol.(New York: Oxford University Press, 1986)를 기초로 삼도록 권한다. 페미니스트의 관점이 지닌 의미를 개관하는 저서들로는 M. Vetterling-Braggin, F. A. Elliston, and J. English, eds., *Feminisim and Philosophy* (Totowa, NJ: Littlefield, Adams, 1978); J. A. Sherman and E. Torton Beck, eds., *The Prism of Sex: Essays in the Sociology of Knowledge*(Madison, WI: University of Wisconsin Press, 1979); 그리고 Sandra Harding and M. B. Hintakka, eds., *Discovering Reality*(Dordrecht and Boston: Reidel, 1983)가 있다. Gloria Bowles and Rente Duelli Klein, eds., *Theories of Women's Studies*(London: Routledge and Kegan Paul, 1983)는 주석이 포함된 훌륭한 참고문헌을 제공하는데, Josephine Donovan, *Feminist Theory: The Intellectual Traditions of American Feminism*(New York: Ungar, 1985) 그리고 Marilyn Boxer, "For and About Women: The Theory and Practice of Women's Studies in the United States," *Signs* 7(1982): 661~95 역시 참조.

특히 교육에 관한 저서들 가운데는 Marilyn R. Schuster and Susan R. Van Dyne, *Women's Place in the Academy: Transforming the Liberal Arts Curriculum*(Totowa, NJ: Rowman and Allanheld, 1985)을 볼 것. Sharon Lee Rich and Ariel Phillips, eds., *Women's Experience and Education*, Harvard Educational Review Reprint Series #17(Cambridge, MA: Harvard University Press, 1985) 역시 도움이 된다. *Reclaiming a Conversation: The Ideal of the Educated Woman*(New Haven, CT, and London: Yale University Press, 1985)에서 제인 마틴Jane Roland Martin이 인용한 "대화 상대들"은 다음과 같다. *Platon's Republic*, trans. G. N. A. Grube(Indianapolis, IN: Hackett, 1974); Jean Jacques Rousseau, *Emile*, trans. Allan Bloom(New York: Basic Books, 1979); Mary Wollstonecraft, *A Vindication of the Rights of Woman*, ed. Charles W. Hagelman, Jr.(New York: Norton, 1967); Catharine Beecher, *A Treatise on Domestic Economy*(New York: Schocken, 1977); 그리고 Charlotte Perkins Gilman, *Herland*(New York: Pantheon, 1979).

Kathleen Weiler, *Women Teaching for Change: Gender, Class & Power*(South

Hadley, MA: Bergin & Garvey, 1988); 그리고 Madeleine R. Grumet, *Bitter Milk: Women and Teaching*(Amherst, MA: The University of Massachusetts Press, 1988) 역시 볼 것.

Mary Belenky et al., *Women's Ways of Knowing: The Development of Self, Voice, and Mind*(New York: Basic Books, 1986)를 보완할 수 있는 저서들로는 Jean Baker Miller, *Toward a New Psychology of Women*(Boston: Beacon, 1976) 그리고 Ruthellen Josselson, *Finding Herself: Pathways to Identity Development in Women*(San Franciso: Jossey-Bass, 1987)이 있다. *The Journal of Moral Education*은 한 호 전체(16/3〔1987〕)를 "Feminist Perspectives on Moral Education and Development"에 할애한다.

신학 및 종교교육에 관해서는 The Cornwall Collective, *Your Daughters Shall Prophesy: Feminist Alternatives in Theological Education*(New York: Pilgrim, 1980); The Mud Flower Collective, *God's Fierce Whimsy: Christian Feminism and Theological Education*(New York: Pilgrim, 1985); 그리고 Fern M. Giltner, ed., *Women's Issues in Religious Education*(Birmingham, AL: Religious Education Press, 1985)을 볼 것.

이 장에서 페미니스트 이론가들의 다양한 저서들을 인용했지만, 이 책의 앞부분에 페미니스트 관점들을 포함시킨 것에 주목해야 한다. 가령, 나는 페미니스트 역사가들의 저서를 고전적 표현들을 소개하면서 통합시키려고 시도했다. 독자들에게는 2장에 덧붙인 참고문헌 해제에 소개된 저자들을 추천한다(가령, the Ruether-Skinner documentary histories, Jams, Epstein et al.).

상당수의 새로운 잡지들이 이미 나름의 목소리를 내고 있다. 대표적인 것들로는 *Journal of Feminist Studies in Religion*, Membership Services, P.O. Box 1608, Decatur, GA 30031-1608; *Signs: Journal of Women in Culture and Society*, The University of Chicago Press, Journals Division, P.O. Box 37005, Chicago, IL 60637; 그리고 *Gender and Society*(official publication of Sociologists for Women in Society), Sage Publications, Inc., 275 South Beverly Drive, Beverly Hills, CA 90212가 있다.

나는 이 참고문헌 해제를 통해서 페미니스트의 인식에 관한 관점들, 사회과학, 그리고 그 범주에 속한 공적교회를 역시 통합하려고 했다. 8장에 포함된 참고문헌 해제에서는 교수에 관한 페미니스트 자료를 인용한다.

사회과학의 관점들

피터 버거Peter Berger의 저서는 역사, 철학, 그리고 신학에 관심을 갖고 있어서 내가 "사회학 연구의 두 번째 흐름"이라고 이름붙인 내용을 소개한다. 특히 *Social Construction of Reality: A Treatise in the Sociology of Knowledge*(with Thomas Luckmann [New York: Irvington, 1966]) 그리고 *The Heretical Imperative: Contemporary Possibilities of Religious Affirmation*(Garden City, NY: Doubleday, Anchor Press, 1979)을 볼 것.

캐럴 길리건Carol Gilligan에 관한 탁월한 관점은 Paul J. Philibert, "Addressing the Crisis in Moral Theory: Clues from Aquinas and Gilligan," *Theology Digest* 34/2(1987): 103~13. 신앙발달이론에 관해서 이 장에서 인용한 존 맥더그John McDargh의 논문 "Faith Development Theory at Ten Years"(*Religious Studies Review* 10 [1984]: 341~42)는 최근의 문헌을 유용하게 개관한다. Diane Jonte-Pace, "Object Relations Theory, Mothering and Religion," *Horizons* 14(1987): 310~27 역시 볼 것. Craig Dykstra and Sharon Parks, eds., *Faith Development and Fowler*(Birmingham, AL: Religious Education Press, 1986)는 신앙발달이론의 현재 수준과 미래의 새로운 가능성에대한 파울러와 기타 학자들의 논문들을 보다 최근에 수록했다. 샤론 팍스 Sharon Parks의 저서 *The Critical Years: The Young Adult Search for a Faith To Live By*(San Francisco: Harper & Row, 1986)는 *Horizons* 14(1987): 343~63의 "Review Symposium"의 주제이다.

사회과학의 개념 정의와 분과들에 대한 참고문헌은 Adam Kuper and Jessica Kuper, eds., *The Social Science Encyclopedia*(London: Routledge and Kegan Paul, 1985); 그리고 *International Encyclopedia of Social Science*, ed., David Sills(New York: Macmillan and Free Press, 1968)가 있다. 사회과학 방법론에 대한 비판은 Shulamit Reinharz, *On Becoming a Social Scientist: From Survey Research and Participant Observation to Experiential Analysis*(San Francisco: Jossey-Bass, 1979) 그리고 Helen Roberts, ed., *Doing Feminist Research*(London: Routledge and Kegan Paul, 1981)를 볼 것.

공적 교회

이 주제에 관한 연구는 내가 소속된 전국교수세미나the National Faculty Seminar의 영향을 받았는데, 회원들은 두 권의 저서를 출판할 예정이다(두 권 모두 이미 1988년과 89년에 각각 출판되었다-옮긴이). Mary C. Boys, ed., *Education for Citizenship and Discipleship*(New York: Pilgrim)과 Nelle Slater, ed., *Tensions Between Citizenship and Discipleship: A Case Study*(New York: Pilgrim).

가톨릭 전통에서 이 주제에 대한 논의는 대부분 존 머리(John Courtney Murray)가 주도해왔다. *We Hold These Truths: Catholic Reflections on the American Proposition*(New York: Sheed and Ward, 1960; reprint 1985); 아울러서 그의 논문 "The Problem of Religious Freedom," *Theological Studies* 25(1964): 503~75, 그리고 "The Issue of Church and State at Vatican Ⅱ," *Theological Studies* 27(1966): 580~606 볼 것.

A. James Reichley, *Religion in American Public Life*(Washington, DC: The Brookings Institution, 1985); Mary Douglas and Steven M. Tipton, eds., *Religion and America*(Boston: Beacon, 1983); Robert N. Bellah and Frederick E. Greenspahn, eds., *Uncivil Religion: Interreligious Hostility in America*(New York: Crossroad, 1987); Martin E. Marty, *Religion and Republic: The American Circumstance*(Boston: Beacon, 1987); 그리고 Max L. Stackhouse, *Public Theology and Political Economy*(Grand Rapids, MI: Eerdmans, 1987)는 중요하다.

Educational Leadership 1987년 5월호는 종교와 공립학교에 관한 논문들만 집중적으로 실었다.

제8장 | 경계의 설정: 종교교육에 관한 한 가지 사고방식

내가 여기서 거론하고 싶은 다른 문제는 지도들이 거짓을 말하고 있다는 것이다. 알-이드리시의 키타브Kitab of al-Idrisi에 포함된 최상의 지도라고 하더라도 거짓말쟁이고, 그리고 그것들은 거짓말쟁이가 되지 않을 수 없다. 그것은 지도상의 모든 것이 동일한 기준으로 측정될 수 있는 것처럼 보이기 때문인데, 그것은 착각이다. 가령, 여러분이 산으로 여행을 떠나야 한다고 가정해보자. 지도는 산에 접근하기도 전에 경고를 하거나 심지어 높이와 넓이와 길이를 일러줄 수 있지만, 그러나 그 지도는 여러분이 그곳에 도착할 무렵의 지형과 기후 상태-혹은 여러분이 처하게 될 조건-가 어떤지 알려주지 못한다. 아주 건강한 젊은이가 한 여름에 날씨가 좋을 때 쉽게 측량할 수 있는 산이라고 하더라도 나이나 혹은 질병으로 허약해지고 이미 전국을 돌아다니다 지쳐버린 사람에게는 춥고 바람 부는 겨울에는 접근하기가 훨씬 더 힘겨운 산이 될 수도 있다. 제한적으로 표시된 지도들은 그토록 기만적이기 때문에 여행자로 하여금 과거에 지도상 손가락을 모두 동원한 거리를 여행하도록 만든 것보다 마지막 손가락 굵기 정도의 거리를 더 여행하게 만들 수 있다.[1]

나는 이 책 전반에서 지도의 은유를 지지했기 때문에 어느 재미있는 소설에서 찾아낸 이 반복구를 소개한다. 내가 처음 여섯 개의 장에서 서술한 것은 "거짓"이다. 그것은 산을 오르는 과정에 수반된 것을 내 방식대로 표현한 것이다. 독자는 각자 나름의 주석들을 마련할 필요가 있다.

앞의 장과 지금 이 장에서 내가 목표하는 바는 지형에 대한 내 자신의 시각을 가능한 한 명확하게 제시하는 것이다. 내가 수정해서 제공한 내용을 통해서 독자들이 나름의 생각을 표명할 수 있는 기회를 가질 수 있기를 기대한다. 따라서 나는 이 마지막 장에서 종교교육에 대한 나름의 관점을 진술하고자 한다. 바로 드러나겠지만, 그 시각은 서구인, 백인, 중산층, 페미니스트, 가톨릭 여성이라는 내 입장을 반영한다. 나는 그게 전체적인 그림이 될 수 없다는 것을 잘 알고 있다. 소설가가 말하듯이 "육상의 여행자들은 자신이 아무것도 걸치지 않을 때 느끼는 동일한 감각, 즉 구속받지 않는 자유로운 느낌과 더불어서 상처를 입기 쉽고, 보호를 받지 못하고, 그리고 자신과 세상을 비교할 때 아주 왜소해지는 느낌을 알고 있다."2)

진행 방식은 간단하다. 내가 소속된 분야를 정의하고, 그 기본적인 요소들을 설명하고, 그리고 첫 장에서 개요를 제시한 바 있는 기초적인 질문들과 그것들을 연계한다.

1. 종교교육의 정의

종교교육이란 종교 공동체의 전통들에 접근할 수 있게 만드는 것이고 그리고 전통들과 변혁간의 본질적인 연계가 드러나게 만드는 것이다.

내가 내린 정의는 네 가지의 근본적인 요소들, 즉 전통과 변혁, 그리고 "접근할 수 있게 만드는 것"과 "드러나게 만드는 것"의 활동으로 구성되어 있다. 순서에 따라서 하나씩 살펴보자.

1) 전통들

대개 "전통"tradition이라는 용어를 문제 삼는다. 그것은 과거에 고착되어 있거나 현상유지에 안주하는 것을 시사하는 것처럼 보이기 때문이다. 하지만 그렇게 판단하면 과거가 현재에 대해서 얼마나 본질적인지를 파악하지 못한다. 어쩌면 전통을 무시하는 것은 역사학자 야로슬라프 펠리칸Jaroslav Pelikan이 확인한 바 있는 혼란에서 기인한 것일지 모른다. "전통은 죽은 자의 살아있는 신앙이다. 전통주의는 산 자의 죽어버린 신앙"이고 그리고 "전통에 아주 험악한 이름을 부여하는 것은 전통주의이다."3)

전통을 "죽은 자의 살아있는 신앙"이라고 생각하는 것은 그것이 인간의 경험에 기반을 두고 있음을 강조하는 것이다. 사회학자 에드워드 쉴즈Edward Shils는 가장 기초적인 수준에서 전통을 구성하는 것은 인간의 행위가 조성한 것을 한 세대가 다음 세대에게 전달하는 것이라고 주장한다.

> 전통—전달되어진 것—은 물리적 대상, 온갖 유형의 사물에 관한 신념, 개인과 사건의 이미지, 관습과 제도를 포괄한다. 그것은 정해진 시기에 한 사회가 소유하고 있고 현재의 소유자들이 찾아냈을 때 이미 존재했고 그리고 단지 외부 세계에서 진행되는 물리적 과정의 산물이거나 혹은 철저하게 생태적 및 물리적 필요성에 따른 결과가 아니다.4)

따라서 전통은 "공동체 경험의 저수지"이고, "경험으로 이루어진 이야기이며 그 해석"이다.5) 예를 들어서 성스런 텍스트(가령, 성서나 미국의 헌법)가 전달될 때 각각의 세대는 텍스트를 수용할 뿐 아니라 전통을 형성하는 일단의 해석들까지 역시 수용한다. 그리고 이 해석의 전통들은 상충할 수 있다. 소위 헌법에 대한 느슨하고 그리고 엄격한 독서에 대한 논쟁이나 혹은 보다 새로운 전통, 즉 사료편집을 대체로 "영구적인 텍스트"로 간주된 것에 적용함으로써 성서연구에서 빚어지는 논란이 그 경우에 해당한다. 물론, 한 가지 해석의 흐름 안에도 변형들은 존재한다. 쉴즈가 파악하듯이 "'동일한' 전통 내부에는 소유의 차별화와 독특성이 각기 다를 뿐 아니라 본질적으로 해석과 비중이 다를 수 있다."6) 또 다른 유용한 특징은 내용-전달된 것-과 전달되는 과정 사이에 존재한다. 거기에는 전수되는 소재(traditium)와 한 세대에서 이후 세대로 소재를 전달하는 과정(traditio)이 모두 존재한다. 이 전수의 과정을 통해서 현재의 공동체는 다른 시대와 장소에 속한 사람들과 접속한다. 에드워드 버크Edward Burke의 표현을 빌자면, 전통은 "살아 있는 이들은 물론 살아 있는 이들, 죽은 이들, 그리고 태어나야 할 이들 간의 동반자 역할"을 반영한다.7)

게다가 전통은 보존하고 해방하는 것이다. 한편으로 그것은 개인이나 집단이 보존하고 싶어 하는 것을 지칭하고, 또 다른 한편으로는 새로운 상황에 적용할 목적으로 "인위적인 구성물"이 과거의 속박에서 풀려나는 상황에 적용한다.8) 전통은 보전되고 재활성화 된 과거이다. 제임스 바James Barr는 비록 성서가 일차적인 수준에서는 과거를 이야기하는 것처럼 보일지 모르지만, 보다 심층적인 수준에서는 미래에 대해서 그리고 미래를 위해서 언급한다고 진술한다.9) 전통 역시 마찬가지이다.

실제로 성서의 결정 과정은 전통의 역동성을 가장 잘 보여주는 모형이다. 이스라엘과 초대교회는 다양한 역사적 위기를 거치면서 출애굽이나 예수의 죽음과 부활과 같은 중대한 사건들에 관한 해석이 포함된 기억들을 보전했다. 이런 전통들은 각각의 공동체가 변화된 상황에서 스스로를 재구성하는데 필요한 자료의 역할을 담당했다. 이사야(사 40~50)는 BC 6세기의 바벨론 포로생활을 위로하려고 출애굽의 이미지를 전유했다. 출애굽이 이스라엘의 "뿌리 경험"이기는 했지만,10) 이사야는 그 "모체가 되는 이미지"를 새롭게 활용했는데, 거의 7백 년 전에 조상들을 출애굽하게 만든 하나님은 훨씬 더 큰일을 행할 수 있다는 것이었다(사 43:18~19).

너희는 이전 일을 기억하지 말라
보라 내가 새 일을 행하리니

이제 나타낼 것이라 너희가 그것을 알지 못하겠느냐
정녕히 내가 광야에 길과
사막에 강을 내리니

그리고 에스겔은 자신의 민족의 기원, 즉 창조자가 흙에 숨을 불어넣고서 그것을 살아있는 영으로 만든 과정을 기억했기 때문에 마른 뼈가 살아날 것이라고 이스라엘을 위로할 수 있다(겔 37: 11b~14).

"그들이 이르기를 우리의 뼈들이 말랐고 우리의 소망이 없어졌으니 우리는 다 멸절되었다 하느니라 그러므로 너는 대언하여 그들에게 이르기를 주 여호와의 말씀에 내 백성들아 내가 너희 무덤을 열고 너희로 거기서 나오게 하고 이스라엘 땅으로 들어가게 하리라 내 백성들아 내가 너희 무덤을 열고 거기서 나오게 한즉 너희가 나를 여호와인 줄 알리라 내가 또 내 신을 너희 속에 두어 너희로 살게 하고 내가 또 너희를 너희 고토에 거하게 하리니 나 여호와가 이 일을 말하고 이룬 줄을 너희가 알리라 나 여호와의 말이니라 하셨다 하라"

그리고 예수의 제자들은 이런 전통을 알았기 때문에 예수를 하나님과 마찬가지로 만물을 새롭게 하는 존재로 파악했다. 요한복음은 부활한 주님이 다락방을 찾아와서 제자들과 평안하게 인사를 나누고 난 뒤에 그들에게 숨을 내쉬었다고 전하는데, 이것이 바로 다시 창조된 공동체의 기원이다(요 20:22). 마가와 마태는 "새 포도주는 새 부대에 넣느니라"(막 2:22; 마 9:17)라는 말씀을 보전한다. 계시록의 새로운 예루살렘에서 예수는 이렇게 말한다. "보라 내가 만물을 새롭게 하노라"(21:5).

초대교회의 구성원들은 전통에 상당히 집착했기 때문에 믿음이 충만한 미래의 이미지는 새로운 창조의 그것과 다르지 않았다. 바울은 그것을 고린도 교인들에게 상기시켰다. "그런즉 누구든지 그리스도 안에 있으면 새로운 피조물이라 이전 것은 지나갔으니 보라 새 것이 되었도다"(고후 5:17) 그는 과거의 비난을 지나치게 의식하는 갈라디아 교인들에게 이렇게 편지를 보냈다. "할례나 무할례가 아무것도 아니로되 오직 새로 지으심을 받은 자뿐이니라"(6:15). 같은 편지에서 그는 기독교 선교운동의 핵심적인 신학적 자기이해의 구실을 했던 세례의 고백을 인용했다. "너희는 유대인이나 헬라인이나 종이나 자주자나 남자나 여자 없이 다 그리스도 안에서 하나이니라"(3:28) 새로운 창조의 공동체 안에 여전히 어떤 차이점이 존재한다고 하더라도 중요한 것은 아니다. 국적, 정치적 지위, 그리고 생물학적 및 사회적 성역할에 관한 차이점들을 상쇄하는 새로운 친족관계가 형성되었기 때문이다. 세례를 받은 이들은 모두 평등하다.

　이 시각은 물론 지속되지 않았다. 사회적 규범과 상당한 긴장관계를 유지한 게 일부 이유로 작용했다. 노예제도와 가부장제도는 지나치게 확고해서 새로운 창조의 상징이 시대적인 한계를 벗어나지 못하는 엄격한 풍습의 경계를 파고들지 못했다. 엘리자벳 피오렌자 Elisabeth Schüssler Fiorenza는 **남성들에게 있어서** 그리스도에게 회심하고 세례를 받는 것은 "여성과 노예보다 사회 및 종교적 자기이해-역시 부유한 노예의 소유자들의 경우에는 특히-와의 한층 더 철저한 단절을 의미했다."11) 따라서 철저한 새로움의 전통은 자취를 감췄다. 그것은 거의 2천년 뒤에나 다시 주장되어야 할 전통에 불과했다.

　성서학자 폴 악트마이어Paul Achtemeier는 전통이 전달되는 과정을 다음처럼 요약한다.

　　새로운 상황이 발생하게 되면 그것들은 과거의 상황에서 비롯된 전통의 틀 속에서 이해되지만, 이것들은 계속해서 현재를 위해서 재해석된다.…따라서 과거가 미래를 알리고 그에 따라서 미래를 형성하더라도, 과거는 **역동적인** 성장의 과정과 해석적 변화에 대해서 역시 개방적이다. 그럼으로, 이후의 후속 세대는 저마다 그 자신과 새로운 상황에 대한 나름의 이해를 이끌어내는 확대된 전통의 기초를 확보한다[강조 추가].12)

악트마이어가 과거를 활용하는 역동적인 과정을 거론한 것은 내가 종교교육에 대해서 전통을 아주 중요하게 간주하는 이유를 제대로 파악하는데 결정적인 구실을 한다. 전통은 공동체가 스스로를 이해할 수 있도록 돕는 창고가 된다. 공동체는 새로운 현실 속에서 전통을 생존과 성장에 필요한 원천으로 선택한다. 변화된 상황은 늘 과거를 재고하도록 자극한다. 따라서 이미 발생한 일은 무수하게 이해를 가능하게 만든다. 과거는 늘 개방적이고, 결코 종결되지 않는다.

사실 과거는 결정적이지만 그와 동시에 종결되지 않기 때문에 페미니스트 작가들은 역사를 엄밀하게 검토하면서 그 범주와 가정, 그리고 규범에 이의를 제기한다. 그들은 지금까지 간과된 자료를 탐구하고 대안이 되는 전통들을 가리키는 숨겨진 단서를 추구한다. "우리의 유산이 우리의 능력"이라고 확신하는 페미니스트는 과거의 이야기가 전해지는 방식이 현재의 질서를 결정한다는 것을 알고 있다.[13] 가령, 베르나데트 브루튼Bernadette Brooten은 초대 기독교 여성의 문화적 상황을 재구성하려면 여성을 체제의 중심에 배치하는 방식으로 초점이 전환될 필요가 있다고 주장한다. 따라서 남성의 역사를 이해하려고 만든 범주들은 더 이상 부적절할 뿐만 아니라 전통적인 역사적 시기와 문헌의 규범은 여성의 역사를 집필하는데 적합한 틀을 제시하지 못할 수도 있다. 새로운 유형의 질문들이 제기되고, 그리고 새로운 소재들이 모색되지 않으면 안 된다. "…비문학적 문서(비문, 파피루스), 기념물, 미술품, 부장품, 약간의 단편 문헌들과 여성이 만들어낸 작품들은 물론이고 문학 자료에서 인용된 여성의 구전처럼 지금껏 간과된 자료들을 가능한 한 폭넓게 끌어당기는 그물을 던지는 게 절대적으로 필수적이다."[14] 사실 페미니스트는 과거가 늘 개방적이고, 결코 종결되지 않는다는 것을 알고 있다.

요약하자면, 전통은 전달하는 **소재**(traditium)와 전달하는 **과정**(traditio) 모두, 보전된 과거와 재현된 과거를 모두 가리킨다. 윌프레드 스미스Wilfred Cantwell Smith가 평가하듯이 그것은 "연속적이고 그리고 연속되는 구성, 거기에 참여하는 이들의 역사적 구성물이다."15) 스미스에게 있어서 전통과 신앙("개인이 하나님 앞에서 자신을 벌거벗는 행위")은 인류의 종교생활을 구성하는 두 가지 근본적인 실재들이다. 신앙은 상당히 개인적-개인의 자세-이다. 전통은 특정의 역사적 상황에서 줄곧 공동체의 신앙 형태를 표현하고 있으며, 그것은 누적적이고 그리고 다차원적이다.

2) 전통과 계시, 신념 그리고 신학

내가 전통을 중시하는 것은 나의 가톨릭적인 배경이 어느 정도 작용하기 때문이라는 것을 알고 있다. 계시, 신념과 신앙, 그리고 신학의 역할에 대한 나의 이해에 전통이 어떤 영향을 미치는지 제대로 설명하려면 각각의 주제마다 책 한 권 정도의 분량이 되기 때문에 간단하게 소개하겠다. 그 과정을 통해서 종교교육에 있어서 아주 기본적인 이런 질문들의 기초가 분명하게 드러날 것이다.

실제로 20세기 신학자들을 사로잡았던 계시는 그 다양한 용어들 때문에 여전히 실체를 파악하기가 어렵다. 그렇지만 나는 여기서 두 가지 출발점을 제안한다. 즉, 과거는 현재에 의미를 부여하고 미래에는 방향을 제시할 수 있는 능력을 갖고 있고, 그리고 신앙에 도달하는 것은 신적 존재와의 유아적solipsistic 만남이 아니라 돌이킬 수 없는 역사적 및 공동체적 행위라는 것이다. 계시는 과거의 일정한 사건들이 구성적이라는 것을 의미하는데, 유대 및 기독교 전통에서는 창조자가 창조에 참여하는 것을 가리킨다. 하나님은 현존하지만 그것을 파악하는 것은 쉽지 않다. 따라서 계시적 순간들은 늘 상징적 언어의 옷을 입고 있으며 그 사건들은 단순한 사실의 차원에서 설명될 수 없다. 우리는 "실제로 일어난 일"을 전체적으로 파악할 수 없고, 하나님과 "접촉한" 이들의 신비적 만남을 파고들 수 없지만, 우리는 신앙의 조상들이 남긴 증언이 하나님의 "뜻"을 가리키고 있다고 받아들인다.

계시는 상당히 독특하다. 유대인들과 그리스도인들은 하나님의 존재가 불타는 덤불이나 세미한 음성 같은 이상한 형식으로 현현하고 고대의 조약 형식, 계약을 서로 충성을 다짐하는데 전용하는 것을 거론한다. 그들은 계시가 일차적으로는 유대인들에게, 그리고 이어서 그리스도인들에게 "이방의 빛"이 되어야 할 책임을 파악하도록 요구하고 있다고 생각한다(사 60:3; 행 13:47).

빛의 이미지를 지속하기 위해서 그리스도인들은 하나님이 부활을 통해서 "변모시킨" 예수의 얼굴을 덕분에 접근할 수 없는 빛 속에 내주하는 하나님을 "바라본다." 계속해서 그리스도인들은 성령의 능력 덕분에 그를 닮게 되고(고후 3:18) 제자직으로 부름을 받는다. 회심으로의 요구는 이렇다. "너희는 이 세대를 본받지 말고 오직 마음을 새롭게 함으로 변화를 받아 하나님의 선하시고 기뻐하시고 온전하신 뜻이 무엇인지 분별하도록 하라"(롬 12:2)

그리고 하나님의 광채가 나사렛 예수를 통해서 완벽하게 강도를 드러내기는 했지만, 그 빛은 성실한 사람들의 증언에 의해서 세대를 거듭하며 계속 발산한다. 그런 계시의 과정은 세계 안에 임재하는 성령을 통해서 지속된다. 그리고 교회의 구성원들이 진리의 빛을 따라서 살 수 있도록 계시적 사건들에 대한 교회의 "이해"를 조명하는 게 바로 이 성령이다.

하나님과 인간의 만남에 대한 고전적 텍스트-성서-는 그것을 읽는 공동체와 밀접하게 결합되어 있어서 계시의 과정을 중개되지 않은 텍스트와의 만남과는 결코 동일시할 수 없다. 게다가 어느 학자의 유리한 위치이든 아니면 "생생한 경험"이든 간에 모든 해석들이 한결같이 가치 있는 이해가 될 수는 없기 때문에 어떤 식으로든지 권위를 결정하는 규범이 되는 지체가 요구된다.

가톨릭의 경우에 이 규범이 되는 지체가 "교도권"magisterium, 즉 갈등을 빚는 전통들 사이에서 최종적으로 중재하는 가르침의 직무이다. 그것은 계시의 근원이라기보다는 전통이 본질을 이루고 있는 공동체가 내리는 평가의 중재자이다.

가르침의 직무를 교황권이나 감독권과 동일시하면서 교도권을 협소하게 해석하는 것은 잘못이다. 이 해석은 교사들이 직분보다는 지식을 바탕으로 권위를 행사하던 사도시대의 그것과는 다르다.16) 또 그것은 교도권에 교황, 주교들의 집단적 권위, 신학자들의 합의, 그리고 신자의 합의를 포함시킨 중세시대의 보다 분화된 견해와 무관하다. "목회 혹은 감독직의 교도권"과 "가르치는 직분"을 서로 구분한 토마스 아퀴나스Thomas Aquinas의 견해 역시 오늘날에는 찾아보기 어렵다.

그렇지만 적지 않은 현대 신학자들이 그와 같은 과거의 견해들을 다시 주장하고 있다. 애버리 덜레스Avery Dulles는 토마스의 구분을 활용해서 가톨릭이 목회자와 신학자라는 두 가지의 보완적이고 상호 교정적인 교도권을 적절하게 파악하도록 제안한다.17) 과거 10년 동안 바티칸 계열에서는 덜레스의 제안이나 그와 비슷한 주장들을 인정하지 않은 것처럼 보이지만 결국에는 보다 세분화된 교도권에 대한 이해가 받아들여질 것이다.

더구나 나는 한 사람의 페미니스트로서 덜레스의 요구가 권위를 보다 가톨릭적으로 이해하는데 있어서 필수적이라고 생각한다. 약간의 예외가 있기는 하지만 교도의 형식은 남성들, 특히 유럽 백인 성직자에 의해서 주도되었다. 그와 같이 상대적으로 동일한 집단은 다양한 인간 경험의 영역을 반영할 수 없기 때문에 규범으로 간주되는 발언은 충분한 토대를 확보하지 못한다. 따라서 교리적 문제에 대해서 다른 관점을 제공하는 중요한 전통은 간과되거나 억압되어왔다. 여성들과 유색인종이 목회 및 신학적 교도권에 한꺼번에 완벽하게 참여할 때까지는 규범적 전통에 대한 평가는 불완전할 것이다.

또 다른 각도에서 바라보면 가톨릭교회의 지속적인 문제 가운데 하나는 로즈메리 휴튼Rosemary Haughton의 표현처럼 "어머니 교회"가 "소피아"Sophia를 지배하도록 너무 자주 용납했다는 것이다. 휴튼은 "가톨릭적인 것"이 "어머니 교회"와 "소피아"라는 두 가지 모습의 상호작용 속에 표현되어 있다고 말한다. 어머니 교회는 비록 헌신을 하기는 했지만 자녀와 환자를 크게 염려했고, 그리고 태연하게 전

혀 놀라는 기색 없이

자신의 의지와 하나님의 그것이 동일하다고 극단적으로 생각하는 경향이 있다. 그것(어머니 교회-역주)이 보기에 자신의 것보다 더 나은 것도, 그 이외의 것도 존재할 수 없다.…아주 자기만족적이고 그리고 판단은 능숙하지만 가끔 무감각하기 때문에 잔인하다. 그것은 기발한 것과 새로운 생각들을 신뢰하지 않는데, 자신이 소유하고 있는 게 아주 분명하게 효과적이고, 그리고 순응하지 않은 이들은 힘겨운 순간을 맞이하기 때문이다. 그들이 죽음을 맞이하고 난 뒤에도 가끔씩 그들에 대해서 달리 생각할 때가 많다.

이것이 바로 어머니 교회, 즉 잔인하고, 억압적이고, 폭력적이며, 충실하고, 거짓을 행하고, 자비로운 늙은 부인으로서 무관심할 수 없고, 많이 사랑하지만 맞서 싸울 수 없고, 증오하면서도 존중할 수 있는 존재이다.18)

반면에 소피아는 자유로우면서 카리스마적으로 움직이고, 순응하려고 하지 않고, 그리고 제도적으로 굳어지는 것을 반대한다. 무엇보다 중요한 것은, 소피아가 불멸인데 비해서 어머니 교회는 유한하다는 것이다. 소피아가 주도하게 될 것이다!19)

현재 나는 교도권이 가톨릭 안에서 작동하는 방식을 문제 삼고 있지만, 그럼에도 불구하고 그것을 중요하게 간주한다. 교회의 지체는 어느 전통들이 생존에 필수적이고 그리고 어느 전통들이 다시 주장되거나 아니면 더 이상 부적절해서 배격되어야 하는지 확인이 가능한 어떤 방법이 존재해야 한다고 나는 믿는다. 한 시기에 교회에 봉사한 전통들이 다른 시기에는 파괴적으로 작용할 수도 있다. 과거가 모두 동일하게 "쓸모 있는" 것은 아니지만 무시할 수도 없다. 앤 카Anne Carr가 페미니스트 신학자로서 자신의 작업을 묘사한 내용은 전통을 판단하는데 있어서 필수적인 방법론을 소개한다.

나의 페미니스트 신학 작업에는 "비판적 상관관계"critical correlation 의 일부 형식이 암묵적으로 혹은 명시적으로 작동한다. 나는 기독교 신학자로서 기독교 신앙의 핵심적인 상징, 교리, 역사 그리고 실천을 성찰하는데 집중한다.···나는 페미니스트 신학자로서 여성 운동 그리고 그 프락시스와 학문의 전통에 집중한다. 두 가지 운동 혹은 전통과 밀접하게 작업을 수행하는 나는 교회 및 사회에 속한 여성들의 상황과 기독교 간의 관계에 포함된 거래, 일치, 모순을 지적하기 위해서 기독교와 페미니스트 자료를 모두 구사한다. 그리고 공식적인 기독교와 페미니즘이 갈등을 빚을 때가 잦기 때문에 "비판적 상관관계"는 오늘날 기독교적 페미니스트의 신학적 과제가 유지하고 있는 특징을 더 잘 표현한다. 두 가지 전통들은 공히 페미니스트적이고 기독교적인 신학적 해석으로 안내하는 상호 비판적인 분석과 평가를 요구한다.[20]

나는 카와 마찬가지로 신조에 동의하는 것에 당연히 의미를 부여한다.[21] 규범적인 전통의 정의를 강조하는 교회는 공동체가 소유한 신념을 아주 정교하게 형식화하는 것에 "탁월한 지위"를 명백하게 부여한다. 거짓이 아니라고 한다면 사람들이 믿는 것은 문제가 되지 않는다는 주장은 받아들이지 않는다. 공동체의 신앙은 어떤 식으로든지 독단적으로 해석될 수 없다는 것이다. 그렇지만 이런 주장에 대해서 전통에 대한 이해가 기여하는 것은 적절한 신념의 상황화이다. 신조는 예외 없이 적절한 순간에 발생했다. 신앙의 형식도 특정한 위기에 반응해서 형성되었다. 진술은 모두 문학 및 역사적 맥락에 따라서 해석되어야 한다.[22] 신조 역시 예배의 맥락을 벗어나지 않는다. 아퀴테인의 프로스퍼Prosper of Aquitaine(460년 사망)가 남긴 말처럼 "기도의 법칙은 믿음의 법칙이다"(Lex orandi, lex credendi). 그리고 신조를 담은 진술은 예외 없이 매일의 삶에서 어떤 열매를 맺는지에 따라서 검토되지 않으면 안 된다. 정설orthodoxy과 정행orthopraxis은 본질적으로 관계를 형성하고 있다.

게다가 교리-형식적으로 정의된 교리-와 교회의 기타 가르침에 동의하는 것을 신앙, 즉 언어를 초월하는 하나님의 사랑에 대한 원초적인 응답과 절대 혼동하면 안 된다. 신념은 공동체의 이해를 **형식화한 것**formulations이다. 폴 틸리히Paul Tillich의 표현에 따르면, 신앙은 "궁극적 관심"ultimate concerns과 관계가 있다.[23] 개인의 신념을 파악하는 것은 비교적 용이하다. 개인의 신앙을 검증하기는 더 어렵다. 그것은 "내 삶에 의미를 부여하는 것은 무엇일까?" 혹은 "내가 신뢰하는 대상은 누구일까?"와 같은 질문들을 제기하는 것과 관계가 있기 때문이다. 샐리 맥페이그Sallie McFague는 기독교적 관점에서 이렇게 말한다. 신앙은 "삶과 그것을 성취하는 것을 우주의 기본적인 방향으로 확언한다.…유대-기독교 전통의 하나님을 신앙하는 것은 사태들을 궁극적으로 신뢰하는 것이다."[24] 아울러서 개인의 신앙생활은 개인의 확신과 행동이 서로 일치하는지 다음과 같이 질문한다. "내가 신뢰할 수 있는 하나님에게 성실하게 순종하는 삶을 살고 있는가?" "내 일상의 삶에서 신앙이 드러나는가?"

신앙은 당연히 사고를 자극하는 인지적 차원을 포함한다. 신앙은 모색하고 탐구하도록 지지하고 활력을 부여한다. 따라서 신앙을 신학과 혼동해서는 안 되지만, 그것은 분명히 신학과 관계가 있다. 리처드 맥브라이언Richard McBrien이 지적하듯이 "신앙은 일부 신학적 형식으로 언제나 그리고 유일하게 존재한다."[25] 신학은 신앙에 대한 체계적 성찰이라는 이차적 질서 행위이다. "정의를 수행하는 신앙"은 인식적 신앙, 즉 분석적 및 전략적 요소들을 수용하는 것이다. 어린이의 단순함과 개방성이 신적 존재를 마주한 인간의 탁월한 모형이기는 하지만, 성숙한 신앙은 반드시 하나님과 세계에 대한 어린이 같은 이해를 벗어나도록 요구한다. 그리고 개인의 신앙생활이 심화될 수 있도록 상당한 가능성을 제공하는 게 바로 신학이다. 나는 가브리엘 모런Gabriel Moran과는 달리 신학을 종교교육에 대한 "겸손한 공헌자" 그 이상으로 생각한다.[26] 그렇지만 나는 모런과 제임스 마이클 리James Michael Lee처럼 비록 어느 정도 이유를 달리함에도 불구하고 신학이 종교교육에서 과도하게 강조될 수도 있다는 데 동의한다.[27] 당연히 설명이 필요하다.

첫째, 종교교육에서 신학이 중요한 이유는 무엇일까? 신학적 성찰은 과거와 현재의 운동, 사건, 이론가, 그리고 프로그램을 검토할 수 있는 분석 범주를 구성하는 한 가지 방법을 제공한다. 가령, 문화와 신학 사이에는 "상호 비판적인 상관관계"라는 데이빗 트레이시 David Tracy의 체계가 존재한다.[28] 신학은 고대의 텍스트를 파고드는 데 필수적인 역사 비평 같은 방법론들을 제공하는데, 누구도 충분히 벼려진 역사의식과 문학적 감수성을 결여하고서는 20세기에 성서를 제대로 가르칠 수 없다. 신학은 경배의 대상이 되는 존재와 관계를 형성하고 있는 공동체의 정체성을 심층적으로 바라보는데 필수적인 지식을 제공한다. 신학은 조직적인 방식으로 용어의 의미들을 규정한다. 신학은 교회와 아주 친숙해서 폭로의 능력을 상실했을지도 모를 용어들(가령, "구속," "구원," "죄악")의 의미를 체계적인 방식으로 규정한다.

신학은 의심할 여지없이 종교교육의 기초를 형성한다. 특히 내적 생활을 중시하고 열광적인 것을 신뢰하지 않는 가톨릭교회의 경우에는 신학이 무엇보다 중요하다. 그렇지만 신학적 소양이 종교교육자를 위한 분명한 토대가 되기에는 불충분하다. 공동체의 전통이 신학적 담론을 넘어서기 때문이다. 전통은 종교적인 보다 광범위한 영역을 수용한다. 그것은 언어 및 비언어적 표현을 동시에 포괄하는데, 거기에는 **성스런 장소들**(가령, 성전이나 교회, 성지), **여행**(순례여행), 그리고 **시기**(가령, 예전 절기와 축제), **성서와 주석, 신학적 체계, 법률적 및 도덕적 법전, 정치조직, 관습, 예배 방식, 의식, 신화, 전설, 예술, 경건생활 교범**, 그리고 **거룩한 사람들의 이야기들**이 포함된다. 신학이 아무리 중요해도 전통을 소진하지 못한다. 샌드라 슈나이더스Sandra Schneiders의 제안처럼 신학의 역할은 특정 전통이 타당한지의 여부를 판단하면서 부분적이거나 혹은 일방적인 접근들에 도전하는 문학비평과 비슷하다. 그렇지만 그것은 언제나 "기독교적 경험에 기여하는"

범위 안에서만 그렇다.²⁹⁾

조셉 카힐Joseph Cahill에게 있어서 신학은 다섯 가지 종교 전통의 범주들, 즉 문헌, 시각 예술 형식, 청각적 예술 형식, 역사적 형식 및 기념물, 그리고 신학적 형식 가운데 하나에 지나지 않는다. 이런 범주들은 종교교육자를 교육하는데 필수적인 교육과정을 함축한다. 그것은 성서나 기본적인 작품들(가령, 초대 기독교 작가들, 공회 문서들) 같은 공동체의 텍스트들에 집중할 필요가 있다. 종교교육자는 전통이 전달되는 과정을 파악하고 그것을 신학적으로 엄밀하게 평가할 수 있도록 대중적인 종교(가령, 신앙생활 안내서에 표현된 것처럼)에 대한 감각이 필요하다. 역사의식은 또 다른 필수사항이다. 가르치는 사람이라면 누구나 신앙의 사건과 표현을 자신이 처한 상황에 배치할 수 있어야 한다. 그렇지만 교육자는 회화, 조각물, 건축물, 그리고 음악과 접촉하지 않으면 안 된다. 아울러서 그들은 거룩한 순간과 장소가 지닌 능력을 존중하고 **두려운 신비**mysterium tremendum에 대한 "영적 지식"을 소유해야 한다. 페루의 신학자 구스타보 구티에레즈Gustavo Gutiérez가 지적하듯이 진정한 신학적 성찰은 관상contemplation과 실천에 근거한다. "하나님에 관한 발언(theo-logy)은 침묵의 기도를 뒤따르고 그리고 실행을 뒤따른다."³⁰⁾ 신학적 담론은 교회의 교제 안에서 존속한 신앙에 그 뿌리를 두고 있다.

예를 덧붙이면 내가 주장하는 바가 더 분명해질 것이다. 최근 몇 년 동안 나는 수업에 참석하는 학생들에게 서로 관련된 네 가지 질문들에 대한 생각을 소개하도록 요구했다. (1) _____전통(가령 가톨릭, 개신교, 성공회 등)에서 그리스도인이 된다는 것은 무슨 뜻일까? (2) 신앙으로 교육한다는 것은 무슨 뜻일까? (3) _____전통에서 실시하는 신앙교육의 적절한 목적이나 목표는 무엇일까? (4) 이런 목적에 부응하려면 교육과정에 어떤 내용과 경험을 포함시켜야 할까? 나는 수업의 참석자들이 각자 속한 신앙공동체의 정체성 및 임무와 일치하는 교육적 경험을 조성하게 하기 위해서 이 작업(*Stone House Conversations*에서 발췌한)을 활용한다.³¹⁾ 다음의 내용은 한 그룹이 가톨릭교회에 관심을 갖고 있는 성인들의 교육과정에 포함시켜야 할 내용과 경험을 묻는 네 번째 질문에 응답한 방법이다.

일차적으로 성인에게 초점을 맞추고 있고 그리고 소모적이기보다는 시사적인 그들의 제안은 다음과 같다.

학습자들에게 전도와 관련된 일부 행사(예컨대, 교구선교, 쿠르실료, 설교 리트릿, 매리지 엔카운터, 영적 생활 세미나)에 참여시키라.

학습자들에게 이야기를 충분히 들려주라.

물론, 핵심적인 이야기들은 성서, 그중에서도 예수의 비유나 치유 이야기, 수난 이야기를 포함하는 복음서에서 따온다. 그것들을 전달할 수 있는 아주 다양한 방식을 찾아낼 필요가 있다. 학습자들은 나름대로 그것들 표현하고, 행동으로 나타내고, 상상력을 동원해서 그것들을 경험하고(가령, 이냐시오의 관상Ignatian contemplation), 고전회화를 감상하고, 스테인드글라스 창들을 바라보고, 성서학자들의 연구결과를 검토한다.

성인들의 삶을 탐구하라. "수호" 성인을 정하라.

지역의 이야기를 소개하라. 지역 공동체의 구성원들이 자신들의 회심과 신앙 이야기를 들려주게 하라. 나이를 먹은 구성원이 교구에 얽힌 이야기를 들려주라.

학습자들이 공식적 및 비공식적 의식들, 즉 성찬식, 말씀의 전례, 저녁기도, 고해의식에 충분히 참여시키라. 재거나 기름이거나, 촛불이거나 순례이거나 간에 "성례전들"을 충분히 활용하라. 제일 먼저 의식을 경험하게 하라. 그런 뒤에야 의미의 덩어리를 성찰하게 하라.

학습자들이 도움을 받을 수 있고, 친구가 될 수 있고, 지침을 구할 수 있고, 본받을 수 있는 후원자들을 구하라.

어떤 식으로든지 자선을 베풀되, 될 수 있으면 지속적으로 하게 하라. 무료급식소나 요양원에서 자원봉사를 할 수 있는 기회를 제공하라.

어떤 식으로든지 사회적으로 정의를 실천하게 하라. 공동체를 조직하는 일을 돕고, 평화행진에 동참하고, 의원들에게 서신을 발송하게 하라.

교회의 건물, 자기소개, 예배참석이나 사제들과의 대화를 통해서 다른 그리스도인들과 공통점을 발견하도록 도우라.

어떤 체계적인 신학자를 분석해서 신앙의 상이한 요소들을 통합할 수 있는 방법을 선택하게 하라(가령, 아우구스티누스, 아퀴나스, 라너). 혹은 널리 알려진 것도 괜찮을 수 있다(가령,「네덜란드 교리문답서」*Dutch Catechism*나 리처드 맥브라이언Richard McBrien의「가톨릭교회」*Catholicism*).

기도하라. "주기도문"이나 로사리오기도처럼 기도의 형식을 익히라. 영적 지도자를 찾으라.「미지의 구름」*The Cloud of Unknowing* 혹은 아빌라의 성 테레사 같은 서방 영성의 고전들 가운데 한 가지를 골라서 읽으라.

그레고리 성가, 중세의 성당, 단테의 시, 미켈란젤로의 그림과 조각처럼 가톨릭의 상상력에 따른 결과물들을 탐구하라.

제2차 바티칸공회나 니케아공회처럼 교회가 교훈에 도달하는 방법을 발견하는 절차를 확인하는 시선으로 전통적인 주요 사건들을 연구하라. 역사적 상황과 교리적 논쟁의 과거와 진행, 그리고 결과를 확인하라. 논쟁을 재구성함으로써 생생하게 재연할 수도 있다.

가톨릭교회의 국제적 모습을 학습하라. 아프리카나 아시아 교구의 자매 교구가 되라. 동방의 기도 향식이나 서방의 **바닥공동체** *communidad de base*를 탐구하라.

일부 사제가 사역을 수행할 때 동행하라. 거동 못하는 환자를 방문하는 성찬 사제나 설교를 준비하는 과정에 참여하는 부제가 거기에 해당한다.

수도원이나 가톨릭 병원처럼 구체적으로 영성이 구현된 전통을 연구하라.

교리문답 교육기간에 지역의 주교를 초대하라. 전국가톨릭주교협의회의 관심사를 후원하라.

도덕적 문제들을 사례별로 연구하라. 먼저 토론을 하고, 이어서 그 문제에 대한 성서, 조직, 그리고 주교의 공헌을 검토하라. 구체적인 사례에 어떤 것을 "조심해야 할지" 모색하라.

기독교적 삶이 구체적으로 실천된 다양한 방식들을 확인할 수 있도록 지역 공동체의 풍성한 생활경험을 접촉하라. 가령, 노인들의 경험이나 대가족의 부모, 건전한 직장인, 그리고 지역 정치가들이 거기에 해당한다.

꿈을 실천하는데 참여하라. 하나님의 나라가 실현되려면 도시가 어때야 하는지 시각적으로 그려보라.

시대의 징표를 해석하는 일에 참여하라. 신문을 읽고 요즈음의 이야기에 초점을 맞추고, 신앙이 제기하는 자료가 무엇인지 바라보면서 조사하고 논의하라.32)

이 목록은 "가톨릭적인 것"으로 전체 교육과정을 구성하는데 필요한 틀이 충분히 될 수 있다.33) 그것은 **전통들**-신학까지 포함해서-을 종교 공동체와 연결하는 게 어떤 것인지 보여준다. 내가 제시하는 사례가 가톨릭교회에 국한되지 않도록 또 다른 사례를 제시하는데, 이번에는 남자아이를 토라에 입문시키는 하시디즘 유대계 공동체와 관계가 있다.

이 독특한 공동체(뉴욕의 브룩클린)에 속한 소년은 세 살이 되면 로브(Rov, 안수 받은 랍비)가 처음으로 머리카락을 자른다. 로브는 하얀 면의 네 귀퉁이에 술을 매단 **기도보**talis katan를 가지고서 아이의 어깨를 덮고 머리에는 작은 모자yarmulkah를 올려놓는다. 그런 뒤에 로브는 아이를 안아 올려서 아버지의 품에 안기고, 그리고 두 사람을 기도보로 감싼다. 아버지는 아들에게 입을 맞추고서 부드럽게 로브에게 돌려보낸다.

로브는 아이를 무릎 위에 앉힌다. 꿀이 담긴 작은 컵이 놓인 책상 위에 알파벳 입문서를 올려놓는다. 로브는 첫 장을 넘기고 손가락에 꿀을 묻혀서 첫 글자를 만지고 나서 아이에게 그 손가락을 내밀면, 아이는 "토라를 익히는 맛이 달콤한" 것처럼 그것을 혀로 핥는다. 그러면 로브는 아이에게 처음으로 공식적인 가르침을 시작한다. 그는 첫 글자를 가리키면서 아이에게 그것이 무엇인지 묻는다.…

아이가 공부를 해도 괜찮다고 선언하는 것으로 낭송이 끝난다. 그는 이 세대가 하시딤의 사상과 토라의 전통 안에서 성장하게 되고, 그리고 메시야의 도래를 목격하게 될 것이라는 기대를 표명한다. 부모와 친척이 아이 주변으로 모여든다. 케이크와 위스키가 전해지고, 모두 "르카임"L'chaim(삶을 위해서)이라는 전통적인 축배의 말을 건넨다.34)

3) 변혁

공동체의 전통들이 아무리 중요하더라도 그 자체가 목적은 아니다. 그것들은 갱신으로 이어져야 한다. 공동체가 전통들을 의지하는 것은 단지 유지 때문이 아니라 변혁을 위함이다. 전통들은 공동체로 하여금 하나님이 창조에 관여하는 것을 인식할 수 있게 만드는 형식을 제공해야 한다. 따라서 그것들은 추종자들을 지속적인 회심의 과정으로 소환한다. 회심을 목적으로 삼지 않으면 전통은 우상으로 바뀐다. 내가 종교교육을 정의하면서 "전통과 변혁 사이에는 본질적인 연계"가 존재한다고 믿는 것도 그 때문이다.

그래서 나는 모든 신앙교육은 궁극적으로 회심을 지향한다고 생각한다. 종교교육자는 변혁의 촉매 구실을 한다. 그렇다면 변혁 혹은 회심이란 무엇일까? 나는 내 의견을 사회과학의 활용이나 신앙과 문화의 관계와 관련된 기초적인 질문들과 연계해서 소개하고자 한다.

내가 생각하는 회심은 종교 공동체와 사회 모두를 전체적으로 구성하는 중요한 부분들을 철저하게 개인적으로 여행하는 것이다. 고인이 된 예수회 신학자 버나드 로너건Bernard Lonergan을 추종하는 나는 개인이 전체 존재의 수준에서 철저하게 변혁되는 것을 회심으로 간주한다. 로너건은 회심이 개인의 의식적 및 의도적 행동과 관계가 있다고 생각한다. 그것은 개인의 시선을 주도하고, 상상력에 스며들고, 정신의 심층부에 침투하고, 이해를 풍요롭게 하고, 판단을 안내하고, 그리고 결단을 강화시킨다.35) 그래서 그는 회심이 지적, 도덕적, 그리고 종교적 수준에서 발생할 수 있으며, 각각의 수준은 보다 풍요로운 상황에서 더 충실하게 보존되고 수행되면서 부정되고 그리고 서로 관계를 형성하고 있다고 언급한다.

그렇지만 나는 로너건의 제자인 월터 콘Walter Conn 덕분에 그의 스승이 제안한 범주들에 대해서 개방적이 되고 그리고 그것들을 발달주의자들의 작업과 연계할 수 있었다. 나는 일차적으로 콘을 안내인으로 삼아서 회심의 차원들을 검토하고자 한다.36)

콘은 자기초월을 인지적, 도덕적, 그리고 정서적 수준에서 스스로를 넘어서는 것으로 정의한다. 그는 이것을 자기성취(순진한 개인주의)와 자기희생(자기를 주장할 수 있는 권리의 부정)이라는 통속적 개념들과 구분한다.37) 자기를 초월하는 사람은 "양적 성취"의 환상으로부터 자유롭기 때문에 "현실적인 인식, 책임을 지는 선택 그리고 순수한 사랑이라는 바로 그 활동을 통해서 진정으로 실현되는 평화"를 느낀다.38) 따라서 회심은 "자기초월을 위한 개인적 주체의 근본적인 충동이고, 그리고 그 이상이다. 성숙하고, 진정으로 성인이 된 양심은 도덕적으로 회심한 개인적 주체의 자기초월적 충동이다."39)

콘이 "도덕적으로 회심한" 개인이라고 말하는 것은 무슨 뜻일까? 여기서 콘은 로너건처럼 단순히 만족을 가져다주는 것에서부터 진정으로 값진 것으로 개인의 결단과 선택의 기준이 전환하는 것을 염두에 두고 있다. 그것은 "떠돌이"drifter 신세에서 "눈을 크게 뜬 신중한 주체"로 바뀌는 것이다. 개인은 공동체와 대화하다가 나름의 가치를 발견하고 증명하는 책임을 파악하고 수용할 수 있을 때 "비판적인 도덕적 회심"을 겪었다.40) 이 회심의 수준은 로렌스 콜벅Lawrence Kohlberg이 "원칙적 추론"principled reasoning이라고 묘사한 것과 조화를 이루는 성숙의 수준이다. 따라서 그것은 청년기 이전까지는 발생하지 않을 것이다.

논쟁만으로 회심이 발생하는 것은 아니다. 그것은 인지 수준에서도 역시 발생한다. 여기서는 진리가 자명하지 않다는 것을 깨닫고서 확실성의 추구를 포기하게 된다. 인지적 회심은 이해의 **추구**와 관계가 있는데, 진정으로 신비한 우리의 삶에 도달할 때까지 계속된다.[41]

게다가 개인들은 열정과 실행을 주도하는 정서의 회심을 경험한다. 그것은 강렬한 욕구를 재조정해서 자기의 요구에 대한 집착으로부터 타자들의 요구에 대한 관심으로 변형시킨다.

종교적 회심은 이렇게 상호 연관된 세 가지 수준의 회심들을 포함하고 있는데, 로너건은 그것을 그저 "내세적 사랑에 빠지는 것"이라고 언급하는데 활용했다.[42] 콘이 거론하듯이 어떤 사람이 진정한 하나님을 만나고 우상을 선택하지 않는 것은 오직 절대적인 우연과 무한한 현실이 교차할 경우에만 그렇다.[43] 그리스도인에게 있어서 회심은 "예수의 샌들이 남긴 발자국 방향으로 향하게 할 뿐 아니라 아버지에 대한 예수의 응답을 결정한 신적 신비에 대해서 철저하게 개방적인 여정의 요구에 응답하도록 촉구한다."[44]

파울로 프레이리의 작업으로부터 영향을 받은 콘은 회심의 요소는 각기 사회적 차원을 보유하고 있다고 지적한다. 가령, 도덕적 회심은 불가피하게 행동의 영역으로 이어진다. 인지적 회심은 프레이리의 의식화라는 개념과 유사하고, 그리고 정서적 회심은 "자기요구에 대한 본능적 집착으로부터 타자들의 요구에 대한 성찰 중심의 개인적 관심으로 욕구를 재조정한다."[45] 그리고 콘은 자신의 저서 마지막 장에서 사회적 차원이 진정한 종교적 회심에 얼마나 본질적인지 토마스 머튼Thomas Merton을 분석하면서 이것을 소개한다.

4) 변혁, 사회과학의 역할, 그리고 신앙과 문화의 관계

신학자 콘은 자신의 저서 전반에 걸쳐서 발달론자들을 거론한다. 그 이유는 이중적이다. 즉, 회심은 선행적인 발달을 요구하고(비판적인 도덕적 회심은 청년기 이전까지는 발생할 수 없다는 게 그 경우에 해당하고), 그리고 회심은 후속적인 발달을 요구한다는 것이다. 그가 발달론자들을 비판하지 않는 것은 아니지만 그들을 진지하게 대한다. "발달은 회심을 요구하고, 그리고 회심은 언제나 발달의 과정 안에서 발생"하기 때문이라는 게 그의 결론이다.[46]

콘은 그와 같이 회심의 차원을 조명하는 것은 물론이고 현대 신학자가 사회과학에 신세를 지면서도 그것에 눌리지 않는 과정을 보여주는 일종의 모델이다. 발달이론과 회심 간의 관계라는 그의 독특한 관점 때문에 더 큰 문제를 검토하게 된다. 간단히 살펴보자.

최근에 여러 종교교육학자들에게서 관찰되는 것처럼 사회과학, 그 중에서도 사회과학의 이론들을 무비판적으로 수용하는 경향이 있다. 이것은 수긍할 수 있다. 심리학이 현대인들에게 체질적으로 들어맞기 때문이다. 교사들의 경우에는 그것이 적어도 자신들의 복잡한 업무를 처리하는데 있어서 해답은 아니더라도 단서를 제공할 수 있는 것처럼 간주한다. 심리학은 신학이나 교육철학보다 더 "실제적"이고, 인간의 일상적인 상호관계에 더 많이 활용될 소지가 높은 것으로 간주될 수도 있다. 구조적 발달론자들은 도덕적 추론과 신앙생활의 선형적 진보를 쉽게 파악할 수 있는 도식schema을 제공하는 것처럼 간주된다.

그렇지만 이런 전폭적 지지는 세 가지 문제들을 야기한다. 하나는 다른 방법론(가령, 정신분석적 관점)을 배제하고서 특정한 것(가령, 구조적 발달론)에 초점을 맞추는 경향이다. 옛 속담처럼 "적당히 아는 것은 위험하다." 그리고 어쩌면 종교교육학자들이 전제나 대안이 되는 이론들을 자세히 살펴보지도 않은 채 한 가지 이론에 지나치게 빨리 "안착"하는 것일 수도 있다. 두 번째 문제는 잠재적으로 더 심각한데, 사회과학 가운데 한 가지(가령, 심리학)에 몰두하면서 다른 것은 고려하지 않는 것이다. 이것은 개인주의가 팽배한 사회에서는 중대한 결과를 유발한다.

내가 세 번째 문제로 간주하는 것은 사회과학을 지향하는 과정에서 신학적 차원들이 제대로 드러나지 않을 수 있다는 것이다. 나 혼자만 이렇게 판단하는 게 아니다. 폴 비츠Paul Vitz와 윌리엄 킬패트릭 William Kirk Kilpatrick은 심리학이 신학을 파트너로 인정하는 것에 대해서 자세히 피력했다.[47] 그들의 신학적 관점이나 결론 가운데 어느 것에도 동조하지는 않지만, 그들이 지나치게 단순하게 분석하고 과도하게 논쟁적이라는 것을 감안하더라도 문제를 제기하는 것은 유용한 과제를 수행하는 것이라고 나는 생각한다. 오히려 나는 던 브라우닝 Don Browning이 "현대 심리학, 그리고 특히 임상심리학의 주요 부분은 사실 종교적 및 윤리적 사고의 사례들"이라고 주장한 것에 더 끌린다.[48] 그러므로 신학적 분석은 적절할 뿐 아니라 유용하다. 그리고 모든 종교교육학자들이 기존의 심리학 학파의 신학적 토대를 콘이나 브라우닝처럼 뛰어나게 정리하지 못할 수도 있겠지만, 아무 생각 없이 그리고 설익은 상태로 수용되지 않도록 심리학의 이론을 일일이 살피는 것은 누구나 가능하다. 실제로 그런 작업은 모든 사람들–특히 교육학자들–에게 요구되는 인지적 회심의 한 측면일 수도 있다.

사회과학이나 신학에 부여하는 상대적 중요성은 적어도 암묵적으로는 신앙과 문화의 관계를 이해하는 방식으로 뿌리내릴 수도 있다. 극단적인 두 가지 입장들은 분명히 단순한 위계를 형성한다. "문화에 대항하는 그리스도"의 경우에 사회과학은 부정적으로 평가된다. 윌리엄 킬패트릭이 종교 교과서에 등장하는 인본주의 심리학을 기소하는 게 이 경우에 해당하고,[49] "세속적인 인본주의"에 전염된 학교 교과서를 상대로 테네시(*Mozert et al. v. Hawkins County Public Schools et al.*)와 앨라배마(*Smith et al. v. Board of School Commissioners of Mobile County*)에서 최근에 제기된 소송들도 마찬가지이다.[50] "문화에 속한 그리스도" 유형에서 사회과학은 유력한 동반자이고, 그리고 신학의 독특성은 사라진다. 나는 종교교육계에서 이런 유형의 흔적을 확인하기가 쉽지 않다고 생각하지만 "미래학"futurology에 대한 뜨거운 관심은 그 경우에 해당하는 것 같다. 제임스 코너James Connor가 냉소적으로 지적한 게 생각난다. "미래학자들이 신비주의자들을 대체했다. 기독교 명상가는 느렸다. 나무와 별을 주시했다. 침묵 속에서 살았다. 미래학자는 빠르다. 본질이 아니라 경향을 주목한다. 무슨 일이 벌어질 것인가에 시선을 고정한다. 집회에서 떠든다."51)

분명히 나는 리처드 니이버H. Richard Niebuhr의 유형론 가운데 중간 정도의 지점에 자리 잡고 있다. 가톨릭을 따르는 나는 부분적으로는 하나님의 규칙이 사물의 본성 안에 확립되어 있다고 생각하는 종합주의자이다. 하지만 악의 **구조**를 체계적으로 파악하는 사회적 분석의 영향을 받은 현대인의 입장에서는 교회 안팎에서 문화의 회심에 대한 필요성을 점차 의식하고 있다.

요컨대, 이 대목에서 내가 입증하고 시도한 것은 회심의 의미에 대한 성찰은 당연히 사회과학의 역할 그리고 신앙과 문화의 관계에 대한 보다 광범위한 문제로 이어진다는 것이다. 기초적인 질문들은 밀접하게 결합되어 있다.

5) 접근할 수 있게 만들기와 명백하게 만들기

동사를 가지고서 생생하게 서술하도록 학교에서 배운 나로서는 "접근할 수 있게 만들기"와 "명백하게 만들기"라는 어색한 동명사들이 불편하다는 것을 인정한다. 그렇지만 그런 표현들이 설득력이 떨어지더라도, 나는 그것들이 교수teaching는 물론이고 실제로 보다 광범위한 교육적 시도에 대한 나의 견해를 잘 보여주고 있다고 생각한다. 특히 "접근할 수 있게 만들기"는 교수의 기법을 제시한다. "명백하게 만들기"는 전통과 변혁 사이의 결합을 투명하게 만들어야 하는 교사의 책임을 강조한다. 각각의 활동을 간단히 거론하면 다음과 같다.

6) "접근할 수 있게 만들기"로서의 교수

　　바틀릿 가이아매티A. Bartlett Giamatti가 피력하듯이 교수는 "잠재력을 염두에 두고, 성취를 열망하면서 멈추지만, 봉합된 곳이 없는 하나의 과정으로서, 활동하면서 부단히 반복하고, 놀이를 지도하면서 관객처럼 앉아 있고, 학생에게 선택권이 주어지고 형태를 생생하게 유지할 수 있도록 모든 부분에 관여하는 본능적인 기술이다."52) 따라서 그것은 정의된 것보다 더 적절한 상상이 가능하고 그리고 과학적인 용어보다 예술적인 이미지로 더 적절하게 개념화된다.

　　한 가지 관점에서 바라볼 경우에 예술적 기교의 핵심은 훈련된 상상력이다. 재능만으로는 충분하지 않다. 기술을 연마해야 한다. 명성을 유지하는 예술가는 예외 없이 세심하게 벼려진 기술―**기술지식** know-how―과 자신의 노력이나 자기에 대한 **지식**knowledge의 목록을 보유하고 있다. 가령, 첼로연주자는 악보를 읽는 법, 활을 쥐는 법, 그리고 운지법을 알고 있어야 한다. 그리고 첼로연주자는 첼로의 음역과 첼로에 관한 문헌들을 역시 알고 있어야 한다. 다른 사람의 음악 해석을 알고 있어야 한다. 공연을 할 때마다 선임자들의 비판적인 귀와 눈을 마주하기 전까지 오랜 연습시간과 힘겨운 레슨은 필수적이다. 음악가는 자기지식을 통해서만이 그런 엄밀성으로부터 도움을 받을 수 있다. 연주 이후에는 분석, 반성, 그리고 새로운 반복의 주기가 뒤따른다.

　　음악 연주처럼 교수는 성실한 준비, 성찰적인 연습, 현명한 판단, 그리고 체계적인 평가를 의지한다. 재능과 훈련, 영감과 숙고는 어울린다. 기술지식과 지식이 요구된다.

　　종교교육자에게 부과된 지식은 기본적으로 전통에 대한 지식이다. 실제로 이것은 비판적인 능력을 연구하고 개발하는 것, 요컨대 인지적 회심을 수반한다. 그렇지만 명확한 사고 그 이상이 필요하다. 종교교육자에게는 모니카 헬윅Monika Hellwig이 간파한 것처럼 관상contemplation과 감정이입 역시 개발하지 않으면 안 된다.53) 어째서 관상이 필요할까? 헬웍은 관상을 "비전의 습관," 즉 실재의 경험과 결합시킨다.

> 관상적 자세의 본질은 취약성인 것처럼 보인다. 취약성은 사람, 사물, 그리고 사건을 존재하게 하고, 발생시키고, 개인의 경험과 완벽하게 일치시키고, 눈을 깜짝이지 않고 바라보고, 만지고, 그리고 물러서지 않으면서 우리를 만지도록 용납하는 것이다. 관상적 자세는 행동으로 실재와 관여하면서 우리에게 대답하도록 용납하고 거론하는 내용에 귀를 기울이는 것이다. 그것은 항구적으로 경이를 뒤따르려고 하는 마음이다. 그것은 우리의 모든 이론이 우리의 프락시스에 대한 비판이고 그리고 경험의 회피는 우리 이론의 왜곡이나 소외를 의미한다는 진리의 심층적인 실존적 파악이다.54)

하지만 관상이 감정이입으로 이어지지 않으면 충분하지 않다. 이런 특성이 신비의 영역에 들어서게 하고, "이야기와 도상학iconography, 상징과 의식에 대한 보다 미묘한 논리"에 관여하도록 만든다.55) 게다가 감정이입은 또 다른 중요한 역할을 담당한다.

> 신학자의 개인적인 경험은 아주 사소하고, 너무 자주 왜곡될 때가 많은 인간 경험의 일부이다. 일상적으로 우리에게 전달되지 않는 이들의 음성에 대해서 인간적인 질문을 제기하는 것은 언제나 중요하고 그리고 요즈음에도 역시 아주 시급하다. 그들은 빈민, 기아에 시달리는 무수한 군중, 멸시를 겪는 이들, 잊혀진 사람들, 억압받는 무수한 군중, 근거를 잃은 모든 난민들, "무시되고" 공적 역사의 기록자들에 의해서 쓸모없는 것으로 삭제되는 민족과 계급, 과도한 생태학적 및 핵의 재앙 때문에 위협을 받는 미래 세대, 나이가 많고 장애를 겪는 이들, 그리고 우리 사회에서 "무용한" 기타 사람들이다. 감정이입을 통해서 인간의 경험, 인간의 고통 그리고 인간의 희망에 발을 들여놓지 않으면 우리는 인간이 처한 상황의 실재, 즉 창조, 범죄 그리고 구

속의 실재, 인간의 자유와 책임을 간단하게 처리하지 못한다. 우리가 의지하는 경험이 값진 동정을 통해서 이런 유형의 깊이와 넓이를 갖추지 못하면, 우리가 수행하는 신학은 한때의 지적인 이탈에 지나지 않을 뿐이다.56)

따라서 전통에 대한 **지식**은 이성, 관상, 그리고 감정이입과 관계가 있다. 그렇다면 종교교육자의 **기술지식**은 무엇일까? 여기에서 나는 "접근"access이라는 낱말을 핵심으로 간주한다.

교수는 실행하는 이들에게 듣고, 소집하고, 탐구하고, 강의하고, 분석하고, 질문하고, 매개하고, 촉진하고, 옹호하고, 그리고 평가하는 것과 같은 다양한 역할들을 수행하도록 요구하는 복잡한 활동이다. 하지만 교수 활동이 다양한 것만큼 한 가지 독특한 개념이 나머지 모두에게 지시를 내린다. 즉, 교수는 사람들이 공동체의 전통에 **접근하게** 하는 일종의 방법인 것이다.

접근은 다양한 방법으로 주어진다. 접근을 허락한다는 것은 교량을 건설하고, 은유를 활용하고, 고속도로를 닦고, 서문과 주석을 제공하고, 외국 용어를 번역하고, 장애를 제거하고, 지도를 작성하고, 방해물을 파괴하고, 효과를 입증하고, 참여를 활성화하고 유지하고, 그리고 호의적이 된다는 것을 의미한다.57) 이 모두가 종교교육과 일치한다. 그런 활동이 없다면 전통은 수용이 불가능할 것이다.

내가 "접근하게 하기"를 교수에 대한 적절한 설명으로 주장하는 데는 종교교육자에 대한 이런 선행조건이 내재되어 있다. 즉, 교사보다는 전통이 초점이기 때문에 교사는 인정을 받으려는 자신의 요구에 편승하지 않으면서 "길을 벗어날 수 있는" 자아의 능력을 충분히 확보할 필요가 있는 것이다.58) 내가 제시하는 "교수의 준비"는 **금욕** ascesis이 자아에 집중하지 않도록 도움을 제공하는 한에 있어서 영적 훈련의 실행을 부분적으로 의지한다.59)

접근을 허락하는 것 역시 실행, 즉 개인의 기술을 연마하는 훈련을 요구한다. 오랫동안 나는 브루스 조이스Bruce Joyce와 마샤 웨일

Marsha Weil의 저서를 자주 추천했다.60) 다양한 교수 모형에 대한 그들의 성실한 분석이 어떤 기본적인 사고방식을 설정하고 있다고 생각하기 때문이다. 개인에게는 한 가지 방법으로는 충족될 수 없는 지식과 인간 존재의 복잡성을 존중하게 만드는 전략들의 목록이 필요하다. 종교교육자는 오히려 다양한 모형들을 파악하고, 그것들을 언제 그리고 어떻게 채택해야 할지 파악할 필요가 있다. 새라 리틀Sara Little의 저서는 이것을 분명하게 보여준다.61)

게다가 조이스와 웨일의 저서는 개인의 전략을 실행하는 게 중요하다는 것을 입증한다. 성찰하면서 가르칠 때 가르치는 법을 익히게 된다. 개인의 교수철학을 논의하는 것은 필수적이지만, 그것을 입증하고 비판에 참여하는 게 중요하다. 가령, 은행원으로서의 교사라는 접근(학생에게 정보를 저축하는)을 거절하는 것을 주장하기는 간단하지만, 교사-은행원을 부정하는 것은 대안이 입증될 때만 가능할 수 있다. "문제의 제기"(프레이리)나 "공유된 프락시스"(그룸) 혹은 그 이외의 전략들(가령, 역할놀이, 개념의 형성)을 처리하는 방법을 파악하기 위해서는 특정 동작을 반복해야 한다. "다른 목적을 갖고 생각하기"(러셀) 위해서는 체계적인 진행 방식을 설계하지 않으면 안 된다. 교사들은 넓이-모형의 종류들-와 깊이-그것들의 엄밀한 실행-를 모두 갖추어야 한다. 조사이아 로이스Josiah Royce는 이렇게 말했다. "여러분이 공식들을 가르칠 때는 잊는 때를 알고 있어야 하지만, 그것들을 잊기 위해서는 배우지 않으면 안 된다."62)

조사연구는 어느 한 가지 교수 방법이 본래부터 다른 것보다 더 낫다는 것을 입증하지 못했다. 단 하나의 "올바른" 교수 방법은 존재하지 않는다. "완벽한" 교사의 어떤 형식 역시 존재하지 않는다. 오로지 가르치는 방법을 익히는 위험을 기꺼이 감수할 정도로 전통의 능력을 신뢰하는 사람들만이 존재할 따름이다. 가르치는 것을 배우는 것은 평생의 과제이다.

교수는 신학이나 혹은 심리학이 절정에 도달할 때보다 더 진지하게 다룰만한 가치가 있다. 교수는 실행자들이 아주 다양하게 사람들이 배우는 방식에 상당한 관심을 기울이도록 요구한다. 교사의 임무는 개인의 협소한 경험과 단일한 관점의 한계를 확대시키고 도전하는 일과 관계가 있다. 그것은 가르침이 이루어지는 전통과 상황의 성격에 따라서 요구를 달리하기 때문에 방법지식과 지식이 요구된다. 예술가의 상상력과 훈련, 종교적인 사람의 겸손과 헌신, 그리고 수행하는 사람의 실천과 인내가 필요하다.

7) 명백하게 만들기로서의 교수: 교육의 목표 그리고 정치적 성격

공동체의 전통들은 변혁을 위해서 존재하기 때문에 교육자들은 이 관계를 투명하게 형성하려고 시도하지 않을 수 없다. 전통들을 빛나게 하고 그것들에 대한 공동체의 사고를 강화시키는 것은 그들의 책임이다. 공동체를 교화시키는 것, 환언하면 신념들에 대한 생각을 소개하는 것을 배제하고서 신념들의 **전달**transmission을 강조하는 것은 그들의 책임이 아니다.63) 개인의 회심을 점검하는 것 역시 종교교육자의 역할이 아니다. 교수는 초월적 특성을 갖고 있다. 각 사람은 존중받아야 한다. 교육자는 공동체 안에서 활동하는 하나님의 신비를 두려워한다.

그렇다면 교육의 목표는 어떻게 생각해낼 수 있을까? 내가 보기에 교육이라고 한다면 변혁적인 목적을 가져야 마땅할 것 같다. 이런 신념에 대한 한 가지 표현은 가장 근본적인 교육의 목표가 인간의 해방이라는 것이다. 따라서 제임스 맥도널드James Macdonald와 데이빗 퍼플David Purpel은 이런 의견을 제시한다.

> 부정적인 측면에서 해방은 가난, 두려움, 그릇된 인도, 무지 그리고 부정에서 비롯된 것들처럼 인간의 존엄성과 잠재력을 불필요하게 억제하거나 장벽이 되는 것들, 즉 한 마디로 통제되는 것으로부터 풀려나는 것을 의미한다. 적극적인 의미에서 인간의 해방은 확실하게 의식하고, 성취하고, 즐거워하고, 통합할 수 있는 능력, 즉 한 마디로 자

유를 지칭한다.(64)

변혁을 위한 교육은 사회를 보다 정의롭게 변화시키려는 정치적인 목표를 갖고 있다. 나는 제인 마틴Jane Roland Martin의 저서가 교육이 사회를 주도해야 한다고 주장하는 의견과 역시 일치한다고 생각한다. 교육이 사회의 생산과정은 물론이고 재생산적인 요구(자녀의 양육, 환자와 장애인의 돌봄, 가족의 요구와 가사의 운영)를 강화해야 한다는 그녀의 주장은 설득력이 있는 것 같다.(65) 마틴이 거론하는 돌봄caring, 관심concern, 그리고 연계connection에 해당하는 "3C"가 요즈음의 합리성과 자율성처럼 교육과정에 포함되면 "교육을 받은 사람"은 다른 얼굴을 갖게 될 것이다.

돌봄이 교육의 중심에 자리해야 한다는 것은 드웨인 휴브너 Dwayne Huebner의 주장이기도 한데, 그는 교육을 "사람들의 유한한 초월성, 출생과 죽음 사이에서 삶이 취하는 형식, 새롭게 형성되는 타자의 전기에 대한 관심"으로 간주한다.(66) 종교교육자들은 이성과 정서를 모두 존중하는 교육의 방법을 개발하는 일에 분명히 기여할 수 있다. 가령, 나는 미국에서 교내 기도 때문에 빚어지는 논쟁은 진정한 가능성을 감추고 있다고 생각한다. 우리가 하나의 민족이라는 것을 표상하는 다원주의와 개인의 권리를 중시하는 것은 공립학교의 교실에 예배를 도입하는 것과 어울리지 않는다. 그렇지만 기도의 역동성이 더 자세히 입증되고, 이성과 정서가 결합된 게 밝혀지면 어떻게 될까? 교사들이 세상에 관해서 조심스럽게 사고하는 또 다른 방식을 발견하는 것은 불가능할까?

이 점에 관해서 나는 회심을 로너건과 콘의 회심에 대한 설명을 적절한 것으로 간주하는데, 존 매쿼리John Macquarrie 역시 기도를 열정적인 사고, 자비로운 사고, 책임적인 사고, 그리고 감사하는 사고라는 식으로 사중적으로 설명한다. 매쿼리에 따르면 기도는 "열정적인 사고"passionate thinking이다.

세계의 현상을 분석하고 측정하고 비교하는 것에 만족하는 사고가 존재한다면, 감정적으로 세계에 입문하고 그곳에서 진행되는 모든 것과 깊숙이 관련되어 있다는 것을 스스로 파악하는 사고 역시 존재한다. 그런 사고는 존재하는 것을 익히는 것에 만족하지 않고, 존재해야 마땅한 것을 검토한다. 그것은 사실들 가운데 가치들을, 현상들 가운데 이상들을 추구한다. 그런 사고는 존재할 수 있는 것에 대한 비전을 소유하고 그리고 그것의 실현을 갈망하는 순간에 고통스런 갈망 및 욕구와 간간이 뒤섞인다. 그것은 희망과 가능성의 위대한 성취나 위대한 지평을 파악하는 순간에 기쁨과 및 감사함으로 간간이 뒤덮인다. 그것은 세계의 슬픔과 고통이 상당 부분 "나의 잘못을 통해서, 나 자신의 잘못을 통해서, 나 자신의 가장 비통한 잘못을 통해서" 발생했다는 것을 우리가 인정하는 순간에 부끄럼을 타게 된다.[67]

기도는 "자비로운 사고"compassionate thinking이다. 기도는 타인을 향해서 바깥으로 돌아서는 것과 관계가 있기 때문이다. 그것은 "실제 상황에 속한 인간들을 생각하면서 자비로운 대면이라는 느낌으로 실재와 함께 거주하는 것"이다.[68] 더구나 기도는 우리를 넘어서는 곳에 자리하는 것에 대답하거나 응답하는 것을 의미하기 때문에 "책임적인 사고"responsible thinking를 수반하고, 또 그것은 무제한적으로 관대한 순간들을 인정하기 때문에 "감사하는 사고"thankful thinking이다. 매쿼리가 이성과 정서는 기도를 통해서 서로 단단하게 결속되어 있다고 간주한 것은 교육자들로 하여금 역시 전인과 관계가 있는 교육과정과 실제를 설계하도록 초대하는 것이다. 철학자 닐 나딩스Nel Noddings는 학교가 윤리적으로 이상적인 돌봄을 통해서 학생을 양육하려면 **대화**dialogue, **실천**practice, 그리고 **확증**confirmation이라는 세 가지 주요 도구들을 활용하지 않으면 안 된다고 주장한다. 대화는 교사와 학생, 교사와 부모 간의 상호연관성을 내포하고 있으며, 또 그것은 논쟁적인 문제들과 과감히 맞서는 것을 함의한다. 가령, 나딩스는 교사가 종교에 관한 정보는 물론이고 종교서적, 미술, 그리고 음악처럼 "정서적인 부산물"을 학생들이 접할 수 있게 하는 게 마땅하다고 제안한다. 그래서 그녀는 이렇게 피력한다.

> [학생들은] 타자들이 깊이 간직한 신념의 결과로 느끼고 있는 것을 느낄 수 있는 기회를 누려야 한다. 그들은 타자들의 종교적 실천 속에서 드러난 아름다움, 신앙 그리고 헌신을 접해야 한다. 그런 경험들-영적인 반응을 통해서 타자를 느끼는-을 통해서 그들은 서로 돌보면서 재결합될 수 있다. 물론, 이 돌봄이 특정 종교의 모든 신념들보다 앞서 주장되고 서로에게 헌신한 젊은이들이 서로에게 총검을 사용하고, 총을 쏘고, 그리고 폭탄을 던지는 것을 거절하는 게 어머니의 희망이다. 이런 방식으로 교육을 받은 젊은이들은 자신들의 종교를 "잃게" 될까? 어쩌면 그럴 수도 있다. 특정의 신념 체계는 너무 취약해서 지성적인 검증을 감당하지 못할 정도이거나, 혹은 돌봄의 관계를 관용하지 못할 정도로 자비롭지 않기 때문에 실제로 그것은 잃어버려야 마땅하다.[69]

나딩스는 학교가 학생들에게 정규적인 봉사활동에 참여해서 돌봄을 실천할 수 있는 방법들을 제공해야만 한다고 덧붙인다. 이런 돌봄의 실천은 학생들이 타자들과 관계를 맺는 법을 익힐 수 있도록 협력적인 학습의 모험들로 확대되어야 한다. 그녀의 세 번째 도구인 확증은 대화 및 실천을 의지하고 그리고 서로 연결되어 있다. 확증은 학생들을 크게 기대하는 것 이상을 의미한다. 그것은 단지 "생산조절의 또 다른 형태"이기 때문이다.[70] 그것은 돌봄의 표현을 격려하고 강화하는 것, 학생들의 윤리적 및 지적인 삶에 가치를 부여하는 것, 그리고 가장 가능성 있는 자기들을 지칭하는 것을 의미한다.

숙련되고, 관대한 교사는 일상적인 질문들을 수용하고 민감한 반응과 충실한 해석을 통해서 그것들에 특별한 의미와 무게를 부여한다. 윤리적인 관념을 배양하는데 있어서 무엇보다 가능성이 있는 동기의 속성과 설명보다 중요한 것은 없다.…따라서 어린이는 경이와 이해를 빌어서 자신의 윤리적 자기를 탐구하게 된다.[71]

사회과학자들 역시 돌봄의 윤리에 기여할 수 있다. "친사회적 행동"이나 이타주의에 관한 조사연구는 감정이입이 이타주의의 전조라는 것을 입증했다. 학교와 가정의 교육과정은 이타주의의 발달을 격려할 수 있는 방법들을 검증해야 한다.[72]

종교교육은 특히 돌봄의 윤리를 교육과정에 불어넣는 방향으로 나가지 않으면 안 된다. 버튼 코헨Burton Cohen과 조셉 러킨스키Joseph Lukinsky가 파악하듯이 "종교적 환경의 의도는 언제나 개인들에게 영향을 미치고, 그들과 대면하고 그리고 연구 주제와 진지하게 관계를 맺고, 진술하고, 그리고 그들 고유의 것이 되게 하는 것이다."[73]

종교교육의 업무는 사람들로 하여금 협소한 경험의 한계를 넘어서고, 지평을 확대하고 그리고 느끼고 행동할 수 있는 능력을 심화하도록 이끄는 것이다. 그렇지만 그것을 위해서는 남성 **그리고** 여성의 경험이 고려될 수 있도록 명시적 교육과정이 변형될 필요가 있다. 그리고 "가톨릭적"이 되기 위해서는 보다 더 "보편적"catholic-비교 문화적 관점에 보다 포괄적인-으로 바뀌지 않으면 안 된다. "영"null의 교육과정-종교교육자들이 여성들, 유색인들 그리고 공헌을 해도 무시되거나 그릇되게 표현되는 기타 "변경"의 음성들에 관해서 가르친-이 부각될 필요가 있다. "암묵적"implicit 교육과정-암묵적으로 가치를 부여함으로써 가르치는-이 전제하는 편견을 검토해야 한다. 가톨릭교회의 모순을 예로 들면 이렇다. 지도자들은 가정생활의 중요성, 특히 자녀의 양육 그리고 장애인과 노인들에 대한 관심을 거론하지만, 그들 자신과는 거의 무관하다.

그리고 종교교육자들이 사회의 생산 및 재생산 과정을 모두 강화시켜야 한다면, 교육과정을 포괄적으로 고려하지 않으면 안 된다. 여기서 나는 교육사학자인 로렌스 크레민Lawrence Cremin의 공헌을 염두에 두고 있는데, 그는 교육의 "생태학"ecology을 설득력 있게 피력한다.74) 크레민은 가정생활, 교실, 박물관, 공장, 캠프, 교회, 텔레비전, 영화, 탁아소, 신문, 그리고 자립단체와 같은 다양한 기관들이 교육을 담당한다고 간주한다. 교육이론가들은 각각의 독특한 교육과정을 인정하고 나서 전체적인 형태를 관계적으로 생각할 필요가 있다.

가톨릭의 시각을 고려해서 이것을 다시 설명하면, 교육은 아주 다양한 매체들의 중재를 통해서 발생한다. 교회의 예배가 대표적이다. 교육이 예전의 일차적인 목적은 아니지만, 예전은 교회의 가장 강력한 교육적 도구 가운데 하나이다.75) 캐버너그Aidan Kavanagh가 예전은 "구체적으로, 풍성하게, 모호하게, 기초적으로" 가르친다고 지적한 것을 떠올리는 것만으로도 충분하다.76) 교육은 분명히 교실, 강의실, 그리고 교회의 지하실에서 이루어지는 형식적인 교수 상황을 통해서 발생한다. 그렇지만 가톨릭의 또 다른 공동체 생활 형식 역시 중요한 교육적 기능을 수행한다.

나의 주장은 특정 사례와 관계가 있다. 가령, 오늘날 절박한 문제들 가운데 하나라고 할 수 있는 평화와 정의를 위한 교육방법을 생각해보자. 예전에 대한 연구를 통해서 포괄적인 교육적 분석을 시작할 수 있다. 상징, 텍스트, 그리고 설교는 어떻게 참여자들을 변화시킬까? 교회의 예전적 삶은 어떤 방식으로 사람들로 하여금 정의롭게 행동하도록 만들까? 그것은 어떤 방식으로 억압에 기여할까?77) 학교 및 교구의 교육과정과 전반적으로 세대를 아우르는 관구의 교육 프로그램(가령, "갱신"Renew 프로그램)을 한꺼번에 분석하지 않으면 안 된다. 그렇지만 팍스 크리스티Pax Christi, 네트워크Network, 그리고 사업센터Center of Concern-전형적으로 소식지와 교육과정 자료를 만들어내고 이따금씩 연수제도 혹은 지지 활동을 일부 포함하는 기관들-의 역할을 철저히 분석하는 것 역시 고려할 수 있다. 그 밖에는, 보다 오래된 가톨릭의 공동생활 형식들(가령, 콜럼버스 기사단, 전국가톨릭여성협의회, 성 빈첸시오 아 바오로회)도 자세히 살펴볼 필요가 있는데, 매리지 엔카운터, 쿠르실료, 그리고 은사기도 모임과 같은 운동들 역시 마찬가지이다. 아울러서 미디어, 특히 가톨릭의 의견을 전달하는 잡지들을 통해서 접하게 되는 자료들의 공헌을 평가하지 않으면 안 된다. 간단히 말하자면, 가톨릭 공동체에서 평화와 정의의 문제에 대해서 리더십을 제시하려고 하는 사람은 다양한 상황과 기관들을 전반적으로 고려하고, 재정 및 인적 자원들을 배분하기 위해서는 관계적으로 사고할 필요가 있다.[78]

내가 이 장에서 제시한 종교교육에 대한 정의는 그 분야에 대한 기독교적 이해보다 더 많은 것을 포괄할 정도로 광범위하다. 동시에 나는 가톨릭 공동체를 참조하면서 내가 내린 정의를 설명했기 때문에 그 정의가 특정 집단에 얼마나 "적합한지"에 따라서 그 시사점들을 확인할 수 있다. 나는 기초적인 질문들을 제기한 것 그 이상의 일을 해냈다고 주장하지 않는다. 그것들은 저마다 한 장 혹은 한 권의 책으로 다룰 정도의 비중을 갖는다.

나는 어느 정도 앞이 제대로 보이지 않는 지형을 지나왔다는 것, 그리고 내가 품은 생각이 여전히 무르익어가고 있다는 것을 알고 있다. 그렇지만 내 목표는 완성된 결과물을 제시하는 게 아니다. 오히려 개척자의 업무와 같아서 내가 작업을 수행하면서 목격한 바를 전달하고 그리고 독자들을 그들의 미개척지로 초대하는 것이다. 나 덕분에 일부 경로들이 개척되고 여행에 필요한 소중한 대화가 촉진되었기를 희망한다.

표 6 "종교 공동체의 전통들에 접근할 수 있게 만드는 것이고 그리고 전통들과 변혁 간의 본질적인 연계가 드러나게 만드는 것" 으로서의 종교교육(M. C. Boys)

기초적 질문들	종교교육
계시	· 계시적 사건은 언제나 상징 언어의 외투를 걸친다. · 과거는 현재에 의미를, 미래에 방향을 제시하는 능력을 갖고 있다. · 하나님의 광채는 예수 그리스도 안에서 충분히 드러나고 성령의 임재를 통해서 세계 안에서 지속된다. · 하나님과 인간의 만남에 대한 "고전적" 텍스트로서의 성서. 공동체의 독서는 기준체를 필요로 한다.
회심	· 존재의 전체 수준에서 발생하는 개인의 철저한 변혁. · 자기초월. · 사회적 차원을 포함한다. · 전통들은 신자들에게 지속적인 대화를 권유한다. · 신앙교육의 목표로서의 회심.
신앙과 신념	· 신앙: 하나님의 사랑에 대한 원초적인 응답, 역사적 및 공동적 신앙에 도달하는 것. · 신념: 공동체가 하나님을 이해하는 형식. · 신조는 중요하고 상황에 따라서 이해될 필요가 있다. · 신앙은 개인의 확신과 행위 간의 조화를 요구한다. · 신앙은 신학적 형식 안에서 존재한다.
신학	· 신앙에 대한 체계적인 성찰. · 종교교육에 분석적 범주, 방법론, 그리고 지식을 제공한다. · 종교교육에는 중요하지만 충분한 토대가 되지 못하고, 공동체의 전통은 신학적 담론을 초월한다.
신앙과 문화	· 구조적인 악은 문화의 회심, 즉 "문화를 변혁하는 그리스도"가 필요하다.
교육의 목표	· 사람들로 하여금 협소한 경험의 한계를 넘어서고, 지평을 확대하고 그리고 느끼고 행동할 수 있는 능력-회심-을 심화하도록 이끄는 것이다. · 무지로부터 그리고 온전한 의식, 즐거움, 통합으로의 해방. · 사회의 변혁
지식	· "돌봄, 관심, 그리고 연계"를 합리성과 자율성과 결합하는데 본질적이다. · 이성과 정서는 "세상에 관해서 조심스럽게 사고하는데" 필수적이다.
사회과학	· 종교교육에는 중요하지만, 조심스럽게 전유할 필요가 있다. · 발달심리학 이외에도 사회과학 전반을 검토해야 한다. · 신학적 차원들을 살펴보아야 한다.
교육과정과 교수	· 교수를 통해서 전통에 접근할 수 있다. · 교수는 지식(이성, 관상, 그리고 감정이입)과 방법지식(훈련된 실천)을 요구한다. · 교육과정을 포괄적으로 고려할 필요가 있다. · 교육과정은 보다 더 포괄적이 되어야 한다. · 교수는 "돌봄의 윤리"를 촉진해야 한다.
교육의 정치적 측면	· 변혁적 교육은 보다 정의로운 사회를 조성하려고 노력한다. · 보다 포괄적인 교육과정은 성, 인종, 그리고 계층의 분석을 통합하고, 관점들을 가로지를 것이다.

주

1) Gary Jennings, *The Journeyer*(New York: Avon, 1984), 170.
2) Ibid.
3) Jaroslav Pelikan, *The Vindication of Tradition*(New Haven, CT: Yale University Press, 1984), 65.
4) Edward Shils, *Tradition*(Chicago: University of Chicago Press, 1981), 12.
5) Mary Elizabeth Moore, *Education for Continuity and Change*(Nashville, TN: Abingdon, 1983), 129, 127.
6) Shils, *Tradition*, 27.
7) Pelikan, *A Vindication of Tradition*, 20에서 인용.
8) Douglas A. Knight, *Rediscovering the Traditions of Israel*, rev. ed., SBL Dissertation Series #9(Missoula, MT: Society of Biblical Literature and Scholars Press, 1975), 5~20.
9) James Barr, *The Scope and Authority of the Bible*(Philadelphia: Westminster, 1980), 60.
10) 이 표현은 Emil Fackenheim, *God's Presence in History*(New York: Harper & Row, Torchbooks, 1970), 8~14에서 인용.
11) Elisabeth Schüssler Fiorenza, *In Memory of Her: A Feminist Theological Reconstruction of Christian Origins*(New York: Seabury, Crossroad, 1983), 217.
12) Paul Achtemeier, *The Inspiration of Scripture*(Philadelphia: Westminster, 1980), 130.
13) Judy Chicago, *The Dinner Party: A Symbol of Our Heritage*(New York: Doubleday, Anchor Books, 1979), 249.
14) Bernadette Brooten, "Early Christian Women and their Cultural Context: Issues of Method in Historical Reconstruction," in Adela Yarbro Collins, ed., *Feminist Perspectives Biblical Scholarship*(Chico, CA: Scholars Press, 1985), 67.
15) Wilfred Cantwell Smith, *The Meaning and End of Religion*(San Francisco: Harper & Row, 1978), 165.
16) Bernard Cooke, *Ministry to Word and Sacraments*(Philadelphia: Fortress, 1976), 61~63, 210 볼 것.
17) Avery Dulles, "The Theologian and the Magisterium," *Catholic Mind* 75(1977): 6~16. 토마스 아퀴나스Thomas Aquinas의 구분은 "Quaestiones quodlibetales"(3:4, 1~2) in Roberto Busa, ed., *S. Thomas Aquinas Opera omnia* 3(Stuttgart-Bad Cannstatt: Frommann-Holzboog, 1980), 450에서 확인할 수 있다.
18) Rosemary Haughton, *The Catholic Thing*(Springfield, IL: Templegate, 1979), 9.
19) Ibid.
20) Carol Christ, Ellen Umansky, and Anne Carr, "Roundtable Discussion: What Are the Sources of My Theology?" *Journal of Feminist Studies in Religion* 1(1985): 127. "내가

신학theology, 더 정확히 말하면 여신학thealogy(여기서 '여신학'이라고 번역한 thealogy는 Naomi Goldenberg가 theology와 대조적인 의미로 사용하려고 그리스어로 goddess라는 의미를 가진 thea를 활용해서 만든 조어이다-옮긴이), 즉 여성신의 의미에 대한 성찰을 시도할 때 기독교적 전통을 근원이나 혹은 규범으로 활용하지 않는다. 나의 여신학은 내 자신의 경험과 다른 여성들의 그것에 깊이 뿌리박혀 있다."(120)고 진술하는 캐럴 크라이스트Carol Christ의 주장에 대한 카Carr의 평가와 대조할 것. 우만스키Umansky의 논문은 크라이스트보다는 카의 그것과 유사하다(123~24 볼 것).

21) Berard L. Marthaler, *The Creed*(Mystic, CT: Twenty-Third Publications, 1987) 볼 것.
22) Avery Dulles, *The Survival of Dogma*(Garden City, NY: Doubleday, 1971), 특히 11장 "The Hermeneutics of Dogmatic Statements," 171~84 볼 것.
23) Paul Tillich, *The Dynamics of Faith*(New York: Harper & Row, 1957).
24) Sallie McFague, *Models of God*(Philadelphia: Fortress, 1987), 29.
25) Richard McBrien, *Catholicism*, 2 vols.(Minneapolis, MN: Winston, 1980), 1: 26.
26) Gabriel Moran, "From Obstacle to Modest Contributor," in Norma H. Thompson, ed., *Religious Education and Theology*(Birmingham, AL: Religious Education Press, 1982), 42~70 볼 것.
27) James Michael Lee, "The Authentic Source of Religious Instruction," in Thompson, ed., *Religious Education and Theology*, 100~197 볼 것.
28) David Tracy, *Blessed Rage for Order*(New York: Seabury, 1975), 45~46.
29) Sandra M. Schneiders, "Theology and Spirituality: Strangers, Rivals, or Partners?" *Horizons* 13(1986): 272~74.
30) Gustavo Gutiérrez, *We Drink from Our Own Wells: The Spiritual Journey of a People*(Maryknoll, NY: Orbis, 1984), 136.
31) 6장에 포함된 "Religious Education in the Unitarian Tradition" 볼 것.
32) J. William Harmless, Bruce Pontbriand, and Thomas Royce, "Educating in Faith in the Catholic Tradition," 1987년 4월에 개설된 "Traditions of Religion and Education"이라는 과목에 제출된 과제. 명확하고 구조가 비슷해지도록 약간 편집했다.
33) Haughton, *The Catholic Thing*, 15~16 볼 것.
34) Robert Mark Kamen, *Growing Up Hasidic: Education and Socialization in the Bobover Hasidic Community*(New York: AMS Press, 1985), 40~41.
35) Bernard Lonergan, *Method in Theology*(New York: Herder and Herder, 1972), 130~31.

36) Walter Conn, *Christian Conversion: A Developmental Interpretation of Autonomy and Self-Surrender*(New York: Paulist, 1986) 볼 것. 그가 편집한 *Conversion: Perspectives on Personal and Social Transformation*(New York: Alba House,1978) 역시 볼 것.
37) 로즈매리 류터Rosemary Radford Ruether는 여성들에게 있어서 회심은 전형적으로 양면적인 경험이었다고 지적한다. "여성들은 가부장적 권위에 대한 순종의 요구를 하나님에 대한 순종의 표현으로 내면화하도록 교육을 받아왔지만, 사실 대부분의 여성들에게 있어서 회심의 경험은 하나님 혹은 그리스도에게만 전적으로 순종함으로써 억압적인 사회적 권위로부터 자유롭게 만드는 기능을 담당했다." 그녀의 *Womanguides: Readings Toward a Feminist Theology*(Boston: Beacon, 1985), 136 볼 것.
38) Conn, *Christian Conversion*, 22. 로너건에게 익숙한 이들은 그의 초월적 지각표상들을 인식한다. "주의하라, 지성을 갖추라, 합리적이 되라, 책임을 져라"(*Method in Theology*, 20).
39) Conn, *Christian Conversion*, 133.
40) Ibid., 112~25. Walter E. Conn, *Conscience: Development and Self-Transcendence*(Birmingham, AL: Religious Education Press, 1981).
41) Ibid., 125.
42) Lonergan, *Method in Theology*, 240.
43) Conn, *Christian Conversion*, 237.
44) Ibid., 213.
45) Ibid., 156.
46) Ibid., 157. 제임스 파울러James Fowler 역시 발달과 회심의 관계를 논의한다. 그의 *Becoming Adult, Becoming Christian*(San Francisco: Harper & Row, 1984), 138~41 볼 것.
47) Paul Vitz, *Psychology as Religion: The Cult of Self-Worship*(Grand Rapids, MI: Eerdmans, 1977) 그리고 William Kirk Kilpatrick, *Identity and Intimacy*(New York: Dell, 1975) 그리고 *Psychological Seduction: The Failure of Modern Psychology*(Nashville, TN: Nelson, 1983) 볼 것.
48) Don Browning, *Religious Thought and the Modern Psychologies*(Philadelphia: Fortress, 1987), 8.
49) Janice D'Avignon and William Kirk Kilpatrick, "On Serving Two Masters," *Catholicism in Crisis* 2(August 1984): 7~12.
50) Donna Hulsizer, "Public Education on Trial," *Educational Leadership* 45(May 1987): 12~16 볼 것. 종교와 학교수업에 대한 사례들의 유용한 요약은 Richard P. McBrien, *Caeser's Coin: Religion and Politics in America*(New York: Macmillan, 1987),

169~80.
51) James Connor, "America's Culture of Speed," *New Catholic World* 230(May-June 1987): 119.
52) A. Bartlett Giamatti, "The American Teacher," *Harper's* 261(July 1980): 24.
53) Monika Hellwig, "Theology as a Fine Art," in Jane Kopas, ed., *Interpreting Tradition: The Art of Theological Reflection, College Theology Society* no. 29(Chico, CA: Scholars Press, 1984), 6.
54) Ibid.
55) Ibid., 7.
56) Ibid., 8.
57) 나의 "Religious Education: Access to Traditions and Transformation," in Padraic O'Hare, ed., *Traditions and Transformation*(Birmingham, AL: Religious Education Press, 1979), 9~34 볼 것.
58) Conn, *Conscience: Development and Self-Transcendence*, 26~31 볼 것.
59) 나의 "The Grace of Teaching," *Momentum* 17(December 1986): 8~9 볼 것.
60) Bruce Joyce and Marsha Weil, *Information Processing Models of Teaching*(Englewood Cliffs, NJ: Prentice-Hall, 1978); *Social Models of Teaching*(Englewood Cliffs, NJ: Prentice-Hall, 1978); 그리고 with Bridget Kluwin, *Personal Models of Teaching*(Englewood Cliffs, NJ: Prentice-Hall, 1978) 볼 것.
61) Sara Little, *To Set One's Heart: Belief and Teaching in the Church*(Atlanta, CA: John Knox, 1983).
62) Josiah Royce, "Is There a Science of Education?" in Merle L. Borrowman, ed., *Teacher Education in America: A Documentary History*(New York: Teachers College Press, 1965), 113.
63) Thomas F. Green, *The Activities of Teaching*(New York: McGraw-Hill, 1971), 30~31 볼 것.
64) James Macdonald and David Purpel, "Curriculum and Planning: Visions and Metaphors," *Journal of Curriculum and Supervision* 2(1987): 187. 이 부분은 새라 리Sara Lee 교수의 도움을 받았다.
65) 7장에 포함된 "Feminist Educational Thinking" 볼 것.
66) Dwayne Huebner, "Education in the Church," *Andover Newton Quarterly* 12(1972): 126.
67) John Macquarrie, *Paths in Spirituality*(New York: Harper & Row, 1972), 26.
68) Ibid., 27.
69) Neil Noddings, *Caring: A Feminine Approach to Ethics and Moral Education*(Berkeley:

University of California Press, 1984), 185.
70) Ibid., 196.
71) Ibid., 123.
72) M. Hoffman, "Altruistic Behavior and the Parent-Child Relationship," *Journal of Personality and Social Psychology* 31(1975): 937~43 볼 것.
73) Burton Cohen and Joseph Lukinsky, "Religious Institutions as Educators," in Mario D. Fantini and Robert L. Sinclair, eds., *Education in School and Nonschool Setting, Eighty-fourth Yearbook of the National Society for the Study of Education*, part I(Chicago: National Society for the Study of Education, 1985), 144.
74) Lawrence Cremin, *Public Education*(New York: Basic Books, 1976) 볼 것.
75) Thomas H. Groome, " 'And the Word Was Made Flesh' : An Educational Perspective on Ministries of the Word," in Gerard F. Baumbach, ed., *Dimensions of the Word: Exploring a Ministry*(New York: Sadlier, 1984), 47~50 볼 것.
76) Aidan Kavanagh, "Teaching Through the Liturgy," *Notre Dame Journal of Education* 5(1974): 41.
77) Virgil Michel, "Liturgical Religious Education: Answers to Separation of Dogma from Life," *Orate Frates* 11(1937): 267~69; John Egan, "Liturgy and Justice: An Unfinished Agenda," *Origins* 13(1983): 246~53; Mark Searle, "The Pedagogical Function of the Liturgy," *Worship* 55(1981): 333~59 볼 것.
78) Cremin, *Public Education*, 57~58.

참고문헌 해제
경계의 설정: 종교교육에 관한 한 가지 사고방식

    지금까지의 참고문헌 해제처럼 이 장의 각주에 인용된 것들을 보충하거나 특별히 관심을 가져야 할 자료들만 거론한다.

    내가 생각하는 전통의 역할은 대부분 성서신학의 영향을 받았다. 구체적으로 거론하면 다음과 같다. Rudolf Bultmann, *The History of the Synoptic Tradition*, trans. John Marsh(New York: Harper & Row, 1963); Klaus Koch, *The Growth of the Biblical Tradition: The Form-Critical Method*(New York: Scribner, 1969); Gerhard von Rad, *Old Testament Theology*, 2 vols., Volume 1: *The Theology of Israel's Historical Traditions*(New York: Harper & Row, 1962); 그리고 Volume 2: *The Theology of Israel's Prophetic Tradition*(New York: Harper & Row, 1965). Edward Shils, *Tradition*(Chicago: University of Chicago, 1981)은 사회학적으로 넓은 관점을 훌륭하게 제시한다.

    계시에 관한 문헌을 철저히 검토하고자 하면 Avery Dulles, *Models of Revelation*(Garden City, NY: Doubleday, 1983) 볼 것. 신앙을 주제로 한 경우는 덜레스Dulles의 또 다른 논문인 "The Meaning of Faith Considered in Relationship to Justice," in John Haughey, ed., *The Faith That Does Justice*(New York: Paulist, 1977), 10~46 볼 것. 아울러서 다음의 저서들 역시 유용하다. Edward Schillebeeckx, *The Understanding of Faith: Interpretation and Criticism*(New York: Seabury, 1974); Lucy Bregman, *Through the Landscape of Faith: Christian Life Maps*(Philadelphia: Westminster, 1986); 그리고 Richard R. Niebuhr, *Experiential Religion*(New York: Harper & Row, 1972).

    가톨릭교회에 대한 이해는 Avery Dulles, *The Catholicity of the Church*(Oxford: Clarendon, 1985); Stephen Happel and David Tracy, *A Catholic Vision*(Philadelphia; Fortress, 1984); Edward Braxton, *The Wisdom Community*(New York: Paulist, 1980); 그리고 Mary Jo Weaver, "'Overcoming the Divisiveness of Babel': The Languages of Catholicity," *Horizons* 14(1987): 328~42가 유용하다. 교도권magisterium에 대한 보다 자세한 논의는 Francis A. Sullivan, *Magisterium: Teaching Office in the Catholic Church*(New York: Paulist, 1983); 그리고 그가 "교도권"이라는 주제를 가지고 집필한 항목이 포함된 Joseph A. Komonchak, Mary Collins, and Dermot A. Lane, eds., *The New*

Dictionary of Theology(Wilmington, DE: 1987): 617~23 볼 것; Avery Dulles, *A Church To Believe In: Discipleship and the Dynamics of Freedom*(New York: Crossroad, 1982), 특히 103~32 및 149~69; 그리고 *Chicago Studies* 17(1978): 149~307에서 그 주제를 전체적으로 다루고 있다. William M. Thompson, "Authority and Magisterium in Recent Catholic Thought," *Chicago Studies* 16(1977): 278~98 역시 볼 것.

신학에 관한 유용한 역사적 관점은 Edward Farley, *Theologia: The Fragmentation and Unity of Theological Education*(Philadelphia: Fortress, 1983) 볼 것. 나는 "The Role of Theology in Religious Education," *Horizons* 11(1984): 61~85에서 신학의 위치에 대한 내 의견을 소상히 전개했다. 덧붙여서 나는 신학과 종교학의 관계까지 취급했다.

종교적 전통에 관한 관점들은 Edith Turner and Victor Turner, *Image and Pilgrimage in Christian Culture: Anthropological Perspectives*(New York: Columbia University Press, 1978); Peter Brown, *The Cult of the Saints*(Chicago: University of Chicago Press, 1981); 그리고 David N. Power, *Unsearchable Riches: The Symbolic Nature of Liturgy*(New York: Pueblo, 1984) 볼 것.

Tad Dunne, *Lonergan and Spirituality: Towards a Spiritual Integration*(Chicago: Loyola University Press, 1985)은 버나드 로너건이 제시한 회심론의 함의들을 파악하는데 유용하다.

공적 및 종교교육 간의 관계에 대해서는 Theodore R. Sizer, ed., *Religion and Public Education*(Boston: Houghton Mifflin, 1967); 그리고 David E. Engle, ed., *Religion in Public Education*(New York: Paulist, 1974) 볼 것. James Turner Johnson, ed., *The Bible in American Law, Politics, and Political Rhetoric*(Philadelphia: Fortress; Chico, CA: Scholars Press, 1985)은 탁월하다.

"접근할 수 있게 만들기"에 관한 생각은 내 논문 "Access to Traditions and Transformation," in Padraic O'Hare, ed., *Tradition and Transformation in Religious Education*(Birmingham, AL: Religious Education Press, 1979), 9~34에 처음 소개했다. 나는 "Teaching: The Heart of Religious Education," *Religious Education* 79(1984): 252~72에서 그 문헌을 검토했다.

Marsha Weil and Bruce Joyce, *Information Processing Models of Teaching; Social Models of Teaching*; 그리고 Bridget Kluwin, *Personal Models of Teaching*(Englewood Cliff, NJ: Prentice-Hall, 1978)은 교수의 프락시스를 무엇보다 철저하게 제시한다. 저자들

은 접근의 목록들(모형들)을 활용하면 직업적 능력이 개발된다는 전제를 따른다. 각각의 모형은 네 가지의 요소들(설명, 입증 내용, 계획, 그리고 적용)로 구성되어 있다. 언어가 이따금씩 낯설어서 다소 이해가 쉽지 않을 때도 있지만, 이것 때문에 웨일과 동료들에 대한 탁월한 분석이 훼손되지는 않는다.

Margo Culley and Catherine Portuges, *Gendered Subjects: The Dynamics of Feminist Teaching*(Boston: Routledge and Kegan Paul, 1985)은 페미니스트 이론을 학급의 운영에 평가하는 하나의 렌즈로 활용하는 탁월한 논문집이다. 저자들은 인종의 차이에 따른 영향까지 취급한다. 잡지 *Feminist Teacher*(442 Ballantine Hall, Indiana University, Bloomington, IN 47405)는 정교하지는 않지만 잠재력이 있다.

Michael J. Dunkin and Bruce J. Biddle, *The Study of Teaching*(New York: Holt, Rinehart and Winston, 1974)은 교수학에 대한 수많은 연구와 그 방법 및 논제에 대한 논의를 검토한다. 처방적인 지식을 얻으려고 하는 독자들은 실망할 수도 있다. 어쩌면 이 요약본의 핵심적인 가치는 "폭로"의 수준에 달려 있다. 같은 맥락에서 James Michael Lee, *The Flow of Religious Instruction*(Birmingham, AL: Religious Education Press, 1973)은 학습 및 교수이론을 요약하면서 학습에 관한 몇 가지 핵심적인 연구결과들을 제시한다. 나는 그가 지나치게 자신의 연구를 강조하고 있다고 생각하지만, 저서의 내용은 충분히 읽을 만하다. 그의 *Content of Religious Instruction*(Birmingham, AL: Religious Education Press, 1985) 역시 여러 유용한 참고문헌의 정보를 요약하고 교사들에게 중요한 다양한 주제를 소개한다.

Elliot W. Eisner, *The Educational Imagination: On the Design and Evaluation of School Programs*(New York: Macmillan, 1979 (2d ed., 1985))는 교육적 전문성이라는 은유를 개발하고 교육적 비판이라는 상보적 개념을 지탱하기 위해서 시각예술에 대한 저자의 관심을 활용한다.

Maxine Green, *Teacher as Stranger: Educational Philosophy for the Modern Age*(Belmont, CA: Wadsworth, 1973) 그리고 V.A. Howard, *Artistry: The Work of Artists*(Indianapolis, IN: Hackett, 1982)는 서로 관계가 있다. Linda Verlee Williams, *Teaching for the Two-Sided Mind: A Guide to Right Brain/Left Brain Education*(Englewood Cliffs: Prentice-Hall, 1983) 역시 볼 것.

교수에 대한 괜찮은 연구들로는 Paul D. Eggen, Donald P. Kauchak, and Robert J. Harder, *Strategies for Teachers: Information Processing Models in the Classroom*(Englewood Cliffs, NJ: Prentice-Hall, 1979); Stanford C. Ericksen, *The Essence of*

Good Teaching: Helping Students Learn and Remember What They Learn(San Francisco: Jossey-Bass, 1984); Nancy T. Foltz, ed., *Handbook of Adult Religious Education*(Birmingham, AL: Religious Education Press, 1986)이 있다. Paulo Freire, *Pedagogy of the Oppressed*(New York: Herder and Herder, 1970)는 반드시 읽어야 한다. 대학교에서 활동하는 이들은 Kenneth E. Eble, *The Craft of Teaching*(San Francisco: Jossey-Bass, 1976)이 역시 도움이 될 수 있다.

    Thomas Green, *The Activities of Teaching*(New York: McGraw-Hill, 1971), 49~55와 Barry Chazan, "'Indoctrination' and Religious Education," *Religious Education* 58(1972): 243~52를 교회를 중심으로 비교할 것.

    Hope Jensen Leichter, in "The Concept of Educative Style," *Teachers College Record* 75(1973): 239~50은 학습의 양식에 영향을 미치고 형태를 갖추게 하는 인간의 특징을 다루는 탁월하고 시사적인 논문이다. Ira Shor, *Critical Teaching and Everyday Life*(Boston: South End Press, 1980)는 대학 수준의 전원입학생open-admission students을 대상으로 하는 듀이와 프레이리를 결합한(비록 매끄럽지는 않지만) "급진적 교육학"을 제안한다.

    윌리엄 에이어스William Ayers가 산파술로서의 교수에 관해서 집필한 논문인 "Thinking About Teachers and the Curriculum," *Harvard Educational Review* 56(1986): 49~51은 탁월하다.

인명 색인

ㄱ

가드너(Howard Gardner) 229~30
가이아매티(A. Bartlett Giamatti) 309
개벌린(Frank Gaebelin) 18
골더(Christian Golder) 52
구티에레즈(Gustavo Gutiérrez) 399
그룸(Thomas H. Groome) 186, 233, 252
그리핀(Clifford S. Griffin) 55
그린(Maxine Greene) 230
그림키(Angelina Grimke) 54~5
길리건(Carol Gilligan) 235~36
길먼(Charlotte Gilman) 242
길키(Langdon Gilkey) 75~6, 198

ㄴ

나딩스(Nel Noddings) 314~15
너새니얼 테일러(Nathaniel Taylor) 39
넬슨(C. Ellis Nelson) 192~94
니버(H. Richard Niebuhr) 20, 93, 105~6, 262, 307
니버(Hulda Niebuhr) 106
니버(Reinhold Niebuhr) 105~7

ㄷ

다윈(Charles Darwin) 74
다익스트라(Craig Dykstra) 192, 194
달런(Jay Dolan) 30
더글라스(Ann Douglas) 73~4
덜레스(Avery Dulles) 140, 293
도일(Alexander Doyle) 44
듀이(John Dewey) 76~81
드링크워터(F. H. Drinkwater) 142
드와잇(Timothy Dwight) 39

ㄹ

라너(Karl Rahner) 140
라벗슨(Pat Robertson) 168
라우센부시(Walter Rauschenbusch) 75

라이언(Francis A. Ryan) 126~29
라이트(George Ernest Wright) 117
람베르(Jean Lambert) 246
랭어(Susanne Langer) 231
러딕(Sara Ruddick) 238~39
러셀(Letty Russell) 192
러콕(Halford Luccock) 105
러킨스키(Joseph Lukinsky) 316
럭(Harold Rugg) 77
로너건(Bernard Lonergan) 302~4
로빈슨(Edward Robinson) 182~86
로이스(Josiah Royce) 311
루소(Jean Jacques Rousseau) 242
류터(Rosemary Radford Ruether) 245~46
르바(Louis LeBar) 18
리(James Michael Lee) 232~33, 296~297
리든(John D. Redden) 126~29
리에주(Piere-Andre Liègè) 142, 147~48, 150
리주토(Ana-Maria Rizzuto) 255
리처즈(Lawrence O. Richards) 177
리치(Adrienne Rich) 249
리틀(Sara Little) 116, 192, 195~96, 311
린과 라이트(Lynn and Wright) 57

ㅁ

마레샬(Joseph Marechal) 141
마르크스(Karl Marx) 252
마탤러(Berard L. Marthaler) 205~6
마티(Martin Marty) 261
마틴(Jane Roland Martin) 243~45, 313
만하임(Karl Mannheim) 252
매쿼리(John Macquarrie) 313~14
맥더그(John McDargh) 258
맥도널드(James Macdonald) 3135
맥브라이언(Richard McBrien) 198~99, 296
맥페이그(Sallie McFague) 296
머튼(Thomas Merton) 304
모건(Gilbert Morgan) 41
모네트(Maurice Monette) 208
모런(Gabriel Moran) 189~91, 257, 296
무디(Dwight Moody) 45~6, 49
무어(Mary Elizabeth Moore) 195
밀러(Randolph Crump Miller) 111~12, 192

ㅂ

바(James Barr) 287
바르트(Karl Barth) 105, 116
바뱅(Pierre Babin) 146
바우어(William Clayton Bower) 81, 87
바움(Gregory Baum) 251
배너(Lois W. Banner) 55
배커스(Isaac Backus) 31~2
버거(Peter Berger) 180, 251
버쉬드(Ellen Berscheid) 231
버지스(Harold Burgess) 16~8

버크(Edward Burke) 287
베이커(Elizabeth Baker) 180~81
베이커(Jim Bakker) 168
베이컨(Francis Bacon) 47
벨라(Robert Bellah) 251
벨라르미노(Robert Bellarmine) 144
벨렝키(Mary Field Belenky) 237~44
보로메오(Charles Borromeo) 132
보빗(Franklin Bobbitt) 77
부쉬넬(Horace Bushnell) 68~72
브라우닝(Don Browning) 306
브루너(Jerome Bruner) 227
브루튼(Bernadette Brooten) 290
브룬너(Emil Brunner) 105
비버카(Fayette Veverka) 123, 126, 135
비오 10세(Pius X) 138
비오 11세(Pius XI) 125
비처(Catharine Beecher) 242
비처(Lyman Beecher) 39
비츠(Paul Vitz) 306

ㅅ

사르곤(Sargon of Akkad) 9
선데이(Billy Sunday) 45~6
셸리(Mary Shelley) 240
손다이크(Edward L. Thorndike) 77, 94
쉘러(Max Scheler) 252
쉴즈(Edward Shils) 286~87
슈나이더(Carl Schneider) 258
슈나이더스(Sandra Schneiders) 297
슐러(Robert Schuller) 168
스마트(James Smart) 112~15
스미스(Amanda Berry Smith) 32~3
스미스(H. Shelton Smith) 108~111
스미스(Houston Smith) 227
스미스(Wilfred Cantwell Smith) 19~20, 290
스카프(Paulus Scharpff) 44
스타더드(Solomon Stoddard) 37
스펄(Dorothy Spoerl) 179
스펜서(Herbert Spencer) 77
슬로언(Douglas Sloan) 37, 227
시무어(Jack L. Seymour) 16

ㅇ

아라벨로(Catalino G. Aravelo) 263
아말로르파바다스(D. S. Amalorpavadass) 142, 150
아이스너(Elliot Eisner) 228, 231
아퀴나스(Thomas Aquinas) 125, 133~35, 293
아킨(Susan Moller Okin) 24
악트마이어(Paul Achtemeier) 289~90
알미니우스(Jacobus Arminius) 38~9
앤더슨(Margaret Anderson) 249
에드워즈(Jonathan Edwards) 30, 31,

33~8, 206

에릭슨(Erik Erikson) 154

엘리엇(Harrison S. Elliott) 81, 90~2, 109, 190

엘보(Peter Elbow) 240

엘스테인(Jean Bethke Elshtain) 234

오닐(Michael O'Neill) 201~202

옥스(Carol Ochs) 247

와이먼(Henry Nelson Wieman) 116

울프(Virginia Woolf) 249

워렌(Michael Warren) 154

월러스(Jim Wallis) 171~72, 174~75

월스턴크래프트(Mary Wollstonecraft) 242

웨스터호프(John H. Westerhoff) 194

웨일(Marsha Weil) 310

위코프(D. Campbell Wyckoff) 116~17, 195

윌러드(Frances Willard) 53~4

융(Carl Jung), 254

융크만(Josef Jungman) 16, 18, 142~44

일라이어스(John Elias) 16

ㅈ

제임스(William James) 77, 81

조이스(Bruce Joyce) 310

존 웨슬리(John Wesley) 39

존슨(Elizabeth Johnson) 247

존슨(George Johnson) 129

ㅊ

채닝(William Channing) 66~7, 178

천시(Charles Chauncy) 34

체이브(Ernest J. Chave) 111

ㅋ

카(Anne Carr) 247, 294~95

카니시우스(Peter Canisius) 144

카스터(Marcel van Caster) 146

카스텔라노(Castello de Catellano) 132

카운츠(George S. Counts) 87

카힐(Joseph Cahill) 301

캐버너그(Aidan Kavanagh) 152~53, 206, 206, 317

케네디(William Bean Kennedy) 186, 253~54

켈너(Douglas Kellner) 253

코너(James Connor) 306

코우(George Albert Coe) 81~8, 182

코헨(Burton Cohen) 316

콕스(Harvey Cox) 168, 170

콘(Walter Conn) 259, 303~5

콜롱브(Joseph Colomb) 146

콜먼(John Coleman) 252, 260, 266~67

콜밴스크랙(Madonna Kolbenschlag) 264

콜벅(Lawrence Kohlberg) 154, 192, 236, 303

퀴블러(Ernest Kuebler) 178

크레민(Lawrence Cremin) 50, 77, 316

키에르케골(Soren Kierkegaard) 105
킬패트릭(William H. Kilpatrick) 77
킬패트릭(William Kirk Kilpatrick) 306
킹(Martin Luther King, Jr.) 229, 260,

ㅌ

테넌트(Gilbert Tennent) 30, 36
트라이블(Phyllis Trible) 245
트레이시(David Tracy) 298
트론토(Joan Tronto) 236
틸리히(Paul Tillich) 105, 179, 297

ㅍ

파머(Parker Palmer) 231
파울러(James Fowler) 154~55, 182, 255~59
파즈(Sophia Lyon Fahs) 16, 88~90
팍스(Sharon Parks) 255~56, 259
팔리(Margaret Farley) 244
팔웰(Jerry Falwell) 168~170
퍼스(C. S. Peirce) 127
퍼플(David Purpel) 312
페시킨(Alan Peshkin) 260~61
펠리칸(Jaroslav Pelikan) 286
포스터(Charles R. Foster) 195
폴라니(Michael Polanyi) 9
프라이(Eduardo Frei) 188
프라이(Northrop Frye) 228

프레이리(Paulo Freire) 186~89
프렐링후이센(T. Freylinghuysen) 30
프로스퍼(Prosper of Aquitaine) 295
프로이트(Sigmund Freud) 254~55
플라톤(Plato) 242
피니(Charles G. Finney) 39~43, 49
피아제(Jean Piaget) 182
피오렌자(Elisabeth Schüssler Fiorenza) 245, 289
핀리(Samuel Finley) 50
필리버트(Paul Philibert) 236

ㅎ

하버마스(Jurgen Habermas) 252
하이트(Roger D. Haight) 262
해리스(Maria Harris) 186, 231
헤겔(George Hegel), 252
헤셸(Abraham J. Herschel) 234
헬윅(Monika Hellwig) 308~10
호핑거(Johannes Hofinger) 16, 142~43
홀(G. Stanley Hall) 77
홀러(Judith Hoehler) 181
홀러로스(Hugo J. Hollerorth) 179~180
홉킨스(Samuel Hopkins) 39
휫필드(George Whitefield) 30, 67
휴브너(Dwayne Huebner) 231, 256, 313
휴튼(Rosemary B. Haughton) 135, 199, 293~94

주제 색인

ㄱ

가톨릭교육(Catholic education) 123~140, 196~212
가톨릭교회(Catholic church) 262~63
가톨릭연대(Catholic Connection) 209
가톨릭의 부흥운동(Revivalism in American Catholicism) 43~4
가톨릭의 성만찬(Communion and Catholicism) 199
가톨릭학교(Catholic schools) 130~32
가톨릭학교최고경영자협회(CACE), 203
개념적 이해(Notional understanding) 35
개별적-성찰적 신앙(Individuative-reflective faith) 257
개척자(Pioneer) 8
갱신 프로그램(Renew program) 320
거룩한 예전에 관한 규약(Constitution on the Sacred Liturgy) 142
결합적 신앙(Conjunctive faith) 257
경험주의(Experimentalism) 127~29
계몽 종교(Enlightenment religion) 66

계시(Revelation) 195
계시에 관한 규약(Constitution on Divine Revelation) 140
공공의 신앙(Common Faith) 80
공유된 기독교적 프락시스(shared Christian praxis) 252
공적 교회(Public church) 261
과정신학(Process theology) 192
관상(Contemplation) 308
교도권(Magisterium) 292~93
교리문답(Catechetics or Catechesis) 140~41, 148~150
교리문답문헌센터(Catechetical Documentary Center) 146
교리문답서(Catechism) 144~45
교리의 역사성(Historicity of doctrine) 75
교육과정(Curriculum) 21~2
구성적 지식(Constructed knowledge) 237, 240
구속사(Salvation history) 142~43
국내선교회(Home Missionary Society)

52
국제교리문답연구주간(International Catechetical Study Weeks) 145
국제종교교육협회(International Council of Religious Education) 111
근본주의(Fundamentalism) 45~8
근본주의자(Fundamentalists) 168~171
기도(Prayer) 313
기독교교리협회(Confraterinity of Christian Doctrine, CCD) 132~33
기독교교육(Christian education) 104~117, 191~96
기독교교육의 실마리(clue to Christian education) 111~12
기독교여성금주연합(Women's Christian Temperance Union) 54
기독교음성(Christian Voice) 167
기독교적 실재론(Christian realism) 199
기독교적 양육(Christian nurture) 68~74
기술적 합리성(Technical rationality) 253
기초적 질문들(Foundational questions) 17~22

ㄴ

낭만주의운동(Romantic Movement) 74~5
눈에 보이지 않는 하나님(Invisible God) 140

ㄷ

다중지능(Multiple intelligences) 229~30

단계이론(Stage theory) 256~57
대각성 운동기(Great Awakenings,) 170
대상관계이론(Objective relations theory) 254~55
대인인식(Interpersonal knowing) 155
도덕적 추론(Moral reasoning) 236
도덕적다수(Moral Majority) 167
도덕적으로 회심한 개인(Morally converted persons) 303~4
도서관(Libraries) 56
두려운 신비(mysterium tremendum) 298
디다케(Didache) 200
디아코니아(Diakonia) 200

ㅁ

마르크스주의(Marxism) 87
마리아의 찬가(Mary's Song) 207~8
말씀의 선포(Homiletics) 152
매리지 엔카운터(Marriage Encounter) 208, 317
메델린연구주간(Medellin Study Week) 146
모성적 사고(Maternal thought) 238~39
목회자 자격 논쟁(ministerial qualification debate) 36~8
문제 해결식 교육(problem-solving education) 187~88
문제제기 교육(Problem-posing education) 188, 254, 311
문화에 대항하는 그리스도(Christ against culture) 173

미국교육협회(American Education Society) 51~2
미국금주진흥회(American Society for the Promotion of Temperance) 53
미국반노예제도협회(American Anti-Slavery Society) 53~4
미국성서공회(The American bible Society) 51~2
미국주일학교연합(American Sunday School Union) 55~6
미국평화협회(American Peace Society) 53
미래의 방향(Future directions) 225~84
미래학(Futurology) 306
미래학자들(Futurists) 306~07
미학(Aesthetics) 228

ㅂ

바닥공동체(Base Community) 197, 207~9
바르트주의(Barthianism) 108
반종교개혁(Counter Reformation) 141
방법론에 대한 해명(Methodological clarifications) 23~5
변증법적 신학(Dialectical theology) 105
변혁(Transformation) 261, 304~07
변혁을 위한 교육(Tranformative education) 313
보편적 신앙(Universal faith) 257
복음전도(evangelism) 29~57, 166~78
복음주의(Evangelicalism) 50~57

부모교육(Parental education) 70~72
부흥운동(Revivalism) 29~50
부흥운동(Revivalism) 30~50
부흥집회(Nineteenth-century revivals) 38~9
분석틀(matrix for analysis) 26~7
비판이론(Critical theory) 252

ㅅ

사도직응용연구센터(CARA) 133
사립학교와 근본주의(Private schools and fundamentalism) 168~70
사회적 다윈주의(Social Darwinism) 77
사회학(Sociology) 252~54
상세한 분석적 연구(Descriptive analytical study) 17
상징의 역할(Role of symbol) 21
생식적 요구(Reproductive needs) 241
서사적 인식(Narrative cognition) 227
성공윤리(Success ethic) 50
성령(Holy Spirit) 200
성례성(Sacramentality) 198
성서신학운동(Biblical Theology Movement) 111, 115
성에 민감한 교육(Gender-sensitive education) 242
성인기독교입문의식(Rite of Christian Initiation of Adults) 197, 206~7, 212
소저너스협회(Sojourners Fellowship) 167
소피아(Sophia) 294~96

수용된 지식(Received knowledge) 237
스코틀랜드의 상식 실재론(Scottish commonsense realism) 47
시민권과 교회(Citizenship and church) 265~67
시민성(Civility) 261
시사연구소(Center for Concern) 209
신앙(Faith) 20, 152~297
신약성서의 기독교(New Testament Christianity) 114
신정통주의(Neo-orthodoxy) 104~7
신조(Creeds) 295
신학(Theology) 296~302
신화적-문자적 신앙(Mythic-literal faith) 256
심리학(Psychology) 254~59

ㅇ

아르스의 사제(Cure of Ars) 139
아이흐쉬테트연구주간(Eichstatt Study Week) 145
악의 구조(Structures of evil) 307
알미니우스적 경향(Arminian tendencies) 39
어니다 전문학교(Oneida Academy) 41
어머니 교회(Mother church) 297
어머니의 모습(Motherhood, nineteenth-century views of) 73~4
억눌린 사람을 위한 교육(Pedagogy for the oppressed) 208
여성의 인식 방법(women's ways of knowing) 228~43
연계 교수(Connected teaching) 241
영라이프(Young Life) 177
영의 교육과정(Null curriculum) 22, 95
영적 지도(Spiritual direction) 247
영지주의 텍스트(Gnostic texts) 246
예술적 인식(Artistic knowing) 231
예전과 교리문답(Liturgy and catechetics) 150~52
원초적 신앙(Primal faith) 256
원칙적 추론(Principled reasoning) 303
유니테리언 보편주의(Unitarian Universalism) 181
유니테리언 주일학교협회(Unitarian Sunday School Society) 66~7
유니테리언교리(Unitarianism) 178
유아세례(Baptism of infants) 70
윤리문화협회(Ethical Culture Society) 178
의식 고양 모임(Consciousness raising groups) 208
의식화(Conscientization) 189
의심의 해석학(Hermeneutic of suspicion) 254
이야기의 역할(Role of story) 22
이즘으로서의 이데올로기(Ideology-as-ism) 253
이해의 비계(scaffolding of understanding) 256
인간됨(Peoplehood in Catholicism) 198
인간의 유산(Human Heritage) 179
인식론(Epistemology, Jonathan Edwards)

34~5
인지적 회심(cognitive conversion) 304

ㅈ

자선협회(Benevolent societies) 51~5
자연주의(Naturalism in Catholic education) 127
자유주의신학(Liberalism) 74~6
잠재적 교육과정(hidden curriculum) 22
저축식 교육(banking education) 187
전국가톨릭교육협회(National Catholic Educational Association) 198~99, 201~2
전국보구정치행동(National Conservative Political Action) 167
전국복음주의협회(National Association of Evangelicals) 176~77
전달식 교육(Transmissive education) 190
절차적 지식(Procedural knowledge) 240
정설(Orthodoxy) 139, 295
정치(Politics) 263~265
정행(Orthopraxis) 139, 295
제1차 대각성 운동(First Great Awakening) 30
제2차 대각성 운동(Second Great Awakening) 38
제2차 바티칸공회(Second Vatican Council) 135~40
제3차 대각성 운동(Third Great Awakening) 38

제자직(Discipleship) 265~267
종교교육(Religious Education) 66~95, 178~91
종교교육협회(Religious Education Association) 77
종교의 정의(Definition of religion) 19~20
종교토론(Religious Roundtable) 167
종합적-인습적 신앙(Synthetic-conventional faith) 256
주관적 지식(Subjective knowledge) 237, 241~42
주일학교(Sunday school) 55~7
주일학교와 노래(Sunday school and hymns) 56
주입식방법(Indoctrination) 204
중재(Meditation) 199
지능(Intelligence) 229
지식사회학(Sociology of knowledge) 252
직관적-투사적 신앙(Intuitive-projective faith) 256
진보주의(Progressivism) 76~81
진보주의교육협회(Progressive Education Association) 76, 87
진화적 천년왕국(Evolutionary millennialism) 107

ㅊ

창세기 이야기와 페미니즘(Genesis stories and feminism) 245

채텀 스트릿 교회(Chatham Street Chapel) 42
체험된 그리스도(Felt Christ) 30
총칭적 용어(generic terms) 24~5
출애굽의 이미지(Exodus imagery) 287
칠레, 기독교민주당 정부(Chile, Christian Democratic government) 188

ㅋ

카리스마 설교자들(Charismatic preachers) 44
카리타스(Caritas) 198
칼뱅주의(Calvinism) 38~9
케리그마 신학(Kerygmatic theology) 141~42
케리그마운동(Kerygmatic movement) 141~44
코먼코즈(Common Cause) 264
코이노니아(Koinonia) 200
코퍼스크리스티 학교(Corpus Christi School) 130
콜럼버스 기사단(Knights of Columbus) 317
쿠르실료(Cursillos) 208, 317
크지만 작은 학교(Big little school) 57

ㅌ

타조식 양육(Ostrich nurture) 68
텔레비전복음전도(Televangelism) 168~71

트렌트공회(Council of Trent) 140, 144

ㅍ

파급(Permeation) 201~2
파트너쉽(Partnership) 193
팍스크리스티(Pax Christi) 320
패권적 이데올로기(hegemonic ideology) 255
패러다임적 인식(Paradigmatic cognition) 229
페미니즘(Feminism) 236~52
평화 연구소(Peace centers) 209~10
평화와 정의 연구소들(Peace and Justice Centers) 209~10
포괄적 언어(Inclusive language) 23~5
포용(Tolerance of liberalism) 75
프락시스(Praxis) 189, 233
프로이트의 교육이론(Freudian educational theory) 94

ㅎ

하나님의 민주주의(Democracy of God) 84~5, 186
학교식-교수 패러다임(Schooling-instructional paradigm) 194
혼합법(Infusion method) 202
회심(Conversion) 68~72
회심과 교육(Conversion and education) 50
회심요법(Conversion therapy) 152~53

현대 종교교육의 지형과 전망

초 판 1쇄　2006년 8월 14일

지 은 이　메리 C. 보이즈
옮 긴 이　유 재 덕
펴 낸 곳　하늘기획
발 행 인　이 재 숭

주　　소　서울특별시 동대문구 청량리
　　　　　1동 235-6(미주상가)

등록번호　제22-469호 (1998)
I S B N　89-923-2050-7

총　　판　하늘유통
주문전화　031) 947-7777
팩시밀리　031) 947-9753

저자와의 합의로 인지를 생략합니다.
잘못된 책은 바꿔드립니다.